Retailing

零售学

（第四版）

孙晓红　冷泳林　闫涛　主编 | 4th Edition

东北财经大学出版社　大连

Dongbei University of Finance & Economics Press

图书在版编目（CIP）数据

零售学 / 孙晓红，冷泳林，闫涛主编. —4版. —大连：东北财经大学出版社，2024.8. —（21世纪高等院校市场营销专业精品教材）.
ISBN 978-7-5654-5386-1

Ⅰ．F713.32

中国国家版本馆CIP数据核字第2024V5B631号

东北财经大学出版社出版

（大连市黑石礁尖山街217号　邮政编码　116025）

网　　址：http://www.dufep.cn

读者信箱：dufep@dufe.edu.cn

大连天骄彩色印刷有限公司印刷　东北财经大学出版社发行

幅面尺寸：185mm×260mm　　　字数：457千字　　　印张：19

2024年8月第4版　　　　　　　2024年8月第1次印刷

责任编辑：蔡　丽　刘东威　　　　　责任校对：刘贤恩

封面设计：原　皓　　　　　　　　　版式设计：原　皓

定价：52.00元

第四版前言

党的二十大报告指出："我们坚持把实现人民对美好生活的向往作为现代化建设的出发点和落脚点"，"必须完整、准确、全面贯彻新发展理念，坚持社会主义市场经济改革方向，坚持高水平对外开放，加快构建以国内大循环为主体、国内国际双循环相互促进的新发展格局"。2023年，我国社会消费品零售总额超过47万亿元，比上年增长7.2%。零售业作为扩大内需和促进消费的重要载体和引擎，在国民经济中的地位和作用大大提升，消费重新成为经济增长的主动力。当前，我国已经进入网络零售新时代，消费升级和技术变革促进了零售业发展，零售业的竞争格局、销售模式等都发生了巨大变化。"人""货""场"要素重构，各种新型零售组织百花齐放，新型零售业态层出不穷，零售竞争空前激烈，零售业进入多层次、多业态、开放式、竞争性的发展时期。

零售学是从微观角度系统研究零售商从事零售经营与管理活动的基本理论、基本知识与基本技能，揭示零售经营活动的规律、方法并指导零售实践。本教材综合了国内外诸多零售专家和学者的研究成果，紧扣当前中国零售运营实践和零售创新的大趋势变化，结合市场对零售人才提出的要求和作者30多年的教学研究经验，从零售业，零售业态，零售战略，零售顾客分析，零售商圈与选址，零售商品规划，零售采购、存货与配送，零售价格，零售促销，零售服务，零售形象与店面设计，零售安全与防损管理，零售组织与人力资源管理等方面，对零售商的活动进行系统梳理和深入探究。

本教材具有如下特点：

第一，结构合理。本教材结构是按照零售商的基本活动流程来构思和设计的，概述了零售学的理论研究精华，系统性强，内容紧凑，有利于读者准确把握零售学的内容框架、发展规律、应用方法和操作技巧。

第二，针对性强。本教材将零售理论与零售实践紧密结合，综合国内外学者对零售问题的研究成果，注重当前零售商普遍关注的热点话题，聚焦中国市场，为读者提供实践指导，突出对实际操作能力的培养。

第三，资料鲜活。本教材一是注重零售发展的最新动态，结合线上线下融合发展的趋势，使用最新的零售资料和数据；二是围绕身边真实的零售案例和资料进行解读和剖析，使读者置身其中，形成体验和互动。

第四，形式多样，引入数字化阅读元素。一是每章都设置"学习目标""引例""关键术语""即测即评""基本训练"等栏目，引导读者快速理解本章结构；二维码"即测即评"通过设置单项选择题、多项选择题和判断题，能使学生在学习完本章知识后，在线检测学习效果。二是每章都配有大量直观、形象的图、表等内容，帮助读者深入理解本章要点。三是每章都根据实际内容穿插了"小知识""小案例""实例与点评"等二维码形式的栏目，趣味性强，有助于读者拓展理解本章内容。四是本教材配有电子课件、教学大纲、教学方案、教学重点与难点、教学日历、考评方式与标准、教学案例等教学资源，极大地便利了用书教师的工作。

本次修订每章修改了部分内容，更新了部分案例和基本训练题目，设置了"素养园地"课程思政栏目。本教材第四版的主要特色是注重思政引领，融入党的二十大精神。党的二十大报告指出："用社会主义核心价值观铸魂育人，完善思想政治工作体系，推进大中小学思想政治教育一体化建设。坚持依法治国和以德治国相结合，把社会主义核心价值观融入法治建设、融入社会发展、融入日常生活。"本教材结合党的二十大报告内容，引导学生深入社会实践，关注现实问题，使他们加强对专业知识的内化吸收与灵活应用，坚定中国特色社会主义道路自信、理论自信、制度自信、文化自信，努力践行习近平新时代中国特色社会主义思想进教材、进课堂、进头脑，达到价值塑造、知识传授、能力培养三位一体的立德树人之效。

参加本次修订的人员有：孙晓红（第1、2、4、5、6、9、10章）、冷泳林（第2、3、6、7、9、11章）、闫涛（第3、7、8、10、11、12章）、鲁富宇（第1、4、5、8、10、12章）、曹爽（第1、8、10、11、12章）、孙悦（第3、7章）、侯旭芳（第2、4、5章）、赵宏霞（第9章）、侯亚茹（第2、6章）、李艳松（第4章），最后由孙晓红总纂定稿。

本教材的编写及修订，参考和引用了国内外众多专家、学者的研究成果，同时引用与改编了一些报纸、网络和市场研究机构的资料。对此，我们尽可能地在书中和书后的主要参考文献中作了列示，对那些因我们的疏漏而未能标注和列示的研究成果作者，表示深深的歉意！在此，谨对所涉及的各位专家、学者以及其他作者表示最诚挚的谢意。同时，感谢东北财经大学出版社的编辑，他们的支持和鼓励使本教材得以顺利出版发行。

由于作者水平有限，书中难免存在疏漏、遗憾和不当之处，敬请广大读者和同行不吝赐教，批评、指正，作者将及时加以改正。

编　者
2024年7月

目　录

第11章 零售安全与防损管理/248

第12章 零售组织与人力资源管理/272

主要参考文献/295

第1章 零售导论

内容体系

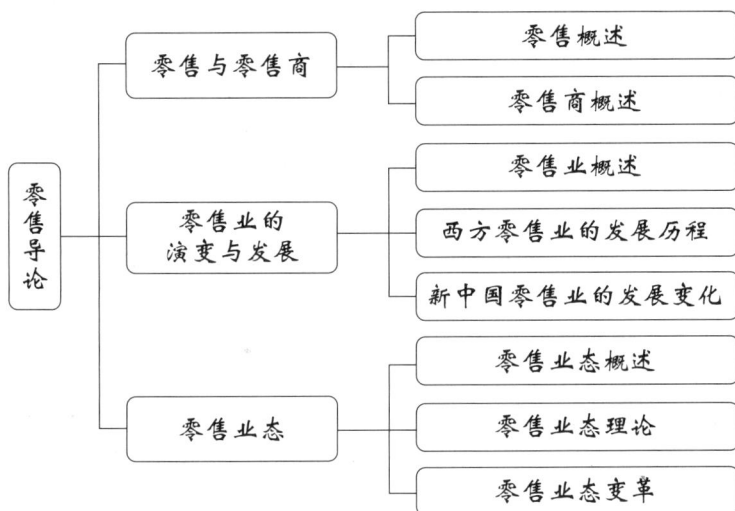

零售导论
- 零售与零售商
  - 零售概述
  - 零售商概述
- 零售业的演变与发展
  - 零售业概述
  - 西方零售业的发展历程
  - 新中国零售业的发展变化
- 零售业态
  - 零售业态概述
  - 零售业态理论
  - 零售业态变革

学习目标

◆ 掌握零售业态的含义、分类及发展演变的理论。

◆ 理解零售及与零售相关的基本概念。

◆ 了解零售业的发展状况。

❖ 引例

即时零售概述

近年来，数字技术持续赋能我国零售业态创新，零售交易活动不断突破时间和空间限制。即时零售作为新型零售业态之一，通过打通线上线下销售渠道、缩短配送时间，提升了本地零售供给能力，释放了居民多元消费需求，成为消费市场提质扩容、畅通国内大循环的重要助力。商务部国际贸易经济合作研究院发布的《即时零售行业发展报告（2023）》立足即时零售主体、客体、场景、平台等不同维度的观察与研究，明确即时零售的概念和定位，提炼即时零售的现状和特点，结合行业趋势和政策环境提出支持即时零售发展的对策建议。核心观点主要包括：

（1）即时零售是通过线上即时下单，线下即时履约，依托本地零售供给，满足本地即时需求的零售业态。

（2）即时零售是"零售+科技"的产物，实现交易流程线上化、履约配送便利化，提升本地供给能力，拓展消费需求。

（3）近年来，即时零售一直保持50%以上的年均增速，2022年市场规模达到5 042.86亿元。预计2025年，即时零售市场规模将达到2022年的3倍。

（4）即时配送支撑即时零售"万物皆可外卖"。预计到2026年，即时配送规模将达到万亿元。

（5）即时零售高成长性来自三大要素：场景、商品、人群。

（6）即时零售平台打破线下零售数据孤岛，通过数据驱动实现本地流量分发、零售数字化以及服务运营。

（7）即时零售打造"数实融合"的新场景、新模式，为本地零售带来新增量，是新供给带动新需求的典型模式。

（8）发展即时零售有助于加快传统零售业数字化转型，推动县域经济发展，促进消费提质扩容，增加就业渠道，加快数实融合。

（9）即时零售发展呈现六大趋势：全天候消费、全场景渗透、全品类创新、全地域覆盖、全供应链管理以及全流程数字化。

（10）即时零售促进了夜间经济繁荣，打造"线上线下融合"新场景，助力"一刻钟便民生活圈"扩围。

资料来源：商务部国际贸易经济合作研究院.《即时零售行业发展报告（2023）》发布［EB/OL］.（2023-09-20）［2024-07-15］. https://www.caitec.org.cn/n6/sy_xsyj_yjbg/json/6454.html.

零售属于商品流通的最终环节，满足人们对衣食住行等方面的需求离不开零售。零售业向消费者提供多样性的经营规模和特色，是一个庞大且发展迅速的产业。进入20世纪90年代，我国零售业呈现出前所未有的发展态势，社会商品零售总额有较大幅度增长，在市场中占有越来越重要的地位。因此，了解零售的内涵，分析零售业的演变和发展趋势，遵循现代零售活动规律，对零售组织和人员进行科学管理，对零售企业有着重要的指导意义。

1.1 零售与零售商

1.1.1 零售概述

1.1.1.1 零售的含义

零售是向最终消费者个人或社会集团出售生活消费品或非生产性消费品及相关服务，满足其最终消费需要，从而实现商品和服务价值的一种商业活动。这一定义包括以下几点：

（1）零售是服务最终消费者的活动

最终消费者是指购买商品或服务的具体消费者，包括个人及社会集团，他们购买的目的是自己消费。非生产性购买的社会集团也是零售顾客。

（2）零售活动提供商品和服务

零售活动不仅向最终消费者出售商品，也提供服务，如送货、维修、安装等。

（3）零售活动在线下和线上同时进行

零售活动不仅在店铺中进行，也可以通过无店铺形式进行，如上门推销、邮购、自动售货机、网络销售、电话销售、电视直销等。

1.1.1.2 零售活动的特点

（1）交易规模较小，交易频率高

由于零售主要面对的是众多的个人消费者，因而每次交易的数量和金额比较少，在一定时间内交易次数比较多。

（2）即兴购买居多，情感影响大

最终消费者大多缺乏专业知识，易受购物过程中的体验影响而呈现出较强的冲动性、即兴性或情感性。无购物准备的顾客受卖场气氛等综合因素的影响会关注商品，产生购买；有购物准备的顾客在购买时也会受终端卖场布局、商品、人员等因素的影响，在购买商品的数量、价格、规格、质量、品牌乃至种类方面发生变化。

（3）消费人数较多，需求差异大

零售顾客人数多，覆盖范围广，会因年龄、收入、身体、心理、文化教育、地理气候条件等不同而对商品的功效、规格、款式、包装、质量、品牌等需求呈现出差异性。这就使零售经营的商品既需要有较多的商品大类及品种、规格和花色，也需要同类产品提供多种品牌与质量，以满足众多消费者不同的需求，给顾客选择的自由和权利。

（4）店铺购物、现货交易多

尽管随着邮购、电话销售、线上销售的兴起，顾客可以足不出户就能买到所需的商品，但逛实体店、现场即时交易依然是众多零售顾客的不二选择。因此，零售商一方面应适时采用现代化营销手段开辟非店铺购物，同时在店址选择、营业时间、商品特色、服务设施等方面营造舒适便利的购物环境，吸引消费者入店，满足顾客的购物及休闲需求；另一方面必须做好市场需求预测，组织适销对路的商品，备有一定数量的现货，满足顾客现货交易的需求。

1.1.2 零售商概述

1.1.2.1 零售商的含义与活动

零售商是指以零售活动为基本职能的独立中间商，是介于制造商、批发商和消费者之间以营利为目的从事零售活动的经济组织。

零售商的活动通常是指零售商的商业性活动，即把商品和服务出售给最终消费者进而使商品和服务的价值得以实现的商业活动。零售商活动的基本内容主要包括：战略规划、组织设计、商圈选址、商品规划、商品采购、仓储配送、零售定价、零售促销、零售服务、商店设计等。无论是大型零售商还是中小型零售商，本土零售经营还是跨国零售经营，零售商的成功主要取决于对零售活动各项内容的科学组织与合理安排。

1.1.2.2　零售商的职能

作为以零售活动为基本职能的独立中间商，零售商在零售活动中履行着商品交换、商品储存、服务沟通、诚信、娱乐等具体职能。零售商作为制造商、批发商和消费者的中介，可以促进生产，引导消费、提高流通效率。

小知识 1-1

1.1.2.3　零售商的分类

（1）按店铺管理方式划分

按店铺管理方式，可分为独立商店、连锁商店、特许经营商店、租赁部门、国有零售商店等类型（见表1-1）。独立商店、特许经营商店和国有零售商店属于独立产权零售商，直营连锁商店、分店属于无独立产权零售组织。

（2）按经营商品的范围划分

按经营商品的范围，可分为专业性经营零售商和综合性经营零售商。

专业性经营零售商重点经营某一种、某一大类专业商品或集中经营某一品牌商品，是专业化程度较高的零售商店。专业性经营的关键在于突出某一大类商品或某一品牌商品，包括专业店、专业超市、专业市场和专门店等。

综合性经营零售商综合经营多种商品，经营品种少则几十种，多则成千上万种，甚至几十万种。综合性经营的关键在于商品品种的有机组合，包括杂货店、超市、大卖场、仓储式商店、购物中心和大中小型百货商店等。

（3）按店铺的营业形态划分

按店铺的营业形态，可分为便利店、超市、折扣店、仓储会员店、百货店、购物中心、专业店、品牌专卖店、集合店、无人值守商店；网络零售、电视/广播零售、邮寄零售、无人售货设备零售、直销、电话零售、流动货摊零售等。

（4）按有无店铺划分

按有无店铺，可分为有店铺零售和无店铺零售两种类型。无店铺零售还包括上门销售、售货车、货郎担等流动货摊零售方式。

（5）按照企业规模划分

按照国家统计局关于印发《统计上大中小微型企业划分办法（2017）》的通知，划分零售企业规模的标准主要是从业人员数量和营业收入。从业人员数量在300人及以上，营

表1-1 按店铺管理方式划分的零售商类型

类型	含 义	特 点
独立商店	由业主自己经营，拥有一个零售门店，所有的商品采购、存储、销售、服务、营销均在门店完成	优势：投资少、经营费用低；在选址和经营方面具有灵活性；经营专业化，可在某一领域获得较高的经营效率；容易与顾客建立亲切的关系 劣势：规模小，议价能力有限，难以降低成本；商圈较小，难以扩大经营规模；过分依赖业主的个人经验，经营技术难以提高，广告方面无能为力，经营的连续性难以保证
连锁商店	是指在总店的管理统治下，采取统一的商品经营方针、在外形和内容上以相同的标准化经营方法经营的店铺。其主要有直营连锁商店和自愿连锁商店两种形式 直营连锁商店也称正规连锁商店或公司连锁商店，是指零售商经营多个属于同一所有者的相同商号的商店，构成一个整体的、单一的经营企业，通常实行一定程度的集中采购和集中决策，它是连锁商店的基本形态 自愿连锁商店也称自由连锁商店，是指由许多独立的中小零售商自愿联合起来，为保护自己的利益，获得规模效益，与大资本零售商抗衡，而通过组织连锁进行共同活动的联合组织	(1) 直营连锁商店 优势：集中采购能大量进货，议价能力强，可降低采购成本；有利于扩大商店知名度，扩大商圈；专业化管理，容易提高管理水平，降低成本；能够利用现代化管理手段，形成规模效应 劣势：集中统一决策，经营缺乏灵活性，不易调整；规模大，初始投资成本高；地理位置分散带来管理困难 (2) 自愿连锁商店 总部遵循共同利益原则，统一组织进货，协调各方面关系，制定发展战略，搜集信息并及时反馈给各成员店；参加连锁的各零售店使用共同的店名，尽可能使经营标准化，并按销售额或毛利的一定比例向总部上缴加盟金及指导费；各成员企业可以保持自己的经营自主权和独立性，独立核算，自负盈亏，人事自主，在经营品种、经营方式、经营策略上也有很大的自主权
特许经营商店	是指特许者将自己所拥有的商标（包括服务商标）、商号、产品、专利和专有技术、经营模式等以特许经营合同的形式授予被特许者使用，被特许者按合同规定，在统一的业务模式下从事经营活动，并向特许者缴付相应的费用的零售组织形式	优势：业主用少量的投资就可以享有成熟的管理技术和品牌知名度，投资回报快，风险小；获得特定地区独家经销权；集中采购，降低成本 劣势：经营受指定特许形式限制，未按照协议经营会被取消特权；单店过于关注收入而忽视整体形象和发展能力；区域内授权数量过多，易形成过度饱和
租赁部门	也叫租赁户，是百货公司、大型超市、购物中心或专业店等将其店内的某部门或专柜出租给店外人经营，由承租者负责部门或专柜的全部经营业务及室内的固定装置，并从经营额中抽取若干比例作为租金支付给出租人的零售形式	优势：灵活性强，增强整个店铺的吸引力；实现专业化，获得专业技术；减少商品积压的风险；有效利用空间；减少开支，增加收入和利润 劣势：多样化设计，店铺形象难以统一；短期行为可能损害店铺整体形象；不易控制，管理难度加大
国有零售商店	是指由国家投资建立的零售商店。零售商店的所有权属于国家，其管理方式实行所有权和经营权分离。由企业行使经营权，负责决策与组织商店的零售经营活动	优势：在消费者心目中信誉好；一般规模较大，经营商品品种较齐全；质价相称；面向大众消费者 劣势：由于体制原因，有些国有零售商店内部缺乏科学管理机制，因而经营上活力不足，服务水平较低，可能使消费者感到不尽满意

业收入在 20 000 万元及以上的零售商为大型零售商；从业人员数量大于等于 50 人小于 300 人，营业收入大于等于 500 万元小于 20 000 万元的零售商为中型零售商；从业人员数量大于等于 10 人小于 50 人，营业收入大于等于 100 万元小于 500 万元的零售商为小型零售商；从业人员数量在 10 人以下，营业收入在 100 万元以下的零售商为微型零售商。

1.2　零售业的演变与发展

1.2.1　零售业概述

1.2.1.1　零售业的地位与作用

零售业是指以向最终消费者（包括个人和社会集团）提供所需商品和附带服务为主的行业。

零售业是国民经济的基础产业，它作为国民经济领域流通产业中的重要行业，对国民经济的发展起着重要的作用，在国民经济中占有十分重要的地位。具体表现在：零售业是反映国民经济发展状况的晴雨表；零售业为社会提供了大量的就业岗位；零售业为国家财政收入和社会安定提供了保障；零售业有力地推动了城市化发展。

1.2.1.2　零售业的核心要素

（1）竞争

竞争主要有三种形式：一是零售商同一业态之间的竞争；二是零售商在保持某经营业态特征的同时，为吸引更多的顾客，采用提供种类更多的商品的经营策略的抢夺式竞争；三是不同业态的零售商之间为了扩大某些商品销售去适应目标市场顾客群体需要而展开的竞争。研究零售商的不同类型以及彼此间竞争的方式和程度，对于零售商如何面对竞争、制定成功的零售战略至关重要。

（2）环境

政治、经济、文化、科技水平、法律与道德、自然与地理、风俗与习惯等环境的变化，零售行业的业态结构及发展趋势，顾客需求的变化动态等都是零售商必须时刻关注的问题，零售商只有及时作出科学的反应，才能更有效地满足顾客的需求。

（3）顾客

顾客对零售商是否认可和支持，是办好零售企业的关键。因此，零售商要分析顾客的购买心理和行为，对顾客的购物动机、选择商店的决策方式以及如何服务好顾客进行研究，满足顾客的需求，实现顾客满意直至顾客忠诚。

1.2.1.3 零售业发展的规律

（1）零售业的发展必须同社会经济的发展相适应

以零售组织为例，百货商店的出现与工业生产的初步社会化、工业人口集中的城市迅速发展有关；购物中心、仓储会员店、网上商店的发展与社会经济良好发展、科技日新月异和人们工作节奏加快有关。

（2）价格竞争成为零售业竞争焦点所在

在充分的市场竞争条件下，因生产力发展不平衡、社会经济受不确定性因素的影响，出现了预期收入不明朗的市场环境，使得零售业竞争逐渐从商品品种、规格的竞争转为品牌、价格的竞争。而价格竞争优势获取的重要途径就是通过技术革新和制造商的支持等来降低流通费用。

（3）方便快捷的服务是零售业竞争的制胜法宝

便利店以营业时间长和个性化服务满足了顾客不同时间购物的要求；百货商店、专卖店等以交通便利的店址、良好的购物环境和多种周到的服务满足了顾客对方便、快捷、优质服务的需要。

（4）零售业的发展伴随着多种业态并存并相互融合

一个地区社会、经济发展的不平衡以及供求状况的不同使得该地区的商品丰富程度、人们的生活质量、所需要的商品数量、购买消费方式等存在差异性。为满足顾客的多元化消费需求，多种零售业态应运而生，出现了多种业态并存、大中小型零售组织同时发展、综合与专业经营兼顾的零售网点。同时，为了更有效地参与竞争，各零售组织之间也相互借鉴，吸纳对方某些有竞争力的优势来补充和完善自己，出现了多业态相互融合的趋势。

小案例 1-1

1.2.2 西方零售业的发展历程

零售变革是指零售业在发展过程中因发生的历史性变化而引起的全行业制度和经营形式的创新，也称为零售革命。零售变革是一定社会经济条件下的产物，其在外在竞争压力和内在利益驱动力的磨合、碰撞中推动了自身历史的发展。零售变革既是社会进步的标志，反过来它又促进了社会的发展。

1.2.2.1 零售变革的条件

衡量零售业创新是否能被称为零售变革或零售革命，需要具备以下五个条件：

（1）节约流通成本

零售革命是对社会流通成本的节约，它不仅有利于企业改善投入与产出关系，提高微观效益，还有利于推动提高整个商品流通速度、缩短流动里程、降低流通费用。

（2）普惠消费者

普惠消费者是指降低消费者的货币成本、方便购买、节约时间等，是衡量是否为零售革命的最重要条件。只有惠及消费者，零售变革才能生存、发展，才能长期存在并被普遍推广。

（3）引发整个流通变革

零售业职能是商业职能的集中表现，零售变革必然引起或推动整个流通领域在诸如经营管理模式、组织结构、运行规则和物流配送等各环节的创新变化。

（4）社会反响

零售革命是一种社会性行为，影响到社会的各行各业。不仅在制造、加工、包装、分类等活动中通过工艺创新、流程改造等推动生产的发展，而且可以改变消费观念、触发消费新模式，引导消费。

（5）具备普遍推广价值

零售革命是全行业的创新和变革，不论是经营形式、流通方式，还是业态创新，都可以在全行业实施、推广和普及。没有行业性，就不存在革命性。

1.2.2.2　零售变革的发展过程

回顾西方零售业的发展历程，其大体上经历了以下五次革命：

（1）零售业的第一次革命

1852年，世界上第一家百货商店在法国巴黎诞生。百货商店的诞生标志着零售业的第一次革命，即从原始的零售经营向现代零售业转变。从单一的分散销售到多种商品集中买卖而产生集聚效应，标志着零售行业的产生。第一次革命的特点是：

①销售方式的根本性变革。顾客可以自由自在地进出商店；商店陈列大量商品供顾客任意挑选；实行"明码标价"，对所有顾客都实行同价销售；顾客购物不满意可以退换商品。

②经营上的根本性变革。百货商店以销售生活用品为主，实行大量商品综合性经营，即店铺把许多商品按照类别分设为不同的部门，并由部门来负责进货和销售，实行综合经营。

③组织管理上的根本性变革。百货商店按照商品系列实行分部门、分层次的组织与管理。其经营活动由各部门分解完成，实行分工与合作；其管理活动按层次进行，有统一的计划和组织原则，各职能部门分头执行。

（2）零售业的第二次革命

1859年，美国的吉尔曼与哈福特兄弟在纽约创办了第一家连锁店。连锁经营被称为零售业的第二次革命，其意义在于把现代化工业大生产的原理应用于零售领域，通过实现采购、配送、销售、决策职能的专业化，商流、物流、信息流的集中化，管理决策和经营行为的规范化，资本运营的规模化，推动了商业制度的创新和变革。第二次革命的特点是：

①标准化管理。各分店在店名、标识、装修、员工服饰、营业时间、广告传播、价格等方面均保持一致性，达到了店铺整体形象的标准化。同时，连锁商店有一整套管理和运

作体系，作业流程规范化、科学化，实现了店铺管理的标准化。

②专业化分工。连锁商店总部和分店职责分明。总部负责对连锁分店的管理和控制，着重研究企业经营技巧并直接指导分店经营；分店主要负责销售，从而摆脱了经验管理，提升了店铺管理水平。

③集中化进货。由连锁总部集中进货，一方面因大量进货而降低了进货成本，取得了价格竞争优势；另一方面因有序管理而实现了购、销、存的有效衔接，加速了商品周转。

实例与点评1-1

（3）零售业的第三次革命

1916年9月，世界上第一家超级市场在美国田纳西州孟菲斯市诞生。超级市场的诞生被称为零售业的第三次革命，它带来了零售业整个销售方式的变革，既方便了顾客购买，又节约了流通费用，符合市场发展的内在要求。第三次革命的特点是：

①开架售货方式流行。超级市场在卖场采用顾客开架自选、自我服务、一次结算的售货方式。塑造了顾客与店员和商品的一种全新关系，不仅冲击了原有的零售业态，也影响了新型的零售业态。

②购物时间大大缩短。超级市场是以经营食品为主、日常用品为辅的综合性经营场所，众多商品汇集、关联性商品陈列和统一结算等做法大大节省了人们选购商品和结算的时间，迎合了人们购物更方便、更快捷的需要。

③营造了宽松舒适的购物环境。一是超级市场用整洁明亮、宽敞有序的店内环境取代了人们传统印象中脏乱嘈杂的生鲜食品市场，二是自助式购物营造了一种宽松舒适的购物环境，使顾客在店内可以自由选购，不受打扰，在心理上产生自主感。

④促进了商品包装的变革。开架自选购物对商品包装提出了新的要求，从而促使厂家进行全新的商品包装设计，在包装、标志等方面展开竞争，生产出包装规格齐全、标志突出的众多品牌商品。

（4）零售业的第四次革命

1930年，在美国得克萨斯州的达拉斯，第一家标准的购物中心出现。购物中心的出现被称为零售业的第四次革命，它是多业态、多业种的集合体，集餐饮、娱乐、休闲等于一体，满足人们一揽子消费需要而形成的购物消费场所。第四次革命的特点是：

①全新的生活方式。购物中心适应住宅郊区化、独立化的发展需要，在远离城区的区域建造集购物、休闲、娱乐、健身、会友、讲座与交流于一体的综合活动场所，提供了一种崭新的生活方式。

②城市化的必然产物。城市化的发展使人口外移，淡化了城乡界限，小城镇的出现使得在城乡接合部及交通较为便利的地区形成了一个往返半小时至一小时左右的新商圈——购物中心，改变了城市传统的市场格局。

③反映了消费水平提高的内在要求。第二次世界大战后涌现出一批中产阶级和高收入

的消费群体，他们不满足于单一的购物消费，要求提供多业态、多功能、多文化的消费场所，于是购物中心应运而生。

④满足商业活动集聚效应的内在要求。购物中心是多业态、多业种的集合体，一般以一种大型零售业态（如百货商店或大型超市）为主导，以专卖店、专业店为基础，配有多种功能设施，可以满足商业活动的多种要求，实现集聚效应。

（5）零售业的第五次革命

20世纪90年代后，电子商务、无店铺销售方式兴起，1994年网上商店在美国产生。网上商店的出现被称为零售业的第五次革命，它通过互联网销售商品，是现代电子技术在零售业销售过程中的运用。第五次革命的特点是：

①其本质是一次零售业的技术革命。网上商店是计算机技术、信息技术和网络技术在零售业的应用，构成电子商务的核心，标志着一种新的业态产生，同时又将现代技术向流通领域各个环节推广，加速了流通现代化的进程。

②它是市场发展的一次革命。网上交易的出现，产生了虚拟的或无形的市场，打破了传统零售业就地营业、就地供应、按时关门的限制，可以进行远距离、跨时空、多领域交易。

③它是一次营销革命。网上商店的出现不仅带来了新的分销渠道，也带来了新的营销方式，通过网上商品信息发布、网上订货，改变了传统的经营方式，促进零售商对整体营销策略进行重新调整和制定，实现了一次营销革命。

④它是一次消费方式的革命。网上交易可以让消费者在家里就可以在网络的广阔空间里自由选择多种商品，大大节省了交易时间和成本。

⑤它是一次业务流程的革命。网上交易采用新的业务流程，从订货开始，通过物流配送、送货上门、货到收款或电子结算，改变了传统的商商关系、工商关系和店客关系。

1.2.3　新中国零售业的发展变化

1.2.3.1　新中国零售业的发展历程

（1）国营百货商店初创阶段（1949—1978年）

新中国零售业起步于中华人民共和国成立初期，长期以来都是按照高度统一的计划经济体制要求统购统销，零售市场的发展极不成熟。消费品生产短缺，商品凭票供应，采用分配制流通，衣食住行等生活用品划归粮店、副食品店和百货店经营，其商业模式只能满足人们的基本生活需要。该阶段的零售组织以国营百货商店为主（但与国外的百货商店大相径庭），还有数量很多的国营粮店、菜店和副食品店等，这些店铺多是向城镇居民定量供应商品，谈不上规模经营。

（2）百货商店一统天下阶段（20世纪70年代末至90年代初）

改革开放后，我国开始由计划经济向商品经济过渡，生产力解放，经济持续发展，居民购买力大幅度提升，生活用品市场逐渐放开、搞活，零售组织逐渐呈现规模化发展趋势。20世纪80年代中叶，百货商店逐渐脱离旧的范畴得以迅速发展。原有大型百货商店普遍进行了改造扩建，一批大型商场新建竣工或处于在建状态，超过1万平方米营业面积的商场日渐增多。这些百货商店多位于地区中心繁华地段，经营商品品种齐全，购物环境幽雅，服务功能完善，客流量大，体现了人们生活水平提高、消费品供应日益丰富的经济发展实力。

（3）零售业态多元化阶段（20世纪90年代初至21世纪初）

20世纪90年代邓小平南方谈话发表以后，我国逐步向市场经济过渡，商品种类日益丰富多彩，零售业也发生了翻天覆地的变化，各种新型零售组织百花齐放。特别是1992年起我国零售业开始试点对外开放后，外资零售企业陆续进入我国，超级市场、大型综合超市、便利店、购物中心、专卖店、网上商店等新业态纷纷涌现，零售业态呈现出多样化的发展态势，我国零售业进入了多层次、多业态、开放式、竞争性的发展阶段。

（4）传统电商的春天阶段（21世纪初至2015年）

2003年淘宝网站建立，中国进入电子商务时代；线上消费的出现在一段时间内对我国实体消费市场产生了巨大冲击，加速了线下市场的优胜劣汰，倒逼传统业态的升级与改良，为"消费+体验"的新消费模式诞生埋下了伏笔。与此同时，网络电商的出现，打破了制约消费的时间、空间等因素，抬高了我国消费市场的天花板，对市场经济的拉动与激活作出了巨大贡献。

（5）多渠道裂变时代阶段（2016年至今）

2016年，全国首家"盒马鲜生"在上海开业，自此出现了"新零售"的概念；生鲜电商经历了高速发展，进入洗牌期；抖音正式上线等。自2016年开始，中国零售业态发生了急剧变化，生鲜电商、社交电商、直播电商、平台电商等掀起了一波又一波市场风口，线上与线下的关系已从传统电商时代的零和博弈转变为相互合作、相互赋能，而这种结合，也激发了中国经济在未来出现更多的可能。

1.2.3.2 新中国零售业的对外开放

（1）我国零售业对外开放的进程

我国零售业的对外开放大体分为4个阶段，具体进程见表1-2。

（2）国际零售商进入海外市场的主要方式

①有机增长，即零售商运用自己的资源从其他零售商手中购买场地，或者从零开始经营。

②企业并购，即零售商通过出资加入一个已在正常经营的零售企业体系。20世纪90年代以来，并购成为国际零售商进入海外市场的主要方式。

③特许经营，即零售商授予某个国家或地区特许经营人经营权，签订协议。在国际化实践中，零售商选择特许经营方式除受到母国成功经营的经验影响外，还受到国际环境的影响（如图1-1所示）。

④战略联盟，即隶属于不同国家或地区的两个或两个以上有共同战略利益和对等经营实力的零售商，为实现扩大原有市场、共同使用资源等战略目标，通过签订各种契约而结成的优势互补或优势相长、风险共担、要素对流的一种松散型合作和伙伴关系。根据战略意图和各联盟伙伴所具有的特定优势，跨国战略联盟可采取公司契约式联盟、合作备忘式联盟、国际协作式联盟等形式。

表1-2 我国零售业对外开放的阶段

阶 段	特 点	内 容
第一阶段 （1992年7月以前）	禁止阶段	1978年我国开始实行对外开放，有关条例规定：中国境内不允许设立商业零售行业的独资或合资企业，只允许外商投资的生产企业在中国市场销售部分自产产品
第二阶段 （1992年7月— 2001年12月 10日）	试点阶段	（1）定点试验开放零售业 1992年7月，《国务院关于商业零售领域利用外资问题的批复》拉开了我国零售业对外开放的序幕。1993年中外合资零售企业首先在北京、上海出现。1995年6月，《指导外商投资方向暂行规定》和《外商投资产业指导目录》将商业零售、批发和物资供销企业列入"限制类（乙）"外商投资项目，允许有限度地吸收外商投资。1995年10月，国务院批准在北京和上海试办两家中外合资的商业连锁企业。1999年6月，《外商投资企业商业试点办法》把零售业中外合资合作的试点范围扩大到所有省会城市、自治区首府、直辖市、计划单列市和经济特区 （2）清理整顿违规进入者 1997年，《国务院办公厅关于立即停止地方自行审批外商投资商业企业的紧急通知》《国务院办公厅关于清理整顿非试点外商投资商业企业有关问题的通知》等文件颁发，对违规企业进行整顿；2000年12月和2001年8月《国家经济贸易委员会、对外贸易经济合作部、国家工商行政管理局关于立即停止越权审批和变相设立外商投资商业企业的通知》《关于进一步做好清理整顿非试点外商投资商业企业工作的通知》颁发，进一步加强了清理整顿工作
第三阶段 （2001年12月11 日—2004年12月 10日）	过渡阶段	加入世界贸易组织后，外资零售企业大举进入我国，跨国零售巨头纷纷以大动作拉开圈地布点、占领市场的序幕。2001—2003年，沃尔玛累计开店22家。2002年家乐福一年开业8家店铺，在中国的店铺总数达到35家。截至2002年，世界50家最大零售商已有超过半数在中国设立了合资企业，在中国零售格局中扮演着重要角色。外资零售企业扩张步伐加快，构筑在华全面经营格局。从规模发展来看，由单店发展到连锁；从控股权限看，由中方控股转为外方控股；从开店地区看，从沿海到内地，从东部到中西部
第四阶段 （2004年12月11 日至今）	全面开放 阶段	2004年6月1日，《外商投资商业领域管理办法》正式实施。自2004年12月11日起，我国零售业在经历3年的过渡期后，向外商敞开了大门。从此，我国零售业实现了全面开放

⑤合资经营，即零售商寻找一个当地的合作伙伴共同投资建立一个合资企业的经营形式。在实践中，很多零售商都采取了合资经营的形式进入海外市场，如一个外资企业和一个本土企业合资，或两个外资企业在合资后进入海外市场。

此外，直接出口也是零售商进入海外市场的一种方式，如邮购、网上购物或电视购物等。鉴于不同的进入方式都有其各自的优缺点，零售商只有结合自身的内外部条件选择恰当的方式进入海外市场才能获得成功。

	阿霍德（Ahold）	贝纳通（Benetton）
特许	家乐福（Carrefour）	美体小铺（The Body Shop）
	桑顿（Thorntons）	伊夫罗谢（Yves Rocher）
非特许	C&A	Arcadia
	圣斯巴利（Sainsbury）	Bhs
	乐购（Tesco）	玛莎（Marks & Spencer）
	沃尔玛（Walmart）	Next

母国市场（纵轴标签）

非特许　　　　　　　特许

国际市场

图1-1　零售企业在母国和国际市场使用特许经营的情况

资料来源：汪旭晖. 零售国际化：动因、模式与行为研究〔M〕. 大连：东北财经大学出版社，2006.

小知识1-2

1.2.3.3　新零售

"新零售"是指企业以互联网为依托，通过运用大数据、人工智能等先进技术手段，对商品的生产、流通与销售过程进行升级改造，进而重塑业态结构与生态圈，并对线上服务、线下体验以及现代物流进行深度融合的新零售模式。简言之，新零售是以消费者体验为中心的数据驱动泛零售形态，它的核心在于重构从而产生全新的商业业态，核心价值是最大程度地提升流通效率。新零售的基本特征包括三个方面：一是以心为本，围绕消费需求，重构"人""货""场"，实现"以消费者体验为中心"；二是零售二重性，从物理化和数据化二维角度思考"新零售"；三是零售物种大爆发，形成多元零售新形态，向人人零售迈进。

"新零售"的本质是效率革命，即用互联网和大数据重构"人""货""场"等传统商业要素（包括重构生产流程、重构商家与消费者的关系、重构消费体验），推动运营科学化。新零售的根本要义在于推动线上与线下的一体化进程，其关键在于使线上的互联网力量和线下的实体店终端形成真正意义上的合力，从而完成电商平台和实体零售店面在商业维度上的优化升级；同时，促成价格消费时代向价值消费时代的全面转型。新零售的目的不仅是要完成企业内部组织的重构，更重要的是完成企业与企业间的重构，完成整个商业业态的重构。

"新零售"的模式主要有三种：一是在线上、线下与物流结合的同时，实现商品与物流渠道整合；二是提供更广范围内的体验式消费服务，实现消费场景化；三是营造包括零售企业内部员工及上下游合作伙伴的"新零售"平台模式，即打造"新零售"全渠道产业生态链。

新零售的发展方向，依然是积极预见和跟随消费者的需求变化，使零售创造的价值与消费者需求相匹配，如体验式消费重获关注，融合已成趋势；打通线上线下，使零售成为"风口"；全域经营成为新的风向标。此外，新零售下的供应链管理思维模式也发生了巨变，从以商品和库存为中心转到以消费者和数据为驱动，通过运营和服务的竞争，争夺消费者和购物场景。

1.3 零售业态

1.3.1 零售业态概述

1.3.1.1 零售业态的含义与分类

零售业态是指为满足不同的消费需求，商品零售经营者对相应要素进行组合而形成的不同经营形态。零售业态是现代意义上的零售词汇，业态商店是由业种商店发展演变而来的。零售业种是按所经营的商品类型划分或组建的零售店铺类型，如布店、粮店、肉店、鞋店、杂货店等。业种商店自古有之，其存在是与当时手工业作坊的生产方式、消费需求的单一化和偶然化、商业资本的小规模条件相适应的。零售业态商店与零售业种商店的区别见表1-3。业制是指由零售业产权关系所安排的经济制度，如单店制、连锁制、特许经营制等。业制和业态的有机整合就构成了零售经营方式。

表1-3　　　　　　　　　零售业种商店与零售业态商店的区别

项目	经营目的	经营核心	经营导向	经营重点
业种商店	推销商品	商品	销售导向	强调卖什么
业态商店	满足目标顾客需求	顾客	消费导向	强调怎么卖

根据我国2021年10月1日起实施的《零售业态分类》标准，根据有无固定营业场所，零售业态可分为有店铺零售和无店铺零售两大类。有店铺零售按店铺的特点，根据其经营方式、商品结构、服务功能，以及选址、商圈、规模、店堂设施、目标顾客等单一要素或多要素进行细分，可分为便利店、超市、折扣店、仓储会员店、百货店、购物中心、专业店、品牌专卖店、集合店、无人值守商店等10种零售业态。有店铺零售业态分类和基本特点参见表1-4。无店铺零售分为网络零售、电视/广播零售、邮寄零售、无人售货设备零售、直销、电话零售、流动货摊零售等7种零售业态。无店铺零售业态分类和基本特点参见表1-5。

1.3.1.2 零售业态的构成要素与主要维度

零售业态的具体构成要素和主要维度见表1-6。

表1-4 有店铺零售业态分类和基本特点

序号	业态	基本特点				
		选址	商圈与目标顾客	规模	商品（经营）结构	服务功能
1	便利店（convenience store）	社区型便利店	位于社区周边	主要顾客为社区内常住人员，客流稳定	门店面积一般在50~199平方米；货架组数在15~25组	以日常生活用品、饮料、烟酒、应急性商品以及部分生鲜商品为主。根据社区档次的不同，商品结构有所不同	营业时间通常在16h以上，可提供线上订货及多种便民服务。有些便利店提供送货上门或顾客自提服务
		客流配套型便利店	位于火车站、公交站、码头、地铁站等公共交通枢纽以及景点、商业中心等人流量较为密集的区域周边	顾客群体以上班族和出游人群为主	门店面积一般在50~120平方米；货架组数在15~25组	以饮料、香烟、即食品、休闲食品、报纸杂志为主。位于旅游景点的店铺销售旅游纪念品	以提供即食品服务（早餐、盒饭）、手机充电、ATM取款、上网等服务为主
		商务型便利店	位于写字楼集中的区域及周边地区	顾客群体以收入较高的商务人士为主	门店面积一般在20~80平方米；货架组数在10~20组；设置就餐简易设施	以鲜食盒饭、即食商品、现冲饮料、新鲜水果、功能性饮料、蜜饯糖果、时尚小商品为主	提供早、中、晚即食商品，以及信用卡还款、上网等服务为主。有些提供线上订货服务
		加油站型便利店	加油站内	顾客群体以司乘人员为主	门店面积一般在10~120平方米；货架组数不等	以食品、饮料、香烟、应急商品、汽车养护用品为主	提供ATM取款等金融服务，以及洗车等汽车相关服务

序号	业态	基本特点				
		选址	商圈与目标顾客	规模	商品（经营）结构	服务功能
2	超市（super-market）	按营业面积大小分类				
		市（区）商业中心或城乡接合部、交通要道及大型居住区	辐射半径在2千米以上，目标顾客以居民、流动顾客为主	营业面积一般在6 000平方米及以上	各类生活用品、包装食品及生鲜食品可一次性购齐，注重自有品牌开发	通常设不低于营业面积40%的停车场，营业时间在12小时或以上。可提供线上订货服务
		市（区）商业中心、居住区	辐射半径在2千米左右，以商业区目标顾客、社区便民消费为主	营业面积一般在2 000~5 999平方米之间	日常生活用品、包装食品及生鲜食品，单品数少于大型超市	营业时间在12小时或以上。可提供线上订货服务
		市（区）商业中心、居住区	辐射半径在1千米左右，社区便民消费为主	营业面积一般在200~1 999平方米之间	包装食品及生鲜食品为主，提供日常生活必需品	营业时间在12小时或以上，通常提供便民服务。可提供线上订货服务
		按生鲜食品营业面积占比分类				
		社区周边，大型购物中心的配套业态	辐射半径在2千米左右，以商业区目标顾客、周边居民为主	营业面积一般在200~6 000平方米之间	生鲜食品、包装食品为主，配置必需的非食商品，总经营品种在0.7万~1.5万种	营业时间在12小时或以上，提供生鲜食品简单处理、加工服务。可提供线上订货服务
		市（区）商业中心、居住区	辐射半径在5千米左右，以商业区目标顾客、周边居民为主	营业面积一般在2 000~10 000平方米之间	非食品类商品单品数较多，经营品种齐全，总经营品种在1.5万~3万种。顾客日常生活用品可一次购齐	营业时间在12小时或以上。可提供线上订货服务
3	折扣店（discount store）	居民区、交通要道等租金相对便宜的地区	辐射半径在2千米左右，目标顾客主要为商圈内的居民	营业面积一般在300~500平方米之间	商品平均价格低于市场平均水平，自有品牌占有较大的比例	用工精简，提供有限服务。有些可提供线上订货服务
4	仓储会员店（warehouse club）	城乡接合部的交通要道	辐射半径5千米以上，目标顾客以中小零售店、餐饮店、集团和流动顾客为主	营业面积一般在5 000平方米以上	以大众化衣、食、日用品为主，自有品牌占相当部分，商品种类通常在0.4万~1.2万种，实行低价、批量销售	设有相当于经营面积的停车场。有些可提供线上订货服务
5	百货店（department store）	市（区）级商业中心、历史形成的商业集聚地	以追求时尚和品质的顾客为主	营业面积一般在10 000~50 000平方米之间	商品种类齐全，以服饰、鞋类、箱包、化妆品、家庭用品、家用电器为主	注重服务，逐步增设餐饮、娱乐、休闲等服务项目和设施

大型超市 / 中型超市 / 小型超市 / 生鲜超市 / 综合超市

序号	业态	基本特点				
		选址	商圈与目标顾客	规模	商品（经营）结构	服务功能
6	购物中心（shopping center/shopping mall）	**都市型购物中心** 城市的核心商圈或中心商务区，街区型或封闭型建筑结构	商圈可覆盖甚至超出所在城市，满足顾客购物、餐饮、商务、社交、休闲娱乐等多种需求	不包含停车场的建筑面积通常在 50 000 平方米以上	购物、餐饮、休闲和服务功能齐备，时尚、休闲、商务、社交特色较为突出	提供停车位、导购咨询、个性化休息区、手机充电、免费无线上网、ATM 取款等多种便利设施
		区域型购物中心 位于城市新区或城乡接合部的商业中心或社区聚集区，紧邻交通主干道或城市交通节点，以封闭的独立建筑体为主	辐射半径约在 5 千米以上，满足不同收入水平顾客的一站式消费需求	不包含停车场的建筑面积通常在 50 000 平方米以上	购物、餐饮、休闲和服务功能齐备，所提供的产品和服务种类丰富	提供停车位，通常还提供导购咨询服务、个性化休息区、手机充电、免费无线上网、免费针线包、ATM 取款等便利设施
		社区型购物中心 位于居民聚居区的中心或周边，交通便利。以封闭的独立建筑体为主	辐射半径约在 3 千米以内，满足周边居民日常生活所需	不包含停车场的建筑面积通常为 10 000 ~ 50 000 平方米	以家庭生活、休闲、娱乐为主，配备必要的餐饮和休闲娱乐设施，服务功能齐全	提供停车位，通常还提供休息区、手机充电、免费无线上网、免费针线包、ATM 取款等便利设施
		奥特莱斯型购物中心 在交通便利或远离市中心的交通主干道旁，或开设在旅游景区附近。建筑形态为街区型或封闭型	辐射所在城市或周边城市群，目标顾客为品牌拥护者	不包含停车场的建筑面积通常约在 50 000 平方米以上	以品牌生产商或经销商开设的零售店为主体，以销售打折商品为特色	提供停车位
7	专业店（specialized store）	在交通便利或远离市中心的交通主干道旁，或者市（区）级商业中心以及百货店、购物中心内	目标顾客以有目的选购某类商品的流动顾客为主	根据商品特点而定	以销售某类商品为主，体现专业性、深度性、品种丰富，选择余地大	现场售卖人员可提供专业建议。无人值守专业店，由消费者自助完成购物
8	品牌专卖店（brand exclusive shop）	市（区）级商业中心、专业街以及百货店、购物中心内	目标顾客以中高档消费者和追求时尚的年轻人为主	根据商品特点而定	以销售某一品牌系列商品为主，销售量少、质优、高毛利	注重品牌声誉，从业人员专业知识丰富，提供专业服务。无人值守专卖店，由消费者自助完成购物

续表

序号	业态	基本特点				
		选址	商圈与目标顾客	规模	商品（经营）结构	服务功能
9	集合店（selection shop）	市（区）级商业中心、专业街以及百货店、购物中心内	目标顾客为品牌特定消费者	营业面积通常在300~1 500平方米之间	汇集多个品牌及多个品类的商品，产品间有较强的关联性	注重品牌声誉，从业人员专业知识丰富，提供专业服务
10	无人值守商店（unmanned store）	位于大卖场周边、社区、办公楼周边、购物中心内等可以补充其他业态销售的区域	主要顾客群体为周边客群，追求快捷、方便	营业面积一般在10~25平方米之间	以饮料、休闲食品、应急性商品为主。根据区域不同，商品结构有所不同	可24小时营业

表1-5　　　　　　　　　　无店铺零售业态分类和基本特点

序号	业态	基本特点			
		目标顾客	商品（经营）结构	商品售卖方式	服务功能
1	网络零售（online retail）	追求便捷、省时、省力	根据目标顾客设定产品结构	在线交易	送货到指定地点或指定自提点
2	电视/广播零售（television/broadcast shopping）	以电视观众、收音机听众为主	商品具有某种特点，与市场上同类商品相比，有一定差异性	以电视、广播向消费者推介商品，通过电话订购	送货到指定地点
3	邮寄零售（mail order）	商品目录，或报纸、杂志的阅读者	商品适宜储存和运输	以商品目录、报纸、杂志向消费者进行商品宣传，消费者事先打款，通过邮购或快递收到货物	邮寄或快递到指定地点
4	无人售货设备零售（unmanned equipment retail）	以交通节点、商业区等流动顾客和固定区域（如办公区、生活区）顾客为主	以饮料、预包装食品和简单生活洗化用品为主，商品单品数通常在30种以内	通过自动售货机无人货架、智能货柜等设备，消费者自助购买	自助服务
5	直销（direct selling）	根据不同的产品特性，目标顾客不同	商品以某一类或多品类为主，系列化	销售人员直接与消费者接触，销售产品	送货到指定地点或自提
6	电话零售（tele-shopping）	根据不同的产品特点，目标顾客不同	商品单一，以某类品种为主	通过电话完成销售	送货到指定地点
7	流动货摊零售（retail sale via mobile stalls）	随机顾客	商品单价较低，满足即时性、冲动性购物需求	面对面销售	即刻买到商品

表 1-6　　　　　　　　　　　　　　零售业态的构成要素和主要维度

构成要素	主要维度
产品	①品类数量（宽与窄） ②某类单品数（深与浅） ③商品性质（食品和一般商品） ④商品质量（高、中、低） ⑤品牌归属（自有、代理、其他）
服务	①服务范围（自我服务、有限服务、完全服务） ②人员服务（理货、导购和顾问） ③结算方式 ④营业时间（8~12 小时、16 小时以上） ⑤顾客管理（非会员制和会员制） ⑥服务效率
价格	①价格水平（高、中、低） ②促销方式（打折、酬宾）
店址	①店铺区位（居民区和商业区） ②店铺地址（独立店和购物中心） ③商圈范围（500 米、2 千米、5 千米） ④停车场（无、小、大）
环境	①店铺规模（大、中、小） ②店铺布局（宽敞和拥挤） ③商品陈列（十分讲究、一般、不太讲究） ④休闲设施（有、无） ⑤后台设施（仓店合一与仓店分离）
沟通	①沟通方式（直达信函、报纸广告、电视广告） ②沟通内容（促销活动与形象宣传）

资料来源：李飞，王高，等. 中国零售管理创新 ［M］. 北京：经济科学出版社，2007.

1.3.2　零售业态理论

1.3.2.1　零售轮转理论

零售轮转理论也称为零售车轮理论，是由美国哈佛商学院零售专家马尔科姆·P.麦克内尔（Malcolm P. McNair）教授在 20 世纪 50 年代出版的《零售车轮》一书中提出的。该理论的基本假设是，零售业态变革有一个周期性的像旋转车轮一样的发展规律。该理论认为，在许多情况下，原有零售业态吸引力的下降是由低成本的新型零售组织进入引起的。新型零售业态最初都采取低成本、低毛利、低价格的经营政策。当它取得成功时，必然会引起他人效仿，激烈的竞争促使其不得不采取价格以外的竞争策略，如增加服务、改善店内环境等，这势必增加费用支出，使之转化为高费用、高价格、高毛利的零售业态。与此同时，又会有新的以低成本、低毛利、低价格为特色的零售组织开始问世，于是轮子又重新转动。超级市场、折扣商店、仓储式商店都是按照这一规律发展起来的。零售轮转通常包括进入期、成熟期和脆弱期三个阶段（如图1-2所示）。

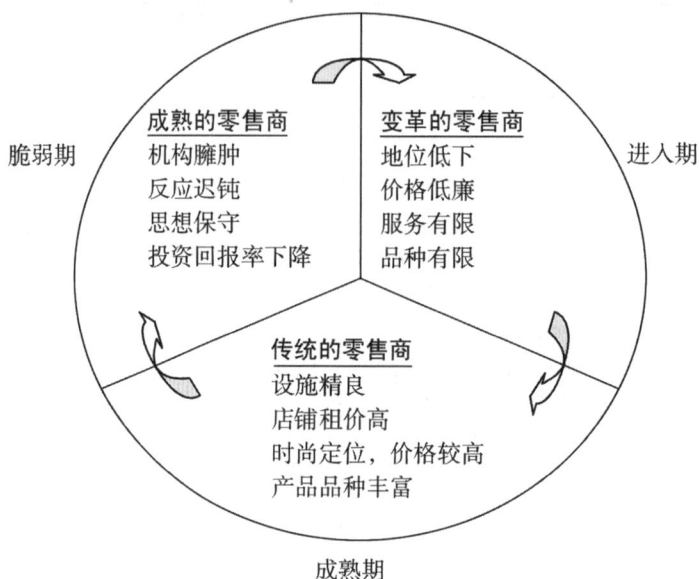

图1-2　零售轮转

根据零售轮转理论，成本领先战略往往是新兴零售业态企业后来居上的有力武器。零售轮转揭示了三种基本的战略定位：

①低端，即低价、有限设施和服务，针对价格敏感型消费者。

②中端，即中等价位、改善的设施，针对价值和服务意识较强的消费者。

③高端，即高价、一流的设施与服务，针对上层消费者。

1996年，日本的中西正雄教授提出新零售轮转理论，揭示了"低成本、低毛利、低价格"不是零售业态变迁的唯一原动力，任何层面上的竞争优势都有可能催化新业态的产生。

1.3.2.2　零售生命周期理论

零售生命周期理论是由美国的戴维森（W. R. Davidson）、伯茨（A. D. Bates）和巴斯（S. J. Bass）于1976年共同提出的。该理论认为，与产品生命周期一样，零售机构/业态也有生命周期。随着时代的发展，零售机构/业态也经历了创新、发展、成熟和衰退的不同阶段，具有循环性的规律，呈现周期性交叉循环。一种零售组织所处生命周期的阶段不同，其市场特点以及属于该组织应该采取的行动策略也不同。零售生命周期理论解释了零售形态变化的方向和速度，揭示了现有零售业态是如何发展的，以及该业态为什么会这样向前发展。它将发展变化的动力归于价格周期、市场环境、宏观经济波动等许多不同的因素，从而使理论具有更强的解释能力。

小知识1-3

1.3.2.3 手风琴理论

手风琴理论的主要思想是由布兰德（E. Brand）于 1963 年首先提出的，再经赫兰德（S. C. Hollander）于 1966 年加以发展并命名。该理论假说主要是从商品组合宽度的扩大与缩小（产品线）的角度来解释新业态的产生。该理论认为，在零售业态的发展过程中，存在着商品种类由综合化到专业化，再到综合化的循环往复的过程，每一次循环不是过去的重复，而是被赋予了新的内涵，从而出现了不同的零售业态（如图 1-3 所示）。

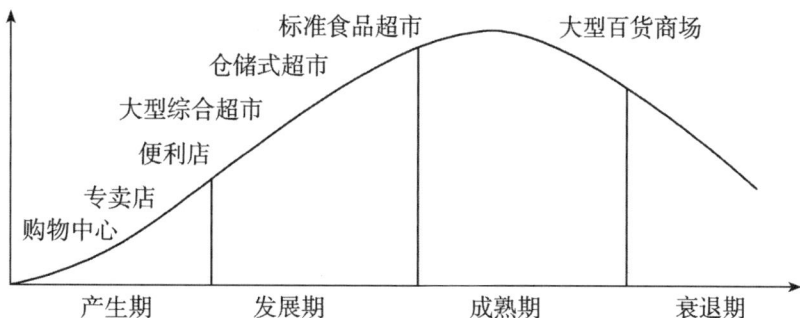

图 1-3 手风琴理论

1.3.2.4 自然淘汰理论

自然淘汰理论是由美国零售专家德瑞斯曼（A. C. R. Dreesman）提出的。它是从达尔文的自然选择理论派生出来的，认为零售业态的发展变化必须与社会经济环境相适应，只有那些能够与生产结构、技术革新、消费增长及竞争态势相适应的零售业态才能够生存下来，否则将会被自然淘汰或走向衰落。适者生存的思想是公认的真理。例如，美国在第二次世界大战后，社会经济发生了巨大变化，城市人口向郊区转移，这使得位于市中心的百货商店由于地理限制、交通拥挤、停车困难、客流量减少等原因，业务经营遇到了困难，而在市郊的购物中心则蓬勃发展。

1.3.2.5 辩证发展理论

辩证发展理论是由美国的吉斯特（R. E. Gist）于 1968 年提出的，其理论是黑格尔的辩证法思想。该理论认为，业态之间的冲突是变化的主要推动力，新型零售业态是在借鉴原有的不同竞争对手各自特点的基础上产生的，即哲学中"正、反、合"的原理可以说明零售业态变革发展的规律。"正"是指旧零售业态，"反"是指新零售业态，"合"是指新旧业态在竞争中相互融合，产生一种兼具新旧特点的更新的零售业态，零售业态根据"正、反、合"的原理不断地发展变化。

1.3.2.6 商品攀升理论

商品攀升理论由美国的巴里·伯曼、乔尔·R.埃文斯在合著的《零售管理》一书中提出。它是从产品线角度解释零售业态发展变化的。该理论说明的是零售组织不断增加其商品组合宽度的规律，即当零售组织增加相互不关联的或与组织原业务范围无关的商品和服务时，便发生了商品攀升。

1.3.2.7 需求满足理论

需求满足理论研究的角度是消费者，而不是经营者和零售业本身。该假说建立的基础理论主要有辩证发展理论、生命周期理论、顾客价值论和马斯洛的需要层次理论。需求满足理论认为，零售业态的发展必须与社会环境的变化相适应，只有那些以消费者为中心，能够满足和适应消费者需求变化以及社会、文化、法律等环境变化的零售商才能生存下来，这些零售商才是零售业不断发展的真正源泉（如图1-4所示）。

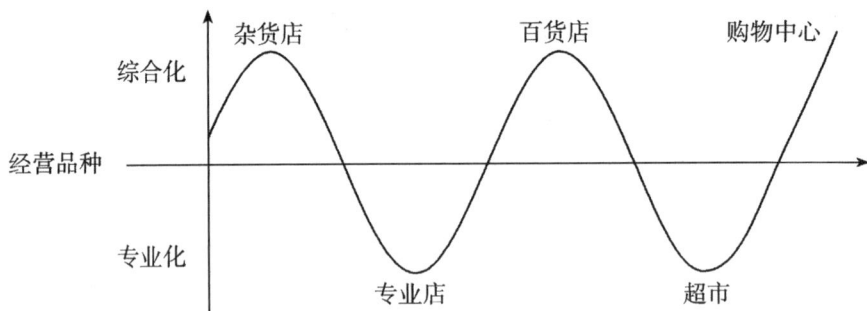

图1-4　业态发展与顾客满意度的关系

小知识1-4

1.3.3　零售业态变革

1.3.3.1　零售业态变革的一般条件

研究表明，零售业态的每次变革都有着自己特定的环境和条件。从大的方面看，工业革命和信息革命引发了零售业态变革的两次高潮。从小的方面看，零售业态变革源于三个条件：

（1）顾客拉动

成功的业态必须对顾客的需求变化作出正向反应：当顾客需求变动较小时，可在原有业态基础上进行调整；当顾客需求变化较大时，就会拉动新型业态出现。如第二次世界大战后，职业女性的增加使得女性用于购物的时间大大减少，顺应她们需求的超市便红火起来。

（2）生产推动

生产对零售业态变革的推动力量来自间接推动和直接推动两个方面。间接推动是指生产力的较大革命带来消费需求的变化，从而引起业态的变化，如家用轿车的普及推动了仓储会员店、大型超市等地处郊区的业态的发展。直接推动是指因生产力的较大革命带来分销手段的进步，从而推动了业态的革命。如互联网络的发展、交通运输的便利化使零售管理突破了时间和空间的限制和障碍，为小型店铺业态类型通过连锁化实现规模效益提供了保证，从而推动了便利店、超市等业态的发展。

（3）竞争启动

在买方市场条件下，原有零售业态之间的竞争会越来越激烈。这一方面会使传统经营者为了取得竞争优势而设法进行业态调整与革新，另一方面会使新的零售投资者放弃选择传统业态，尝试新的、有前景的业态，两种力量的整合必然会启动全社会的业态更新。

小案例1-2

1.3.3.2　主要零售业态生存的特殊条件

零售业态的发展变化与一个国家的经济增长和人均GDP联系密切（见表1-7）。

表1-7　　　　　　　　　　　零售业态与人均GDP的关系

零售业态	消费特征	人均GDP（美元）
百货公司	多品种、高质量商品	1 000
超市	注重便利、快捷	3 000
便利店	要求方便、讲求时效	6 000
仓储会员店	追求方便、低价、品种全	10 000
购物中心	多元化购物、方便	12 000
精品专卖店	休闲增多、高质量消费	15 000

资料来源：邓永成. 中国营销理论与实践［M］. 上海：立信会计出版社，2004.

此外，每一种零售业态的产生与发展还有着自己的特殊条件，例如：

①百货商店生存的最基本条件是城市化。

②超级市场生存的条件是：电冰箱普及率50%以上；千人拥有小轿车100辆以上；生产与包装达到标准化；电脑技术得到一定程度的应用。

③便利店的生存条件是：城市夜生活丰富并成为人们消费的一种习惯；"购物是家务，休闲是享受"的意识成为一种流行；电脑技术广泛应用。

④仓储会员店生存的条件是：城市郊区化和卫星化；轿车进入家庭；中小店铺较为发达等。

研究各种零售业态生存的特殊条件，有助于经营者认真分析市场环境与特点，在零售业态选择和调整方面谨慎思考和决策，切忌好高骛远或盲目跟从，以零售业态生存和发展的条件为依据作出科学的选择。

素养园地

零售企业的数字跃迁之路

党的二十大报告指出："加快发展数字经济，促进数字经济和实体经济深度融合，打造具有国际竞争力的数字产业集群。"伴随数字技术的飞速发展，零售行业正经历前所未有的变革。在以"智"为核、以"数"为径的新时代，零售企业如何把握数字化转型的机遇，实现从传统经营向智慧零售的跃迁成为高质量发展的关键。通过完善的数字基建与先进的数字技术，领军零售企业以全域数字化运营、人工智能深度赋能及以消费者需求为导向的营销策略，持续推动突破性创新与数字化飞跃，探索智慧零售的革新之路。腾讯智慧零售从数百家零售企业中层层遴选出年度数字化转型十大优秀案例，高济健康、安踏、全棉时代等领军零售企业为零售企业的数字化跃迁提供了可参考的范例。

一、全域数字化助力企业提质增效

高济健康是国内连锁医药行业的领军企业之一，截至2024年7月，已经在全国18个省市330多个城市设立了1.5万余家智慧药房、31个智慧物流仓，服务近百万名肿瘤会员、2500万名慢病会员、近1亿名健康会员。

作为一家"非传统"医疗零售企业，其优势之一便是通过全域数字化的经营手段，实现"守护大众健康"的愿景。高济健康围绕"15分钟步行健康生活圈"所构建的全域数字化升级服务，是依托智慧门店的医疗健康全场景数字化运营体系，覆盖前、中、后端业务，其中包括智慧门店、全域会员经营、以患者为中心的智能管理平台、"最后一公里"快速履约、智慧大数据AI赋能、智慧供应链六大领域。

在体育用品领域，中国最大的体育用品集团——安踏则通过数字化穿针引线，将"人、货、场"紧紧联系在一起。

安踏集团的数字化战略着重于"三多三全"，即多品牌、多层级、多模式和全渠道、全场景、全球化。通过商业模式数字化、管理模式数字化以及管理工具数字化三个维度持续推进数字化转型。从客户需求端到管理端以及供应链端全面实施数字化，数字技术打破了传统的商业模式，让所有信息能够在系统中聚合流动。

零售企业通过全域数字化手段能够最大程度降低运营成本、提高触达效率，推动企业创新发展。

全棉时代作为全棉全品类生活方式品牌，从一朵棉花的种植开始，到加工生产、运输，再到门店管理、销售，注重全产业链条的数字化应用。作为行业数字化的"探路者"，全棉时代基于五大数字化战略，在多领域不断尝试，打造出集数字化"产供销服"为一体的全套双中台IT体系。

全棉时代专门成立了集团数字化运营中心，在智能制造、智能物流、智能中台、大数据开发等多个领域进行技术和业务突破，同时联合腾讯智慧零售开启营销云的产品开发与运用。

二、以消费者为导向的数字化营销策略

当前，零售企业以消费者为导向，以品牌内容为立足点，通过数字化手段与工具，在公域私域、线上线下全面构建与消费者的链接"触点"。

DTC直营模式聚焦每个品牌的目标消费人群，通过多品牌服务多场景、多人群，以数据驱动与高效能数字应用不断提高集团管理效率，实现精准营销与智能化匹配，从而实现流量变"留量"。

从2015年起，安踏集团一直是中国最大的体育用品集团。安踏集团积极拥抱数字化转型，利用大数据分析全国所有门店的实时营运数据，提升会员价值，同时基于庞大的企业微信私域流量池，实现了线上线下两手经营，驱动了门店不限时间、不限空间的业绩增长。

截至2023年12月，全棉时代已发展了超过5 300万个全域会员，构建了一套属于自己的全域经营逻辑。在强化品牌价值传播与内容为先的基础上，全棉时代建立了线上线下互融、公域私域联动、数字化可控的全域营销阵地，通过企业微信、小程序、视频号等新兴工具，维护庞大的用户体系，提高用户黏性。企业希望通过私域搭建一个与用户深度互动和交流的平台。私域组件相对来说会更灵活，玩法也更加多样。要以"用户"为核心，以"温度"为质感，构建"强信任关系"，不断创造更丰富的差异化服务，让用户与品牌之间形成深度链接。

高济健康也全面拥抱私域营销，依托腾讯的微信生态，搭建会员小程序、送药到家小程序、互联网医院小程序，在全国组建了超过几万个社群来服务患者。同时，通过公众号和视频号与用户连接，打造了一系列数字产品体系，有效实现了线上线下服务一体化。大健康行业正在从以商品和供应链为中心向以用户和服务为中心转变。传统的"一站式"服务模式已经无法满足不断升级的用户需求。企业需要通过全域数字化手段，精确构建用户画像，提供更加精准、个性化和不受时间、地域约束的商品及服务供给方式。

三、AI赋能开启跃迁新空间

在零售行业的数字化和智能化转型浪潮中，大数据已成为企业发展的核心驱动力。随着人工智能技术的深度赋能，众多企业正积极拥抱数智融合的创新路径，通过AI赋能突破传统边界，迈向更加智能、高效的智慧零售未来。

近年来，安踏集团积极尝试AI赋能应用，通过AI平台进行AI商品的企划、设计和开发，同时也在进行AI数字人直播。安踏集团积极探索AI在产品设计、营销等方面的应用，大幅缩短了产品从设计到市场的周期，提高了市场适配性，同时集团提供学习土壤，积极鼓励员工创新，通过提供AI工具和平台，激发全员的创新潜力。

在大健康行业，高济健康正在致力于利用AI技术提升医疗服务质量，优化内部运营效率，并为患者提供更加全面、便捷的健康管理解决方案。比如，高济健康基于大语言模型技术打造了一套肿瘤患者院外管理系统——高济神农2.0。一方面，利用"外呼+AI"，提升门店药师服务的专业度，规模化地服务肿瘤病患的院外生活；另一方面，利用"互联网医院+AI"，提升互联网医院医生服务的效率。未来，高济健康还将在AI技术方面展开新的规划和探索。高济健康会进一步深化大模型技术在门店运营的应用，如基于大模型打造药师培训系统。同时也会探索将大模型技术应用于疾病管理、健康预测等更多医疗健康场景，通过精准的数据分析和预测，提高诊疗水平和患者体验。

全棉时代在多个板块应用AI技术，如生产工序管理、供应链、数据分析、内容生产以及线上AI客服等。下一步全棉时代也将积极结合新兴数字技术，通过AI赋能继续投资产品研发和技术创新，不断拓展数字能力边界，提升经营效率，预计将着力开发AI赋能产品，通过元宇宙App、AI客服等，进一步提升企业数智化与品牌影响力。

人工智能将为零售行业带来更多机遇。现在，安踏集团在数字化2.0融入了AI，它既强化了业务和技术的连接，也强化了生态合作，将进一步实现业务核心目标的增长。未来，安踏集团将持续增加AI投入，期待与零售行业的所有企业共同发展。

资料来源：陈涵旸，班娟娟. 以"智"为核 以"数"为径——零售企业的数字跃迁之路［EB/OL］.（2024-07-04）［2024-07-15］. https://baijiahao.baidu.com/s?id=1803608326099192275&wfr=spider&for=pc.

关键术语

零售　零售商　零售变革　新零售　零售业态　零售轮转理论　零售生命周期理论
手风琴理论　商品攀升理论

即测即评

第1章单项选择题	第1章多项选择题	第1章判断题

基本训练

❖ 问答题

1. 简述西方零售业的演变历程。
2. 简述零售业态与业种的关系。
3. 简述零售业态的具体构成要素。
4. 简述零售变革应具备的基本条件。
5. 简述国际零售商进入海外市场的主要方式。
6. 试比较分析百货店与都市购物中心的特点。
7. 试比较分析大型超市与仓储会员店的特点。
8. 试比较分析专业店与品牌专卖店的特点。

❖ 案例分析

案例1 　　　　　　　　**我国即时零售行业呈现增速发展**

近年来，我国即时零售交易规模持续扩大，年增速远超快递电商。从市场规模来看，据课题组测算，我国即时零售（未包括餐饮外卖和即时服务）市场规模从2017年的365.71亿元增长到2022年的5 042.86亿元，预计到2026年将达到25 082.65亿元（如图1-5所示）。

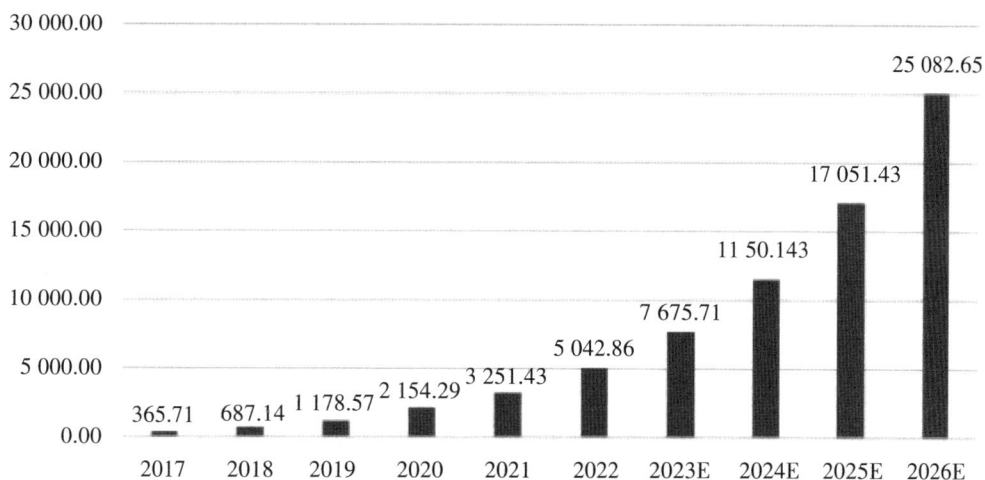

图1-5　2017—2026年即时零售市场规模（单位：亿元）

从增长速度来看，自2018年以来，即时零售行业的年均增长速度超过50%。预计到2026年，即时零售的年增长率仍可能高达47.1%。与同期网络零售总额的增速相比，2020年即时零售增速高出71.89个百分点，2021年高出36.83个百分点，2022年高出51.1个百分点（如图1-6所示）。即时零售成为居民消费增长的新动力，将保持较快增长态势。

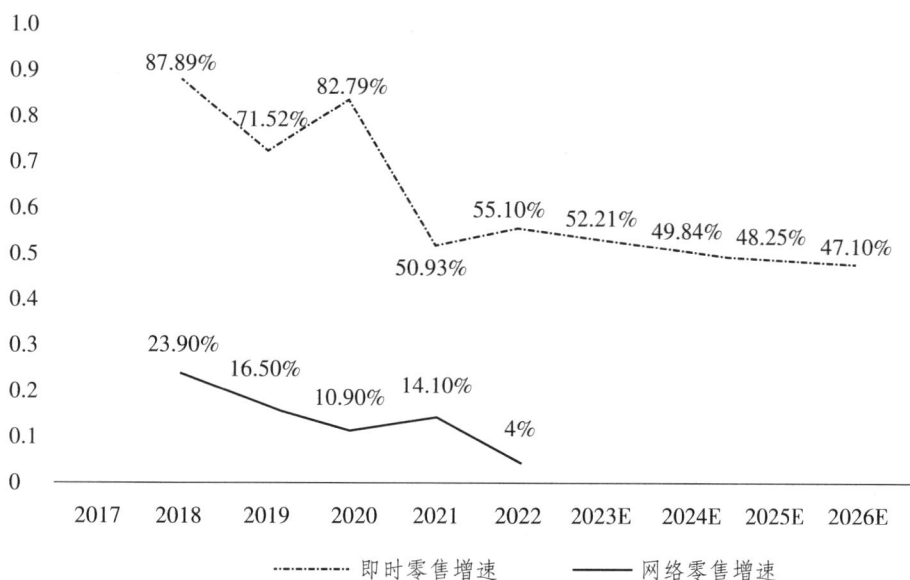

图1-6　2017—2026年即时零售增速与网络零售增速

按照是否适合开展即时零售业务为标准，社会消费品零售总额所统计的16个限额以上商品零售类型中，金银珠宝、汽车、石油及制品、家具、建筑及装潢材料等5个类型在现阶段开展即时零售的难度较大。可以开展即时零售业务的零售品类大致包括除上述5个类型以及餐饮业之外的粮油食品、饮料、烟酒、日用品等11个类型。①从历年的平均占比来看，这11个类型的零售市场规模约占社零总额的40%。

从即时零售对这部分零售业的渗透程度来看，2022年我国即时零售市场的实际规模为5 042.86亿元，我国社零总额达到44万亿元，渗透率将近3%。根据《"十四五"国内贸易发展规划》中"2025年我国社零总额达到50万亿元"为标准进行测算，即时零售对这部分零售业的渗透率在2025年可达8.5%左右。

资料来源：商务部国际贸易经济合作研究院.《即时零售行业发展报告（2023）》发布［EB/OL］.（2023-09-20）［2024-07-15］. https://www.caitec.org.cn/n6/sy_xsyj_yjbg/json/6454.html.

问题：

（1）如何看待即时零售行业的发展增速？

（2）即时零售行业未来的发展空间如何？

（3）试分析未来即时零售行业的发展对策。

案例2　　　　　零售业发展100年，零售进入4.0时代

从零售业发展的历程来看，1916年美国出现了全球第一家超市，将传统的杂货店推向了现代化，成为零售1.0时代的开端。当时的商户基本上都是非常传统的杂货店，而这家超市强调了商品的生动化，出现了很多消费者从来没有见过的各种流行商品、限时限价、促销，把传统的零售门店推向了一个现代化的运作方式。

1963年，家乐福和沃尔玛等连锁量贩店现身，由此揭开零售2.0时代的序幕，大规模连锁强调的规模化、标准化、效率化的成本管控手段在全球盛行。2.0时代讲究的是实体零售门店线下物理空间，怎样能更快速地开更多的店，跑马圈地，然后通过规模化的采购、供应链的改造，把成本降到最低。目前我们提及的传统实体零售绝大多数都属于2.0时代。

21世纪初，亚马逊中国、淘宝、天猫等的兴起，吹响了零售3.0的号角，电商成为零售市场的主流。从消费者的体验来看，它们的核心专长就是快速反应、产品效应以及大数据的运营。

互联网的发展，开启了B2C（商对客）、C2C（客对客）、O2O（线上到线下）、OSO（线上+服务+线下）全渠道整合模式，零售进入4.0新时代。以天猫为代表的全渠道多元化的零售模式是新零售最具有代表性的模式。

资料来源：余杰奇. 零售业发展100年，新零售4.0有什么不同［EB/OL］.（2017-02-08）［2024-02-07］. https://www.sohu.com/a/125716014_209815.

问题：

（1）零售1.0到零售4.0的演变揭示了零售业发展的哪些规律？

（2）你是如何认识和理解新零售的？

（3）零售4.0时代给我们带来了哪些新的机会和挑战？

---

①　国家统计局公布的社会消费品零售总额按消费类型分，可以划分为餐饮收入和商品零售。其中，商品零售的限额以上单位商品零售包含了16个类型，分别是：粮油、食品类，饮料类，烟酒类，服装、鞋帽、针纺织品类，化妆品类，金银珠宝类，日用品类，体育、娱乐用品类，家用电器和音像器材类，中西药品类，文化办公用品类，家具类，通讯器材类，石油及制品类，汽车类以及建筑及装潢材料类。

案例3　　　　　　　　　　中国零售行业发展现状及未来发展趋势

一、发展现状

随着我国经济的持续发展和居民收入水平的提高，居民消费意愿也随之提升，社会消费品零售额稳步增长。同时，互联网技术的不断进步和普及，以及移动支付、人工智能、大数据等新技术的应用，使得零售企业可以更好地了解消费者需求，优化供应链管理，提高运营效率，为零售业的发展提供了强大的技术支持，新零售业态不断涌现，如无人便利店、智能超市、O2O等，为零售企业提供了新的增长点，推动零售业向多元化、智能化方向发展。

连锁零售企业依托完善的采购、物流、销售体系，有利于降低政府监管成本和企业经营成本，形成较强的规模优势和品牌影响力，竞争优势较为明显。近年来我国零售行业成熟度与规范度不断提升，连锁零售规模随之不断增长。据中国连锁经营协会官网消息，2023年，连锁TOP100企业销售规模为2.03万亿元，门店总数22.66万个，分别比上年的连锁TOP100企业增长4.6%和8.3%。在连锁TOP100企业中，综合零售46家，超市23家，便利店15家，专业店16家。2023年TOP100企业新增门店中，便利店、专业店合计占比超过97%。

二、发展趋势

（一）数字化和数据驱动

随着消费者行为的改变，数字化和数据驱动的零售策略变得越来越重要。通过收集和分析消费者数据，企业能够更好地了解消费者的需求和购物习惯，从而提供更加精准的产品和服务。例如，通过大数据分析，企业可以预测产品的销售趋势，提前做好库存管理，避免缺货或积压过多存货。同时，数据也可以用于优化供应链、降低成本和提高运营效率。

（二）个性化和差异化

消费者对产品和服务的个性化需求越来越高，这也推动了零售企业不断寻求创新和差异化。通过提供定制化产品、独家品牌或特色服务，企业能够吸引消费者并提升品牌形象。此外，企业还可以通过与消费者之间的互动，了解消费者的需求和反馈，进一步优化产品和服务。

（三）多业态和跨界合作

随着消费者需求的多样化，零售企业需要不断创新和拓展业务范围，以提供更加全面的产品和服务。例如，线上零售企业可以与线下实体店合作，提供更加便捷的购物体验；或者零售企业可以与其他产业进行合作，如与旅游、娱乐等产业进行跨界合作，提供更加多元化的服务。

资料来源：智研咨询. 干货分享! 2023年中国零售业市场发展概况及未来投资前景预测分析［EB/OL］.（2023—10—16）［2024—07—15］. https://www.360kuai.com/pc/94dc0661cff30d9b7? cota=3&kuai_so=1&sign=360_57c3bbd1&refer_scene=so_1.

问题：

（1）零售商的竞争力与企业规模存在什么关系?

（2）实施连锁经营对零售商有哪些要求?

（3）零售商如何应对行业发展趋势带来的各种挑战?

第2章 零售战略

内容体系

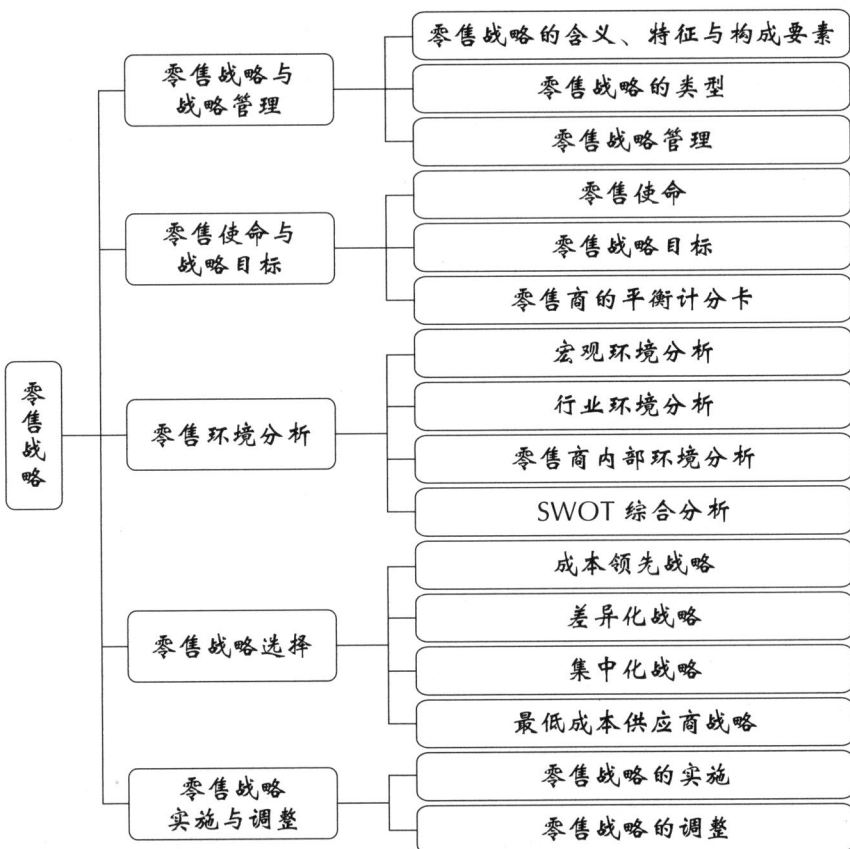

零售战略

- 零售战略与战略管理
  - 零售战略的含义、特征与构成要素
  - 零售战略的类型
  - 零售战略管理
- 零售使命与战略目标
  - 零售使命
  - 零售战略目标
  - 零售商的平衡计分卡
- 零售环境分析
  - 宏观环境分析
  - 行业环境分析
  - 零售商内部环境分析
  - SWOT综合分析
- 零售战略选择
  - 成本领先战略
  - 差异化战略
  - 集中化战略
  - 最低成本供应商战略
- 零售战略实施与调整
  - 零售战略的实施
  - 零售战略的调整

学习目标

◆ 掌握零售战略管理过程、零售战略选择与调整的相关策略内容。

◆ 理解零售战略的构成要素与类型。

◆ 熟悉SWOT分析模型。

❖ 引例

胖东来的经营策略

胖东来，作为中国零售行业的佼佼者，被誉为中国零售业之"神"和零售服务业的天花板。多年来，胖东来凭借其相互支持的、独特的经营策略，共同构成了自身强大的竞争优势，实现了持续增长和发展。

1. 多元化经营战略

胖东来不仅涉足传统的零售业务，还拓展到电子产品、家居建材、餐饮、娱乐等多个领域。多元化经营使胖东来能够在不同的市场环境中找到增长点，降低单一市场波动对整体业绩的影响，实现业务均衡发展。

2. 本地化策略

胖东来深知各地区消费者的消费需求和习惯各有不同，因此，它在不同地区的门店会根据当地市场的特点进行差异化经营，使得胖东来能够更好地满足当地消费者需求，提高市场占有率。

3. 顾客关系管理

通过建立会员制度、积分兑换等机制，胖东来收集了大量的顾客数据，通过对这些数据进行分析来了解顾客的购买行为和偏好。再基于分析后的数据，企业能够为顾客提供更加个性化的服务，提高顾客的满意度和忠诚度，为胖东来带来稳定的客源。

4. 供应链管理

胖东来通过与供应商建立长期稳定的合作关系，确保商品的质量和供应的稳定性。采用先进的供应链管理系统，实时监控库存状况，优化库存结构，降低运营成本。此外，还注重供应链的可持续发展，积极推动供应商实施环保生产，减少对环境的负面影响。

5. 创新驱动

胖东来不断尝试新的商业模式和营销策略，如电子商务平台建设、无人店铺试点等，实现多渠道销售，以适应市场的变化和消费者的购物习惯，满足消费者的不同购物需求。

6. 社会责任

胖东来积极参与公益活动，支持当地社区发展，为弱势群体提供帮助。这些行为不仅提升了胖东来的社会形象，也增强了消费者对品牌的好感度和信任度。

资料来源：大海豚. 胖东来的成功之道：深入解析其中国零售业之"神"的经营策略［EB/OL］. (2024-05-30)［2024-07-15］. https://www.163.com/dy/article/J3EKRNDL05560400.html.

2.1　零售战略与战略管理

2.1.1　零售战略的含义、特征与构成要素

2.1.1.1　零售战略的含义与特征

零售战略是零售商根据外部环境和自身条件确定的进行经营活动的总体计划和行动纲

领。零售战略是对全局发展的筹划和谋略，它实际上反映的是对重大问题的决策结果，以及组织将要采取的重要行动方案。

零售战略的基本特征是全局性、长远性、抗争性和纲领性，此外，零售战略还具有现实性、风险性、创新性、稳定性等特征。

2.1.1.2 零售战略的构成要素

（1）战略思想

战略思想即制定零售战略所依据的指导思想，是战略的灵魂。战略思想来自战略理论、战略环境的客观分析以及领导层的战略观念，主要包括竞争观念、市场营销观念、创新观念、效益观念等。

（2）战略目标

战略目标即零售商通过战略在未来所要达到的目的，它是战略的核心，也是战略管理其他环节进行活动的依据。

（3）战略重点

战略重点即对零售商战略目标的实现具有重大甚至决定意义的关键部位、环节和部门。

（4）战略阶段

战略阶段即零售商为了实现预定战略目标在战略的制定和实施过程中按照一定标志或依据划分的区间段落。

（5）战略对策

战略对策，即零售商为了实现战略指导思想和战略目标而采取的措施和手段。战略对策要做到"四性"，即预见性、针对性、综合性、灵活性。

2.1.2 零售战略的类型

2.1.2.1 按照构成内容划分

（1）经营战略

经营战略涉及零售商的业务主题，阐明组织未来的业务经营方针、经营思想和理念，明确所要经营的商品将服务于哪些类型的顾客、目标顾客需要什么等。简言之，经营战略要解决零售商的经营方向、思想与方针，明确目标市场与定位等基本问题。

（2）发展战略

发展战略与零售商的盈利能力有关。企业的发展能力取决于盈利能力。在市场竞争中，零售商要想获得生存和发展，必须创造经济效益，即每个零售商都必须通过经营活动获取维持生存和发展需要的利润。零售商的发展战略主要涉及财务目标、社会目标和个人目标。

（3）竞争战略

竞争战略涉及零售商在市场中的竞争地位及要采取的策略。一般来说，竞争地位受组织规模、市场份额、销售额、管理水平、经营效益等因素的影响。按照零售商在市场中所处的地位不同，可把零售商分为领导者、挑战者、追随者和补缺者4种类型。

（4）扩张战略

扩张战略即零售商将要达到的规模。该战略阐明零售商在未来5年或更长时间内应该发展多快、达到何种规模、选择何种业态、在哪个地区发展、采取怎样的资本运作战略等。扩张战略的核心是规模发展问题，包括地理扩张战略、品牌扩张战略、多元化扩张战略和国际化扩张战略（见表2-1）。其中，扩张速度一般受企业管理基础、市场机会、资源条件等因素的影响；而扩张路径通常包括滚动发展和收购兼并。

表2-1　　　　　　　　　　　　　　　　零售扩张战略

名　称	内　涵	具体类型与含义
地理扩张战略	零售商的网点空间布局战略和选址战略	区域性集中布局战略，即零售商在一个区域内集中资源密集开店，形成压倒性优势，以实现规模效应
		物流配送辐射范围内推进战略，即零售商在考虑网点布局时，先确定物流配送中心的地址，再以配送中心的辐射范围为半径向外扩张
		弱市场竞争先布局战略，即零售商优先将店铺开设在商业网点相对不足或竞争程度较低的地区，以避开强大竞争对手，站稳脚跟
		跳跃式布局战略，即零售商在主要的大城市或值得进入的地区分别开设店铺
		选址战略，即零售商根据目标市场需求、业态、规模、未来发展趋势等因素选择适当的店址开店，它属于长期性投资决策战略
品牌扩张战略	零售商在经营过程中对所经营的商品部分或全部地采用自有品牌的战略	单一品牌战略，即零售商经营的所有商品都采用同一种自有品牌，不使用制造商品牌
		双重品牌战略，即零售商经营的同一种商品，既采用制造商品牌，也采用零售商品牌
		混合品牌战略，即零售商经营的商品一部分采用制造商品牌，一部分采用自有品牌
多元化扩张战略	零售商利用现有资源和优势，运用资本运营的各种方式，投资发展本行业或不同行业的其他业务的营销战略	技术关系多元化，即零售商以现有业务领域为基础，利用现有的技术、管理、经验、特长等增加经营商品的品类或扩展新的业态，向与零售业相关的边缘业务发展的战略
		市场关系多元化，即零售商针对现有目标市场顾客的潜在需求，发展其他行业的有关业务的战略
		复合关系多元化，即零售商利用自身的人才、资金优势或根据联合经营的需要，投资发展与原有业务无明显关系的新业务的战略
国际化扩张战略	零售商以国界及其实质意义的存在为前提的跨国经营的营销战略	店铺选址国际化，即零售商根据自己的战略意图在海外选择适当的店址开店经营的行为
		商品供应国际化，即零售商从国外采购商品，然后到国内或第三国销售的行为
		资本国际化，即零售商通过在海外市场募集资金，然后向国内关联企业投资或在海外进行其他投资的行为
		信用卡国际化，即零售商通过发行在国外使用的信用卡而实现国际化

2.1.2.2　按照层次划分

（1）总体战略

总体战略又称公司战略，是指根据零售商使命，选择自己参与竞争的业务领域，合理配置企业资源，使零售商各项经营业务相互支持、相互协调的战略总纲。

（2）经营战略

经营战略又称经营单位战略，是指在总体性的公司战略指导下，经营管理某一个特定的战略经营单位的战略计划。其是公司战略之下的子战略，核心在于利用当前和不断发展的核心组织能力，保证组织的竞争力。

（3）职能战略

职能战略是为贯彻、实施和支持公司战略与经营战略而在零售商特定的职能管理领域制定的战略。其重点是提高零售商资源的利用效率，使自身资源的利用效率最大化。

2.1.3　零售战略管理

零售战略管理是指零售商确定企业使命，根据组织外部环境和内部条件设定组织的战略目标和实施进度，并依靠组织内部能力将这种谋划和决策付诸实施，并在实施过程中进行控制的动态管理过程。

零售战略管理是一个系统过程，一般由零售战略分析、零售战略选择、战略实施与调整等几个相互关联的阶段所组成，这些阶段有一定的逻辑顺序，包含若干必要的环节（如图2-1所示）。其中零售战略分析的主要任务是对影响零售商战略形成的关键因素进行分析，并根据企业目前的位置和发展机会来确定未来应该实现的目标。

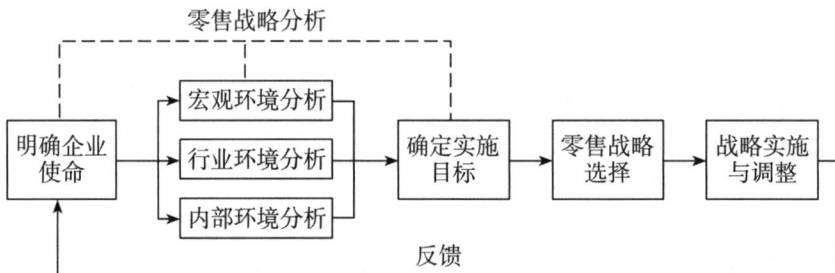

图2-1　零售战略管理过程

2.2　零售使命与战略目标

2.2.1　零售使命

零售使命旨在阐述企业长期的战略意向，它是一个企业的行动指南，说明了企业存在的目的和理由。零售使命是制定零售战略的基础，它说明了零售商经营什么、打算经营什么、选择什么业态、主要服务于什么顾客、顾客需要什么等。

小案例2-1

2.2.1.1 影响零售使命的因素

（1）零售商的历史

零售商经营的历史状况会使它在某一领域形成自己的特征和优势，如保证低价、优良服务或供应链整合优势等，零售商通常会据此选择零售使命。

（2）管理者和所有者的偏好

零售管理者和所有者的性格特征、业务所长、文化背景、价值观念和管理风格等也会在一定程度上影响零售商使命的确定。

（3）市场环境

市场环境包括市场机会和市场威胁，零售商必须根据环境的变化来调整零售使命，充分利用市场机会来发展自己，同时规避或应对市场威胁。

（4）零售商资源

资源是零售商完成其使命的保证。零售商的人、财、物等硬件资源，以及员工素质、管理水平、社会形象、品牌知名度、开发新技术的能力等软件资源，特别是自身是否拥有特殊能力和竞争优势等也会影响到零售商的使命。

2.2.1.2 使命陈述

使命陈述是对零售商的活动目标和计划开展的活动范围的一般性描述，它界定了该零售商要考虑的目标市场和零售方式。零售使命一经确定，就要作出准确的表述。从现代营销的观点看，企业使命的描述应该是市场导向（见表2-2），这不仅有助于零售商关注顾客需求的无限性，为自身经营提供广阔前景，更重要的是为零售战略提供长远的指导。

表2-2　　　　　　　　　　　　　企业使命的描述

商 店	顾 客	顾客需求	
		产品导向	市场导向
化妆品店	女性	出售化妆品	出售美的希望
自行车店	男性	出售自行车	出售交通工具

2.2.2 零售战略目标

2.2.2.1 零售战略目标的含义

零售战略目标是零售商在一定时期内，根据外部环境变化和内部条件的可能，为完成企业使命所预期达到的效果或完成的任务。战略目标为零售商指明了发展方向和评价绩效的操作标准，零售商制定的战略目标往往是一个目标体系，包含了对零售活动不同环节所规定的目标。通常情况下，零售商目标由以下要素构成：

①目的，即零售商期望实现的标志；

②衡量实现目的的指标；

③零售商应该实现的指标水平；

④零售商实现指标的时间表。

2.2.2.2 零售战略目标体系的内容

（1）经营目标

经营目标是指确定企业服务对象和经营范围的目标，如零售商将会服务于哪些类型的消费者、目标顾客需要什么、企业要经营的商品等。由于资源和能力的限制，面对众多的消费需求，零售商只能选择一部分消费者作为自己的目标市场，并据此确定经营范围。

（2）财务目标

财务目标是针对零售商经营活动的效益、经营达到的效果以及在市场中的地位提出的目标。零售商的财务目标主要包括：

①利润指标，如销售利润率、资产利润率、资本利润率、每股收益等。

②运营效率指标，如单位面积营业额、人均销售额、商品周转率等。

③市场地位指标，即企业在当地市场零售额中所获得的销售份额，它反映了零售商的销售业绩和行业地位，一般用市场占有率表示。

（3）社会目标

社会目标是指零售商满足消费者选购商品需要、履行社会责任的目标。社会目标包括社会公平（零售商在经营活动中不欺骗生产厂家、供应商和消费者，不诋毁竞争者）和社会责任（惠泽社会）。具体体现在：满足消费者需要、向顾客提供服务、依法纳税、提供就业机会、积极支持各种公益活动等。

（4）个人目标

个人目标是指零售商提供的与员工有关的、满足员工工作和生活需要的目标。包括员工生活与工作基本条件满足目标、员工发展机会目标等。

（5）形象目标

形象目标是指零售商影响公众的心理定势，在公众心目中形成良好印象和评价的目标。良好的企业形象主要表现为高知名度、高美誉度等。

零售战略目标以财务目标为核心，相互联系，构成有机的目标体系。在实践中，这些目标可以分解到各个经营环节和经营部门，甚至到最小的经营单位。

小知识 2-1

2.2.3　零售商的平衡计分卡

1992 年，卡普兰（Kaplan）和诺顿（Norton）提出了"平衡计分卡"的概念。他们认为：企业的发展，不仅依赖企业内部的因素，还依赖外部环境，如市场需求和消费者偏好的变化。企业不仅要重视短期目标，还要兼顾长期发展的需要；除了关注财务指标外，必须同样注重非财务方面的组织运作能力。

2.2.3.1　平衡计分卡的含义与作用

平衡计分卡是由财务、顾客、业务、学习与成长四个方面构成的衡量企业、部门和人员的卡片，其目的在于平衡兼顾战略与战术、长期与短期目标、财务与非财务衡量方法、滞后和先行指标。

小知识 2-2

成功的平衡计分卡控制是把企业的战略与一整套财务和非财务性评估手段联系在一起的一种手段。平衡计分卡的作用是：可以阐明战略并在组织内达成共识；在整个组织中传播；把部门和个人的目标与组织战略相联系；把战略目标和战术安排衔接起来；对战略进行定期和有序的总结；利用反馈的信息改进战略。

2.2.3.2　零售商平衡计分卡的内容

平衡计分卡从四个方面把零售商的战略演绎为具体的、可计量的目标：财务、顾客、业务、学习与成长（如图 2-2 所示）。[①]

总之，平衡计分卡促使零售商各部门和人员朝着共同目标进行更优化的集成，帮助各个层面的员工更清楚地看到自己的努力对组织生存和发展所发挥的作用，对零售商内部形成统一思想起到了积极的作用。平衡计分卡不仅是一种控制和业绩评价手段，更是一种战略管理方法。

---

① 麦戈德瑞克. 零售营销 [M]. 裴亮，等译. 2 版. 北京：机械工业出版社，2004.

成功的关键要素	指标和目标
规模扩张	营业额 n 年内增长 ×%
同类零售企业中的领导地位	市场份额大于竞争者
获利能力	投资回报率 n 年内增长 ×%
企业价值	股价上涨 ×%
为体现在财务方面取得的成功，我们应该如何向股东展示成果	
财务	

成功的关键要素	指标和目标
受欢迎的零售商	排名 / 市场份额数据
最好的产品	排名 / 退货率
最好的价值	排名 / 价格监督
良好的服务	排名 / 投诉
为实现愿景，我们应以什么姿态面对顾客	
顾客	

战略方向、愿景和使命

业务	
为了使股东和顾客满意，我们应在哪些业务流程上胜人一筹	
有效采购	相对价格 / 毛利
供应链效率	成本 / 缺货
店铺位置	容易到达 / 商圈的消费能力
交易效率	服务速度 / 限额
成功的关键要素	指标和目标

学习与成长	
为了实现愿景，应该如何保持我们勇于调整和提升自我等方面的能力	
员工的有效性	培训 / 员工流动比例
适应性	员工适应性 / 管理弹性
创意和设计	为新概念付出努力 / 设计开发
对新渠道的理解	电子零售和其他实验性的样板店项目
成功的关键要素	指标和目标

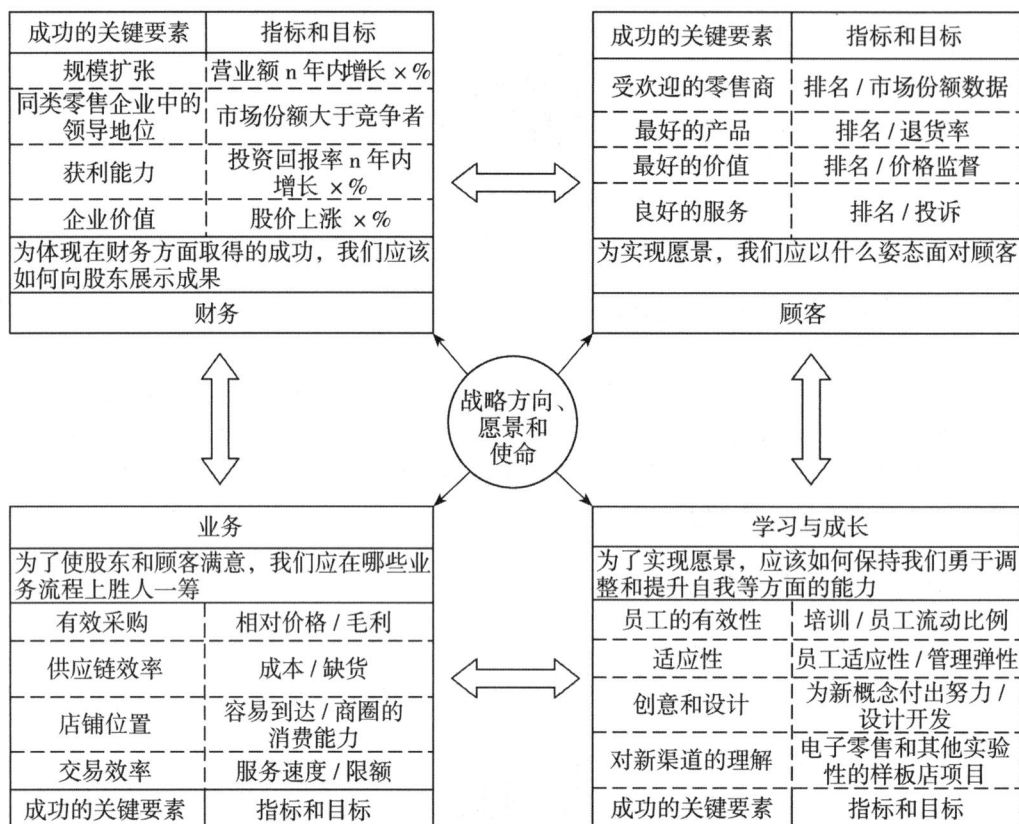

图 2-2　零售商的平衡计分卡

2.3　零售环境分析

2.3.1　宏观环境分析

宏观环境是指零售商所面对的产业外的外部环境，是各类企业生存发展的共同空间，主要包括如下方面：

2.3.1.1　政治法律环境

政治法律环境是指对零售商的生产经营活动具有现实和潜在作用及影响的政治力量，以及对零售商的经营活动（如商品、价格、促销、竞争等）加以保护和约束的法律和法规等。这些政策和法律既可以使零售商的经营活动受到保护，也可以使零售商的活动受到限制。

2.3.1.2　经济环境

经济环境是指一个国家的经济制度、经济结构、产业布局、资源状况、经济发展水平以及未来的经济走势等。对零售商影响较大的经济环境内容主要包括三个方面：

第一，国民经济发展状况，主要包括总体经济形势、社会生产状况、社会分配状况，它们会在总体上影响和制约零售商的经营和发展。

第二，消费者收入，是指消费者个人所能得到的所有货币收入的总和。消费者收入中的可支配收入和可任意支配收入是零售研究的重点，其中可任意支配收入是影响消费需求构成中最活跃的因素。

第三，消费者支出，如消费者收入水平对支出模式的影响、收入分配平均程度对消费模式的影响等。

2.3.1.3　社会文化环境

（1）人口环境

人口是构成市场的基本因素，零售商要研究人口的数量、地理分布、年龄、性别、家庭结构、教育、职业等因素，以确定自己的目标市场。

（2）文化环境

文化包括文化、亚文化、社会阶层等。文化对消费者购买行为有着最广泛而深远的影响，使消费者需求和购买行为具有相似性、习惯性和相对稳定性的特点。其中，宗教信仰和价值观念对消费者影响重大。

（3）消费习俗

消费习俗是人们在长期经济活动和社会活动中所形成的一种消费风俗习惯。关注消费习俗，不但有利于零售商提前组织好习俗用品的采购与销售，而且有利于商家积极引导消费者进行健康消费、文明消费。

（4）道德规范

不同的道德规范决定不同的交往行为，决定不同的家庭模式及消费模式。我国向来以"礼仪之邦"著称于世，广大消费者对人与人之间的关系和情感极为重视，个人行为往往习惯于与周围环境或他人保持一致，这种重人情、求同步的心理，在消费行为中表现为向多数人看齐。

（5）审美观念

审美观念是一个人审美情趣和审美理想的集中表现，支配着人们审美活动的全过程。随着生活水平的提高，消费者的审美观念发生了明显的变化，追求健康美、形式美、环境美等逐渐发展成为主流，为零售商提供了广阔的发展机会。

2.3.1.4　科技环境

科技发展不仅带来了社会产品的极大丰富，为零售商提供了坚实的物质基础，而且还深刻影响着人们的生活方式和消费行为。从实践上看，科技对零售商经营管理的直接影响体现在以下方面：

（1）创造零售新形式

如可视图文系统、家庭购物网络、电子目录商店出现。

（2）使交易更有效率

如视频订货系统可以使顾客直接在电视购物平台订货并在家等待零售商送货上门；介

绍商品的可视光盘的使用大大便利了消费者了解和选择商品；高技术收款机的使用可加快收款速度等。

（3）改善企业经营控制

如POS、EDI不仅减少了排队和劳动力成本、获得销售和库存的最新信息，还加强了企业与供应商的联系，从而使零售商更有效地管理库存商品、减少库存商品投资。

实例与点评2-1

2.3.2　行业环境分析

零售行业环境是对零售商影响最直接、作用最大的外部环境。零售环境分析通常采用迈克尔·波特的五力分析模型。根据波特的观点，一个行业中的竞争，存在着五种基本的竞争力量，这五种基本力量的状况及综合强度决定着行业的竞争激烈程度，从而决定着行业最终的获利潜力以及资本流入程度，进而决定企业能否保持高收益的能力。结合零售业的具体情况，五力分析模型可转化为如图2-3所示的形式。

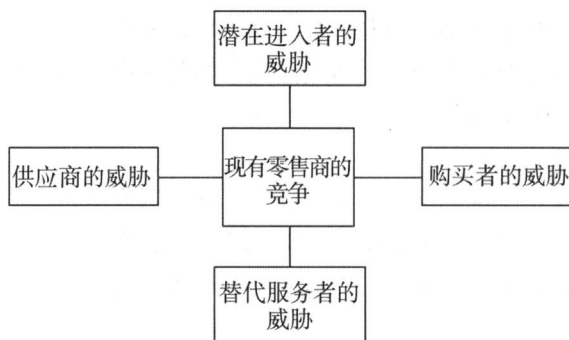

图2-3　五力分析模型

2.3.2.1　现有零售商的竞争

现有零食商的竞争主要表现是：竞争者的数量和实力之间的竞争威胁；价格竞争和非价格竞争形式带来的威胁；买方市场和用户转变费用低加剧了零售业招揽生意的竞争力度；大中型零售商的退出壁垒高，使得相当一部分企业继续留在行业内，加剧了行业内的竞争。

2.3.2.2　潜在进入者的威胁

竞争性进入威胁的严重程度取决于进入障碍大小与预期现有企业对于进入者的反应情况。其中进入障碍主要表现在规模经济、原始资本需求积累、产品差异性、相对费用、行政法规等方面；而预期现有企业对进入者的反应情况，即采取报复行动的可能性大小，则取决于有关竞争者的财力情况、报复记录、固定资产规模、行业增长速度等。新企业进入一个行业的可能性大小，取决于进入者主观估计进入所能带来的潜在利益、所需花费的代价与所要承担的风险这三者的相对大小情况。

2.3.2.3　替代服务者的威胁

零售商面临的替代威胁来自两个方面：一是从整个零售产业角度看，零售服务的替代者是指那些提供与零售业相似的服务，在某种程度上可以替代某种类型零售企业的行业、组织或个人，如饮食业、宾馆业、批发业等。二是从零售业内部细分子行业角度看，零售业除了有专有经营外，还有商品与服务的交叉经营，使消费者可以进行多方面的比较和选择，形成对原有零售业内部一些零售商的竞争压力，也可能为一部分零售商创造新的销售增长源泉，如零售业态的发展与更新。

2.3.2.4　购买者的威胁

消费者对零售商竞争策略的影响一直处于不利的地位，但随着消费者消费能力提升、自我保护意识增强，消费者自身素质得到提高，对零售商的要求也越来越高。消费者转向其他卖主的转变费用很少，顾客获取和掌握商品与服务信息的渠道越来越广，利用买方市场中厂商争夺顾客的竞争而从中得利。另外，大额的教育费、养老储备和医疗费等消费性支出等都对零售业形成了巨大压力。

2.3.2.5　供应商的威胁

零售商与供应商的关系是合作竞争关系，当前的趋势是零售商的力量相对强大，供应商的威胁正向两个不同的方向分化：名牌产品的厂家力量逐步增强；一般产品的厂家力量日益弱化。若供应商的集中程度高，讨价还价能力强，就容易向零售商施压。而供应商在产品差异性、重要性、稀缺性等方面可替代程度低，不易被他人替换，则来自供应商的威胁就大。若零售商更换供应商的转变费用较高，则供应商讨价还价的能力增强。

2.3.3　零售商内部环境分析

零售商内部环境是指影响零售商生存和发展的内部因素，如企业的经营观念、管理体制与方法、经营目标与宗旨、企业精神与文化、业务流程管理水平等。

2.3.3.1　零售商内部环境分析的方法

（1）经营资源分析法

经营资源分析法被用于确定零售商的资源状态，发现企业在资源上表现出的优势和劣势，从而找出在资源使用中所需要进行的变革，内容包括零售商现有资源及其利用情况、资源的应变能力、资源的平衡性和适应性等。

（2）企业能力分析法

企业能力是企业将资源加以统筹整合以完成预期任务和目标的能力。企业能力分析法的目的在于了解零售商在基础管理、信息管理、研发、门店运营、分销与配送等各个方面的能力，发现其能力的优势与劣势。

（3）价值链分析法

价值链分析法主要研究包括采购、营销、陈列以及起辅助作用的一系列价值创造活动共同组成的链条。价值链活动分为基本活动和辅助活动。前者是零售商经营的实质性活动，多与商品实体的流转有关，包括进货、整理配送、上架陈列、促销宣传、售后服务等；后者是配合基本活动以达到商品增值目的的活动，包括商品采购、技术开发、人力资源管理以及零售商的总体计划、财务、行政和质量管理等活动（如图2-4所示）。

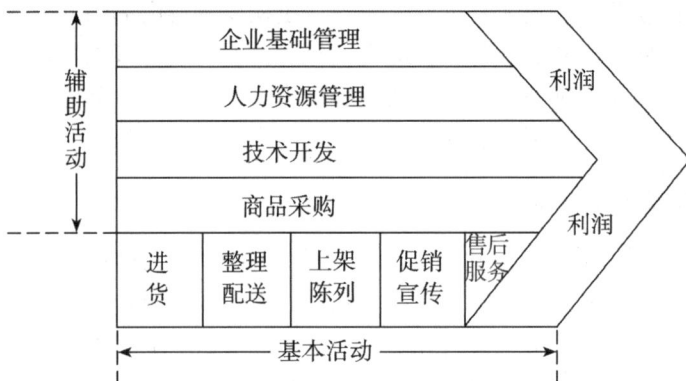

图2-4　价值链模型

2.3.3.2　零售竞争优势

零售竞争优势的主要来源是：

（1）商品

这是零售商竞争优势的核心因素和来源。零售商可以通过提供范围广、种类多、质量好、性价比高、时尚新颖的商品和开发独特的自有商品等方式确立自己的商品竞争优势。

（2）服务

服务因素是现代零售市场竞争的焦点，优质的顾客服务能培养和保持顾客忠诚。美国一家咨询公司调查发现，顾客从一家企业转向另一家竞争对手的原因，10个人中有7个人是因为服务问题。

（3）店址和购物体验

店址是零售商成功的一个关键性因素，好的店址是零售商的一笔无形资产，能为其赢得长远优势。对消费者而言，便利性、舒适的购物环境、别出心裁的购物体验是其选择商家购物的重要因素。

（4）低成本运作

零售商若能以更低的成本来提供与竞争对手相同的商品和服务，就可以利用潜在利润给零售商带来低价格与物超所值或优质服务与良好形象两方面的竞争优势。

（5）信息管理系统

信息技术使零售商制定更好和更有效的决策成为可能。信息管理系统可以将供应链各业务节点连接起来，进行大量的数据搜集和处理分析，使得购、销、存之间形成有效的快速反应，大大提高了商品周转率和顾客服务水平，提升了零售商的竞争力。

2.3.4 SWOT综合分析

SWOT分析法是一种对企业外部环境中存在的机会、威胁和企业内部条件的优势、劣势进行综合分析，据此对备选的战略方案作出系统评价，最终选择出最佳竞争战略的方法。SWOT中的S（strengths）是指企业内部的优势，W（weaknesses）是指企业内部的劣势，O（opportunities）是指企业外部的机会，T（threats）是指企业外部的威胁。

2.3.4.1 优势与劣势分析

零售商的优势与劣势是相对于竞争对手而言的，一般表现在资金、技术设备、员工素质、产品、市场成就、管理技能等方面。常见的内部优势与劣势分析要素见表2-3。判断零售商内部优势和劣势一般有两项标准：一是单项的优势与劣势，如资金是否雄厚、市场占有率如何等；二是综合的优势与劣势，如企业凝聚力等。

表2-3   **SWOT分析的常见要素**

组成要素		举例说明
优势/劣势（内部）	店铺	店铺规模、店址、设计风格、发展潜力
	采购	购买力、商品品类经验、采购技术、外部机构或网络
	产品范围	品牌的深度与广度、特色/创新产品、自有品牌的渗透
	管理	技术与专长力、领导能力与战略眼光、组织结构、企业凝聚力
	营销	广告效果、价格政策、商品管理技术、顾客服务水平、营销研究
	员工	数量与年龄结构、适应性、技能水平、培训资源
	系统	订货/支付系统、销售节点系统、报告/沟通、退货/投诉处理流程、财务核算系统
	配送	仓库地点/容量/类型、运输系统、缺货状况、订货批次
	财务	成本结构、毛利/纯利、投资回报、运营资金、总资产
机会/威胁（外部）	经济变动	失业水平、财富分配、利息率、可支配收入
	社会变动	老龄人口、家庭小型化、双职工家庭、生活方式改变
	消费者变化	需求、信仰与态度、对企业的认知（形象）、忠诚度和购物模式
	供应商	讨价还价能力、生产规模、适应性、可靠性、研发能力
	市场结构	相关的市场份额、领导/跟随者角色、寡头/垄断竞争、并购
	竞争者	已有/新竞争、直接/间接竞争、竞争者的SWOT分析、竞争策略、竞争者可能作出的反应
	立法	竞争政策、商业法律/准则、计划政策指南、对提供折扣的规定、广告限制

资料来源：麦戈德瑞克. 零售营销［M］. 裴亮，等译. 2版. 北京：机械工业出版社，2004.

2.3.4.2 机会与威胁分析

零售商外部的机会是指环境中对自身有利的因素，如政府支持、市场需求增长势头强劲等；外部的威胁是指环境中对自身不利的因素，如新竞争对手出现、购买者和供应者的讨价还价能力增强等。常见的外部机会与威胁分析要素见表2-3。

2.3.4.3 SWOT分析模型

SWOT分析法为零售商提供了四种可供选择的战略（如图2-5所示）。

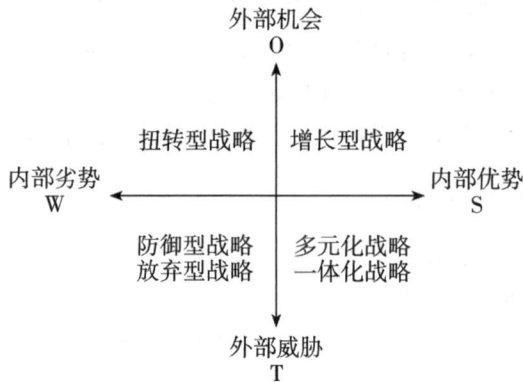

图2-5 SWOT分析模型

①SO象限内区域是零售商机会与优势最理想的结合，此时，零售商拥有强大的内部优势和众多的环境机会，可以采取增长型战略。

②WO象限内的业务有外部市场机会，但缺少内部条件，零售商可以采取扭转型战略，尽快改变企业内部的不利条件，从而有效地利用市场机会。

③WT象限内是最不理想的内外部因素结合的状况，处于该区域的业务在其相对弱势处恰恰面临着大量的环境威胁。此时，零售商可以采取缩减产品或市场的紧缩型或防御型战略，或是改变产品或市场的放弃型战略。

④ST象限内的业务尽管在当前具有优势，但正面临着不利环境的威胁。此时，零售商可以考虑多元化战略，利用现有的优势在其他产品或市场上寻求机会。另外，在实力非常强大、优势十分明显的情况下，零售商也可以采用一体化战略，利用自身优势正面克服存在的障碍。

2.4 零售战略选择

2.4.1 成本领先战略

成本领先战略是指零售商通过采用一系列具体措施，以最低的成本生产或提供为顾客所接受的商品或服务。超市、仓储会员店和折扣店等零售商常使用成本领先战略。与采用其他战略的零售商相比，贯穿于整个成本领先战略的主题是使其成本低于竞争对手。而要达到总成本领先，零售商必须在经营管理的各个方面进行严格控制，发现和挖掘所有能够带来成本优势的来源。

成本领先战略具有以下特点：商品组合大众化，且多为日常生活消费品；广泛跨越市场的各个部分；成本比竞争对手更低；商品附加特点少，质量可以为消费者接受，选择余地小；在战略维持方面，在保持商品质量的前提条件下，尽可能争取最经济的供货价格，并不断降低运营成本。

同时零售商也需要认识到低价策略是一把双刃剑，成本领先战略也会面临以下风险：易被竞争对手模仿，引发价格战，从而对整个零售行业造成损害；当顾客需求从注重低价转向注重产品形象或其他方面时，原有的低价优势可能变成劣势。

2.4.2 差异化战略

差异化战略是指零售商通过设计一整套行动方案，生产或提供顾客认为很重要的或与众不同的商品或服务，建立起独特的竞争优势。差异化战略常常被购物中心、百货商店、连锁店等零售商广泛采用。在零售实践中，零售商可以通过营销定位差异化、提供特色商品或服务、营造独特的购物环境以及经营方式差异化等多种活动实施差异化战略。

小案例 2-2

差异化战略的优势是：建立起顾客对商品或服务的认识和信赖，降低顾客对商品价格和服务发生变化时的敏感性；因顾客品牌信赖和忠诚而形成强有力的行业进入壁垒，也使现有竞争者很难与之竞争；差异化形成的高边际收益增强了零售商对上下游的讨价还价能力。

差异化战略的风险是：使零售商服务成本增高，价格上涨；精明的顾客可能降低对产品或服务差异化的要求，使零售商失去优势；竞争者的模仿和进攻也可能使零售商已形成的差异不断变小。

小知识 2-4

2.4.3 集中化战略

集中化战略是指零售商通过设计一整套行动方案来生产或提供商品或服务，以满足特定竞争性细分市场的需求。专卖店、便利店等零售商适合于采用集中化战略,它要求零售商着眼于行业中的一个较小空间,为这一较小市场的顾客量体裁衣并开展服务。

集中化战略的优势是:在一个特定领域内发挥自身优势,更好地满足顾客需求;避免与大零售商进行正面竞争。

集中化战略的风险是:市场狭小,难以扩大规模,导致经营成本增高;外部环境变化使目标市场和整体市场对商品或服务需求的差异逐渐变小,零售商的原有优势消失;竞争者竞争战略发生有针对性的变化时,会使零售商失去原有的战略优势。

2.4.3.1 集中化战略的类型

(1)集中成本领先战略

集中成本领先战略是指零售商以某一狭窄的消费者群体为焦点,通过为这个小市场上的顾客提供比竞争对手成本更低的商品或服务来战胜竞争对手。此战略的成功实施需要找到这样一个购买者细分市场:购买者十分注重价格,期望获得低廉价格的商品和服务,对商品和服务的品质要求并不十分苛刻,能够接受品质的降低,如一元店、小型食杂店、小型时装店等。

(2)集中差异化战略

集中差异化战略又称高端小市场战略,是指零售商通过提供具有独特性的商品或服务来满足顾客具有特殊价值和个性化的需求,取得本行业的竞争优势。零售商通过实施这一战略,可以吸引高收入消费者群体,获取较高的利润,取得行业竞争优势。此战略取决于是否存在这样一个购买者细分市场,他们想要得到或需要特殊的产品属性,如著名品牌时装店、健身器材专卖店、热带观赏鱼专卖店、汽车装饰店等。

2.4.3.2 集中化战略的实施步骤

(1)零售市场细分

零售市场细分即零售商根据消费者需求的差异性将整个零售市场划分成若干个消费者群的过程,每个消费者群都是一个具有相同需求和欲望并经历相似购买过程的子市场。通过市场细分,零售商能向目标子市场提供独特的商品、服务以及相关的营销策略,从而使顾客需求得到更为有效的满足,并维持顾客忠诚度。在零售实践运用中,零售商常用的零售市场细分标准有人口标准、地理标准、心理标准、行为标准等。有效的市场应遵循可测量性、可盈利性、可实现性和可区分性等原则,避免细分不足或过细。

小知识2-5

(2)零售目标市场

零售目标市场即零售商试图要满足其需求的消费者群体。可供零售商选择的目标市场分类见表2-4。综合超市、百货商店、仓储会员店经营的商品和提供的服务广泛,设有多个商场部门,分别提供不同价位及种类的商品和差异化的服务,是选择大众市场的代表;

专业商店、专卖店经营的商品和服务只限于狭小的范围，选择的是细分市场；有些百货商店、超级市场满足几类消费者群的需要，选择的是分片市场。

表2-4　　　　　　　　　　**可供零售商选择的目标市场**

目标市场 特征	大众市场 （无差异性市场）	细分市场 （差异性市场）	分片市场 （密集性市场）
位置	接近一个大的人口聚居点	接近一个小的或大的人口聚居点	接近一个大的人口聚居点
商品	品种繁多	品种不多	品种范围适中或繁多，商品很有特色
价格	价格分档幅度大	价格分档幅度狭小	商品价格因质量、形象等差异而有所不同
促销	大规模的广告	直接邮寄、订购	每个市场用不同的推销宣传工具和广告语
战略侧重点	针对大量的同类消费者运用一般的"中间道路"战略	针对特定的、有限的消费者群，运用特定的战略	运用几种特定的战略，每种战略针对不同的消费者群

小知识2-6

（3）零售市场定位

零售市场定位即零售商根据竞争者在市场上所处的地位和顾客对商品某些属性的重视程度，塑造出本企业与众不同的鲜明个性或形象并传递给目标顾客，使自身在目标市场上占有强有力的竞争位置。零售市场定位的方式有很多，如按照市场竞争地位，可分为市场领导者定位、市场挑战者定位、市场追随者定位、市场补缺者定位；按照提供的商品或服务水平，可分为高质高价高档服务定位、高质低价中档服务定位、低质低价低档服务定位等。零售市场定位确定之后，如何保持定位的连续性对零售商来说更为重要。成功的零售商不一定都有定位点或只有一个定位点。

实例与点评2-2

2.4.4 最低成本供应商战略

最低成本供应商战略是指零售商选择成本最低的供应商提供本企业所需的商品，或是使零售商自身成为消费者最低成本的供应商。

最低成本供应商战略是由成本领先战略和差异化战略整合而成的战略，其基本思想是：满足或超过购买者在质量、服务、特色、性能属性上的期望，低于他们预期的价格，从而最后为购买者创造超值的价值。其目的是低成本地提供优秀的、卓越的产品，然后利用成本优势来制定比竞争产品价格还低的价格。

对零售商来说，实施最低成本供应商战略有两种途径：一是不断向供应商施加压力，迫使供应商作出让步。如沃尔玛在确定供货商之前，先对供货商进行询问，并根据其实际情况提出改进建议，迫使供应商改造生产流程，与自己一道致力于低成本运作。二是创立自有品牌，委托加工，如恒源祥集团通过挖掘老字号"恒源祥"并进行品牌打造，自己并未建厂，而是通过委托相关企业定制生产各类羊绒和羊毛产品，从而成为最低成本供应商，建立了行业优势地位。

实施最低成本供应商战略必须重视开拓创新，不断地走在竞争对手和模仿者的前面，才能立于不败之地。

2.5 零售战略实施与调整

2.5.1 零售战略的实施

零售商实施零售战略必须考虑两个方面的因素：

2.5.1.1 可控因素

可控因素也称为零售组合，是指零售商按照经营战略的原则要求，将零售店的地理位置、商品、价格、服务、店铺设计以及促销等手段协调配合、综合运用的总称。可控因素可分为四类：

①零售选址与业务经营，如店址选择决策、店铺规模决策、建筑物样式及各种设施设备决策，人力资源管理、组织结构模式、营业时间、业务预算、储运、设备维修决策等。

②商品与服务，如经营商品或服务的广度、深度、质量决策，存货水平、进货决策，经营调节或评价决策等。

③商店设计与形象，如通过对店铺外观设计和内部设计与布局营造店铺氛围，塑造店铺形象。

④价格与促销，如价格水平、价格制定与调整、零售广告、公共关系、人员销售等。

上述可控因素的存在为零售商实施零售战略提供了广阔的空间。

小知识2-7

2.5.1.2　不可控因素

不可控因素主要包括顾客、供应商、竞争对手、技术、产品生命周期、宏观经济及区域经济状况、天气和季节性因素、法律限制等外部因素。如经营花卉、生鲜食品、水果、服装、节日用品等商品的零售商无法控制天气的突变和季节的演进，只能力求降低经营风险而无法消除风险。对此，零售商必须调整零售战略中的可控因素，以适应其无法直接控制的外部因素。

2.5.2　零售战略的调整

零售战略是在假设零售环境和零售市场变化可以预测的基础上制定的。当零售商面临一系列短期内难以预测的战略机遇和威胁时，零售商必须在原有战略的基础上对零售战略作出调整。根据零售商调整的方向，零售战略可分为：

2.5.2.1　增长型调整战略

增长型调整战略也叫扩张战略，其核心是追求企业规模的增长，实现企业在销售额、市场占有率、盈利能力、市场竞争能力等方面的强化。当外部机会与内部优势相匹配时，零售商可以考虑实施增长型调整战略（如图2-6所示）。零售商可以选择的增长型调整战略有：

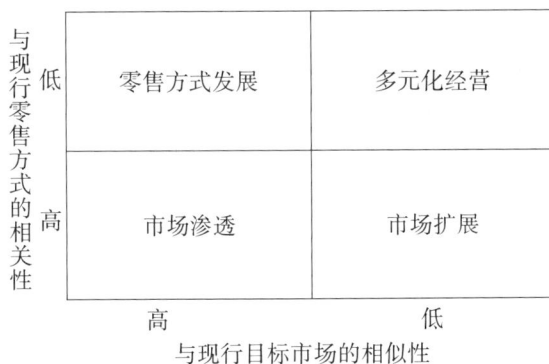

图2-6　增长型调整战略

①市场渗透，是指零售商利用当前的零售方式，吸引当前的目标顾客更多地消费来增加销售额和提高市场占有率的调整战略，如开设分店扩大市场覆盖面、延长营业时间、交叉销售等。

②市场扩展，是指零售商将现有的零售方式运用于新的目标市场的调整战略。

③零售方式发展，是指零售商以一种新的零售方式为现有的目标市场提供商品或服

务的调整战略，如通过增加额外的商品或服务、与其他企业合作等实现零售方式的发展。

④多元化经营，是指零售商采用新的零售方式为新的目标市场提供商品或服务的调整战略。

小案例2-3

2.5.2.2　稳定型调整战略

稳定型调整战略是在内外环境约束下，企业在战略规划期内使资源分配和经营状况基本保持在目前状况和水平上的战略。零售商可以通过对内部业务再造，对采购、物流、销售、售后服务的全过程进行改造，以求显著地降低经营成本，并向消费者提供更高品质的服务。

稳定型调整战略是在外部环境稳定的条件下实行的企业战略，一旦外部环境好转，企业自身实力增强时，这种战略就不再适用。长期实行稳定型调整战略易使零售商减弱风险意识淡化，甚至形成惧怕风险、回避风险的组织文化，从而大大降低企业对环境的敏感性和适应性，严重影响到企业的发展。

2.5.2.3　收缩型调整战略

收缩型调整战略是企业从目前的经营战略领域和基础水平收缩和撤退，且偏离起点较大的一种消极型调整战略，其目的是"以退为进"。当零售商在竞争中处于劣势，且受到外部的严重威胁时，零售商面临经营危机，必须对现行的零售战略进行收缩型调整。

收缩型调整战略作为一种过渡战略，主要包括：

①抽资转向战略，是对原有的业务领域压缩投资、控制成本，往往会使企业的经营主方向和企业使命发生变化，需要特别慎重；

②放弃战略，是将企业的一个或几个部门转让、出售或停止经营的战略，它往往会遭受各方面的阻力；

③清算战略，是指卖掉其资产或终止整个企业运行的战略，是企业在无药可救的情况下才采取的一种战略。

关键术语

零售战略　零售战略管理　成本领先战略　差异化战略　集中化战略　最低成本供应商战略

即测即评

第2章单项选择题

第2章多项选择题

第2章判断题

基本训练

❖ 问答题

1. 简述零售战略的构成要素。

2. 简述零售商的地理扩张战略。

3. 简述零售战略目标的主要内容。

4. 简述零售竞争优势的主要来源。

5. 简述零售商进行战略选择的主要类型。

6. 简述零售商实施零售战略应考虑的因素。

❖ 案例分析

案例1　　零售业新一代战略变革：摆脱"效率内卷"，创建"认知优势"

自改革开放以来，中国零售行业经历了三次大发展，从百货到商超，再到如今的新零售强势崛起，每个时期的企业战略变化均具有"独特的时代烙印"，特别是近10年来，中国社会消费品零售总额持续高速增长，从2010年的15.2万亿元增加到2022年的44万亿元，零售增速是美国的2倍（如图2-7所示）。在新的经济形势下，战略转型升级必将是行业聚焦的重点。

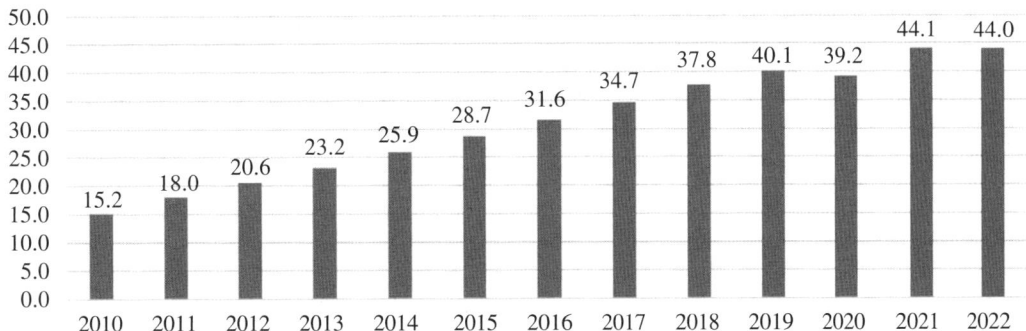

图2-7　2010—2022年中国社会消费品零售总额（单位：万亿元）

一、行业透视：渠道数量爆炸，客流争夺惨烈

作为主要流通载体的连锁零售渠道本身，近年来风起云涌，激荡变动。线上零售的蓬勃发展，促使生鲜电商、社区团购、社交电商、兴趣电商等各种新零售业态遍地开花，而传统零售渠道却备受冲击，持续下滑。2022年，中国百强榜单中有超过一半的传统大卖

场门店收缩、营收下滑；百货、超市、多业态零售共47家上市企业中，有39家出现营业收入下滑，35家出现净利润下滑，22家出现亏损。

二、同质化困局：陷入"效率比拼"泥潭，缺乏"独特选择理由"

面对同质化竞争的巨大压力，各大传统零售商都在轰轰烈烈进行各种运营变革，如数字化转型、供应链重构、组织架构改革等，这些运营举措是顺应时代潮流的必要之举，但本质上是在解决"运营效率提升"的问题，却无法解决一个根本性问题——"顾客选择你而非竞争对手的独特理由"。

三、战略洞察：盒马、美宜佳、好市多等"建立认知优势"的示范探索

当下各种不确定性因素对零售业的冲击正在加剧，同时零售行业业态多重演化、线上线下融合加深等新趋势，导致零售业战略升级势在必行。当前，零售连锁行业中的明星企业、增长黑马，均在战略层面建立了顾客端认知优势，形成鲜明的经营特色，塑造了稳固的竞争壁垒，给传统连锁零售业战略升级带来良好的示范作用，如盒马鲜生以"日日鲜"为生鲜类价值主张，强化"新鲜"的顾客价值认知；美宜佳以"好物战略"为核心，打造"好物平台"，建立独特认知优势；好市多构筑"仓储式会员制领先者"的认知优势，发挥会员制与商品差异化的强关联性，形成深度护城河；奥乐齐以"国际品质，社区价格"，建立"国际品质商品平民化"认知优势。

四、新一代战略：以"认知优势"为核心是中国零售业战略升级之道

从"运营效率比拼"到"顾客心智之争"，中国零售业百年变革已迫在眉睫。追本溯源，消费的主体是消费者，而消费决策的起点是消费者心智，以"认知优势"为核心是带动中国零售业高质量发展的新一代战略。

1.认知优势关键之一：确立心智定位，夺取竞争先机

顾客心智是当今企业竞争的核心发力点，现代商战的终极战场是顾客心智。而构建认知优势的首要条件，就是明确企业战略的核心——"夺取顾客心智资源"，了解顾客心智中自身与其他品牌竞争的"战况"，分析、找到对手的"硬伤"，明确战略定位与竞争机会，在复杂、动态的市场竞争中找到"独特价值"，夺取竞争先机。

2.认知优势关键之二：构建运营战备，力出一孔落地

优秀的战略需要用实际经营动作来落地。战备是"养兵千日"，充足的运营战备能够夯实组织的必备能力。构建运营战备，战略变化就不易被对手洞察、抄袭。构建运营战备涉及企业的方方面面，如产品研发、营销公关、组织团队、终端建设等，企业的一切运营都要紧紧围绕战略定位，做到"力出一孔"，真正做到"牵一发而动全身"。

3.认知优势关键之三：打造关键战役，奠定胜利战局

战役是"用兵一时"，"打造关键战役"是构建认知优势的"致命一击"。把握节奏、根据年度战略目标和市场动态变化，发动"关键性战役"，拿到"全年最丰厚的战果"方可奠定胜局。关键战役是在复杂竞争中制胜的决定性要素，是从应对市场环境的变化而来，也是从对顾客认知中的"星星之火"而来，在竞争对手最意想不到或最不希望你出现的地方打响战斗。

资料来源：佚名. 零售业新一代战略变革：摆脱"效率内卷"，创建"认知优势"［EB/OL］．（2023-08-18）［2024-07-15］． https://ex. chinadaily. com. cn/exchange/partners/82/rss/channel/cn/columns/sz8srm/stories/WS64ded83ea3109d7585e49ba5.html.

问题：

（1）零售环境的变化给零售商带来了哪些机遇和挑战？

（2）盒马、美宜佳、好市多等"建立认知优势"的示范探索带给零售商哪些启示？

（3）结合零售竞争优势的来源，分析零售商如何构建自己的认知优势？

案例 2　　　　　　　　从模仿到创新，名创优品的海外扩张

名创优品是"年轻人都爱逛"的生活好物集合店，作为中国快速消费品行业的代表，自2013年成立以来，迅速在全球范围内扩张，成功进入107个国家和地区，布局了超过2 400家门店，成为国内零售企业"出海之王"。

一、早期探索与初步扩张

2015年：名创优品开始实施全球化战略，通过直营模式在海外市场开设门店，在新加坡开设了第一家门店，标志着其海外扩张的开始。

2016年：名创优品加快海外扩张步伐，海外门店数量迅速增加，快速进入墨西哥、巴西和加拿大市场。

二、加速扩张与市场调整

2017—2018年：名创优品继续在全球范围内门店突破1 000家，进驻国家和地区超过60个，特别是在亚洲、北美和欧洲市场。同时，公司开始调整市场策略，更加注重本地化运营和产品结构优化。

2019年：名创优品在全球范围内的门店数量持续增长，净增121家，海外门店数量达1 810家，覆盖了全球107个国家和地区。同时开始尝试与国际知名IP合作，推出联名产品，以提升品牌影响力，吸引更多的消费者。

三、品牌升级与战略深化

2020年：面对全球疫情的挑战，名创优品加大了对海外市场的投入，特别是在线上渠道的拓展，以及通过数字化手段提升供应链效率。名创优品的全球门店数量为4 514家，海外门店数量达1 746家，海外门店数量占比38.7%。

2021年：名创优品继续深化全球化战略，通过品牌升级和产品创新，强化其在海外市场的竞争力。同时，公司更加注重海外市场的本土化经营，以适应不同地区消费者的需求。相比2020年，名创优品海外门店净增121家。

四、海外市场表现与未来展望

2022年：名创优品在海外市场表现强劲，海外门店数量为2 115家，特别是在北美和欧洲市场，单店销售额和毛利率均有显著提升。公司通过优化产品组合和加强IP合作，成功提升了品牌价值和市场竞争力。

2023年：名创优品继续保持海外扩张的势头，截至2023年年末，名创优品全球总门店数达到6 413家，其中海外门店2 487家。2023年全球门店净增近1 000家。2023年海外业务整体收入近15亿元，同比增长51%，再次刷新了海外业务单季度收入纪录。

2024年：名创优品计划在海外市场净增550~650家门店，特别是在亚洲和拉美市场。公司还计划在未来5年内，使全球门店数量（相较2023年年末）接近翻倍，IP产品销售占比超过50%。

资料来源：陆敏. 从模仿到创新，名创优品的海外扩张 | 出海观察［EB/OL］.（2024-04-05）［2024-07-15］. https://mp.weixin.qq.com/s/mUv2bRofv2WNYjxkiPZ55g.

问题：

（1）试分析名创优品在海外市场布局成功的原因。

（2）在全球化背景下，以名创优品为代表的本土零售商"出海热"现象说明了什么？

（3）本土零售商要实现更大规模的"出海"，需要解决哪些关键问题？

案例3　　　　　　　　　**河北信誉楼百货集团有限公司的发展战略**

河北的信誉楼百货创立于1984年，在开创之初就喊出无理由退换货，比国家"三包"政策早了9年；其人力资本股权化改革比华为还要早。经营几十年来，它经受住了强大的外资对手和电商巨头的冲击，从未关过一家店。自2001年第一家分店开业，到2022年，信誉楼总共开了42家分店，保持平均每年不到两家新店的开店节奏。这22年，是中国加入世贸组织之后经济快速发展的22年，是多家零售企业"跑马圈地"快速发展的22年。不急不躁、稳健前行的信誉楼表现出了与众不同的独特气质。

比开店步伐还要稳健的，是信誉楼的营收增长。以线下零售遭遇电商冲击、百货和大卖场式微、社区团购分流等一系列变故最为剧烈的2012年为起点，信誉楼销售收入连续多年保持两位数增长。2020年营业收入为181.2亿元，增速为19.60%；2021年营业收入为202.6亿元，增速为11.81%；2022年在多家门店因疫情长时间闭店的情况下，营业收入仍然突破200亿元。

信誉楼的中国连锁百强排名从2012年的第84位逐年攀升至2023年的第31位，被曾任中国连锁经营协会会长的裴亮赞为"百强企业中绝无仅有的长跑冠军"。

信誉楼之所以40年持续稳健发展，很重要的一点就是把主要精力放在做企业而不是赚钱上，制定并践行富有特色的公司发展战略，遵循规律，注重过程，不懈怠，不冒进，踏踏实实走好每一步。

附录：

河北信誉楼百货集团有限公司发展战略

企业定位：以百货零售业为主，向连锁经营方向发展，决不涉足高风险投资领域。

发展原则：夯实基础，把握规律，顺其自然，留有余地。

发展模式：进一步夯实基础，建设教学型组织，为员工营造终身学习的环境。培养、储备人才，完善企业制度，建设企业文化。

在此基础上：

（1）总部开办数家分公司，其余发展子公司；各子公司按上述模式自行发展，整体显现稳健+裂变的扩张效果。

（2）依托名店效应，逐步探索自有品牌商品经营。

释义：

1.关于企业定位

（1）高风险投资也是社会发展所需要的。

（2）拒绝诱惑，有所不为才能有所为。

2.关于发展原则

（1）我们崇尚"基础决定楼层"，不赞同"超常规"发展。

（2）我们认为人类只能认识自然，把握规律，因势利导。我们鄙视"扭转乾坤""人定胜天"。

（3）我们主张通过挖掘潜能，不断超越自我。在所有资源的使用上都留有余地，不提倡"满负荷"。

我们实施商品"品牌经营"，不是为了获取高附加值，而是为了让各店拥有其他商家难以与其竞争的强优势商品。

企业使命：让员工体现自身价值，享有成功人生。（这是企业创办的初衷）

企业愿景：员工健康快乐；企业健康长寿。在不断夯实基础、把握规律、顺其自然、留有余地的原则下，采用裂变模式发展——也许，成为世界知名的基业长青企业。

企业风格：崇尚真实、自然，追求简单、有效。

价值观：追求价值最大化，而不是利润最大化。在维护自己根本利益的同时，切实为所有利益相关者着想。

利益相关者主要包括：员工、消费者、供应商、商界同仁、周边住户、各界朋友。

重复博弈实验表明：最大的赢家是那些从一开始就为他人着想的人。

经营宗旨：以信誉为本，切实维护消费者和供应商利益。

服务理念：视客为友。

资料来源：戚德志.何以信誉楼：四十年耕耘（1984—2024）[M].北京：机械工业出版社，2024.

问题：

（1）公司战略是如何影响零售商的生存与发展的？

（2）与其他零售商相比，信誉楼的发展战略有哪些特点？

第3章 零售顾客分析

内容体系

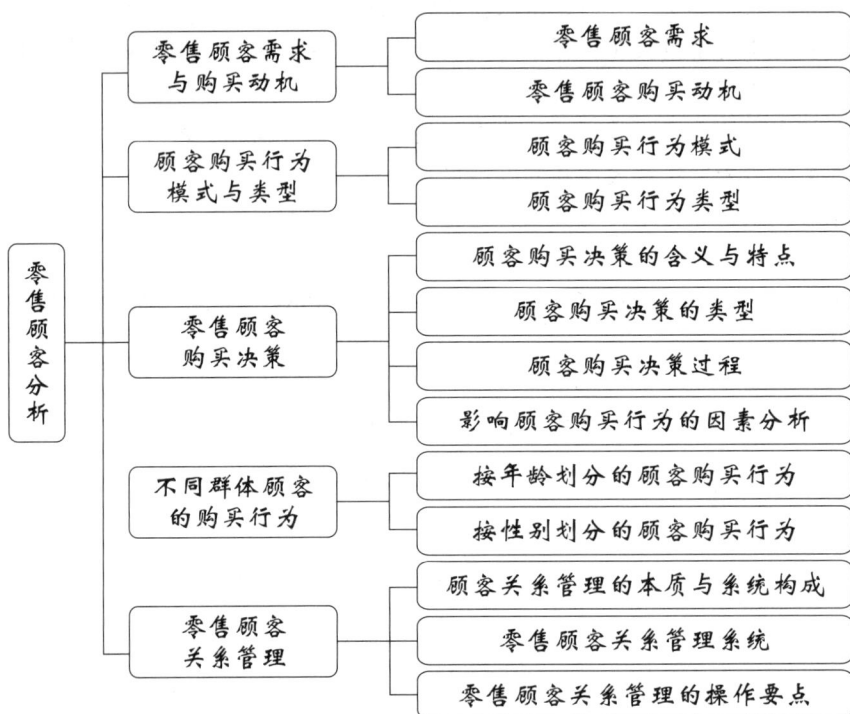

零售顾客分析	零售顾客需求与购买动机	零售顾客需求
		零售顾客购买动机
	顾客购买行为模式与类型	顾客购买行为模式
		顾客购买行为类型
	零售顾客购买决策	顾客购买决策的含义与特点
		顾客购买决策的类型
		顾客购买决策过程
		影响顾客购买行为的因素分析
	不同群体顾客的购买行为	按年龄划分的顾客购买行为
		按性别划分的顾客购买行为
	零售顾客关系管理	顾客关系管理的本质与系统构成
		零售顾客关系管理系统
		零售顾客关系管理的操作要点

学习目标

◆掌握顾客需求的内容与发展趋势和动机冲突的类型，顾客购买行为模式和购买行为的类型，顾客购买决策的类型、过程和影响购买决策的因素，不同群体顾客的购买行为特点。

◆了解顾客需求与动机的含义与类型、顾客关系管理的含义及系统构成、零售顾客关系管理的内容和操作要点。

❖ 引例

消费行为呈现六大变化趋势

达曼国际发布了2023—2024年达曼全球趋势轮，认为未来一年消费者及其消费行为正展现六大变化趋势。

趋势一：消费人群变化

随着人口结构、科技和经济环境的不断变化，人们的需求也在发生多样化变化，消费者对产品和零售商有了新的期望，并推动了新的购买行为的出现。如日益增长的老龄化人口衍生出各种不同的生活方式，小家庭数量增加，多代同堂、同性、以宠物为中心等有别以往的现代家庭形式开始出现。

趋势二：健康生活

消费者越来越追求健康的生活状态；在现代高压、变动的环境之下，越来越多的消费者重视"治愈"时刻；不同的健康需求、生活方式及环境因素也衍生出更多元的健康饮食需求。

趋势三：愉悦体验

消费者对能带来更多快乐的产品、服务和体验的需求变得更加明显，更新颖的食品，以及多重感官体验、精神保健食品将愈加受到重视。提供更多元和新鲜的感官刺激、打造难忘而满足的消费体验等，都能对消费者产生极大的吸引力。

趋势四：实时在线

随着全球数字化和无缝融合的加速，现实与虚拟世界之间的界限不断模糊，激发了消费者"随时随地都想获得满足"的追求。消费者从对产品的功能诉求升级至对整个购买体验的感受。更简化的产品使用体验、降低信息量的产品、减少复杂的内容，可以帮助消费者聚焦并提升生活效率。

趋势五：全球互联

随着全球的人口迁移和科技的进步，人们对自由享用跨境美食的渴望，引发了异域风味在速冻食品、休闲零食、调味料、茶饮咖啡等各个品类中的快速蔓延。人们也更关注可持续发展，"生态公民"日益增多。

趋势六：价值至上

消费者在购物时变得更加挑剔和谨慎，人们会从多个维度衡量产品的可靠度、透明度、预算等，而非仅仅局限于价格。品牌祛魅是一个很典型的微观趋势，消费者比以往更愿意接受满足更多需求的品牌，并以一种开放的态度对待各种适合他们价值需求的产品或服务，消费者对于价格及产品价值的敏感度更加强烈。

资料来源：刘旭颖. 消费行为呈现六大变化趋势［N］. 国际商报，2024-08-24（5）.

零售商经营活动的关键环节是销售，而销售服务的对象是顾客。零售顾客既包括个人或家庭的购买者，也包括非生产性购买的社会集团。本章主要研究以满足个人和家庭消费为目的的顾客需求与动机、购买行为类型、购买决策过程以及影响购买的因素，帮助零售商在顾客购买决策的各个阶段把握商机，更好地服务于顾客。

3.1 零售顾客需求与购买动机

3.1.1 零售顾客需求

3.1.1.1 顾客需求的含义

顾客需求是指个体由于缺乏某种生理或心理满足而产生内心紧张，从而形成与周围环境之间的某种不平衡状态。其实质是个体为了延续和发展生命，以一定方式适应环境所必需的客观事物的需要反应，该反应通常以欲望、渴求、意愿的形式表现出来。如人们感到饥饿时会产生对食物的需求，感到孤独时会产生对交往、娱乐活动以及礼品、娱乐品的需求等，需求的激发过程如图3-1所示。

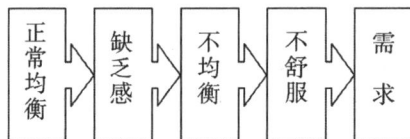

图 3-1 需求的激发过程

需求是人们从事消费活动的内在原因和根本动力，顾客需求总是针对能够满足自身生理或心理缺乏状态的物质对象而言的。在商品社会中，顾客需求具体表现为对获取以商品或服务形式存在的消费对象的要求和欲望。值得指出的是，有时顾客并没有感到生理或心理体验的缺乏，仍有可能产生对某种商品的需求。如华贵高雅的店铺陈列、款式新颖的服装常常引起一些女性顾客的购买冲动（即使她们已经拥有了多套同类服装），这些能引起顾客需求的外部刺激（或情境）称作消费诱因。

小知识 3-1

小知识 3-2

3.1.1.2 顾客需求的类型

按照顾客的需求对象，可分为物质需求和精神需求。物质需求，即顾客对以物质形态存在的、具体有形的商品的需求。其可进一步细分为低级和高级的物质需求：低级的物质需求是指维持生命所必需的基本对象，高级的物质需求是指顾客对高级生活用品（如现代家用电器、高档服装、美容美发用品、健身器材等）以及用于从事劳动的物质对象（如劳动工具等）的需求。精神需求，即顾客对文化、科学、道德修养、审美观点等表现出的对艺术、知识、美等的认识，以及追求真理、满足兴趣以及友情和亲情等方面的需求。

小知识3-3

3.1.1.3 顾客需求的基本内容

（1）对商品基本功能的需求

商品的基本功能是指商品的有用性，即商品能满足人们某种需求的物质属性。它是顾客需求的最基本内容，如冰箱要能冷藏、冷冻食品，护肤品要能保护皮肤等。正常情况下，基本功能是顾客对商品诸多需求中的第一需求。顾客对其需求的特点是：

①要求商品的基本功能与特定用途相一致，非越多越好。

②要求商品的基本功能与顾客自身的消费条件相一致，一物多用或多物一用不是评判优劣的绝对标准。

③顾客对商品功能要求的基本标准呈不断提高的趋势。

（2）对商品质量性能的需求

就消费需求而言，商品质量的高低是在一定的价格水平下相对于其实用程度所达到的技术性标准，因而顾客对商品质量的需求也是相对的。顾客一方面要求商品的质量与其价格水平相符，同质同价；另一方面也会根据其实用性来评价质量性能，如某些质量中等甚至低档的商品，因其达到了顾客的质量要求也会被接受。

（3）对商品安全性能的需求

安全性能需求通常发生在顾客对食品、药品、家用电器、化妆品、洗涤用品等商品的选择上。

（4）对商品消费便利的需求

便利需求表现为顾客在购买过程中能以最短的时间、最近的距离、最快的方式购买到所需商品，在使用过程中能够使用简单、易学易懂、操作容易、携带方便、维修方便。

（5）对商品审美功能的需求

对商品审美功能的需求即顾客对商品在工艺设计、造型、色彩、装饰、整体风格等方面审美上的需求。对美好事物的向往和追求是人类的天性，是体现在人类生活各方面的一种持久的、普遍存在的心理需求。

（6）对商品情感功能的需求

对商品情感功能的需求即顾客要求商品蕴含浓厚的感情色彩，能够体现个人的情绪状态，成为人际交往中沟通感情的媒介，并通过购买和使用商品获得情感的补偿、追求和寄托。如鲜花、礼品、毛绒玩具等都能起到沟通感情、促进交流、获得心理慰藉和情感补偿的作用。

（7）对商品社会象征性的需求

对商品社会象征性的需求即顾客要求商品体现和象征一定的社会意义，使购买、拥有该商品的顾客能够显示出自身的某些社会特性，如地位、身份、财富、尊严等，从而获得心理满足。如珠宝首饰、高级轿车、豪华住宅、名牌服装、名贵手表等商品多具有社会象征意义。

（8）对享受良好服务的需求

良好的服务可以使顾客获得尊重、情感交流、个人价值认定等多方面的心理满足。随着社会进步和消费水平的提高，顾客对良好服务的需求也日益强烈。

小案例 3-1

3.1.1.4 顾客需求的发展趋势[①]

（1）绿色化趋势

这是指人们为了满足生理和社会需求而对符合环境保护标准的食品的消费意愿。绿色消费需求可以从两个方面来看待：一是它可以被看作生理需求，即由于现代农业的负面影响，满足顾客对安全健康的食品需求受到了阻挠，因而绿色消费需求成为顾客最基本的生理需求；二是它可以被看作超越自我的更高层次的消费需求，不仅考虑自身的短期利益，更注重人类社会的长远发展，是一种对高品质生活、高尚品质与伦理道德的追求。

（2）感情化趋势

市场竞争的日益激烈和高科技浪潮的迅猛发展，使得人们的生活方式发生了巨大变化。以前平缓、稳定的生活方式正被快节奏、多变动、高竞争和高紧张度的生活方式所替代。与此相适应，也为了舒缓压力和寻求感情寄托，在消费领域，感情化消费的需求日益增加。其表现是：一是在购买的商品上，顾客要求借助商品实现其寄托与情感，展示个性及交流与沟通；二是在出入的购买场所上，一方面顾客要借助这些场所进行交际、娱乐、欣赏和得到尊重，另一方面顾客要通过该场所的品牌显示其身份和地位。

（3）高档化趋势

消费者高档化消费趋势主要表现在：

一是恩格尔系数呈逐渐下降的趋势；

二是衣着消费的个性化趋势越来越明显；

三是教育消费需求将会继续增加；

四是消费者对汽车和房地产这类代表资产和财富的商品需求将会快速增加；

五是服务消费的需求也将日益增加。

（4）参与化和创新化趋势

在当今以顾客为中心的超强竞争时代，顾客参与产品开发和创新的价值已经引起了人们的广泛关注。Ennew 和 Binks 认为顾客参与可以分为三种类型：

一是信息分享。分享信息给商家，以确定提供的服务符合产品需求，即顾客提供信息是为了满足其特定需求。

二是责任行为。顾客承担了部分员工的工作，如负起自我财务规划与监视投资等职

---

① 姚山季，张立，王永贵. 消费者行为学 [M]. 天津：南开大学出版社，2009.

责，即顾客扮演着企业部分员工的角色。通过这种行为，顾客期望可以更好地满足其需求。

三是人机互动。这包括许多人际关系方面的因素，如信任、可靠、支持、合作、弹性及承诺等。

一般来说，顾客参与产品开发与创新的活动是通过用户创新来实现的。

3.1.2　零售顾客购买动机

3.1.2.1　顾客购买动机的含义

顾客购买动机是指顾客为满足某种需要而引发的购买行为的内在驱动力。

顾客购买动机由以下三个要素组成：

（1）需求驱使

顾客的内在需求是其产生购买动机的根本原因和动力。当顾客有了某种需求并期望得到满足时，就会产生一种内在推动力（购买动机），就要寻求能够满足需求的目标并进行满足需求的活动。当行为产生、需求或动机得到满足后，生理或心理的紧张状态得以解除，新的需求又会产生。

（2）刺激强化

尽管顾客的内在需求和购买动机紧密相连，但并不能说明需求和动机可以直接等同。动机的形成有时还来自外界环境对消费者的刺激，在外界的刺激下，顾客会产生较强的购买动机。

（3）目标诱导

目标诱导即顾客在接受众多刺激时，商品的质量、款式、包装、价格、广告宣传、人员服务等内容能够引起顾客注意，促成购买行为发生。

小知识3-4

3.1.2.2　顾客购买动机的一般类型

（1）生理性购买动机

生理性购买动机也称本能动机，是指由顾客的生理需要而引发的购买动机，它是顾客最基本的消费动机。生理性购买动机主要有以下表现形式：

①生存动机，即顾客为了维持生命而产生的购买动机，如因饥渴而购买食物和饮品，因御寒而购买衣物。

②安全动机，即顾客为了保护生命安全而产生的购买动机，如为治病而购买药品。

③繁衍动机，即顾客为了组织家庭、繁衍后代、抚育子女而产生的购买动机，如因组织家庭而购买结婚用品，为抚养子女而购买儿童用品等。

（2）心理性购买动机

心理性购买动机，即顾客因心理需要而引发的购买动机，包括个人心理性购买动机和社会心理性购买动机。

①个人心理性购买动机，由个人心理需要而引起，主要有以下表现形式：

第一，感情动机，即由顾客的感情需要引发的购买动机，包括情绪动机和情感动机。情绪动机是指由顾客的喜、怒、哀、乐、爱、恶、惧等情绪影响而产生的购买动机，其引起的购买行为一般具有冲动性、即景性、不稳定性等特点。情感动机是指由顾客的道德观、群体感、美感等人类高级情感引发的购买动机，具有稳定性、深刻性的特点。

第二，理智动机，即顾客能客观认识商品，经过对商品的分析、比较和深思熟虑之后产生的购买动机，具有周密性、客观性、控制性的特点。

第三，偏爱动机，即顾客因对某商品的特殊爱好而产生的购买动机。

②社会心理性购买动机，即社会因素引发的顾客购买动机，如求实求廉动机、求美求名动机、求新求异动机、求同动机等。

实例与点评3-1

3.1.2.3 顾客购买动机的具体类型

（1）求实购买动机

求实购买动机即顾客以追求商品或服务的使用价值为主要目的的购买动机。它是顾客最普遍、最具代表性的购买动机。具有该动机的顾客特别注重商品的实际效用、功能和质量，讲求经济实惠和经久耐用，而不大注意商品的外观。

（2）求新购买动机

求新购买动机即顾客以追求商品的新颖、奇特、时尚为主要目标的购买动机。具有该动机的顾客特别重视商品的款式、颜色、造型是否时尚或与众不同，而不大注意其实用程度和价格高低。

（3）求美购买动机

求美购买动机即顾客以追求商品的艺术价值和欣赏价值为主要目标的购买动机。具有该动机的顾客特别重视商品本身的色彩美、造型美、艺术美，以及对人体的美化作用、对环境的装饰作用、对人的陶冶作用，而对商品本身的实用价值不太重视。

（4）求名购买动机

求名购买动机即顾客以追求名牌商品和高档商品或仰慕某种传统商品的名望，借以显示自己地位和威望为主要目的的购买动机。具有该动机的顾客特别重视商品的商标、品牌、档次及象征意义，而不太注意商品的使用价值。

（5）求廉购买动机

求廉购买动机即顾客以追求商品价格低廉，希望以较少的金钱支出获得较多物质利益为主要目的的购买动机。具有该动机的顾客特别重视商品的价格，对价格的变化反应格外敏感，对处理价、优惠价、特价、折价的商品特别感兴趣，该动机也是一种较普遍的购买动机。

（6）自我表现购买动机

自我表现购买动机即顾客以显示自己的身份、地位、威望和财富为主要目的的购买动机。其核心是"自我表现"，或者是"显名"和"炫耀"。具有这种购买动机的顾客特别重视商品的影响和象征意义，以显示其富裕的生活、特殊的地位、超群的能力。

（7）好胜购买动机

好胜购买动机即顾客以争强好胜或与他人攀比并胜过他人为主要目的的购买动机。其核心是"争赢""摆阔"。具有该动机的顾客并不是为了满足某种急切的需要才购买某种商品，而是为了赶上并超过他人，达到心理上的平衡和满足。

（8）惠顾性购买动机

惠顾性购买动机即顾客以表示信任、感谢为主要目的的购买动机。顾客由于某些原因对特定商店、特定商品品牌，或对某些营销人员产生特殊的好感，从而习惯地、重复地光顾某一商店，或反复地、习惯地购买某一品牌的商品，成为企业最为忠实的支持者。

（9）从众购买动机

从众购买动机即受众多顾客购买行为的影响而盲目形成的跟随性购买动机。具有该动机的顾客并没有急迫的具体需要，而是由于别人的购买行为带动而形成购买动机。

（10）储备购买动机

储备购买动机即顾客以储备商品的价值和使用价值为主要目的的购买动机。当市场商品供不应求时，顾客往往会产生此种购买动机。

3.1.2.4 顾客购买动机冲突

（1）趋向–趋向冲突

趋向–趋向冲突（approach-approach conflict）是指顾客以同样强度追求并存的两个（或多个）有吸引力的目标而又不能兼得时产生的内心冲突。在这种情况下，相互冲突的各种动机都会给顾客带来相应的利益，但由于消费条件的限制，顾客只能在有吸引力的各种可行性方案中进行选择，吸引力越相当则冲突越厉害，即"鱼与熊掌不可兼得"。如某顾客既喜欢可乐又喜欢果汁，这两种饮料价格大致相当，但他手里的钱只够买其中一种饮料。此时，零售商可以通过强调与竞争产品不同特性的差别化策略来解决顾客的动机冲突。

（2）回避–回避冲突

回避–回避冲突（avoidance-avoidance conflict）是指顾客在面临两个（或多个）都具有威胁性的目标时，对这些目标都产生逃避动机，但受条件和环境的限制，他必须选择其中一个目标的心理冲突，即"前有强敌，后有追兵"。如某顾客的旧车经常出毛病时，他会觉得拉到修理厂去修理不划算，但若购买一辆新车又需要花更多的钱。此时，零售商应积极引导顾客趋向选择威胁较小的动机作为实现目标，以便使利益损失降到最低限度。

（3）趋向–回避冲突

趋向–回避冲突（approach-avoidance conflict）是指某商品对顾客既有利又有弊时，使顾客产生的一方面会好而趋之，另一方面又会恶而远之的两种截然不同态度的心理冲突，即"想吃鱼又怕鱼刺"。如某顾客喜欢抽烟，一方面香烟能使他提神、缓解压力，但另一方面长期抽烟又有害健康。解决这类冲突的有效措施是尽可能降低不利后果造成的严重程度，或采取替代品抵消有害结果的影响。

3.2　顾客购买行为模式与类型

顾客购买行为是指顾客在购买动机支配下，为满足个人或家庭物质和精神生活的需要，用货币换取商品或服务的选择、购买、使用、处置等一系列活动。需求、动机、行为三者的关系如图3-2所示。

图3-2　需求、动机与行为的关系

3.2.1　顾客购买行为模式

顾客购买行为是多种因素共同作用的结果。不同学者对顾客购买行为的描述主要有三种模式：

3.2.1.1　经济学模式

其认为顾客购买商品遵循的是"最大效用"原则，即顾客用手中的货币去购买最令人满意的商品，包括商品的价格、质量、购买便利、服务等，使个人获得最大的满足。

小案例3-2

3.2.1.2　社会学模式

其认为顾客购买商品和服务在很大程度上受到社会群体、社会环境、社会地位等因素的影响，即顾客所处的社会地位、文化修养、相关群体等都会决定其需求和购买行为，顾客购买一定的商品、选择特定的品牌、光顾一定的店铺都是为了赞成和支持一些人。

3.2.1.3　心理学模式

其认为顾客购买行为是生理需求和后天经验相互作用的结果，即顾客的购买行为是受需求、动机、知觉、学习和态度等因素影响的。

在有关顾客购买行为的研究中，最具代表性的模式是心理学模式——刺激-反应模式（如图3-3所示）。

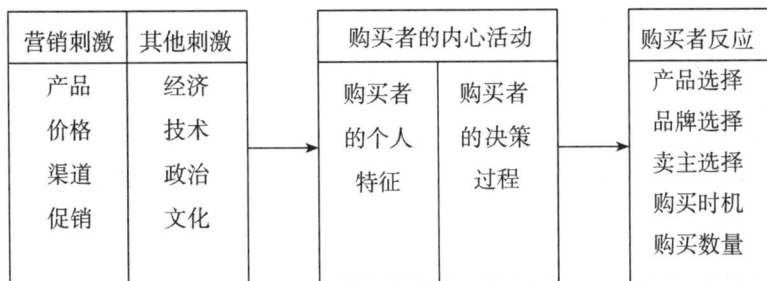

营销刺激	其他刺激	购买者的内心活动		购买者反应
产品 价格 渠道 促销	经济 技术 政治 文化	购买者的个人特征	购买者的决策过程	产品选择 品牌选择 卖主选择 购买时机 购买数量

图3-3 刺激-反应模式

3.2.2 顾客购买行为类型

3.2.2.1 按照购买目标的选定程度划分

（1）确定型

确定型顾客进店前已有明确的购买目标，对所要购买的商品都有具体的要求，一旦商品合意，便毫不犹豫地买下。这类顾客一般不需要他人介绍和帮助，在购买中为数较少。

（2）半确定型

半确定型顾客在进店前有大致的购买意向和目标，但不够具体和明确，直至购买行为实际发生时，还需要经过对同类商品的反复比较、选择之后，才能确定购买的具体对象。这类顾客希望得到他人的参谋帮助，易受他人观点的影响，成交时间长，需要提示或介绍。在购买者中他们为数众多，应是零售服务的重点对象。

（3）不确定型

不确定型顾客在进店前没有明确的购买目标，漫无目的地观光浏览。其购买行为发生与否，与店内外环境及顾客的心理状态有关，营业员的适度服务易引发其购买兴趣。

3.2.2.2 按照购买态度与要求划分

（1）习惯型

习惯型顾客一般依靠过去的购买经验和习惯采取购买行动，如长期惠顾某商店或某品牌、商标的商品。在购买时果断成交，不受时尚流行的影响，有很强的目的性。

（2）理智型

理智型顾客善于观察、分析、比较，购买前已广泛搜集所需商品的信息，了解市场行情，经过权衡利弊之后才作出购买决定；购买时理智慎重，不受他人及广告影响，挑选商品耐心认真。

（3）经济型

经济型顾客对商品的价格非常敏感，分高价倾向和廉价倾向两种类型。高价倾向者多认为价格高的商品质量高，买贵不买贱；廉价倾向者认为价格低是合算的，钟情于削价、优惠价商品。

（4）冲动型

冲动型顾客对外界刺激敏感，心理反应活跃。在外界刺激下多以直观感觉为依据迅速购买，不进行分析比较，新产品、时尚商品对他们的吸引力最大。

（5）感情型

感情型顾客心理活动丰富，易兴奋、爱想象，富于感情、想象，购买时易受感情支配和外界环境的感染诱导，多以商品是否符合自己的感情需要来进行购买决策。

（6）疑虑型

疑虑型顾客性格内向，言行谨慎、多疑。在购买前后三思而后行，购买后还疑心是否上当受骗。

（7）随意型

随意型顾客缺乏主见、经验，或奉命购买，在选择商品时多表现得优柔寡断、缺乏主见，多希望得到他人的提示和帮助。部分顾客在生活中不苛求、不挑剔，在购买行为上也比较温和。

小知识3-5

3.2.2.3 按照在购买现场的情感反应划分

（1）沉着型

沉着型顾客内心平静，反应缓慢沉着，购买动机一经确定就不易改变，很少受外界因素影响。购买中除了必要的言语外，始终保持沉默，感情不外露，抑制性强，交际适度，但不很随和。

（2）温顺型

温顺型顾客意志薄弱，生理上尽量避免过大的神经刺激，表面不受外界影响但内心又体验深刻。对所购商品考虑不多，愿意遵从营业员介绍和意见，关注服务态度，能很快作出购买决定。

（3）活泼型

活泼型顾客内心平衡而灵活性高，善于适应各种环境，兴趣广泛但易于变化，购买时健谈、活泼，愿意与他人接近、攀谈，主动与营业员和其他顾客交换意见。

（4）反抗型

反抗型顾客的个性心理具有较高的敏感性，多愁善感，性情孤僻，常处于警觉状态。购买时主观意志较强，疑心重，不喜欢听取他人意见，不信赖营业员和其他顾客。

（5）激动型

激动型顾客易于激动，言行举止时有暴躁、狂热的表现，自制力差。在购买时不善于思考，傲气十足，有时对商品和营业员的要求不合情理。

3.3　零售顾客购买决策

3.3.1　顾客购买决策的含义与特点

顾客购买决策是指顾客为了满足某种需求，在一定的购买动机支配下，在两个或两个以上可供选择的购买方案中进行分析、评价、选择及表达购后感想的活动过程。理解此概念应把握三点：

一是顾客购买决策是一种与消费目标紧密联系的有目的的活动；

二是它需要顾客的意志努力，即拿出主意并下定决心；

三是购买决策还是一个判断选择的过程。

与其他决策相比，顾客购买决策具有如下特点：

①决策主体的单一性，即顾客作出购买决策都是为了满足个人或家庭的生活消费需要，相当多的决策是由顾客自己单独作出的。

②决策活动的参与性，即在购买大件耐用商品时会采用集体决策，个体成员作为集体的组成部分会参与到具体的购买决策过程中。

③决策范围的有限性，即顾客购买的商品是为了满足个人或家庭的生活需要，只关注购买什么、买多少、在哪买、何时买、如何买等问题，不需要借助复杂的现代决策技术、手段和方法。

④决策因素的复杂性，即影响顾客购买决策的因素比较复杂，既有个人因素也有环境因素，既有内部因素也有外部因素，既有简单因素也有复杂因素等。

⑤决策内容的情境性，即顾客的购买决策会随着时间、地点、环境及其他因素的变化而不断发生改变，同一顾客在不同的时间、地点和情境中其购买决策是不同的。

小知识3-6

3.3.2　顾客购买决策的类型

根据顾客在购买决策中的购买参与程度和品牌差异程度不同，可以将顾客购买决策分为四种类型（见表3-1）。

3.3.2.1　复杂型购买决策

复杂型购买决策，即购买决策过程完整，经历大量的信息搜集、全面的产品评估、慎重的购买决策和认真的购后评价等阶段，顾客高度参与，并且了解现有商品在品牌、品种

表 3-1　　　　　　　　　　　　　　　　顾客购买决策类型

品牌差异程度 ＼ 购买参与程度	高	低
大	复杂型购买决策	多变型购买决策
小	和谐型购买决策	习惯型购买决策

和规格之间的显著差异的购买决策行为。其多发生在顾客初次选购单位价格高、品牌差异大的商品时，如汽车、电脑、电视、组合音响等。对此类顾客，零售商应制定策略帮助顾客掌握相关商品知识，运用广告、媒体和销售人员大力宣传其品牌的特征和优势，使顾客树立对本产品的信任感，影响顾客的购买决定，简化购买过程。

3.3.2.2　和谐型购买决策

和谐型购买决策，即顾客属于高度参与，但并不广泛搜集产品信息，并不精心挑选品牌，购买决策过程迅速而简单，但在购买之后会认为自己所购买的商品具有某种缺陷或其他同类产品有更多的优点，进而产生失调感，怀疑之前购买决策的正确性的购买决策行为。其多发生在顾客购买品牌差异不大的商品时，如地毯、服装、首饰、家具、小家电等。对此类顾客，零售商应提供完善的售后服务，经常通过各种有效途径客观披露本企业和商品的信息，增强顾客购买决策的自信心和购后评价的满意感。

3.3.2.3　多变型购买决策

多变型购买决策，即顾客属于低度参与并了解现有品牌之间具有的显著差异，购买商品具有很大的随意性，不深入搜集信息和评估比较就决定购买某一品牌，在消费时才加以评估，但下次购买又转换其他品牌的购买决策行为。其多发生在顾客认为拟购商品的品牌差异虽大，但可供选择的品牌很多，不需要花太多的时间选择品牌而且也不专注于某一产品时，如饼干、饮料、方便面等。此时，零售商常利用占领货架有利位置、避免脱销和提醒购买的广告促成顾客形成习惯型购买，或以降价、免费试用、介绍新品的独特优势等方式鼓励顾客改变原来的购买行为。

3.3.2.4　习惯型购买决策

习惯型购买决策，即顾客属于低度参与，且购买的商品品牌差异程度不大，顾客并未深入搜集信息和评估品牌，只是习惯于购买自己所熟悉的品牌，在购买后可能也不去评价商品的购买决策行为。其多发生在单位价格低廉、品牌差异不大的商品上，如奶制品、食盐、白糖、洗涤剂、牙膏等。此时，零售商应努力提高商品质量，加强广告宣传，树立自己的品牌形象，并利用价格和促销吸引顾客试用，增强购买的参与程度和品牌差异，形成习惯性购买。

3.3.3　顾客购买决策过程

3.3.3.1　确认需求

确认需求是顾客购买决策过程的起点。顾客需求可由内在刺激引发，也可由外在刺激唤起，还可能是内、外刺激共同作用的结果。顾客的意欲状态与感知状态之间的差距促使其采取某种决策行动，但需求被唤起后可能逐步增强，最终促使顾客采取购买行动，也可能逐步减弱，以致消失。顾客最终是否采取购买行动，主要取决于两个因素：其意欲状态与感知状态之间差距的大小或强度；问题的相对重要性。因此，零售商应注意识别引起顾客某种需求的环境，既要注意与自身经营范围有关的商品变化，也要注意了解顾客对商品的需求强度，并善于安排诱因，促使顾客对本企业的商品或服务产生强烈的需求，并促成顾客立即采取购买行动。

3.3.3.2　搜集信息

当顾客确认需求并产生了购买动机后，便会开始进行与购买动机相关联的活动，这些活动首先就是搜集信息。搜集信息的方式有外部信息搜集和内部信息搜集两种。对习惯型购买决策，顾客主要依赖内部信息搜集；对复杂型购买决策，顾客既要有内部信息搜集，又要有外部信息搜集。一旦发现所要购买的商品就在附近，顾客便会实施购买活动，从而满足需求；反之，他便会将此需求存入记忆中，并注意搜集与需求相关和密切联系的信息，以便进行决策。因此，零售商可以通过提供合适的商品和满意的服务来营造舒适的购物氛围等方式，将顾客所寻求的信息限定在自己的店铺内，使顾客感到没有必要去其他店铺搜寻额外的信息。

小知识3-7

3.3.3.3　综合评估

（1）分析商品属性

商品属性是商品所具有的能够满足顾客需要的特性。在实践中，顾客一般将某种商品看成一系列属性的集合，而非看重商品的所有属性，只是对不同商品表现出对其不同属性的关心，如关心照相机的体积、价格和拍照的清晰度，关心牙膏的洁齿、防牙病功能和香型等。

（2）建立属性权重

属性权重是指顾客对商品或服务的属性所赋予的重要性权数。商品或商店的属性对顾客的重要性是不同的，顾客会为这些属性赋予不同的权重，建立属性等级。

（3）确定品牌信念

品牌信念是指顾客对某个店铺或品牌的商品或服务优劣程度的总的看法。顾客通过评价和比较不同店铺或品牌的类似商品属性，形成对该品牌的信念。受顾客的个人经验、选择性注意、选择性扭曲及选择性记忆的影响，顾客形成的品牌信念与该品牌商品或服务的真实属性有差距。

（4）选择评估模型

评估模型是指顾客对不同店铺或品牌进行评价和选择的程序和方法。由于不同店铺或品牌的商品在各个商品属性上的表现不同，顾客需要建立评估模型对不同的店铺或品牌进行评价和选择。常用的期望值选择模型就是在提出所需商品应具备的商品属性和属性权重后，对每项属性进行打分，再运用加权平均法计算各个品牌的综合得分，得分最高者就是顾客要选择的品牌。

实例与点评3-2

3.3.3.4　购买决策

经过综合评估后，顾客形成品牌偏好，会形成一定的购买意向，但不一定导致实际购买。从购买意向到实际购买还会受到他人态度（如他人否定态度的强弱程度、与自身关系的密切程度、权威性）、意外因素（商品涨价、新品出现、顾客出现大笔额外开支）和购买风险（风险大小、风险意识、风险承受力强弱）等因素的影响。因此，零售商应了解引起顾客风险感的因素，采取措施减少顾客可觉察的风险，促成顾客迅速作出购买决策。

小知识3-8

3.3.3.5　购后行为

购后行为是指顾客购买商品或服务后，对该商品或服务的使用、使用感受和处置等行为，包括购后评价和购后处置。

（1）购后评价

购后评价是顾客实施购买行为后，在使用商品或服务过程中对购买决策的满意程度。购后评价集中指向所购商品，评价标准也以效用为主要内容，顾客的预期满意程度（实效与期望的比较）和认识分歧（顾客对已购商品与未购商品的比较、顾客对已购商品的主观认识和客观实际的差距）会影响到购后评价的效果。

（2）购后处置

购后处置是顾客购买后如何使用和处置该商品的行为，如继续使用所购商品、找到新用途、转送给他人、闲置不用、售出、永久抛弃等，不同的处置方式表明了顾客不同的满意程度。因此，零售商应该采取有效的措施尽量降低顾客购后的不满意感，并通过加强售后服务、保持与顾客联系等方式，增强消费者的满意感。另外，从长远的社会意义和经济效益考虑，研究和帮助顾客在购买后如何合理使用和处置商品对零售商来说是一个新的课题，也是应对零售竞争的新挑战。

3.3.4 影响顾客购买行为的因素分析

3.3.4.1 宏观环境因素

影响顾客购买行为的宏观环境因素已在2.3.1"宏观环境分析"部分论及，此处不再赘述。

3.3.4.2 顾客个体因素

（1）个人因素

个人因素主要受年龄与人生阶段、个性、生活方式和自我概念的影响。

①个性是指一个人的经常的、稳定的、本质的心理特征的总和。每位顾客的个性各有不同，表现为性格、气质、兴趣、自我形象、能力上的差别，它从内部来描述顾客，影响着顾客的购买行为。

②生活方式是指顾客在生活中表现出来的兴趣、态度等的综合模式，侧重从如何生活、消费和消磨时间等外显行为描述顾客。零售商应寻找自己的商品与各种生活方式之间的关系。

③自我概念是顾客对自身一切的感觉、了解和认知的综合，分为实际的自我、理想的自我、社会的自我、理想的社会自我、期待的自我等类型。如毗邻白领公寓的西餐厅，其装修布置、背景音乐、提供的菜肴与饮品等都尽力营造"小资"情调来迎合白领的自我概念。

（2）心理因素

心理因素主要受需求、动机、感知、学习、信念与态度的影响。

①感知是指顾客选择、组织和解释刺激物，以便清楚地了解商品的过程。顾客先通过视、听、嗅、触、味等"五觉"来感觉商品，再通过知觉对商品的各种属性和各部分进行整体认知。在刺激物、情境、个人因素的作用下，顾客感知过程经历了选择性注意、选择性理解和选择性记忆三个阶段，形成了对商品的基本认识。

②学习是指顾客由经验积累而引起的行为或潜在行为的持久变化。顾客购买行为大部分是通过学习形成的，顾客学习是通过驱动力、刺激物、诱因、反应和强化的相互影响而产生的（如图3-4所示），顾客购买决策过程本身就是学习过程。

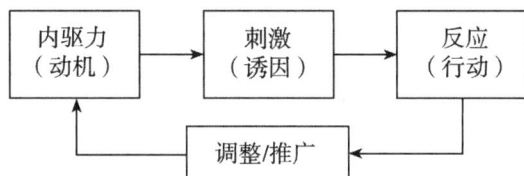

图3-4 消费者学习模式

③信念是指顾客对某些事物所持有的描述性思想，如顾客评价的零售商产品或品牌的形象。态度是指顾客对某些事物或观念长期持有的好坏认识的评价、情感上的感受和行动倾向。信念和态度会使顾客对相似的事物产生一致的行为。态度不是与生俱来的，态度一经形成，顾客的消费模式便会表现出一定的稳定模式。因此，零售商应注意使顾客形成对本企业及商品的积极肯定的态度。

3.3.4.3　企业营销因素

零售商应该设计恰当的营销组合来影响顾客的购买行为，通过产品、价格、渠道（业态选择）、促销等手段的有效搭配和综合运用，为顾客营造一个舒适的购物环境，引导和满足顾客的多种消费需求，达到顾客满意和实现顾客忠诚。

3.4　不同群体顾客的购买行为

3.4.1　按年龄划分的顾客购买行为

3.4.1.1　未成年顾客的购买行为

未成年顾客是指年龄在4~18岁的消费群体，他们的自我意识尚在发展成熟过程中，道德观念需要不断完善和发展，自我控制力不强，没有独立的经济能力。因此，未成年顾客的消费行为会受父母、朋友、同学、老师和商家的影响。从总体上看，未成年顾客购买行为的主要特点是：依赖性强、缺乏明确性、消费感性化、易产生错误的消费行为。

未成年顾客的消费心理特征可从3个阶段进行分析：

①学龄前（4~6岁）：在消费中学会了比较，模仿性消费居多，消费情绪不稳定。

②学龄期（6~11岁）：个性消费特点开始显现，消费情绪趋于稳定，消费行为受社会影响程度加大。

③少年期（12~18岁）：喜欢与成年人攀比，购买行为趋于稳定，消费行为受社会影响大，在家庭消费中的决定性作用开始显现。

因此，零售商应积极发挥引导消费和促进消费的作用，设法让未成年顾客了解商品的功能与用途，在包装、色彩、品牌、商标等方面有所针对和侧重，并用系列套装、附赠销售、商品布局与陈列设计、网络销售等吸引消费者。

3.4.1.2　青年顾客的购买行为

青年顾客是指年龄在19~35岁的顾客，他们在自我意识方面已经相当成熟，道德观念也相当完善，自我控制能力增强，大部分具备了独立的经济能力，消费行为有很大的自主性，在选择商品方面有十分明显的个人偏好。相对于其他群体来说，青年消费群体的探索与冒险意识较为突出，是创造消费流行和追逐流行的群体。

青年顾客的购买行为特点主要表现在：数量众多，消费潜力大；消费的独立性强，在消费决策中影响力大；追求个性、时尚；新的消费方式层出不穷。因此，零售商应注重开发和引进带有时尚潮流的新产品，在销售环境布置上体现清新、个性和现代气息，搭建网上购物平台，并采用多样化的促销手段。

3.4.1.3　中年顾客的购买行为

中年顾客是指年龄在36~55岁的顾客，其收入水平高，支出能力最强，消费商品的覆盖范围广泛，消费经验丰富，在家庭中是绝对的购买决策者和执行者，在消费中处于重要的决策地位。中年顾客的购买行为特点是：人数众多，人员素质高；消费角色多重性；注重理财、量入为出，理性消费。

中年顾客购买行为的一般心理表现是：注重商品的实用性、价格及外观的统一；理性消费远超过情绪性消费，计划消费远超过冲动性消费；尊重传统，较为保守，对新产品缺乏足够的热情；注重商品使用的便利性；个性化消费重新出现。对此，零售商在经营中要注意引进实用性、便利性突出的商品，用服务至上培养忠诚顾客，并注意广告传播及促销活动的理性与真诚。

3.4.1.4　老年顾客的购买行为

老年顾客是指年龄在55岁以上的顾客，其购买行为特点主要是：心理惯性强，对商品或品牌的忠诚度高；注重实际，追求方便实用；需求结构呈现老龄化特征；部分老年消费者抱有补偿性消费动机。对此，零售商应注意提供老年人所需的方便、舒适、有益于健康的消费品以及良好的服务，提供适合于老年人特点的健身娱乐用品和休闲方式，有计划地开发"银发市场"。

实例与点评3-3

3.4.2　按性别划分的顾客购买行为

3.4.2.1　男性顾客购买行为

男性顾客主要指男性成年顾客。尽管男性顾客关注、购买的商品大类少，但其消费额度可能高过女性，因为他们对家庭中高档消费品的购买拥有决策权。与女性相比，男性一般表现出刚强粗犷、心胸开阔、意志坚强、决策果断、喜欢探险、酷爱体育运动等特点。在购买活动中，男性顾客较为突出的消费心理特点是：求新、求异，敢于尝试新事物；目的明确，决策果断；注重产品的整体质量和使用效果；购买产品要求方便快捷。从我国目前的实际来看，男性的就业率和收入水平相对于女性来说要高，而且男性通过报纸、广告、网络获取的信息较多，对产品结构、性能了解较多，这就使男性顾客在购买技术、结构较为复杂的产品及高档耐用消费品时拥有最终决定权。同时，男性选购商品的范围较窄。

3.4.2.2　女性顾客购买行为

女性顾客主要指女性成年顾客，年龄在18~55岁之间。在家庭生活的角色中，女性大多承担着照顾全家老小生活起居的重大责任。长期以来，女性顾客一直是家庭消费的主力，也是社会消费的重要环节。女性顾客的消费心理特点主要是：追求美与时尚；追求实用与情感并重；追求商品的便利性和创造性；追求自尊和被他人尊重。在消费实践中，女性顾客人数多，购买能力强，采购领域广，购买欲望强烈，购买角色多元化，情绪性消费特征明显，非理性影响大，自我意识增强。

3.5　零售顾客关系管理

3.5.1　顾客关系管理的本质与系统构成

顾客关系管理（customer relationship management，CRM）又称客户关系管理，是一种现代管理思想，它将客户视为重要的企业资源，借助现代化的信息技术，将与客户有关的数据进行整合分析，以更充分地把握客户行为，从而制定针对不同客户的经营策略，实现客户价值的最大化。CRM通过深入分析客户及其相关资料，为客户提供相应的产品与服务，以深耕及拓展客户关系，是融入了企业经营观念和营销策略等内容的一整套解决方案。

按照顾客关系管理的目的不同，可把CRM系统分为三个部分：基于多媒体联系中心、建立在同一平台上的协作型CRM；与企业业务运营紧密相关的运营型CRM；以数据仓库为基础、实现统一客户视角的分析型CRM。①

3.5.2　零售顾客关系管理系统

3.5.2.1　零售顾客关系管理的含义与目标

零售顾客关系管理是一种以顾客为核心的先进管理思想，它借助于先进的信息技术充分把握顾客行为特征，在此基础上制定针对细分顾客群体的零售营销和服务策略，从而实现零售顾客价值最大化的目标。

零售CRM的目标有三个：

一是提高效率，即通过采用信息技术，提高业务处理流程的自动化程度，实现企业内部的信息共享，提高员工工作能力，有效减少培训需求，使企业内部能够高效运转。

二是开拓市场，即通过新的业务模式扩大经营活动范围，及时把握新的市场机会，占领更多的市场份额。

三是保留顾客，即零售商提供多种沟通路径，使顾客可以根据自己的喜好选择不同方

---

① 董金祥，陈刚，尹建伟. 客户关系管理［M］. 杭州：浙江大学出版社，2002.

式与零售商交流，方便地获取信息和得到更好的服务，而顾客满意度的提高有助于零售商保留更多的老顾客，更好地吸引新顾客。

3.5.2.2 零售顾客关系管理系统的构成

零售顾客关系管理系统是以顾客的忠诚度管理为核心内容的。围绕这一核心，零售CRM系统由五个业务模块构成：

（1）业务流程和数据管理

业务流程和数据管理是指零售商通过进行业务流程重组达到使用新技术来提高工作效率、提升决策准确性和及时性的目的。例如，实行无纸化办公，用电子文件取代传统的纸质文件，不仅节约了费用，而且还可以实现总部和分店之间信息的及时传递。

（2）客户接触点管理

客户接触点管理，如为顾客提供支持刷信用卡的POS机、触摸屏等顾客自助设备，开通网上商城，提供商品信息查询、在线支付等功能，支持客户端进行网上购物等。增加和改进这类功能，将使更多的顾客获得多样化的购物渠道。

（3）运营系统管理

运营系统管理是指制订和实施销售计划和促销行动，进行商品库存管理和店铺存货补充，需要人员调配、财务及后勤保障的支持。功能更强的系统，还可以和供应商的系统相衔接，实现信息共享。

（4）知识管理

知识管理是指零售商通过对交易信息和顾客信息的大量积累，可以从中提取出有价值的市场信息并加以利用。通过对货架利用率、畅销品类别、经常购物顾客群体、某商品不同地区销售对比等信息的分析整理，能够采取有针对性的营销做法，把更多的畅销商品适时、适地地推向适当的顾客群体。

（5）服务支持系统管理

服务支持系统管理是指建立一个统一的运行可靠、实用安全、标准化、快速灵活的IT平台支持上述各项功能的实现，使新开发的业务能很快加入到原有系统中，并以一种整合方式进行运作，最大限度地实现整个企业的协作，提高运行效率和决策质量。

实例与点评3-4

3.5.3 零售顾客关系管理的操作要点

3.5.3.1 中小零售商顾客关系管理的实施

针对中小零售商规模小、资金实力弱、技术与人力资源缺乏等特点，中小型零售商可以选用针对个体业务人员的简单CRM软件作为前端，同时根据需要选用或开发针对本企业实际情况的综合性CRM软件在后端使用。在后端使用的CRM软件要有高于前端的数据处理功能，同时具有一定的数据分析能力。这样既可以使中小零售商获得实施CRM的益处，又达到了成本低、使用简单、功能相对完善的目标，巧妙地避开了实施CRM可能受到的限制。

3.5.3.2　大型零售商顾客关系管理的实施

大型零售商实施顾客关系管理的操作要点：一是实施CRM必须具备一定的经济实力和信息基础；二是在管理层面上应规划零售CRM系统，有高层领导、战略目标、组织结构和管理制度的配套支持；三是有丰富的顾客信息采集方式和渠道；四是在技术层面上选用大型的、综合性的企业版CRM信息系统，有强大的数据分析能力。

关键术语

顾客需求　顾客购买动机　动机冲突　顾客购买行为　顾客购买决策　顾客关系管理　零售顾客关系管理

即测即评

第3章单项选择题　　　　　第3章多项选择题　　　　　第3章判断题

基本训练

❖ 问答题

1.简述顾客需求的基本内容。

2.举例说明顾客购买动机的具体类型。

3.举例说明动机冲突。

4.试分析顾客购买决策的类型。

5.试述顾客购买决策过程。

6.试分析影响顾客购买行为的因素。

7.简述零售顾客关系管理系统业务模块。

❖ 案例分析

案例1　　　百联股份三大"商业+"跨界融合模式　锻造消费新动能

在上海生活，恐怕很难不与"百联"产生交集，它是遍布家居生活的产业，覆盖生活的方方面面；而逛商业空间，无论是南京东路、徐家汇等五大核心商圈，还是奉贤、金山等远郊区，均能找寻到百联股份的足迹，百联股份以百货（11 家）、购物中心（21 家）、奥特莱斯（1 家）等不同形态的商业载体，满足不同客群的消费需求。作为国内一流的大型综合性商业股份制公司，百联股份及其门店一直扮演着商业零售和潮流生活方式的引领者角色。"秉持长期主义精神，谋定而后动，在传承中创新，在成长中突破。"在新消费浪潮下，购物场景呈现更为多元与复合的特征。业态的边界逐渐消弭，生活方式的多样性被不断刷新，"商业+"的跨界融合模式进一步凸显。百联股份不断探索构建独特的商业空间产品，为城市注入更丰富、更灵动的元素，释放消费潜力。围绕不同的消费群体和消费特性，尝试以不同空间产品（线）、内容来满足，用三大"商业+"跨界融合模式锻造消费新动能。

"商业+策展"模式，拥抱未来的年轻力。百联 TX 淮海定义了策展型零售，开启对潮流街区的全新探索；淮海 755 通过与青年艺术家合作、品牌联名等活动，从一家中型百货成功转型为深受年轻人喜爱的"新意思中心"；百联 ZX 创趣场，也将成为中国首个次元文化社交空间……

"商业+社区"模式，旨在满足 15 分钟生活圈诉求。今年启动焕新升级的百联西郊购物中心将是首个探索尝试项目，以"社区能量场"定位的它，将聚焦健康、活力、可持续，形成生活全日场景的多元社交，成为城市宜居能量源。

"商业+产业"模式，全力助力上海打造国际消费中心城市。百联投资中国规模最大的时尚设计师品牌管理孵化平台 Ontimeshow，将苏州河畔老建筑衍庆里蜕变为百联时尚中心，为国内外独立时尚设计师提供了展会平台、品牌管理服务与行业社交空间，并与 the bálancing 买手店、百联 TX 淮海等终端链接，助其实现成长价值，助力上海设计之都建设。此次"2022 百联时尚产业沙龙"，也是百联股份"商业+产业"模式探索的重要一环。

作为百联股份新时代商业上的再次探索，百联 ZX 创趣场也是"商业+策展"模式的有益尝试，"我们希望呈现一座由全国动漫爱好者及年轻潮流族群共建、共享、共同守护的'二次元聚落'"，谈及该项目，张申羽总经理信心满满。百联 ZX 创趣场糅合了百联股份对于年轻一代的理解，"从消费者的角度出发，让他们直接参与共建，一起成为商业的创造者"。不同于传统商业的招商思路，百联 ZX 创趣场以"Play Together"为口号，把更多的品牌养成、内容创作交还给消费者，把可玩、可造、可孵化融入商业模式中，聚集多次元文化产品的社群加盟，"我们希望助力'中华商业第一街'召回年轻客群，持续焕发活力"。

商业体不应该只是一个单一功能的空间，百联股份将时尚、艺术、人文、科技等融入商业空间，相互激发再创造出新的内容，打造出一系列各自精彩的空间产品：既有适合举家出行的一站式生活空间，也有聚集前沿时尚潮流的社交空间，还有放松心情的度假空间……如同百联 ZX 创趣场定位的是次元空间，百联股份旗下不同商业体针对各自的目标客群协力向"懂我"的第三空间迈进，"在百联股份，我们希望可以让消费者遇见最适合自己的那个美好空间和美好生活"。

资料来源：叶苗苗. 百联股份张申羽：传承和创新，通向"懂我"第三空间［EB/OL］.（2022-12-24）［2024-06-23］. https://mp.weixin.qq.com/s/PItDsp1evqI8jxqQm41dYg.

问题：

（1）百联股份三大"商业+"跨界融合模式，满足了哪些消费群体，其消费特性有哪些？

（2）结合资料为百联ZX创趣场的消费者群体画像。

案例2　　　　　　　"新三代"女性如何影响中国消费产业

"新三代"消费客群具体指"00后"进入社会职场后，成为后Z世代女性消费新群体；"80后"千禧一代成家立业、结婚生子后，成为千禧妈妈女性消费新群体；而过去的"60后"父母在家庭中逐步成为退休群体，成为孙子孙女的祖父母，但退而不休，岁月留下的痕迹尚不及"银发族"，因此她们更适合被称作岁月丽人，新一代"银发经济"女性消费的新客群。

后Z世代女性：初入职场，有个性，自信、注重时间效用。从潮流追随者变成引领者，在消费中注重情绪满足，也时常通过线上社群形成小众兴趣消费圈，逐渐延伸至线下消费场景，同时，在社会层面，后Z世代女性更认同传统文化，愿意主动向大众、世界展示中华优秀文化，追求即时满足与便捷购物体验，呈现出个性化消费的特点。

千禧妈妈：展现出从"我"到"我们"的消费内容变化，一方面回归真我，将取悦自我的消费放在重要位置，但也接纳"我们"的角色转变，在消费中增添了家庭支出。千禧妈妈热衷于寻找育儿搭子，擅长线上线下融合消费，关注品质与性价比，热衷于团购、拼单等节省成本的方式，同时也愿意投资子女教育与个人提升项目。千禧妈妈更加重视社群，也更加依赖网络完成消费过程。从社会链接看，千禧妈妈兼顾自我实现，成为斜杠辣妈，展现出发展型消费的特点。

岁月丽人：消费体现出从"养老"经济到"享老"经济的变化，退休后的新银发群体注重自主享乐，增加了利己消费，追求享受人生。同时，岁月丽人也注重熟人社群的连接，组团学习和重返线下。从社会层面来看，岁月丽人体现出"退而不休"的特征，退休后继续寻求自我价值的实现，与社会保持高度接轨。岁月丽人注重熟人社群关系，信赖亲友推荐，热衷于组团学习以丰富精神生活，且敢于消费，呈现出补偿性消费的特点。

消费行为的变化催生零售商业市场的全新商机，"新三代"女性消费群体与自我、群体和社会所构建的三大"情绪"链接改变了她们的消费行为，也引发了时代消费产业的变化。"新三代"女性消费带来的消费增量，包括九大新业态（个性化定制、小众品牌、国潮复兴、回归真我、亲子共享、知识付费、自主享乐、熟人社交、退而不休等）和三大新场景（个性消费场景、多元消费场景和适龄消费场景）。

资料来源：柳宁馨.《女性消费力洞察报告》发布，"新三代"女性如何影响中国消费产业？［EB/OL］.（2024-04-14）［2024-07-14］. https://mp.weixin.qq.com/s/SBT0WHCmJ4-_xNgweQzdXA.

问题：

（1）试归纳分析"新三代"女性消费群体的消费特征和消费行为分别有哪些不同？

（2）影响女性消费者购买行为的因素有哪些？

（3）面对上述变化，零售商应该采取哪些策略进行有效应对？

案例 3　　　　　　　胖东来商品的快速变化是对顾客需求的深度洞察

胖东来商品的快速变化是对顾客需求的深度洞察，其商品结构大致经过四个阶段：人无我有、人有我优、人优我难、人难我独。

一、人无我有

2012 年前胖东来的商品结构更多是模仿，即模仿当年的单店之王——上海家乐福古北店。由于当时的许昌及郑州商贸都不发达，想补齐这些商品需要向外寻找进货渠道。胖东来的办法是一边招聘家乐福的管理人员，另外一边南下广州丰富商品结构。若遇到有需求但一时又补不上的商品，胖东来最简单粗暴的办法是去人家店里用现金买回该商品，再放到自己店里出售。

二、人有我优

从 2015 年起，胖东来的商品结构开始吸引国内很多同行前来学习。其做法是把优化商品的功夫落在抓品质上，商品采购员把更多的精力放在学习商品专业知识上，以不断提升店内商品的品质。企业对专业度高的品牌合作商更有需求，想要合作的供应商，把一个细分类做到更专业就更有机会进胖东来。

三、人优我难

在保持人有我优的同时，胖东来把超市生鲜中最难攻克的熟食烘焙和海鲜水产两大经营品类变成了自己门店的强目标品类。烘焙现在是胖东来超级出圈的"王炸"品类，而海鲜水产是经过巨亏拼出来的强口碑品类。胖东来是主动选择亏损，在历经目标亏损、盈亏平衡、赚钱三个阶段的一系列活动后让顾客喜欢上吃海鲜。因为难就有了高竞争门槛。

四、人难我独

当顾客对胖东来超市的渠道信任度大于品牌后，胖东来迎来了自有品牌的爆发期。顾客的信任是胖东来发力自有品牌商品的动力。与 2023 年的商品结构相比，胖东来原来由商贸公司供货的商品在做大量删减，而自有品牌和工厂直营商品在做加法。供应商在抢先半步优化品类、把胖东来门店货架搬到自己展厅、自开发商品的创新能力等方面不断进行努力和调整，倒逼出自己的专业能力，就是要想尽一切办法和胖东来合作。

资料来源：黄碧云. 胖东来商品的快速变化是对顾客需求的深度洞察［EB/OL］.（2024-06-10）［2024-07-13］. https://mp.weixin.qq.com/s/f8wd3PCHGmKeCG8GbXSAlA.

问题：

（1）胖东来是如何持续深度洞察消费者需求，来不断优化其商品结构，提升商品力的？

（2）面对胖东来网红爆品的脱销，部分消费者选择通过"代购"来实现消费。"代购"满足了消费者的哪些需求？对商家和顾客会产生什么影响？

第4章 零售商圈与选址

内容体系

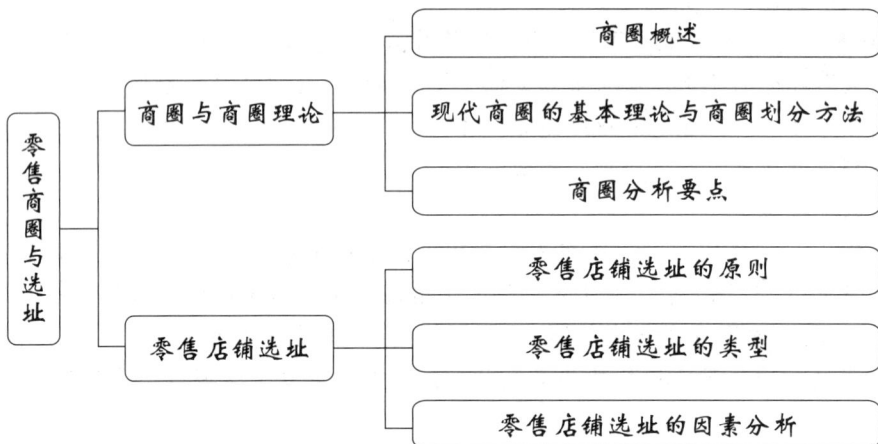

学习目标

◆ 了解零售商圈的含义与类型，掌握影响商圈的因素以及商圈划分的方法。

◆ 领会商店选址原则和类型，掌握零售店址选择的因素。

❖ 引例

茶颜悦色在长沙的选址策略

茶颜悦色在长沙的选址策略是聚焦核心商圈密集分布，重点区域连续布局，小范围先形成规模效应，见缝插针。

目前茶颜悦色在长沙的具体分布如下：

（1）天心区：长郡三店，九龙仓四店，悦方一店，福大银座店，理工大学店，7mall三店。

（2）芙蓉区：万家丽一店，晚报大道店，阿波罗店。

（3）雨花区：红星大市场店，喜盈门二店，万博汇店，旭辉一店，沙湾天虹店，东方悦邻店，侯家塘三店。

（4）开福区：湘江世纪城店，泊富一店。

（5）河西区：金茂览秀城店，梅溪湖步步高一店，奥克斯缤纷店，河西王府井店。

（6）星沙：乐运魔方店，大众传媒店。

（7）望城：奥莱。

300多家茶颜悦色几乎分布在长沙的每一条街道，每隔百米左右就可以找到一家茶颜悦色的门店。而看似多而杂乱的门店选址，实则每一处选址都有它背后的逻辑。

从时间维度上来看，2013年第一家茶颜悦色开设在司门口人行天桥下桥口（旁边有长沙银行，宝岛眼镜，魔味鬼爪，原老豆达人的门面）；2014年第二家茶颜悦色在司门口王府井百货后面，维也纳酒店旁正式营业。此后几年里，茶颜悦色从天心区中心商圈不断向周围繁华商圈辐射，从中心商圈到路边小店，茶颜悦色的发展历程更像是由城市包围农村，先在中心商业区打响招牌，从而包围整个长沙。

从密集度上来看，茶颜几乎重重包围了长沙的中心商业圈。以长沙最为著名的商业街五一广场为例，0.64平方千米的区间内，容纳了41家茶颜悦色，仅五一广场的一个街口就有5家茶颜悦色。总面积3.1平方千米的万达广场、五一广场、黄兴广场区域内，茶颜悦色的门店数量为108家，基本上0.03平方千米内有一家茶颜悦色，可谓抬头不见低头见。

从整体布局上来看，次一级商业街道"路边店"占比最高。分布在长沙中心繁华商圈的门店有74家，占比约为21.20%。分布于街边的门店数量为275家，占总门店数量的78.80%左右，即茶颜悦色的门店选址更倾向于流动客流量大的街边门市，以"外带式"奶茶店为主。

资料来源：佚名. 茶颜悦色年收上亿，选址是关键之一［EB/OL］.（2021-12-20）［2024-07-15］. http://news.sohu.com/a/510135631_120099904.

4.1 商圈与商圈理论

4.1.1 商圈概述

4.1.1.1 商圈的概念及类型

商圈也称交易区域、商势圈，是指以零售店铺所在地为中心，沿着一定的方向和距离扩展，吸引顾客的辐射范围。简言之，商圈就是零售店吸引顾客的地理区域，也就是来店购买商品和服务的顾客所居住的地理范围。[1]按照不同的划分标准可以把商圈分为不同类型。

（1）按层次的不同划分

①核心商圈，是指接近商店并拥有高密度消费者群的区域，如孤立店铺55%~70%的

---

① 肖怡. 企业连锁经营与管理［M］. 大连：东北财经大学出版社，2006：132.

顾客来自核心商圈。

②次级商圈，是指位于核心商圈之外，顾客密度较稀的区域，如独立店铺的顾客约有15%~25%来自此区域。

③边缘商圈，是指位于次级商圈以外，顾客分布最少、商店吸引力较弱的区域，如孤立店铺边缘商圈的顾客约占顾客总数5%~10%。

任何一家店铺都有自己特定的商圈，商圈范围及形状常常根据店铺内外部环境因素的变化而变化（如图4-1所示）。从形状上看，商圈实际并非呈同心圆形，而表现为各种不规则的多角形，为了便于分析，一般将商圈视为同心圆形。需要指出的是，零售商由于经营规模、经营业态、经营能力、市场定位的不同，其所处商圈的构成及顾客情况也会有所不同。如便利店几乎就没有边缘商圈的顾客，对边缘商圈的分析和研究可以忽略；大城市内处于商业中心的大型百货、大型购物中心等，其辐射范围主要为全市的消费者，其边缘商圈可以辐射到全省甚至全国。

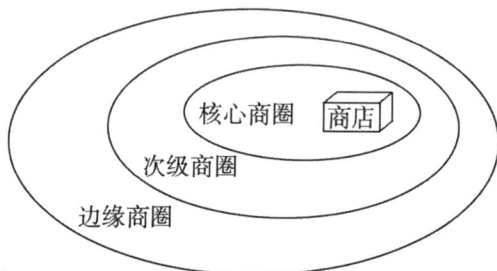

图4-1 商圈构成示意图

（2）按顾客购物所选择的交通方式的不同划分

①徒步商圈，也称第一商圈，是指顾客可以接受的以步行方式前来购物的地理范围，一般以单程10分钟为限度，商圈半径在0.5千米以内。

②自行车商圈，也称第二商圈，是指比较方便骑自行车前来购物的地理范围，一般以单程10分钟为限度，商圈半径在1.5千米以内。

③汽车（机动车）商圈，也称第三商圈，是指比较方便开车或乘车前来购物的地理范围，一般以单程10分钟为限度，商圈半径在5千米以内。

④捷运、铁路、高速公路商圈，属于零售店的边缘商圈，是指顾客通过捷运、铁路或高速公路前来购物的地理范围。

小知识4-1

（3）按所在地域性质的不同划分

①市级商圈，也称城市中心商圈，是指位于城市中心繁华区域或城市主要商业区的商圈，如北京的王府井、深圳的华强北等。这类商圈辐射范围可达全市，是全市购买力最强、消费水平较高的地方，适合开设各类特大、大、中、小型零售店，以及本市最高档的大型百货店。

②区域商圈，是指位于城市二级行政区（如区、街道、镇）中心区或繁华商业区内的商圈。这类商圈的辐射范围一般不超出本行政区范围，是本行政区购买力最强、消费水平较高的地方，一般适合开发各类大、中、小型零售店。

③社区商圈，是指位于城市三、四级行政区（如村、社区、工业区）内，辐射范围主要为本区域的商圈。这类商圈的购买力一般不强，不适合开设大型零售店。

除了以上分类外，还可以将商圈按照消费档次的不同划分为高档商圈、中档商圈和低档商圈。

4.1.1.2　商圈的特征

商圈一般具有以下特征：

①层次性，即位于同一商圈内的顾客到店购物的可能性随着顾客到店购物所受到的阻碍因素的增加而减少，表现出明显的核心商圈、次级商圈和边缘商圈的层次性特点。

②重叠性，即各零售商圈之间没有明显清晰的界线，不同层次的商圈可能重叠，受零售商吸引因素和阻碍因素的影响，重叠区域内的顾客有到任何一家店铺购物的可能性。

③不规则性，即受交通、地理、竞争等多种因素的影响，零售商圈并非呈现出同心圆形，而会表现为各种各样的不规则形状。

④动态性，即零售商圈并非静止不变，它会随着经济、地理、科技、交通、竞争、顾客等因素的变化而变化。

4.1.1.3　商圈的形态与顾客来源

商圈的形态是指商圈内地域的居住性质或使用性质。商圈形态的类型见表4-1。

表4-1　　　　　　　　　　　　　　　　**商圈形态的类型**

类　型	含　义	特　点
商业区	是指商业气氛浓、商业行业集中的区域	商圈大、流动人口多、热闹、人气旺、各种店铺林立。由于商业区的这些特点，它具有集体性的优势，其消费习性为快速、流行、娱乐、冲动购买及消费金额不等
住宅区	是指家庭住户多、住宅楼房集中的区域	流动人口少、本地人口和常住人口多。其消费习性为消费群体稳定，日常用品和家庭用品购买率高、购买金额大等
文教区	是指文化气氛浓、学校多、教育集中的区域	各类学校集中，人口以学生和教师为主。其消费习性为消费金额不高，文化教育用品、体育用品、休闲用品、食品购买率高，平时购物者少，周末购物者多等
办公区	是指办公大楼林立、企业（单位）云集、上班人员多的区域	其消费习性为外地人口多、上下班购物者多、时尚、消费水平高等
混合区	是指商业区和住宅区混合在一起或者由两种以上区域混合在一起的区域	其社区功能趋于多元化，具备单一商圈形态的消费特色，具有多元化的消费习性

商圈中的顾客来源通常有以下三种类型：

①居住人口，是指居住在零售店附近的常住人口。这部分人口具有一定的地域性，是零售店核心商圈内基本顾客的主要来源。

②工作人口，是指那些没有居住在零售店附近但工作地点在零售店附近的人口。在这一部分人口中，有不少人在上下班时就近购买商品，他们是零售店次级商圈基本顾客的主要来源。

③流动人口，是指在零售店附近过往的"过路人"，这部分人口是零售店边缘商圈基本顾客的主要来源。

4.1.1.4　影响商圈形成的因素

（1）企业外部环境因素

①家庭与人口。零售店所处环境的人口密度、收入水平、职业构成、性别、年龄结构、家庭构成、生活习惯、文化水平、消费水平，以及流动人口的数量与构成等，对于零售店商圈的形成具有决定性的意义。

②地理状况。零售店所处环境是市区还是郊区、是工业区还是商业区等，对商圈的形成都有着重要的影响。另外，零售店所处环境如果有沟壑、河流、铁路/公路/高架桥、山梁阻隔，也会影响商圈的形成。

③交通状况。零售店周边交通便利状况的优劣，如道路状况、公交状况、电车或地铁状况等，对商圈的形成有着重要的影响。

④城市规划。如果零售店选址于城市的市级商业中心规划区，其商圈就可能辐射全市；而选址于区域商业中心规划区，其商圈辐射的区域范围就会缩小。另外，城市未来的发展规划若涉及城市交通、住宅、产业、文教、商业中心等方面的重大变化也会对零售店商圈的增减产生趋势性影响。

实例与点评4-1

⑤商业集聚。商业集聚是指大量相互关联密切的零售商在空间上的集聚，从而形成了一定区域内商业网点密度和专业化程度很高的商业经营场所集中分布的状况。商业集聚一般有四种情况：

第一，异种业态的商业集聚，即不同业态、经营商品种类完全不同的零售店铺的集聚，如百货店、超市、家电专卖店、家居店等聚集在一起，各店铺之间一般不产生直接竞争，而是形成扎堆效应，使市场产生更大的吸引力，吸引更多、更远的消费者，店铺的商圈辐射范围变大。

第二，相同业态的商业集聚，即有竞争关系的相同业态、经营同类商品的店铺在同一个地区集聚，如服装店、工艺品店、书画店等店址最好选择在同类店铺集中的地方。一方面，消费者能在同类店铺进行商品质量、价格、款式及服务的比较，从而加剧商店之间的竞争性；另一方面，商店的集聚又会产生集聚放大效应，吸引更多的顾客。不过，在同一商圈内若同业态零售商过度集聚，就会引发过度竞争甚至恶意竞争。

第三，有补充关系的商业集聚，即经营的商品互为补充，以满足消费者连带需求的零售商的集聚。例如，家电零售商与家电配件销售零售商的集聚，百货商店与周围的服装专卖店、饰品专业店、鞋帽专业店、快餐店等的集聚，它们提供了互相补充的、更加全面的商品种类，能共同吸引客流。此类情形在大城市的中心商业区随处可见。

第四，不同行业的商业集聚。例如，零售业、餐饮业、娱乐业、电信部门、金融机构等集聚在一起，这是一种多功能型的集聚情况，将会产生极大的扎堆效应，有利于产生放大的集聚效应，从而有效地扩大该地区的购物与服务商圈。

（2）企业内部因素

①店铺规模。一般来说，零售店的规模越大，其经营的商品就越多，其商圈就越大；反之，其商圈就越小。当然，零售店的规模并非越大越好，应该视所在地区的具体情况而定。

②店铺业态。不同业态类型的店铺对零售商圈的影响是不同的。例如同一地点的便利店，其商圈就小，超市的商圈就会增大，而大型百货店、家电专业店的商圈又会更大。（详见1.3.1零售业态的分类）

③市场定位。同一店铺的市场定位不同，其服务的目标顾客不同，其商圈范围就会有所改变。如定位于中低档的流行百货，其商圈不会很大，而定位于中高档的时尚百货，其商圈就可能辐射全市范围。

④经营管理水平。店铺的经营管理水平高、信誉好，其知名度和美誉度就高，吸引顾客的范围就会增大；反之，其吸引顾客的范围就会缩小。

⑤经营商品因素。店铺经营商品的类别、品种规格、价格不同，商圈的大小也不同。一般来说，经营日用品的店铺商圈较小，而经营贵重商品的店铺，如电器店、珠宝首饰店等的商圈较大。

⑥促销活动。店铺可以通过多种有效的促销手段扩大其知名度和影响力，吸引更多的边缘商圈顾客慕名光顾，从而使其商圈的规模扩大。

小知识4-2

4.1.2　现代商圈的基本理论与商圈划分方法

4.1.2.1　现代商圈的基本理论[①]

（1）集聚理论

集聚理论即商圈的大小取决于商业功能和业种的集聚程度。商业功能越多，为消费者提供的消费空间越多，就越能吸引当地和周边的消费者来这里购买，产生"盆地效应"，

---

① 黄国雄，王强. 现代零售学［M］. 北京：中国人民大学出版社，2008.

扩大商圈范围；反之，功能越少，消费越单一，消费者的购物成本（如货币成本、时间成本、寻租成本）就越高，其商圈就越小。集聚包括两方面内容：

一是功能的集聚，如商业广场、商业环岛、社区商业中心所形成的商圈，完全是由功能的多少和是否合理配套来决定商圈大小的。

二是同业种的集聚，如商品一条街、专业市场，该集聚标志着同类商品的品牌、规格、款式和花色的集聚，质量、性能及价格的对比形成均衡，消费者可以任意挑选、货比三家。同类店铺或商品集聚越多，其商圈越大。

（2）规模理论

规模理论即商圈的大小取决于店铺的经营规模。不管是单位企业规模还是集聚产生的群体规模，都要以现实的购买力来支撑。以基础商圈（包括最佳的步行购物距离、骑车距离和不换乘的公共交通距离所能集聚的人口和购买力）为基点，加上购买力可能产生的流进和流出相抵来预测销售总量，除以保本销售额，就可以得出相对规模的参照数。

（3）层次理论

层次理论即单一业态形成单一商圈，而多业态、多商业功能的集聚形成了多层次的商圈。如一般生活必需品，人们都愿意就近购买，于是形成了基本商圈。而多业态集聚各有自己的消费对象和购买群体，其在一个地区的集聚就构成了该地区商圈的多层次性。因此，零售商既要计算基本商圈的购买力水平，还要研究其对边缘商圈、异地商圈的吸纳能力。

（4）碰撞理论

零售商（包括单体和群体）所形成的商圈不是以等距离来计算的，其辐射面往往受到外在的阻力（如河流、铁路、立交桥等）而改变。因此，周围地区的同一业态、同一商业功能所形成的辐射力就会相互碰撞和抵触，一方面可能导致中间地带购买力分流，以就近购买为标准，经纬分流，分别计算；另一方面可能产生交叉购买，相互渗透，特别是网点密集的城区，商圈难以以单一业态/商业设施来计算，往往形成你中有我、我中有你的集束型商圈。

（5）开放型理论

在市场经济条件下，消费者自主、自由的消费特点使消费主体的消费行为呈现出流动性和多种选择性，同时业态特点不同的店铺也会吸引不同的消费者，最终形成了相互交叉、重叠、多向的购买力集群，使商圈产生变异，出现块状、带状和点状的模块，向多样化发展。

4.1.2.2　商圈划定方法

店铺商圈的划定方法视已开设店铺和新开设店铺各有不同。已开设店铺的商圈划分可以根据售后服务调查、顾客意向征询、赠券等方法，搜集顾客居住地点资料，从资料统计分析中即可掌握本店客流量大小及分布情况，从而测定商圈的范围。对于新开设店铺的商圈划分相对困难些，主要根据当地零售市场的销售潜力，运用趋势分析，包括分析有关部门提供的城市规划、人口分布、住宅建设、公路建设、公共交通等方面的资料，预测未来的发展变化趋势。还可以通过各种调查，收集有关顾客购买行为的特征，根据这些资料进行类比分析和综合分析，可在大体上划分出新开设商店的商圈。

从总体来看，商圈划定的方法包括定性分析方法和定量分析方法。在实践中，常用的商圈划定方法主要有以下几种类型：

（1）问卷调查法

问卷调查法即通过向来店顾客发放问卷实施商圈调查。其主要步骤是：

第一，设计调查问卷。内容包括顾客住址、顾客来店频率（次/周、次/月）、顾客去大型店铺购物的频率（次/周、次/月）、顾客去竞争店铺购物的频率（次/周、次/月）等。

第二，调查实施与数据整理。进行实地调查，并从收集来的问卷中选取100~150份，在地图上将顾客在问卷中填写的住址标注清楚，并将各住址用线连起来，使商圈范围自然地展现出来。

第三，确认商圈后，利用住户资料计算出户数。

第四，用顾客每户的平均生活开支（用于食品、饮料、日用百货的开支）乘以该区域内的居民户数，即为店铺的营业额估计值。

采用问卷调查法分析商圈，往往根据城市行政区域的划分，把行政机关所建立的各种统计资料作为参考。

（2）地图制作法

地图制作法是以行政地图为基础，将与店铺经营有关的基本资料绘入地图，制作出商业环境地图，从而了解预定开店地区所处商业环境的一种商圈分析方法。

小知识4-3

（3）零售引力法则

零售引力法则也称雷利法则，是由美国学者威廉·雷利（William J. Reilly）于1929年提出的。他认为，确定商圈要考虑人口和距离两个变量，商圈规模由于人口的多少和距离商店的远近而有所不同，商店的吸引力是由最邻近商圈的人口和里程距离两方面发挥作用而形成的。雷利法则的基本内容是：在两个城镇之间设立一个中介点，顾客在此中介点可能前往任何一个城镇购买，即在这一中介点上，两城镇商店对此地居民的吸引力完全相同，这一中介点到两城镇之间的距离即两商店吸引顾客的地理区域。用公式表示如下：

$$D_Y = \frac{d_{XY}}{1 + \sqrt{\dfrac{P_X}{P_Y}}}$$

式中：d_{XY}为城镇X和城镇Y之间的距离；P_X为城镇X的人口；P_Y为城镇Y的人口；D_Y为城镇Y地区的商圈距离。

【例4-1】 有A、B、C、D 4个独立的城镇，如图4-2（a）所示，居于中心的城镇A有20万人，城镇B有2万人，城镇C有4万人，城镇D有5万人；A、B两地相距12千米，A、C两地相距10千米，A、D两地相距3千米，试分析城镇A的商圈范围。

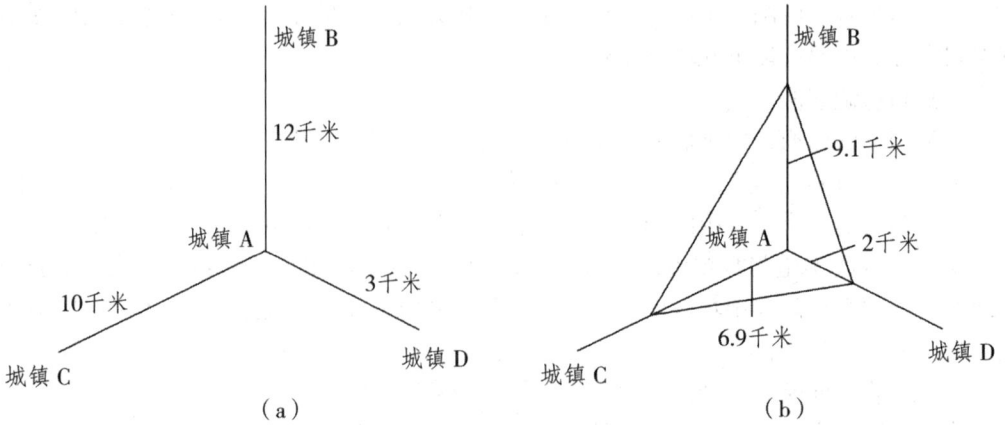

（a）　　　　　　　　　　　　　（b）

图4-2　城镇A的大概商圈范围

【解】城镇A吸引城镇B方向顾客的商圈范围为：

$$D_A=\frac{d_{AB}}{1+\sqrt{\dfrac{P_B}{P_A}}}=\frac{12}{1+\sqrt{\dfrac{20\,000}{200\,000}}}=9.1\text{（千米）}$$

城镇A吸引城镇C方向顾客的商圈范围为：

$$D_A=\frac{d_{AC}}{1+\sqrt{\dfrac{P_C}{P_A}}}=\frac{10}{1+\sqrt{\dfrac{40\,000}{200\,000}}}=6.9\text{（千米）}$$

城镇A吸引城镇D方向顾客的商圈范围为：

$$D_A=\frac{d_{AD}}{1+\sqrt{\dfrac{P_D}{P_A}}}=\frac{3}{1+\sqrt{\dfrac{50\,000}{200\,000}}}=2\text{（千米）}$$

将以上确定的3个点在图上连接起来，就可以得出城镇A的大致商圈范围（如图4-2（b）所示），在此范围内居住的消费者通常都愿意到A城镇去购买商品。

（4）饱和理论

这是由科恩（S. B. Cohen）和拉隆德（B. J. Lalonde）提出的，其目的是确定某个店铺（群）商圈内的竞争激烈程度。饱和理论通过计算零售商业市场饱和指数测定特定商圈内某类商品销售的饱和程度，用以帮助新设店铺经营者了解某个地区同行业供应是过多还是不足。饱和指数高，说明该市场是不饱和的，存在潜在的市场机会。一般来说，在饱和指数高的地区开设店铺，其成功的概率必然高于饱和指数低的地区。零售饱和指数（IRS）的计算公式是：

$$IRS=\frac{H\times RE}{RF}$$

式中：H为某地区购买某类商品的潜在顾客人数；RE为某地区每位顾客用于购买某类商品的费用支出；RF为某地区经营同类商品店铺的营业总面积。

【例4-2】某零售商计划开设一家5 000平方米的店铺，预选地区有3处，相关资料见表4-2。根据预算，拟建店铺必须实现每平方米20元销售额才会盈利。试测算3个地区的零售饱和指数。

表 4-2 3个地区的商业资料与零售饱和指数

项 目 ＼ 地 区	甲 地	乙 地	丙 地
需要该商品的顾客人数（人）	60 000	30 000	10 000
顾客平均购买金额（元）	10	12	15
现有销售该商品的店铺面积（平方米）	15 000	10 000	2 500
现有市场的零售饱和指数	40	36	60
含新建店铺的零售饱和指数	30	24	20

【解】甲地现有市场的 IRS=$\dfrac{60\,000 \times 10}{15\,000}$=40

乙地现有市场的 IRS=$\dfrac{30\,000 \times 12}{10\,000}$=36

丙地现有市场的 IRS=$\dfrac{10\,000 \times 15}{2\,500}$=60

甲地含新建店铺的 IRS=$\dfrac{60\,000 \times 10}{20\,000}$=30

乙地含新建店铺的 IRS=$\dfrac{30\,000 \times 12}{15\,000}$=24

丙地含新建店铺的 IRS=$\dfrac{10\,000 \times 15}{7\,500}$=20

从测算结果看，3个地区的零售饱和指数都达到了销售额每平方米20元的标准。甲地人口多，需求量大，而供给水平（原有店铺面积和新建店铺面积之和）低，零售潜力高于其他两个地区，是零售商新建店铺的理想地区。乙地潜在需求虽然较高，但供给水平也较高。丙地潜在需求较低，但供给水平较高，使得零售饱和指数低，不适于开店。

小知识 4-4

（5）赫夫法则

这是美国零售学者戴维·赫夫（David Huff）于20世纪60年代提出的预测城市区域内商圈规模的空间模型，也叫赫夫引力模型。其分析内容包括三个方面：顾客从住所到购物场所所花的时间、购物场所的经营面积及不同类型顾客对路途和时间的重视程度。赫夫认为，购物场所对消费者的吸引力和消费者去购物场所感觉到的各种阻力，决定了购物场所商圈的规模。购物场所对消费者的相关吸引力取决于两个因素：规模和距离。其中规模可以根据营业面积计算，距离包括时间距离和空间距离。商店商圈规模大小与购物场所对消费者的吸引力成正比，与消费者去购物场所感觉的时间、距离阻力成反比。赫夫引力模型的目标是确定某位住在特定区域的消费者在某一家店铺购物的概率，也可用于预测销售额。

小知识 4-5

4.1.3　商圈分析要点

商圈分析是指零售商对商圈的构成情况、特点、范围及影响商圈变化趋势的因素进行的实地调查和研究分析。商圈分析有大环境分析和小环境分析之分。大环境分析即商圈总体分析，也叫区域选择分析，其目的是了解该区域有无开店价值，确定最有吸引力的开店区域；小环境分析即店铺位置分析（详见 4.2 部分），其目的是确定该区域吸引目标顾客的最佳位置，从而锁定店址。

通常情况下，商圈分析的要点应考虑以下内容：

（1）人口统计分析

人口统计分析是对商圈内人口总规模和密度、人口增长率、家庭特点、年龄分布、民族、平均受教育程度、职业构成、收入情况（可支配收入总额、人均可支配收入）等方面的现状和发展趋势进行的调研分析。通过分析把握商圈内未来人口构成的变动趋势，为市场细分和店铺选址提供有用的第一手信息。需要注意的是，商圈分析要注意有无人口增加的潜在趋势，同时分析和比较不同商圈的购买力指数，为发现潜在的消费市场提供依据。

（2）经济基础特点分析

经济基础特点反映了一个地区的产业结构及居民收入来源。经济基础特点分析主要涉及主导产业、多元化程度及行业从业人员的比例、经济增长预测、免受经济周期波动影响的可能性、资金市场情况、交通条件等因素。如追求稳定经营的零售商通常偏爱多元化的经济结构，避免因过分依赖某一产业单一经济而带来的经济周期及产品需求变动的冲击。

（3）竞争状况分析

除非某个零售商具有很强的竞争优势，可以忽略现有的竞争，否则就必须考虑竞争对手的规模和实力。考察某地区的竞争状况，应着重分析现有商店的数量、规模、新开店的速度、各商店的优势与劣势、近期与长远的发展趋势以及零售商圈饱和度等因素。

（4）基础条件分析

基础条件分析涉及区域内的交通状况、通信状况等，零售商物流配送系统的正常运作需要良好的交通条件和顺畅的通信系统提供基本保障。此外，还要分析该区域内供应链的发达程度、相关法律及执法情况等。

（5）货源供应状况分析

货源供应状况包括以下因素：制造商和批发商的数量、获得供货的可靠性和稳定性、送货成本、供应时间等。

4.2　零售店铺选址

零售选址是零售商对店铺经营地址的选定，属于综合决策，是零售商一项重大的、长期性投资，资金投入量大，投入后不易变动。因此，店铺选址被认为是零售商战略组合中最缺乏灵活性的要素。同时，店铺选址也影响着企业其他战略的制定和实施，在筹建商店时，应慎重而科学地进行地址选择。

4.2.1　零售店铺选址的原则

（1）方便购买原则

满足顾客需求、方便顾客购买是零售商的服务宗旨，因此店铺位置的确定，应尽量靠近消费者，如选址在满足以下条件的地方，有助于方便顾客购买：交通方便；靠近影剧院、商业街、公园、大型文体娱乐场所、旅游景区等人群聚集的地方；靠近人口居住稠密区或机关单位集中的地区；符合客流规律的人群集散地段。

（2）方便运送原则

店铺选址要考虑规模效益。店铺位置如果靠近运输线，交通顺畅、出行无阻，既能节约成本，又能及时组织货物的采购与供应，确保经营活动的正常进行。

（3）利于竞争原则

店铺选址时要充分考虑竞争对手的情况。例如，连锁店的网点选择应有利于发挥企业的特色和优势，形成综合服务功能，获取最大的经济效益；大型百货商店可以设在区域性的商业中心，提高市场覆盖率；小型便利店尽量靠近居民点，避免与中大型超市正面竞争。

（4）利于网点扩充原则

店铺选址既要分析当前的市场形势，也要从长远角度考虑是否有利于网点扩充。零售商要取得经营成功，需要在新的区域开拓新网点，因此，在网点布局时要科学规划，统筹安排，避免商圈重叠、造成内部竞争。

4.2.2　零售店铺选址的类型

零售店铺选址的类型主要有孤立店铺、无规划商业区和规划的商业中心。

4.2.2.1　孤立店铺

孤立店铺是指单独零售建筑，附近没有其他的竞争对手。孤立店铺一般租金较低，能节约成本，从而降低商品价格，有利于顾客一站式购物或便利购物；不足的是客流量少，一般人很少光顾，广告费可能较高。通常情况下，顾客更愿意去多功能的商业中心区购物。

4.2.2.2 无规划商业区

无规划商业区是指区域的总体布局或商店的组合方式事先未经长期规划，但区域内有两家或两家以上的同行业店铺坐落在一起或非常接近，是未经规划自然发展起来的商业中心。区域内商店的布局没有一定的模式，而是由各零售商根据自己的情况和零售业的发展趋势及机遇而定。无规划商业区主要有四种类型：

（1）**中心商业区**

中心商业区是一座城市商业网点最密集的商业区，吸引着来自整个市区、所有阶层的消费者。在此开店，优点是商业群体效应显著，能吸引较远的顾客群，缺点是开店费用一般较高，新建店址难以寻找。

（2）**次级商业区**

次级商业区是分散在一座城市的多个繁华程度较低的购物区域，通常位于两条主要街道的交叉路口，一般由一家百货商店或大卖场和许多小商店组成，这一商业区主要面向城市的某一区域消费者，以销售家庭用品和日常用品居多。

（3）**邻里商业区**

邻里商业区是为了满足住宅区居民购物和生活方便的需要而自发形成的一个小型商业区，如标准超市、干洗店、美容院等。在邻里商业区设店竞争程度低，最接近顾客，能保持良好的顾客关系，但商圈小，价格通常也不占优势。

（4）**商业街**

商业街是指在平面上按照街的形式布置的单层或多层商业房地产形式，其沿街两侧的铺面及商业楼里面的店铺都属于商业街店铺。商业街是由若干经营类似商品的商店聚集形成的，许多历史悠久的城市往往会有自发形成的特色商业街，这是城市发展积淀下来的商业文化，如北京的王府井商业街、上海的南京路等。

小案例4-1

4.2.2.3 规划的商业中心

规划的商业中心是指区域总体布局或商店组合方式被事先做了长期规划，商业区内规划整齐，配套设施齐全。一个典型的商业中心，有一家或一家以上的主力商店及各种各样较小的商店，还包括餐馆、邮局、银行以及一些游乐场所，适合家庭购物及休闲。商业中心管理者通常规定各类零售商店铺面积在总面积中所占的比例，限制零售商出售的商品类别。通过均衡配置，规划好的商业中心其店铺在提供商品质量和品种上相互补充，店铺类型和数量紧密结合，以满足周围人口的全面需要。

规划的商业中心主要有两类：

（1）**区域商业中心**

这是一种大型购物设施，有相当大地理范围的地区市场。其中至少有一家大型百货商店（每家至少有1万平方米营业面积），并有50~150家甚至更多的小零售店。

（2）社区商业中心

社区商业中心多建在大型住宅区内或几个小型住宅社区之间，一般门类较全、价格中等，以一家百货公司分店（或超市连锁店）为主体，其服务对象是步行即可到达的住宅居民，主要以日用生活品、食品、冲印、修理、洗涤、饰品、电器、水暖配件经营为主，具有中等规模的购物设施。

4.2.3 零售店铺选址的因素分析

小案例4-2

4.2.3.1 客流分析

（1）客流类型分析

零售客流是指一定时间内光顾某一店铺的顾客流动，包含流量、流向和流时等要素。客流是零售商经营成败的关键性因素，一家店铺要想获得成功必须有足够的顾客来源。店铺的客流一般可分成三类，即分享客流、派生客流、本身客流。分享客流是指从邻近其他店铺形成的客流中获得的，而不是本身产生的客流，该客流往往在大型店铺与小型店铺之间，或同类店铺之间产生。如顾客可能是专程到某大型店铺购买商品，顺便进入邻近的小店铺逛逛。派生客流是指顾客到某地并不是专程购买商品，只是顺路进店而形成的客流。如设在火车站旁、交通枢纽附近及旅游点附近的店铺，顾客来此地的目的是乘车或旅游，在候车或等待时间顺便进店看看。本身客流是指专程到此店铺来购买商品而形成的客流，大型商场或超市的客流大部分属于本身客流，本身客流的形成和发展是零售企业获得经营成功的重要因素。

（2）潜在顾客分析

潜在顾客是指有可能成为本企业现实顾客的个人或组织，包括一般潜在顾客和竞争者顾客两类。一般潜在顾客是指已有购买意向却尚未成为任何同类产品或企业的顾客，以及虽然光顾过某企业，但在购买决策上对品牌认可选择较为随意的顾客。竞争者顾客是指本企业竞争对象所拥有的顾客。人口多的区域容易产生更多的潜在顾客，要想了解店铺客流规律，既要分析区域内现有的人口总数、人口密度、人口分布及年龄结构、购买力水平等因素，还要分析区域内人口的变化趋势，如人口增长情况、新婚家庭数量、人口年龄结构等因素。国外调查资料表明，现代超级市场几乎有50%的顾客来自距商店1 500米内的区域。因此，一家新建超市选址时，必然要关注在计划地点1 500米范围内的定居人口数量问题。

实例与点评4-2

（3）流动顾客分析

过往行人也是店铺客流来源的一个重要组成部分，对流动顾客的分析包括了解行人的年龄结构、往来的高峰和低谷时间、往来的目的及停留时间、流动的地点等。如在商业集中的繁华街道，行人的目的一般以购买商品或为以后购买做准备为主，这些行人对店铺最为有利，这也是许多店铺愿意将其店址设在商业中心的原因之一。而在车站、码头等交通枢纽处以及工厂、学校、公园附近的行人，虽然客流量较大，但这些行人属于派生客流，其目的并不是购物，需要店铺进行一些特殊宣传才能吸引他们。

小知识4-6

4.2.3.2　店铺特点分析

店铺按业务特点可以分为独特型店铺、竞争型店铺和比较型店铺，其特点见表4-3。

表4-3   独特型店铺、竞争型店铺和比较型店铺的特点

店铺类型	含　义	实　例	特　点
独特型店铺	主要是指销售独特商品的商店，拥有较好形象和较高声誉，顾客从较远的区域被吸引过来	如工艺品店、高档时装店、汽车专卖店等	提供的商品或服务具有独特性，质量有保证、口碑好。这些店铺位置不论设在哪里，都能吸引较多的顾客
竞争型店铺	提供与商圈内竞争对手相同或相似的商品	如便利店、药店、超级市场等	顾客购物主要是出于便利性和价格上的考虑，不会反复挑选。店铺间彼此争夺顾客，应尽量避免靠近直接竞争者。该类店铺常设在自然形成的商业中心、商业街或邻里商业区，多为价格导向型和便利导向型
比较型店铺	尽管也提供与商圈内竞争对手相同或相似的商品，但这些商品一般属于挑选性强的商品，常常可以与竞争对手互相分享客源	如化妆品店、鞋店、装饰材料店、体育用品店、五金店、计算机专卖店等	常常位于购物中心或专业市场中。该类店铺具有两个特点：一是靠近竞争者，以便顾客进行比较；二是有利于向顾客提供有效帮助，解释自己商品或服务的优点和价值

4.2.3.3　零售集聚状况与竞争对手分析

零售集聚状况不同，店铺选址也有所不同。选址时，应注意周围店铺的类型与自己的

相容性和互补性，而衡量店铺相容性的标准之一是各店铺顾客互换的程度。如超市、药店、面包房、果蔬商店、肉店的顾客具有高度的互换性，百货店、服装店、针织品商店、内衣店、鞋店和首饰店的顾客也具有高度的互换性。另外，店铺周围的竞争态势也会对经营产生重要影响。在店铺选址时要分析竞争对手的状况，清楚对手为消费者提供的经营范围、营销策略以及市场占有率等，如果不能有效强化自己的竞争优势，就不可能在该区域站稳脚跟。一般来说，在开店地点附近即便竞争对手众多，但该店独具经营特色，也会吸引大量客流，促进销售增长。

4.2.3.4　交通地理条件分析

（1）交通便利性分析

方便的交通要道，如接近公共汽车的车站、地铁出站口等地，由于来往行人较多，具有设店的价值。交叉路口的街角，由于公路四通八达，能见度高，也是设店的好位置。但若有些地方的道路中间设置了很长的中央分向带或栏杆等设施，限制行人、车辆穿越，这种情况就会降低在该地设店的价值。

（2）车流情况分析

一是调查清楚车流的数量和特征，这一点对那些想吸引驱车购物顾客的零售商特别重要。如便利店、汽车清洗店、开在区域购物中心的店铺对车流量的依赖程度较高，郊区机动车的车流量研究也同样重要。二是研究交通堵塞的程度和时间。一般情况下，由于交通拥挤、道路迂回、狭窄和路况不好引起的交通堵塞往往会使顾客避开此区域，而转到开车时间少、行车难度小的地方去购物。

（3）停车场情况分析

随着我国居民自驾车购物的逐渐增多，停车是否便利已成为顾客选择购物场所的一个重要因素，尤其对于大型店铺而言，由于其商圈范围较大，有无停车场、停车场大小等至关重要。

（4）街道特点分析

由于交通条件、公共场所设施、行走方向习惯、居住区范围及照明条件等因素的影响，一条街道两侧的客流或者同一街道不同地段的客流会有很大变化，因此在选择店址时要分析街道的特点，在客流较多的街道一侧或地段选址。

（5）地形特点分析

新商店通常应设在能见度高的地方，如两面或三面临街的路口、公共场所等地方。

小案例 4-3

4.2.3.5　占用条件与资产报酬率分析

店铺的占用条件分析包括占用方式（自有和租用）、运用和维护费用、税收、区域规划的限制和自愿达成的规则等。店铺的租赁和购买成本，对零售商来说具有决定性意义。

如果租赁成本或购买成本与销售潜力不相上下，就不宜在此处开店。同时，物业的形状和面积也要与零售店的设计思路相吻合。

零售商投资办店是为了获得较高的所有者权益报酬率。所有者权益报酬率等于资产报酬率与资金杠杆率的乘积。资金杠杆率是最高管理层关于店铺愿意举债的数量的决策。通常，既然准备开设新店经营，那么，就肯定能够获得所需的资本。因此，评估一个店址的好坏，就可以用资产报酬率直接分析。

4.2.3.6　其他因素分析

其他因素分析主要包括城市发展规划分析、周围环境分析等。

城市发展规划也会对店铺将来的经营带来重大影响。店铺地址选定之后一般不会轻易迁移，即使迁移也必须付出极大代价，这就要求在选择店址时，一开始就要从长远、发展的角度着手。因此，企业要详细了解所选区域的街道特点、绿化情况、公共设施布局及其他建设和改造项目的规划，使选定的店址既符合近期环境特点，又符合长远规划，避免造成损失。

实例与点评4-3

店址周围的环境也会对零售经营产生巨大影响。任何一家新建商店，即使规模大得足以支配其环境，也必须对店址周围环境，如建筑、治安、卫生等情况进行仔细分析。例如，店址附近有许多空建筑，会令人产生颓废、衰落之感而不愿涉足；某些地区被传闻治安状况欠佳，无论是否属实，都会阻碍顾客前来；有异味、噪声大、灰尘多、建筑外观破旧等因素，都会降低设店的价值。此外，当地居民的教育、宗教、经济状况、年龄结构等因素都对人们的购买习惯有影响，所以在选择店址时，必须予以关注。

素养园地

让实体店人气重新旺起来

实体店是商品流通的重要载体。很多实体店适应消费需求新变化，增强了商品、服务、业态等供给结构对需求变化的适应性和灵活性，人气重新旺了起来。

要加快应用更多新技术，培育形成更多新业态、新模式。

一、创新驱动——实体店旧貌换新颜

在消费市场，实体零售是商品流通的重要基础，是引导生产、扩大消费的重要载体，是繁荣市场、保障就业的重要渠道。如今，很多实体店适应消费需求新变化，增强了商品、服务、业态等供给结构对需求变化的适应性和灵活性，实现了"华丽转身"，人气重新旺了起来。

（一）业态丰富的商业综合体受到欢迎

在四川成都国际金融中心（IFS）商场里，消费者可以享受多元化的购物体验。商城的各楼层都分布着跟餐饮休闲娱乐健身有关的业态，从书店、琴行、茶庄、花店，到美容美发、健身中心，几乎涵盖了生活的方方面面。商场顶楼空中花园里的环球美食广场环境非常幽雅，引得很多热爱美食的消费者慕名而来。

（二）转型升级的传统商场焕发新活力

在山东济南银座购物广场泉城广场店，重装开业的超市里顾客熙熙攘攘。在重装升级中，这家超市在商品结构、消费需求等方面进行了调整。其中，畜水产类主打新鲜健康主题，通过向顾客清晰展示加工过程，打造"色、香、味、形"烟火气。此外，超市自采直营进口产品增加了上千个。"这些产品特色鲜明，销量很好。"超市相关负责人说。

（三）拥抱新潮科技的新型商场吸引关注

京东在线下打造的购物中心京东MALL，从整体设计到交互体验都充满潮流与科技元素，成为网红打卡地。商场的外墙打造了一块巨型裸眼3D屏，逼真的3D效果令人感觉屏幕内的画面伸手可触。店内配有全息投影、VR装备、智能机器人、虚拟直播间、电路透明机房等科技装置及设施，让人耳目一新。

创新是实体零售转型的直接动力。近年来，我国实体零售规模持续扩大，业态不断创新，加强互联网、大数据等新一代信息技术应用，大力发展新业态、新模式，不仅进一步提高了流通效率和服务水平，也给消费者带来了更多新体验，重新赢得了更多消费者的青睐。

二、服务多样——让逛店成为一种生活方式

逛商场已经不再是单纯为了买东西，约着朋友一起看电影、喝咖啡、逛书店，已经成了一种休闲方式。和线上购物相比，商场有自己的优势，只要提供的商品好、提供的服务好，顾客自然也就来了。针对消费者不断升级的需求，要释放出更多的空间给年轻人，满足他们喝咖啡、会朋友等多样化需求，实体店才真正有了吸引力。

让逛店成为一种生活方式，成为很多实体店增加顾客黏性的法宝。围绕改善消费者逛店体验，实体店下足了功夫，涌现出了一批好买、好逛、好玩的购物场所。

银泰百货杭州武林店相关负责人介绍，为顺应一些消费者的需求，商场两年前推出了搭配师服务，受到了顾客好评。商场通过自有课程体系的开发，释放导购的专业能力，同时结合新零售的能力，让用户既可以在线上进行搭配咨询，也可以实现线上预约、线下搭配服务新体验。新服务不仅更好地满足了消费者需求，也给商场带来新的销售增长点。在银泰百货，搭配师服务提升了品牌销售的连带率。据统计，通过引入优秀的搭配师，能让专柜的连带率、客单价翻一番。

为了让商场逛起来更有趣味，京东MALL设置了十一大主题场景体验区和二十九大产品互动体验区，包括美容沙龙、音频体验、无人机体验、按摩养生等区域，让消费者能够体验多元化场景空间，更直观地与店内产品进行互动。

有的消费者喜欢"宅"在家上网购物，但有的消费者更喜欢到商场边逛边买。随着消费需求的多样化、个性化，线下购物能满足集购物、娱乐、休闲、饮食、出游于一体的社会性需求，以及消费者面对面选购、拥有和使用商品的即时性需求。围绕这一需求发力，商场完全可以打造出不同于线上的新优势。

三、业态融合——小店铺也能更时尚

时尚的街区、琳琅满目的小店、方便的生鲜超市，还有多功能体育馆……在北京大兴区兴丰街道三合南里小区的便民综合服务中心三合·美邻坊，前来购物、休闲的消费者络绎不绝。在升级过程中，便民综合服务中心在保留原有锅炉房建筑整体风格的同时，完善社区商业功能。一层的生鲜超市内，货品齐全、价格合理、环境舒适；二层的社区公益空间，不仅有便民社区食堂、裁缝铺、理发店，还有儿童活动空间和"美好会客厅"；三层有咖啡屋式的文化书吧，居民可以在咖啡香中阅读。升级后的便民综合服务中心辐射了周边15个社区、10万名居民，每天都吸引很多消费者。

近年来，针对发展方式粗放、有效供给不足、运行效率不高问题，实体零售加快融合发展，致力于改变以前千店一面、千店同品的现象，着力增加智能、时尚、健康、绿色商品品种，形成了很多新、优、奇、特的新供给。

与线上融合，传统实体店也能更时尚。有这样一个数据：从门店打烊到第二天早上营业这段时间，全国银泰百货每天的线上销售业绩相当于一个5万平方米中型商场的全年销售额。激发这个新增长点的法宝，就是对线下商场的数字化改造。在银泰百货，不仅可以逛线下门店，还可以逛"云上"百货，"云逛街""躺着买"大大延长了银泰和消费者的接触时间。无须走进商场，消费者便可获知商场诸多信息。数据显示，银泰喵街App订单中超四成来自夜间，有数万消费者晚上逛喵街"躺着买"，且集中在深夜11点至凌晨2点下单。

传统购物中心转型是必然趋势，关键在于既要迎合消费潮流，又要考虑自身所处的城市地段与卖场特点，还要进行科学合理的转型规划与管理。

实体零售发展面临经营成本上涨、消费需求结构调整、网络零售快速发展等诸多因素影响。但背靠中国消费大市场，实体店仍有充满希望和活力的未来。围绕新需求主动作为、敢于创新的企业，能赢得消费者，也能赢得未来。

资料来源：王珂，宋豪新，肖家鑫. 让实体店人气重新旺起来［N］. 人民日报，2022-01-26（19）.

关键术语

商圈　商圈形态　商业集聚　饱和理论　商圈分析

即测即评

第4章单项选择题

第4章多项选择题

第4章判断题

基本训练

❖ 问答题

1.试述影响商圈形成的因素。

2.简述商圈形态的类型。

3.简述现代商圈的基本理论。

4.简述商圈总体分析的要点

5.试述影响零售店址选择的因素。

❖ 案例分析

案例1　　　　便利蜂发力密集开店和瑞幸按配送效率选址

2017年2月，便利蜂在北京开出第一家店，此后便在北京、上海、南京、天津等一二线城市开启高速扩张模式。国庆前夕，便利蜂在内部信中宣布仅用2年7个月就开出了超过1000家门店，开设门店数量增速遥遥领先同行。

便利蜂作为新物种与传统便利店的最大不同在于，几乎所有决策都由数据和算法确定，其一直主张数据驱动门店更新迭代，包括选址。便利蜂运营副总裁王紫曾透露，在选址上，便利蜂每个门店会根据地理特征、商圈情况、社区特征、客群构成、面积大小等因素，由系统匹配相应的运营模型，在选品、陈列、SKU数量上实行差异化经营。

同时，便利店行业屡试不爽的同一区域密集开店的原则也在便利蜂身上体现得淋漓尽致。比如，陆家嘴张杨路附近就有3家，上海书城几步路就有两家。便利蜂之所以走密集开店的路子，主要得益于其三大优势：一是在一定区域内，提高品牌效应，与消费者建立信任度；二是集中一定范围，店与店的较短距离能提升物流和配送效率；三是广告和促销宣传更见成效。

瑞幸门店拥有旗舰店、悠享店、快取店和外卖厨房店四种类型，均支持外送，其中以快取店和外卖厨房店居多，不同之处在于前者支持自提后者不支持。

瑞幸广泛布局快取店，旗舰店却屈指可数，可见其对线下引流并不着急，因为获取流量和展示品牌形象这两件事，瑞幸选择在线上完成。瑞幸通过LBS（location-based service）定向广告，迅速告知周边人群，再以首单免费获取第一批下载用户，用强力裂变拉新吸引存量找增量，瑞幸用户量迎来病毒式增长。

对于瑞幸来说，选址选的是配送效率，再通过获得的用户数据确定接下来的选址方向。这也就解释了为何无论是到店还是外卖，瑞幸只通过App点单，好处之一是便于收集用户数据，从而服务于选址。换言之，瑞幸高出杯量和配送效率的秘诀并非配送速度有多快，而在于门店足够密集。

资料来源：龚进辉. 新零售选址是门学问，盒马、便利蜂、瑞幸如何成为选址高手？［EB/OL］.（2019-10-17）［2024-07-15］. https://baijiahao.baidu.com/s?id=1647609562582260930.

问题：

（1）便利蜂与瑞幸的选址策略是什么？二者有什么不同？

（2）与传统零售相比，新零售企业选址的标准及手段发生了哪些变化？

案例2　　　百联股份打造"邻"距离便利圈，让居民"近"享美好生活

百联股份以爱意起笔，以"助民便民"为内核，串联起文化、艺术与生活，在全市多个商圈内，联合旗下十余家成员企业，持续提升"一刻钟便民生活圈"服务。在消费热潮中叠加生活烟火气，让居民"近"享美好生活，感受商业与人文相伴而生的情调与温暖。

一、艺术扮靓商圈，向质感生活进阶

戏剧表演、绘画展览、艺术拍卖会、摄影展……沿着黄浦江一路南下，从北部的杨浦滨江到内环边商圈,再到中环真北及陆家嘴张杨路商业区,一场艺术风潮横跨黄浦江两岸,席卷申城多个商圈,走进居民生活,让居民在家门口感受艺术,为附近商圈的市民带来震撼的艺术享受。

二、穿越"家门口"的烟火市集,有爱有生活

伴随着一刻钟生活圈市集内容的创新更迭,居民越来越享受在家门口"赶集"的乐趣。5月18日,百联南桥的繁花公益集市走进社区,让居民感受到"邻"距离的服务与便利。6月,将以"15分钟银发经济"为主题,带来海国杯2024瑞驰国际模特大赛,引领中老年人的精彩生活,为整个奉贤新城商圈的居民们打造更下沉多元的消费场景。坐落于五角场商圈中心地带的百联又一城,在6月份打造"跨越山海,鹊宇相至"深山集市活动,将深山文化及深山手艺人带进又一城,同时呈现多场刺绣节、花花连衣裙节、非遗文化美食等活动,让商圈周边的社区居民体验非遗技艺魅力与国潮之美。当"超有·爱生活节"遇上今年的儿童节,百联又一城还带领小朋友们学习"成长礼",参与公益活动,现场更有"小小数字建筑师""小小理财师""养成类打卡"等成长联动活动,呈现一个有爱、有趣的童趣生活节。在悠悠国潮热中,百联吴淞也在活力6月迎来"国潮当道·非遗漆扇"体验课,它融合了中国古老的漆艺与扇文化,演绎传统美学,流云变幻,尽显诗情画意之感。形形色色的美食里,藏着最浓郁的人间烟火气,点燃了"吃货"们的狂欢派对。第五届"环球美食节""龟谷世界·爬宠文化市集嘉年华"上海首展、上海五五购物节"六安周"、"June很快乐·邻感生活节"等多场主题活动,引领世博商圈多元消费新风潮……

三、"益"起成长,让幸福一路同行

"商圈+教育"资源的联动,同样形成了便民生活服务升级的美好体验,为课外教育的创新实践搭建自由交流与学习的新空间。5月12日,位于百联川沙正门口的爱心义卖活动让这个母亲节变得温馨而独特。化身小摊主的孩子们,从"爱的教育"中汲取善意的能量。而位于一楼的义诊活动也为川沙地区的居民们带来了更安心便捷的健康守护。关注并指引未成年人的心理健康发展,是需要社会与家长共同完成的课题。5月12日,"用心呵护 悦享成长"活动在百联滨江展开。"阳光绿色,杨浦区学生艺术作品展",第六届六一亲子嘉年华暨第六届亲子阅读大赛总决赛也在此亮相。在比赛之外,还带来了打造亲子绘本故事原创展览、亲子嘉年华公益互动市集等趣味活动,让非凡节日更加绚丽多彩。

无论未来商业功能如何提升、空间场景如何更新,"人文""便民"始终是关键词与优先项。上海"五五购物节"期间,百联股份立足商圈服务的精细化、便利化升级,打造了集艺术、公益、时尚、教育于一体的一刻钟便民生活新图景,在跨界融合中为周边居民带来更真实便捷的朝夕美好、更温暖充足的生活体验,不断拓展"家门口的幸福圈"。

资料来源:上海国资. 美好申活 | 让居民"近"享美好生活,百联股份打造"邻"距离便利圈 [EB/OL].(2024-05-27)[2024-07-15]. https://mp.weixin.qq.com/s/ThcpACg5uS8gqLCZU053UQ.

问题:

(1)影响商圈形成的因素有哪些?结合资料分析百联股份采取了哪些做法来满足消费者需求,稳固和扩大其商圈的?

(2)百联股份还可以尝试哪些做法来进一步巩固和扩大其商圈?

第5章 零售商品规划

内容体系

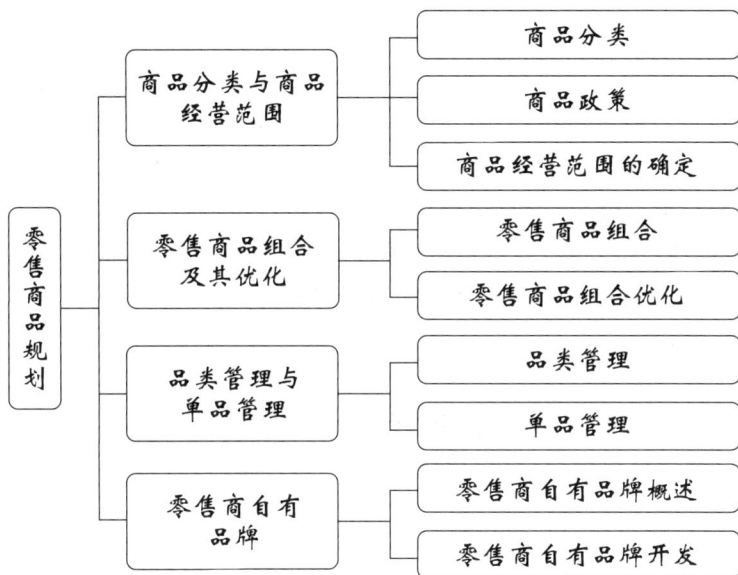

学习目标

◆掌握影响商品经营范围的因素，商品组合调整与优化的内容、依据和方法，单品管理的内涵与流程，品类管理的内涵和流程，自有品牌开发的条件和注意事项。

◆了解商品分类、商品政策等基本概念和类型，商品组合的含义、策略和类型，自有品牌的发展阶段、优势及劣势。

❖ 引例

美宜佳的商品结构

美宜佳自创立之初就定位"社区便利生活中心"，走的是以三四五线城市为主的下沉市场，即具有本土特色的"广式便利店"之路——不仅提供品类丰富的商品以满足消费者日常所需，也提供一定的社区服务，搭建起小型的便民生活服务平台。公司的盈利模式是现卖、外卖、电商增值服务，即时零售已纳入公司战略。

美宜佳的商品结构分为三类：食品类、非食类、服务类。相对于其他便利店商品更多元化，不仅包含米面粮油、家杂类等多样化商品，还提供生活服务（如洗衣、交费），适应特定区域的消费者需求。美宜佳有三不做：不参与加盟店的托管经营，不强制加盟店完全从美宜佳进货，不对加盟店做KPI增长考核。美宜佳和加盟店之间，专注做好商品供应链和数字化系统优化。

美宜佳门店大多在45平方米以上，每家门店的商品数在2 000种以上，基本可以覆盖日常生活所需的新鲜食品、日常用品、粮油副食等品类。美宜佳便民服务平台可提供金融服务、充值缴费、代收代寄、便民支付、特色服务等五大板块30余项的便民生活服务。

经过多年探索与发展，美宜家已经形成了自己独具特色的经营模式，即一种符合中国南方消费者特色的，基于区域人口密集、传统超市布局不足、加盟主自有房产率高，以及外来人口占比大的特定市场环境的本土市场便利店模式。

2023年4月23日，中国连锁经营协会（CCFA）发布的《2023中国便利店TOP100》榜单中，美宜佳以33 848家门店位居榜首。

资料来源：佚名. 3.5万家！美宜佳蝉联中国便利店TOP100榜首［EB/OL］.（2024-05-10）［2024-07-15］. https://gov.sohu.com/a/777900928_121124358.

5.1　商品分类与商品经营范围

5.1.1　商品分类

5.1.1.1　商品分类的含义

商品分类是指零售商为了一定目的，按照一定的分类标准，科学、系统地将商品分成若干不同类别的过程。科学的商品分类不仅有助于零售商更好地了解商品特性，进行商品经营管理和选购，更好地满足消费者需求，还有助于零售商实现管理现代化，有利于信息工作的开展。

商品分类的目的不同，选择的分类标准也不同。商品的类目一般可以划分为大类、中类、小类、品类、品种和细目（单品）等。商品大类一般根据商品生产和流通领域的大行业来划分；商品中类和小类一般按照中小行业或"专业"来划分；商品品类是具有若干共同特征的多个商品品种的总称；商品品种是指具体商品的名称；商品细目（单品）是对商品规格、花色、质量等级的详尽划分，可以更具体地反映商品的特征。商品分类的类目与应用实例见表5-1。

表 5-1   商品分类的类目与应用实例

商品类目	应用实例	
商品大类	食品	日用工业品
商品中类	粮食加工品	家用化学品
商品小类	小麦粉	洗涤用品
商品品类	面包用小麦粉	香皂
商品品种	面包	柠檬香型香皂
商品细目（单品）	桃李起酥面包	舒肤佳125克柠檬去味型香皂

5.1.1.2 商品分类的方法

美国全国零售联合会（NRF）制订了一份标准的商品分类方案，该方案详细界定了各类商品的范围、组合方式以及相关人员销售分工。NRF 商品分类方案把零售商经营的商品从大到小分为：商品组→商品部→商品类别（品类）→同类商品→存货单位（单品）。该方案被美国许多大型百货商店和低价位竞争的折扣店采用（如图 5-1 所示）。

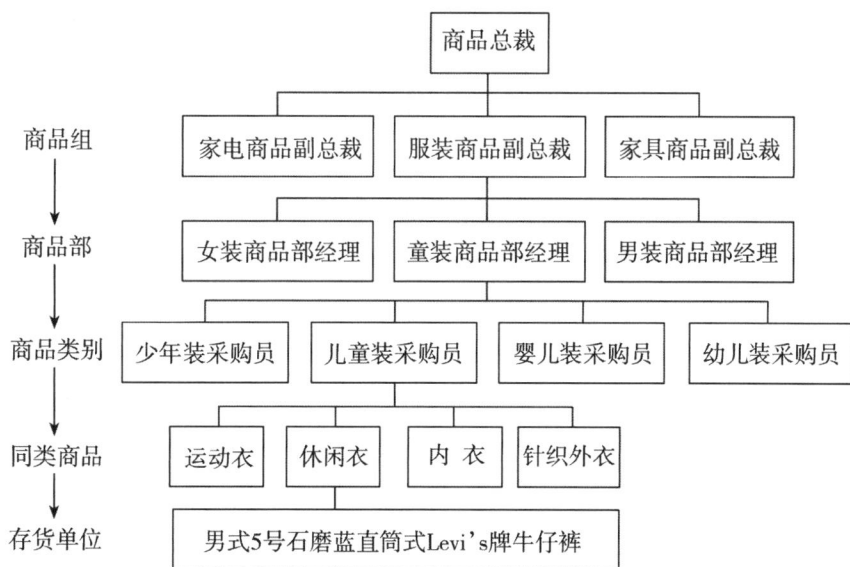

图 5-1 美国式的商品分类及相关人员销售分工

（1）按商品概念分类

日本零售业对商品的分类是根据商品概念来划分的。如日本将商品主要分为食相关商品和居住相关商品，食相关商品又分为生鲜食品、加工食品、一般食品（如图 5-2 所示），居住相关商品又分为家庭杂货和居住文化品（如图 5-3 所示）。

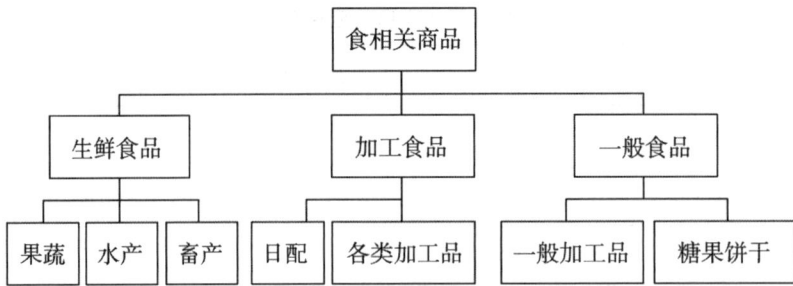

图 5-2　食相关商品

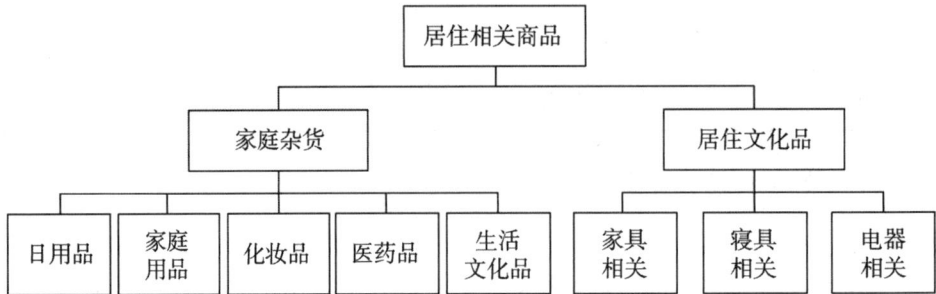

图 5-3　居住相关商品

（2）按商品耐久性分类

①耐用品，是指在正常情况下，能多次使用的有形物品，如电冰箱、电视机等。其特点是使用周期长、价格较高、顾客购买谨慎、需要更多的销售服务和销售保证。

②易耗品，是指在正常情况下，一次或几次使用就被消费掉的有形物品，如牙膏、洗衣粉、文具等。其特点是顾客经常购买、价格较低、商品经营利润较小。

（3）按消费者的购买习惯分类

①专用品，是指对顾客具有特定用途的商品，如体育用品、绘图仪器等。其特点是购买频率低、价值较高、关注品质、购买谨慎。

②日用杂品，是指消费者经常消费的、购买次数较多的商品。其特点是单位价值较低、购买频率高、更换率高，多为习惯性购买，重视便利性。

③日用百货，是指消费者经常使用和购买的价值较低的商品。其特点是商品质量好、外形美观、品种丰富。

④流行商品，是指由于某些因素的影响而在短期内出现大量需求的商品。其特点是时尚、有较强的时间性、重视外观。

（4）按消费者对商品的选择程度分类

①便利品，是指消费者经常购买、比较熟悉且不必花时间进行过多比较和选择的商品，包括日用品（单位价值较低、经常使用和购买的商品，如电池、肥皂等）、冲动购买品（消费者事先并无购买计划，因视觉、嗅觉等感觉器官直接受到刺激而临时决定购买的商品，如糖果、风味食品、现场示范表演的玩具等）、应急品（消费者紧急需要时所购买的商品，如突降大雨时的雨具等）。

②选购品，是指消费者在购买过程中愿意花较多时间和精力观察、询问、比较和选择的商品。

③特殊品，是指具有某种特定功能、用途的商品。它有专门的消费对象，如集邮品、戏装等。

④非选购品，是指消费者尚不知道或尚未有兴趣购买的商品，如某些刚上市的新商品等。

（5）按经营的重要程度分类

①主营商品。主营商品在销售额中占主要比重，体现店铺的经营特色，是店铺利润的主要来源。

②一般商品。店铺为了配合主营商品的销售，满足顾客连带需要的商品。

③辅助商品。店铺为了吸引顾客，提高店铺规格，促进主营商品和一般商品销售的商品。辅助商品只占整个销售额的一小部分，但是必不可少的。

此外，还可以按照商品销售顺畅程度把商品分为畅销商品、平销商品、滞销商品和冷货商品；按商品质量和价格水平把商品分为高档商品、中档商品和低档商品等。

5.1.2 商品政策

商品政策是零售商为确定经营和采购范围而根据自身的实际情况建立起来的具有独特风格的商品经营方向，也是店铺经营商品的指导思想。

一般来说，零售商的商品政策主要有以下类型：

5.1.2.1 单一的商品政策

单一的商品政策即零售商以经营为数不多、变化不大的商品品种来满足大众的普遍需要，它适用于专卖店、快餐店、加油站、自动售货机的商品销售。由于经营品种有限，其适用范围受限。消费者大量需求的商品、享有较高声誉的商品、有专利保护的垄断性商品采用此政策经营容易获得成功。

5.1.2.2 市场细分化的商品政策

市场细分化的商品政策即零售商把消费市场按某种分类标准进行细分，确定店铺的目标市场，并根据该市场的特点确定适合某类消费者的商品政策。如零售商以年龄为标准进行市场细分，选择以儿童市场为目标市场，则商品经营范围将以儿童所需的服装、玩具、食品、用品等为主，借此形成自己独特的个性化商品系列，并随时开发和培育相关新商品，以满足该市场的需要。

小案例 5-1

5.1.2.3 丰满的商品政策

丰满的商品政策即零售商在满足目标市场需求的基础上，兼营其他相关联的商品，既保证主营商品的品种和规格档次齐全、数量充足，又保证相关商品有一定的吸引力，从而达到更好地为目标顾客服务和吸引非目标顾客购物的目的。如零售商既要准备品种全、数量足，能提高店铺声望和吸引力的名牌商品和诱饵商品，也要准备一定品种和数量的试销商品（包括刚上市的新商品和本店铺新经营的商品），增强店铺经营商品的丰满感，为新品的销售投石问路，培养未来的畅销品。

5.1.2.4 齐全的商品政策

齐全的商品政策即零售商经营的商品种类无所不包，基本能够满足消费者进入店铺购齐一切商品的愿望，即实现"一站式购物"。采用此政策的零售商其采购范围涵盖食品、日用品、纺织品、服装、鞋帽、皮革制品、电器、钟表、家具等若干项目，且把不同类型商品分成许多商品柜或商品区。一般适合于超大型百货商店、购物中心以及大型综合超市。

5.1.3 商品经营范围的确定

商品经营范围是指零售商经营的商品目录及其组合方式。零售商确定什么样的经营范围是与其自身的经营定位相联系的。大型零售商经营的商品种类从服装、食品、家电到家具、汽车，几乎无所不包；超市经营的一种商品或许包含了几十种不同的品牌，囊括了不同的档次；而专卖店可能只销售一种商品或一种品牌的商品。

5.1.3.1 影响商品经营范围的因素

（1）业态、规模和经营特点

首先，从店铺的业态类型看，不同业态的店铺，其商品经营有着不同分工，确定了店铺业态，就框定了店铺大致的经营范围。其次，从店铺规模看，店铺经营规模愈大，其经营范围愈广；反之则愈窄。最后，从店铺的经营特点看，店铺的服务对象是附近顾客还是面向更广泛的市场空间，店铺是以高质量商品、高服务水平为经营特色，还是以价格低廉为经营特色，都对店铺的商品经营范围有着重大影响。

实例与点评 5-1

（2）店址与目标市场

店址是形成差别化甚至垄断经营的重要条件。店址不同，商圈不一样，商品经营范围会有差异。零售商的目标市场不同，顾客来源有变化，也会影响店铺商品经营范围的选择。如处在人口密度大的城市中心的店铺，由于目标顾客的流动性强、消费阶层复杂、供应范围广，因而经营品种、花色式样比较齐全；而处在居民区附近的店铺，消费对象比较稳定，主要经营人们日常生活必需品，种类比较单一。

（3）商品生命周期

商品总是处在一定的生命周期范围内的，商品从进入市场到退出市场都要经历导入、成长、成熟、衰退的周期变化。伴随着科技的日新月异，商品的生命周期在不断缩短，成功的零售商必须紧跟时代步伐，及时选择成长前景好、盈利空间大的商品，逐步淘汰步入衰退期的商品，周而复始，循环进行，动态地调整自己的商品经营范围。

（4）竞争对手的情况

附近同行竞争对手的状况也影响着店铺商品经营范围的确定。在同一地段内，相同业态的店铺经营特点应有所差别。零售商应弄清周围竞争对手的经营策略、商品齐全程度及价格和服务等状况，选择一个最适合自己形象的主营商品大类来突出自己的特色，才能更好地确定自己的商品经营范围。

（5）商品的联动效应

有些商品在销售时有着强烈的相关性，如服装与鞋类、化妆品，旅游与餐饮、纪念品等。因此零售商应根据商品消费连带性的要求，把不同种类但在消费上有互补性，或在购买习惯上有连带性的商品一起纳入经营范围，做到相得益彰，既方便顾客挑选购买，也有利于扩大销售。

5.1.3.2　商品目录

商品目录指零售商根据市场供求状况及本企业的经营范围，把所经营的全部商品品种按照一定标准进行系统分类编制而成的商品细目表。商品目录具体列明了经营商品的品种、花色、规格和质量等，是零售商进行商品购销活动、实施经营计划的主要依据和指导方针。

按照工作重点和整体范围不同，商品目录可分为：

（1）经营商品目录

经营商品目录是指零售商根据市场监督管理部门批准的经营范围所制定的全部商品目录。经营商品目录一般是商品目录的同义词，是零售商经营范围和方向的具体落实，是零售商在运营过程中经营商品的最大范围。经营商品目录的品种较多，商品的型号、牌号、数量的规定也较灵活。

（2）必备商品目录

必备商品目录是指规定零售商在正常情况下必须保证有货出售的最低限度的商品目录。它是保证零售商经营正常进行和满足消费者日常固定需要的商品不脱销的基本限度。列入必备商品目录的商品是店铺管理的重点、重心，目录中的商品应该是零售商的主力商品、创利商品、特色商品。

经营商品目录和必备商品目录并不矛盾，两者是全面和重点的关系，随着消费潮流的改变和产品的改变，商品目录的范围也需要不断调整和修订。

小知识 5-1

5.2 零售商品组合及其优化

5.2.1 零售商品组合

5.2.1.1 零售商品组合的含义与构成要素

零售商品组合也叫零售商品结构，是零售商在一定的经营范围内，按照某一标准将经营的商品划分为若干类别和项目，并确定各类别和项目在商品总构成中的比重。零售商品组合是零售商对消费者提供的全部商品范围和结构，通常由商品大类和商品项目组成。其中商品大类是指具有相同使用功能，但型号规格不同的一组类似商品。商品项目是商品大类中具有各种型号、规格、款式、价格的特定商品，是商品目录中列出的每一种商品品种。商品组合不同，零售商经营的特点也会不同。科学地确定商品组合，不仅有利于零售商有效地使用自身资源，还有利于其提高经营水平和服务质量。

零售商品组合的要素包括：

（1）商品组合的宽度

商品组合的宽度是指零售商所经营的全部商品大类的数量。大类数量多，商品组合宽度大，商品经营的综合性越强。

（2）商品组合的长度

商品组合的长度是指零售商所经营的全部商品项目的总数量。商品组合的项目数越多，商品组合的长度就越大。

（3）商品组合的深度

商品组合的深度是指零售商所经营的某一商品大类下的商品项目的数量。商品组合的深度由商品大类的数量决定，某大类商品组合的具体深度则由该商品大类下的商品项目数量决定。

（4）商品组合的关联性

商品组合的关联性是指各商品大类之间在营销各环节的相关性，有三层含义：一是指零售商所经营的各商品大类彼此之间相关的程度；二是指在卖场各商品销售区域彼此相连接的程度；三是在同一商品销售区域内相关程度高的商品其货架的接近程度。

小知识5-2

5.2.1.2 商品组合的配置策略

按照商品组合的广度和深度不同，可以将商品组合分为以下四种配置策略（见

表 5-2）。

表 5-2　　　　　　　　　　　　　　　商品深度与广度的组合

项　目		商品品种	
		深	浅
商品类别	广	广而深的商品组合 （商品类别多，商品品种多）	广而浅的商品组合 （商品类别多，商品品种少）
	窄	窄而深的商品组合 （商品类别少，商品品种多）	窄而浅的商品组合 （商品类别少，商品品种少）

（1）广而深的商品组合策略

广而深的商品组合策略即零售商选择经营的商品种类多，而且每类商品经营的品种也多的策略，一般为服务于多元化目标市场、向消费者提供一揽子购物的大型综合性零售商所采用。

（2）广而浅的商品组合策略

广而浅的商品组合策略即零售商选择经营的商品种类多，但在每一种类商品中花色品种选择性少的策略。该策略通常被廉价商店、杂货店、折扣店、普通超市等零售商所采用。

（3）窄而深的商品组合策略

窄而深的商品组合策略即零售商选择较少的商品经营种类，而在每一种类中经营的商品花色品种很丰富。该策略体现了专业化经营的宗旨，主要为专业商店、专卖店所采用。

（4）窄而浅的商品组合策略

窄而浅的商品组合策略即零售商选择较少的商品种类，且在每一种类中选择较少的商品品种。该策略主要被一些小型商店、便利店、自动售货机出售商品和人员登门销售的零售商所采用。

小案例 5-2

5.2.1.3　零售商品组合的类型

（1）全线全面型

全线全面型即零售商尽可能增加商品组合的宽度、深度和关联性，向整个市场的任何顾客提供他们所需要的一切商品。此类组合适用于有能力照顾整个市场需要的大型零售商。

（2）市场专业型

市场专业型即零售商向某个专业市场、某类顾客提供所需要的各种商品。此类组合重视各商品之间的关联程度与组合宽度，能够使某类消费需要在一个企业内获得全方位的满足，方便顾客，扩大销售。

（3）商品线专业型

商品线专业型即零售商专注于某一类商品的销售，将商品推销给各类顾客。此类组合的特点是商品类别单一、商品品种丰富，可以满足不同顾客的深度需求。

（4）有限商品线专业型

有限商品线专业型即零售商根据自己的专长，集中经营有限的甚至单一的商品系列，以适应有限的或单一的市场需要。此类组合的特点是商品组合宽度小、深度有限、关联性较强。

（5）特殊商品专业型

特殊商品专业型即零售商根据自己所具有的特殊资源条件和技术专长，经营某些具有特定需要的特殊商品。此类组合的特点是商品组合宽度极小，深度也不大，关联性极强，因商品的特殊性，所能开拓的市场有限，从而市场竞争威胁较小。

（6）特殊专业型

特殊专业型即零售商凭借其拥有的特殊销售条件向顾客提供能满足其某种特殊需要的商品。此类组合的特点是商品组合宽度小、深度大、关联性强，因商品具有突出的特殊性而常常能避免竞争威胁。

5.2.2　零售商品组合优化

5.2.2.1　零售商品组合优化的内容

（1）完善主力商品、辅助商品和关联商品的结构

一般情况下，主力商品要占到商品结构的绝大部分，而辅助商品与关联商品的比重则少一些，按照占商品总量和销售额的比例划分，前者约占70%~80%，后者约占20%~30%。

（2）完善高、中、低档商品的结构

高、中、低档商品结构的配置比例受零售商目标市场的需求特点、消费结构和供求季节性波动等因素的影响。在高收入顾客占多数的地区，高档商品应占绝大部分；而在低收入顾客占多数的地区，则应以中低档商品为主，这样才能满足顾客的需求。

（3）引入新商品

零售商的新商品是指零售商自身未曾经营过的商品。零售商引进新商品应特别注意以下步骤：编制年度新商品引进计划，进行新商品选择，实施新商品试销，通知各门店做好准备，对新商品进行控制，只有这样，新商品才能最终成为零售商正常经营的商品。

（4）培养畅销商品

畅销商品是指市场上销路很好、没有积压滞销的商品。畅销商品与商品新旧没有直接

关系，通常情况下畅销品多处于商品生命周期的成长期和成熟期。零售商应该把握商品生命周期的发展规律，从畅销商品选择和市场促销两方面入手，不断挖掘和培养自己的畅销商品。

小知识5-3

（5）淘汰滞销商品

滞销商品是指市场上销售不畅，形成销售停滞和积压的商品。零售商需要认真分析商品滞销的原因，不要让有销售潜力的商品被淘汰掉。为此，零售商需要确定淘汰滞销商品的标准（如质量标准、销量标准等），并按照淘汰业务程序对滞销商品进行淘汰。

5.2.2.2　制约零售商品组合的因素

（1）商品方面

不同性质的商品对经营方式与技术、经营条件、人员、场地、设备等都有不同的要求。零售商在商品方面要考虑商品的相关性（如商品的替代性、互补性和排斥性要求）、自身属性与要求（如商品体积、标准化程度、服务要求和销售方式等）、商品的市场特性（如商品的获利性、生命周期等）等。

（2）消费者方面

目标消费者的需求与购买行为是零售商品组合的基本依据，因此，零售商要考虑目标顾客的需求及购买行为特点等。

（3）商业环境方面

一是零售商所在地区的商业环境，如网点布局、商业区类型，确定商品组合与环境特征相吻合，避免顾客产生错误的认知。

二是同一地区竞争对手的商品组合，即零售商拟经营的商品组合应该与竞争对手有所差别，尽量避免完全重复经营而加剧竞争、降低投资利润率。

小知识5-4

5.2.2.3　评价商品组合优劣的标准

受各种制约因素的影响，零售商面临着一个不断根据形势变化调整商品结构，在变动的形势中寻求和保持商品组合优化的问题。因此，每个零售商都应该经常分析和评价自己商品组合的状况和结构，以便科学地调整商品组合。评价商品组合优劣的标准归纳起来主要关注以下三点：

（1）发展性

根据商品生命周期理论，处于生命周期的成长阶段及成熟初期阶段的商品，具有良好的发展前途；而成熟后期或衰退期的商品则已不具备这方面的优势。行业销售增长率是评价商品发展性的主要指标。评价商品的发展性应该超越零售店的范围，从同类商品的同行业的总体情况进行评价。

（2）竞争性

竞争性表明商品在满足顾客需要方面所具有的实力，具体体现在商品市场占有率、质量、价格、成本、商标、包装、服务等一系列的综合能力上，其中市场占有率指标最具综合代表性。

（3）盈利性

盈利性表明了商品组合的获利水平，体现该特性的指标主要有利润额、成本利润率、资金利润率、资金周转率等。其中，资金利润率指标更具有综合性。

实例与点评5-2

5.2.2.4　调整商品组合的依据

零售商品组合的调整是零售商的一项经常性工作，商品组合调整的依据是企业过去的销售记录。由于销售记录数据可以来自企业的信息管理系统，因此，借助信息管理系统提供的下列信息，零售商可以对商品组合进行调整：

（1）商品销售排行榜

定期对商品销售额进行排名，对排在后面的被列入淘汰对象的商品，再调查其滞销的原因，若无法改变其滞销状况，就应考虑撤柜处理。处理此类情况时应注意一些特殊商品，如新上柜商品、某些本身价格低不赚钱但能拉动主力商品销售的日常生活必需品，以及一些可能因陈列、促销等营销手段不当导致销售不畅的商品，在淘汰时应慎重考虑，避免错判。

（2）商品贡献率（交叉比率）

商品贡献率=商品周转率×毛利率，它是一个从商品流通速度和获利性方面来考虑商品重要性的指标。考核商品贡献率的目的就在于找出商品贡献率高的商品，并使之销售得更好。

（3）损耗排行榜

商品损耗大小将直接影响商品的贡献毛利，因此，一些生鲜商品、日配商品、外包装容易破损的商品，虽然毛利较高，但由于损耗多、风险大，极易导致亏损，需要格外关注。

（4）商品周转率

商品周转率=平均销售额÷平均存货额，它反映的是一定金额的库存商品在一定时间内的周转次数。周转率低的商品会占压流动资金，影响资金使用效率。

（5）商品更新率

商品更新率反映了零售商在某段时间内的品类上新状况，即根据市场需求，定期更新产品线，引入新品种或新口味，淘汰过时和滞销产品，以保持产品线的活力和竞争力。导入的新商品应符合门店定位，不应超出其固有的价格带。

（6）商品陈列

有效的商品陈列会刺激顾客的购买欲望，促进商品销售。因此，优化门店的商品陈列，应重点考虑门店的主力商品和高毛利商品的陈列面，关注同一类商品的价格带陈列和摆放等。

（7）其他

节假日、纪念日等一些特殊日子的到来会使消费者需求发生相应变化，零售商也应对门店的商品进行适时调整。

小案例 5-3

5.2.2.5 调整零售商品组合的方法

在实践中，许多零售商创造了不少有效的方法，特别是系统分析方法和电子计算机的应用，更为解决商品组合优化问题提供了良好的前景。可供零售商选择的商品组合调整方法有：

（1）商品环境分析法

商品环境分析法即零售商把商品分为目前的主要商品、未来的主要商品、竞争中获得较大利润的商品、过去是主要商品但现在销路日趋萎缩的商品、尚未完全失去销路的商品、完全失去销路的商品或者经营失败的新商品六个层次，然后分析研究每一种层次的商品在未来市场环境中的销售潜力和发展前景，进而采取不同的经营策略。

（2）商品系列平衡法

商品系列平衡法即零售商把店铺的经营活动作为一个整体，围绕零售店目标，从零售商实力（竞争性）和市场引力（发展性）两个方面对经营的商品进行综合平衡，从而作出最佳的商品决策。该方法分四个步骤进行：首先是评定商品的市场引力（包括市场容量、利润率、增长率等）；其次是评定零售店实力（包括综合生产能力、技术能力、销售能力、市场占有率等）；再次是根据商品市场引力和零售店实力的不同构建商品系列平衡象限图，明确不同类别商品的地位；最后是进行商品分析与决策，针对不同地位的商品类别采取不同的经营策略。

（3）四象限评价法

四象限评价法（波士顿矩阵法）即零售商根据商品相对市场占有率和销售增长率的不同把商品分为四个类别，构成四象限图并进行相应管理的方法。它是由美国波士顿咨询公司提供的一种评价方法（如图5-4所示）。其中对第Ⅰ象限的商品，零售商应给予支持和巩固，保证其现有的地位及将来的发展；第Ⅱ象限的商品有发展前途但还没有形成自己的优势，有一定的经营风险，应该集中力量消除问题，扩大优势；第Ⅲ象限的商品是零售店的失败或衰退商品，应果断地、有计划地淘汰并作战略上的转移；第Ⅳ象限的商品是零售商的厚利商品，是店铺收入和利润的主要来源，应该努力改造、维持现状和提高盈利。

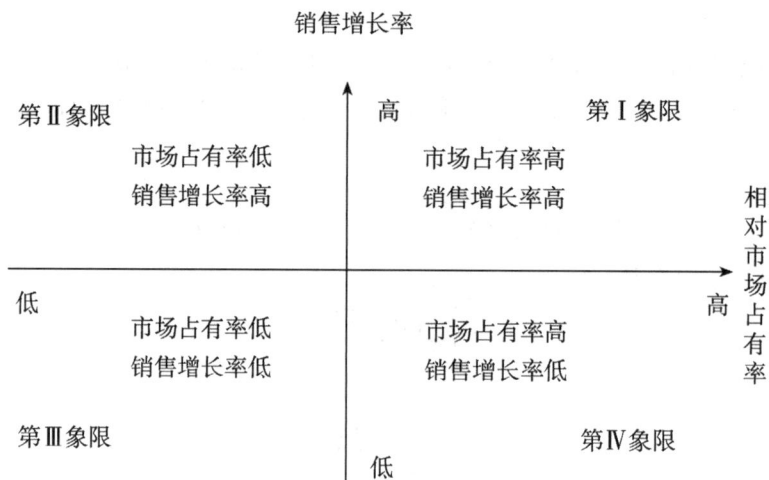

销售增长率

第Ⅱ象限　　　　　　高　　　　　　第Ⅰ象限

市场占有率低　　　　　　市场占有率高
销售增长率高　　　　　　销售增长率高

相
对
低　　　　　　　　　　　　　　　　高　　市
场
市场占有率低　　　　　　市场占有率高　占
销售增长率低　　　　　　销售增长率低　有
率

第Ⅲ象限　　　　　　　　　　　第Ⅳ象限

低

图5-4　四象限评价图

（4）资金利润率评价法

资金利润率评价法即零售商以商品资金利润率为标准对商品进行评价的一种方法。资金利润率是一个表示商品经济效益的综合性指标，既表示盈利能力，又表示投资回收能力。零售商应用这种方法进行评价，要把商品资金利润率分别与银行贷款利率、行业的资金利润率、同行业先进零售商的商品资金利润率或零售商的经营目标及利润目标相对比，达不到目标水平的，说明盈利能力不高。还可以把零售商的各种商品（或系列商品）资金利润率资料按零售商经营目标及标准进行分类，结合商品的市场发展情况，预测资金利润率的发展趋势，从而作出商品决策。

5.3 品类管理与单品管理

5.3.1 品类管理

5.3.1.1 品类管理的含义

品类是指易于区分、能够管理的一组产品或服务，消费者在满足自身需要时，认为该组产品或服务是相关的和可以相互替代的。品类管理是指零售商与供应商充分合作，把所经营的商品分成不同类别，并把每类商品作为企业经营战略的基本活动单位进行管理的一系列相关活动。品类管理强调通过向消费者提供超值的产品和服务来提高零售商和供应商双方的运营效率。

小知识 5-5

品类管理是 ECR（efficient consumer response，高效率消费者回应）战略的重要内容之一，对零售商和供应商都有很大的益处。从零售商方面来看，品类管理有利于减少管理货架的人力、降低缺货率、减少库存成本、提高销售量、提高商品周转率、提供较佳的采购及商品组合建议等；从供应商方面来看，品类管理有助于供应商减少存货成本、增加销售量，提高市场占有率、毛利率、净利率和投资报酬率。

小知识 5-6

5.3.1.2　品类管理的业务流程

从实施的角度来看，品类管理就是充分地利用数据进行更好的决策，其具体的业务实施流程如图 5-5 所示。

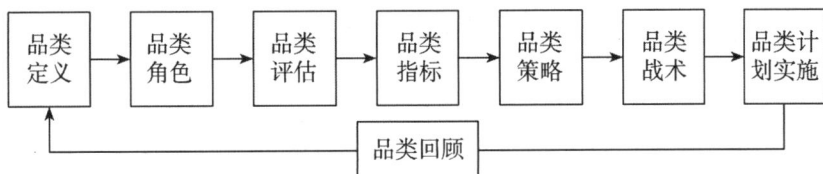

图 5-5　品类管理流程图

（1）品类定义

其包括品类描述和品类结构两个部分。品类描述是指品类的划分标准，而品类结构是指不同品种类型之间的比例关系。该步骤的重点是对构成品类的单品进行选择，确定某品类"是什么"和"如何进行管理"。一般而言，品类定义会随消费者购物习惯的变化而改变。

（2）品类角色

品类角色即从顾客角度来确定的品类定位，反映了零售商经营不同品类的优先性和重要性，并通过经营资源的优化配置来表现各品类之间的不同地位与所针对的不同顾客群或顾客需要。品类角色的设定包括品类命名和对每个品类赋予特定角色。品类角色通常可分为目标性品类、常规性品类、偶发性品类、季节性品类和便利性品类。

小知识 5-7

（3）品类评估

品类评估即零售商和供应商对照品类角色和品类指标，把握品类及其各组成部分（小类、品种、品牌等）所处的状态，按照一定的标准对各个品类进行的评估分析。其内容包括消费者评估、市场评估、零售商评估和供应商评估等，如销量、利润、消费者购物行为、顾客满意度、市场趋势、库存、脱销、单位产出、人力投入等。

（4）品类指标

品类指标即零售商和供应商共同针对某品类经营计划制定的具体目标，如销量、货架陈列、促销、毛利、账期等。品类指标能够反映品类角色希望达到的状态和品类评估目前的状态，为品类评估制定标准并且使用这些指标来评价品类中的各商品，最终协调商品种类和数量、商品种类与空间、价格与销售、促销与销售、服务与零售企业品牌的关系。

（5）品类策略

品类策略即企业为业已确立的品类角色及目标而制定的经营策略，包括市场营销策略和产品供应策略（补货和配送）两个部分，如吸引客流、提高消费量、提升购物档次、降低脱销率、加快现金流等。品类策略的实施必须注重其有效性，同时注意与其他策略的协调一致。

实例与点评5-3

（6）品类战术

品类战术是为了实现品类经营战略的目标而采取的短期经营行为，包括商品陈列、商品组合、商品定价、促销、供应链管理等。品类战术是对品类策略的进一步具体化，其特别强调即时性或短期性。

（7）品类计划实施

品类计划实施即根据品类策略和品类战术具体实施品类管理的过程。此环节需要得到门店运作部门、储运部门等其他部门的支持，实施的关键在于明确各个部门的职责，并通过职责分工来发挥协调效应。

（8）品类回顾

品类回顾即定期回顾品类计划，以确保各项政策的实施。其内容是对与品类角色和品类指标相关的经营计划进展情况进行不断衡量和检查，并对经营计划进行适当的调整。

5.3.1.3 品类优化管理

品类优化管理作为一个突破性的管理工具，是零售商正确应用ECR概念来发展生意的一种先进管理方法。它通过与生产商的合作来更好地管理整个品类的店内形象，以获得双方利益的增长。品类优化管理包括品牌优化管理和货架优化管理。

（1）品牌优化管理

品牌优化管理，即通过对不同品牌商品的绩效评估，为消费者提供最佳的商品选择。高效率的品牌优化管理以消费者为中心着眼于整个品类，而不单是某些品种或某几个品牌。其实施步骤如下：

①界定品类界限，即把店铺经营的产品按照一定的标准划分不同的品类，再按不同品类的资金、货架比例作出安排。

②区分品类角色，即界定好各品类在店内实际运营中所扮演的不同角色。

③产品细分，指将各品类的产品按消费者喜欢的方式分成更小的品类，即产品分组（如将产品按照价格档次不同分为高档、中档、低档三个类别小组），为业务评估做准备。

④业务评估，即通过计算某产品、品牌、品类及生产商的销售额份额和销售量份额来度量产品在其所在品类中的相对重要性，评估各品牌在产品细分小组中的表现。

（2）货架优化管理

货架优化管理的目标是使高业绩的产品易见、易找、易选，其基本原则是产品的货架面积比例分配与市场占有率相符。实施货架优化管理可以降低缺货率，减少补货次数，从而降低人力成本，创造最大的投资回报率和货架效率。优化货架管理的具体内容包括：

①产品品类选择，即根据品类角色确定把什么产品摆放在货架上，将哪些重要的品类摆在显眼的位置，可吸引消费者的注意力，增加其选择产品的兴趣，刺激其购买欲望。如目标性品类产品应占据最大空间、最高客流量、显眼及易见处。

②产品摆放方式，即综合考虑货架视觉效果、产品陈列高度、价格标签摆放、货架POP作用、通道与客流方向等因素，从而确定在货架上如何摆放具体产品。

③产品摆放空间，即每个产品或品牌应占有多少货架空间。产品的空间分配应以产品表现为基础，其所占空间应与销售量成正比，减少销量差的产品空间，以让位于业绩更好的产品。

5.3.2 单品管理

5.3.2.1 单品的含义与基本要素

单品也叫存货单元（stock keeping unit，SKU），是指每一类商品中不能进一步细分的、完整独立的商品品项，反映了商品的某种特征，是零售商对商品进行科学经营管理的基本单位。

正确理解单品，需要把握单品的如下基本内涵：

（1）单品不同于商品

单品是零售商根据经营管理的需要对商品进行的分类，它是零售商依托计算机技术支持管理商品的基本单位。商品的任何一种属性都可能成为划分单品的标准之一。

（2）单品不同于单一商品

单一商品所包含的信息量基本是相同且固定的，而单品所包含的信息量往往是不同且变化的。单品的内涵可以大于、小于或等于单一商品的内涵。

（3）单品是一个动态的概念

单品是零售商根据经营管理的需要及商品本身的物理属性加以界定的，是一个动态的任意组合，不能把单品简单地理解为单个数量、单一品种、单一供货商或单个包装等。

单品一般包括品名、规格（单一规格或组合规格）、金额、供应商等基本要素。

小知识 5-8

5.3.2.2 单品管理及其流程

单品管理是零售商根据企业的营销目标，对单品的配置、采购、销售、物流、财务、信息等活动实施统一管理，既管理单品的数量又管理单品的金额，既管理单品的进销价格又管理单品的流通成本。它以每一个商品品项为单位进行管理，强调的是每一个单品的成本管理、销售业绩管理。

单品管理是现代、高效的商品管理方法，有效的单品管理在保障商品流通顺畅、优化企业商品结构、获取稳定利润等方面发挥着积极作用。

单品管理的流程如下：

（1）**商品信息管理**

商品信息分为相对稳定的信息（如品牌、型号、产地、保质期等）和可变信息（如运输成本、包装成本、残损退货等）两种。对相对稳定的信息，其管理的关键是将这些信息项目准确地分类，确保一致性和可比性。而对于可变信息，其管理的关键是将这些成本信息准确地分摊给各个相关单品。

（2）**编制单品代码**

编制单品代码即根据一个单品一个代码的原则给各个单品编制代码，确保单品代码的唯一性，实现单品的唯一性。

（3）**建立商品数据库**

建立商品数据库包括顾客交款时前台 POS 系统扫描录入的原始单品数据销售数据库和用来核算所有单品成本的单品成本数据库。及时更新前台销售数据库的销售信息并将这些数据进行统计、汇总，可以生成经营所需的各种报表等。更新单品成本数据库要求将每批商品的各种活动成本根据实际发生的成本数额分摊到每个单品中，从而为决策提供有用的数据。

（4）**单品销售业绩排队**

单品销售业绩排队主要包括单品销售量排队和获利大小排队，通过排队进行比较，以发现一些规律。其中单品销售量排队即统计每日各单品的销售量，单品获利大小排队即比较每个单品的销售额扣除物流成本和进价后的余额。

（5）**实施重点管理**

单品管理的目标之一是发现重点单品，对其进行重点管理。那些获利大且销售量也大的单品是重点单品，应实施重点采购、重点销售、重点控制其物流成本等；有些获利小但销量大的单品也应作为管理的重点；既不获利销量又小的商品应对其进行及时处理。

总之，单品管理的各个环节应不断执行，并形成相应的制度和措施，这样实施起来才更有效，尤其是重要的计算机软件不要在单品管理上留有盲点。

5.4 零售商自有品牌

5.4.1 零售商自有品牌概述

5.4.1.1 自有品牌的含义与发展阶段

自有品牌也叫中间商品牌或私人品牌，是指零售商通过搜集、整理、分析消费者对某类商品需求特征的信息而开发出来的产品品牌。零售商提出产品功能、价格、造型等方面的开发设计要求，自设生产基地或选择合适的生产企业进行加工生产，最终使用零售商的注册商标并在本店内销售该品牌商品。它是相对于传统的制造商品牌而言的。

小知识5-9

自有品牌的产生与发展是建立在低价位获胜基础上的。从总体上看，零售商自有品牌从兴起至今经历了四个阶段（见表5-3）。

表5-3 零售商自有品牌的发展阶段及特点

项目	第一代	第二代	第三代	第四代
品牌	无名产品	准品牌	零售商品牌家族	细分品牌，形象品牌
产品	最基本的生活必需品	数量众多的单个产品	产品大类	企业形象产品
制造技术	基本技术，无制造障碍	落后市场领先者一代	接近市场领先者	创新技术
质量/形象	比制造商品牌产品低	中等，消费者感知度低	与领先品牌齐平，保证质量	相同或好于领先品牌
购买动机	价格	价格	产品性价比	产品更好
制造厂商	国内制造商，非专业	国内制造商，部分专业	国内制造商，大部分专业	国际制造商，大部分专业

资料来源：朱瑞庭. 零售商自有品牌的功能和市场定位［J］. 北京工商大学学报（社会科学版），2004，19（2）：38-43.

5.4.1.2　自有品牌的类型

（1）零售企业名称品牌

零售企业名称品牌即自有品牌使用零售商的企业名称，如北京燕莎友谊商城开发的"燕莎"牌服装、皮具等系列产品。

（2）零售店次品牌

零售店次品牌是指同时使用零售企业的名称和它的附属店的品牌，如大商集团新玛特纯天然无磷洗洁精。

（3）属类品牌

属类品牌是指对各种自有品牌产品的分类，如乐购公司的经济类品牌产品和Euroshopper公司的产品系列。

（4）独占品牌

独占品牌是指由零售商独家分销，以不同名称包装的品牌，如 Aldi 公司的 Tandil 洗衣粉。

（5）独占产品

独占产品不是真正意义上的自有品牌，但产品由某连锁企业独家分销，如 Del Monte 公司为瑞士的零售商 Migros 公司提供的独占产品。

5.4.2　零售商自有品牌开发

5.4.2.1　零售商开发自有品牌的优势与劣势

零售商开发自有品牌的优势主要有：

（1）费用省

零售商自产自销或直接从厂家订货，省去了一系列中间环节的费用，不需要过多的广告宣传，所付广告费用有限。

（2）价格低

零售商自有品牌商品的价格一般会低于全国性品牌，原因是节省了一系列中间环节费用，同时自有品牌商品的包装比较简洁，不需要大量先期投入。

（3）信誉高

零售商开发自有品牌与其自身的美誉度和信誉度紧密结合，零售商与消费者联系的紧密性和直接性使其开发的自有品牌商品更能取信于民。

（4）差异化

与制造商相比，零售商能更准确地把握消费者的需求变化，按需生产，使自己的商品结构更加合理且具有特色，并借助自有品牌的导入强化企业形象，更加符合消费者的诉求。

（5）多元化

零售商通过建立起稳定的商品开发、生产、供应基地，为其进入制造领域开展多元化经营进行必要的准备，以便于追求更高的利润和分散风险，增强自身的整体实力。

零售商开发自有品牌的劣势表现在：

（1）规模小、实力弱

零售商一般规模小，资金实力与生产能力较弱，在品牌形成和发展初期，其生产规模、市场影响、市场覆盖面等方面都无法与制造商品牌相比，且由于缺乏科学的技术支持与指导，在质量控制方面与品牌经营的要求存在距离。

（2）风险大

零售商自有品牌大都是多种商品共用一个或少数几个品牌，其中任何一种商品出现问题，都会对该品牌的信誉产生负面影响。

5.4.2.2 零售商自有品牌开发的条件

（1）一定的规模和网络优势

自有品牌战略的成功必须以大规模经营和广阔的销售网络为基础。这样，企业才能以大订单吸引生产企业的合作，降低单位产品的生产成本和经营费用，并利用自身广阔的销售网络加以推广，充分发挥自有品牌商品的各种优势。

（2）商誉条件

良好的商誉是零售商开发自有品牌的前提和内在优势。知名度高的品牌更有利于商品的销售。因此，自有品牌的推出应建立在零售商自身良好的商誉之上，而物美价廉的自有品牌商品对零售商的商誉又能起到提高和确认作用，二者相辅相成。

（3）较强的产品设计开发能力

自有品牌商品是以零售商为主体开发的商品，其开发、销售的盈亏最终完全由零售商本身来承担，这就对零售商的产品研发投入和开发设计能力提出了更高要求，在产品质量、服务水平、供应能力等方面有效地满足了顾客需求。

（4）较快的商品周转速度

零售商资金占用的特点是流动资金占用最大。为提高资金的利用效率，零售商必须加快商品运转速度，既保证商品新颖又充分利用有限的资金，增强自有品牌及零售商的运营活力。

（5）较强的营销能力

零售商推出自有品牌多采用统一品牌或分类品牌的做法，任何一种商品出现问题都会或多或少地对其他商品信誉产生损害。因此，除了研发生产外，零售商进入生产领域，其承担的风险也延伸到生产领域，这就要求其具备很强的营销管理能力、公关能力和市场把握能力。

5.4.2.3 零售商自有品牌开发的要点

（1）品牌统分战略选择

品牌统分战略选择即零售商开发自有品牌是采取统一品牌战略还是多品牌战略。

统一品牌战略是指零售商只推出一个自有品牌，各类商品都使用该品牌的战略。该战略的优点是：节约设计、制作、宣传等费用；强大的商品阵容可以扩大品牌影响，提高企业知名度；良好的品牌形象有利于新商品扩散，易于被顾客接受。缺点是易形成株连效应，任何一种商品出了问题都可能殃及整个品牌甚至企业的形象。

多品牌战略是指零售商的多种商品使用不同的品牌，从而形成同一零售商下多个品牌的战略。该战略的优点是：可将个别品牌的成败与企业的声誉区分开来；各个品牌的设计更贴近商品，突出商品特色。缺点是增加经营费用，不利于树立企业的整体形象。

实例与点评5-4

（2）商品品类选择

零售商选择哪些商品品类开发自有品牌须考虑两个相互影响的因素：一是被选择商品价格较制造商品牌商品价格有可能降低；二是被选择商品有一定的吸引力，能影响消费者的品牌忠诚。具体来说，可供零售商选择开发的自有品牌商品有：

第一，品牌意识弱的商品。如洗衣粉、洗衣皂、卷纸等日常用品或食品，消费者的品牌意识不强，零售商采用一些促销手段很容易影响消费者的购买行为。

第二，销售量大和购买频率高的商品。销售量大的商品有助于降低零售商的开发生产成本，使低价成为可能。而购买频率高的商品使得消费者和店铺接触频繁，消费者受其他条件的影响容易更换品牌。

第三，单价较低和技术含量低的商品。单价较低、价格敏感度较高的商品因购买风险小而容易被消费者接受；技术含量低的商品进入门槛低，零售商易于获得技术支持并实施质量监控，降低技术风险。

第四，保鲜、保质要求程度高的商品。如食品、蔬菜、水产等生鲜类商品及其他保质类要求高的商品，零售商能以良好的商誉保证和短渠道优势及时地把货真价实的商品提供给广大消费者。

5.4.2.4 零售商自有品牌开发的方式

借鉴国内外成功的经验，可供零售商选择的自有品牌开发方式有：

（1）贴牌生产

贴牌生产（OEM）即零售商委托工厂提供从研发、设计到生产、后期维护的全部服务，贴上零售商品牌并由零售商进行销售的生产方式，即利用现有生产厂家的生产条件定点定牌定样监制生产，零售商选择为其提供产品的制造商，并在原材料、生产工艺、品牌、技术支持、管理咨询等方面提出要求，不进行直接投资。

（2）资本运作

资本运作即零售商采用参股合营、控股兼并等方式同有关生产厂家合作，以资本经营为纽带，巩固和发展生产基地，组建区域、全国乃至海外的市场销售网络。

（3）自建工厂

自建工厂即一些实力雄厚的零售商独资创建自己的生产加工基地，实施后向一体化，走工商合体经营之路。

（4）品牌追随

品牌追随即零售商借助他人强势品牌的巨大辐射力及其引申效果来提高自有品牌开发

与经营的水平，直至形成自主开发的能力。

小案例 5-4

素养园地

积极发挥首店经济促消费作用

恢复和扩大需求是当前经济持续回升向好的关键所在。以供给侧提质升级激发需求侧更大潜力，首店经济作用凸显。从全国首店、区域首店、城市首店到新概念店、设计师品牌店，首店通过在产品、服务、业态等多个维度的创新，为消费者提供了更好的消费体验，推动消费潜力释放，成为各地扩内需、促消费的重要抓手。

一、新体验创造新需求，形成新的消费增长点

现在，随着市场环境、消费行为的深刻变化，大型购物中心面临全新的发展机遇，传统以商品销售为核心的经营模式受到挑战。面对消费者休闲、娱乐、社交等需求，大型购物中心要突破传统模式，创新消费场景，优化市场供给，改善消费体验，将文化、旅游、展览、娱乐与购物相结合，打造出能够满足消费者需要的多重经营空间，努力实现多方共赢、共同发展。

近年来，以提供新供给为特点的首店经济在全国各地持续升温，以稀缺性和新鲜度满足了人们个性化、多元化的消费需求，为激发城市商圈活力、释放消费潜力提供了新动能。

截至 2023 年 7 月，重庆已累计引进国际国内知名品牌超 1 100 个、品牌首店超 300 家。

2023 年 1—6 月，南京共开出 190 家首店，其中 1 家全球首店、1 家亚洲首店、5 家中国首店、76 家江苏首店，这些首店有一半是餐饮类，还有美妆类、服饰类、零售类、文化娱乐类等，主要分布在新街口、百家湖、元通三大商圈。

首店带动了消费增长。2023 年上半年，南京市社会消费品零售总额达 4 357.5 亿元，同比增长 8.9%，高于全国 0.7 个百分点。这些首店所在的商业载体，营业额增长百分比都在两位数。各大商场在引进首店时，注重特色化、差别化发展，如在新街口商圈，金鹰国际商城侧重餐饮类，新街口百货商店侧重生活类，德基广场侧重美妆类。各大商圈通过招引不同赛道的"首店"，在全市形成"百花齐放"的局面，不断培育消费新热点。

二、突出特色、创新业态，提高供给水平和质量

随着互联网和电子商务的快速发展，越来越多的消费者选择在网上购物。这使得传统实体店面临巨大压力。尽管如此，实体店仍然有充分的生存空间和发展机会。与线上购物相比，实体店能够让消费者亲自感受商品或试用产品，并直接获得售后服务，这种面对面的交流和亲身体验是无法通过网络实现的。这种体验一旦和首店结合，就会进一步增加对消费者的吸引力。

招引首店，要突出"新颖""特色""稀缺"。位于江苏无锡市惠山区天一新城的悦尚奥莱,某运动品牌无锡首家直营旗舰店,既是具有行业号召力的头部企业,又是大众熟知的运动品牌,在推动其他品牌跟进和吸引消费者方面两者兼具。同时,这家首店从店铺装修、门店服务、产品结构等方面都与奥莱的市场定位相结合,精心设置,为消费者带来新鲜体验。

除了引进品牌首店,各地也在积极创新,探索新业态。在重庆江北区观音桥CIC天和里购物中心,有这样一家集合店——深圳免税·全球购线下体验店,店里各类化妆品、酒水等跨境优品琳琅满目,让人目不暇接。消费者通过现场扫码,线上下单,商品从下单到海关放行,最快仅需3分钟。这家首店采用了跨境电商零售进口"线上+线下"融合发展的新模式,不仅满足消费者对进口商品"可见、可触"的需求,还大幅提升消费者购物体验,丰富了消费业态,激发了市场活力。

三、优化服务和环境,助力首店经济持续发展

发展首店经济,促进消费增长,需要聚焦首店引进、培育、建设等各个环节,形成发展合力。

重庆以创建国际消费中心城市为契机,实施消费品牌提质拓展行动,聚力发展首店经济、品牌经济,吸引国际中高端消费品牌落户。各区县立足当地发展特色和资源禀赋,出台支持政策。渝中区不仅在行政审批、活动场地等政策规范及标准限制方面提供绿色服务通道,支持国际知名品牌来渝开设品牌首店,还鼓励大型商业综合体集中引进品牌首店,形成集聚效应。

对于众多首店而言,落户重庆除了看中当地的消费市场潜力,也有优质营商环境的助力:食品安全许可证一周就办下来了,营业执照直接送上门等。

南京出台《关于促进首店经济发展的若干措施》,推出三方面八条政策措施,包括:构建"首店+"功能体系,推动文商旅创产业融合发展。拓展多元渠道,加大宣传力度,积极推广新进入南京的品牌首店、旗舰店、创新概念店和首发、首秀、首演、首赛、首展活动。

南京将在两年内发展三家高能级的商业载体,培育吸引首店的土壤,通过"政府+载体+品牌"的合力,共同助力首店落户。下一步,将通过"南京消费发布"等平台以及消费节能活动,为首店推广引流,并积极探索"首店+"概念,通过新店开业、新品发布,做足首店文章。

商业品牌选择一座城市开设首店,就是向这座城市的营商环境投下"信任票"。主动服务"首店经济"落地,无锡推出多项服务举措:加强"事前服务",畅通证照两办"快车道",通过云指导、集中指导等方式提前介入,最大限度减少企业开办时间和运营成本;上门"对接服务",提供证照代办、一对一指导服务,提升准入便捷性、服务有效性、监管精准度,全方位提升服务质效。

搭建协会平台、建立城市间互访、"组团式"招引外地品牌,也是引进首店的重要举措。2023年5月举办的"苏州首店经济发展大会"上,举行了上海、苏州、成都商协会首店经济战略合作签约仪式和重点项目合作签约仪式,还进行了商业载体推介及首店品牌路演。

坚持做好服务,不断优化营商环境,推动首店经济不断焕新,才能放大品牌特色,充分释放首店魅力,让日益繁荣的首店经济为城市发展注入新活力。

资料来源:姚雪青,刘新吾,罗珊珊. 积极发挥首店经济促消费作用 [N]. 人民日报,2023-07-26 (19).

关键术语

商品分类　商品政策　商品经营范围　商品目录　零售商品组合　品类管理　单品　单品管理　自有品牌

即测即评

第5章单项选择题

第5章多项选择题

第5章判断题

基本训练

❖ 问答题

1.举例说明商品政策。

2.简述影响商品经营范围的因素。

3.简述零售商品组合类型。

4.简述零售商品组合优化的内容。

5.简述调整零售商品组合的依据。

6.试述品类管理的业务流程。

7.举例说明商品品类在实践中扮演的角色。

8.简述自有品牌开发的条件。

❖ 案例分析

案例1　　　　　　　　　　胖东来爆改永辉超市首店

经过19天的闭店改造，2024年6月19日，永辉超市首家胖东来调改店恢复营业。该店位于郑州信万广场负一楼，当日9时15分，消费者开始进场，由于人流量太大，出于安全考虑，20分钟之后，卖场便开始了限流措施。

本次调改主要表现在以下几点：

首先，在商品结构方面，为了向消费者提供更具品质、安全、健康的商品，永辉重新梳理商品结构。下架单品10 841个，占原有商品的81.3%；新增商品12 581个，实现新增单品占比80%。同时，引进胖东来的自有品牌，比如烘焙类的网红"大月饼"、熟食、DL果汁、DL精酿小麦啤酒、自由·爱白酒、DL燕麦片、DL洗衣液、DL毛巾等70多个商品，为当地消费者提供更丰富的选择。

其次，在卖场环境优化方面，永辉重新设计了卖场布局，取消强制动线、拓宽卖场通道。在入口处取消原有外租区域，新增烟酒柜，扩大烘焙、现场加工、熟食等区域，以更流畅的卖场动线为顾客提供方便舒适的购物环境。针对顾客休息区，则增加了微波炉、一次性纸杯、护手霜、充电宝、公平秤等便民设备，优化消费者的购物体验。

再次，在卖场设备方面，进行同步调整。为确保商品品质，超市新增加日配冷链，并对原有设备进行了全方位的维护保养和更新迭代。新增生鲜、散称杂粮、卖场端架等设备设施，整体硬件设施更新占比达到45%。

最后，在运营机制和文化方面，学习和汲取优秀企业的经验，并进一步落实在制度、流程中。增加对一线员工的人文关怀，实现全员涨薪，其中基层员工涨薪超1 000元，且对员工休假进行调整，即工作满一年可享受10天年休假，并通过缩短门店营业时间，确保门店员工平均每日工作时间不超过8小时。

截至当晚营业结束时间，永辉超市郑州信万广场店首日销售达188万元，约为调改之前平均日销的13.9倍；当日客流量超1.2万人，约为调改之前日均客流量的5.3倍，调改成效显著。消费者对本店也给予了高度评价。有消费者表示："虽然卖场人很多，但无论环境和商品陈列，都能够保持干净整洁，尤其是熟食加工区，让人很有食欲。"根据网友的分享和透露，该店当天的销售表现十分亮眼。在销售前20种的商品中，涵盖了多款胖东来自有品牌的产品，包括大月饼、熟食、DL果汁、DL精酿小麦啤酒、自由·爱白酒、DL燕麦片以及DL洗衣液等。这不难看出，胖东来的商品得到了消费者的广泛认可和喜爱，正如网友所说，胖东来的商品自带流量，深受市场欢迎。

值得一提的是，由于开业当日人流量过大，为了能够给消费者提供更加舒适的购物环境，永辉超市在6月19日当晚发布了暂停销售DL精酿啤酒系列通知，并表示，由于调改的卖场新增了很多新员工，专业技能和服务意识还较薄弱，永辉超市会尽快作出调整，加强对其的引导和培训，持续为顾客提供更优质的购物体验。

资料来源：职业零售网.胖东来调改永辉效果显著，日销飙升13.9倍至188万［EB/OL］.（2024-06-20）［2024-07-15］. https://mp.weixin.qq.com/s/HP4oC6INOpqh5l8Gx34ADA.

问题：

（1）永辉超市信万广场店是如何进行商品结构优化的？

（2）胖东来的自有品牌商品为什么会获得消费者青睐？

（3）胖东来爆改永辉超市首店的做法对其他零售商有哪些启示？

案例2 **兴隆超市的品类管理**

兴隆超市是A市一家中型连锁超市。引入品类管理前，超市的商品分类大多采用传统分类方法。以饮料为例，传统的分类方法（如图5-6所示），最小分类仅做到最基本的饮料属性，具体哪种口味的饮料好卖、哪种口味的饮料不足等信息缺乏，给采购环节的后续商品组合与数据分析带来较大困难。实施品类管理后，饮料商品采用现代分类法（如图5-7所示），原来的小分类已经升级为中分类，小分类由原来的基本属性变成了更细分的口味，这样各超市分店就可以根据商圈不同来选择各个中分类搭配什么小分类。小分类越细，对后期销售数据的分析就越有效，也便于随之进行改善性调整，使商品结构更加合理，商品销售效益提高。

饮料	饮料
•传统分类：按属性划分（小分类）	•现代分类：按消费习惯划分（中分类）
碳酸饮料	碳酸饮料：可乐、原味汽水、加味汽水
果汁饮料	果汁饮料：橙汁、水蜜桃汁、苹果汁、葡萄汁、酸梅汁等
茶饮料	茶饮料：红茶、绿茶、花茶、凉茶等
水饮料	水饮料：纯净水、山泉水、苏打水、白开水等
功能性饮料	功能性饮料：运动型、维生素型、能量型
……	……

图5-6 饮料商品传统分类　　　　图5-7 饮料商品现代分类

兴隆超市在商品分类组合时特别关注消费决策树，即顾客在挑选商品时的思维顺序，主要包括：品牌、价格、功能、规格、材料、款式、颜色、口味等，这些内容也是进行商品组合与陈列的依据。比如在调研中发现张先生购买啤酒，他首先考虑的是酒还是饮料，其次考虑的是啤酒、白酒还是红酒，然后考虑的是口味和规格，最后考虑的是品牌和价格带。进一步调研证实张先生来自超市的一个典型客群，于是超市就按照张先生的消费决策树进行了商品分类设计，取得了良好的效果。

兴隆超市的落锅鸡在A市非常知名，当顾客想买落锅鸡时，他们会先想到兴隆超市。超市同时售卖洗发液以满足顾客日常需要。一些顾客有时在店内购买书籍。当重阳节来临之时，店内会做重阳节礼品的大堆头等。

资料来源：于涛. 手把手教你打造零售核心竞争力——品类管理之品类定义详解［EB/OL］.（2024-04-29）［2024-07-15］. https://mp.weixin.qq.com/s/9wgL4I3Rz3aBLeCFB5LIPw.

问题：

（1）按照张先生的消费决策树，兴隆超市应如何进行商品分类？

（2）你认为兴隆超市的落锅鸡、洗发液、书、重阳礼品等分别扮演着哪些品类角色？为什么？

案例3　　　　　　　　MINISO名创优品的联名IP策略

创立于2013年的名创优品是生活优品消费领域的开拓者和领导者，产品囊括生活百货、创意家居、健康美容、潮流饰品、文体礼品等八大类，以简约设计风格为主。当大多数零售品牌还在为业绩犯难时，名创优品发布了最新成绩单：2024年第一季度财报显示，名创优品第一季度实现营收37.24亿元，同比增长26%；经调整净利润为6.17亿元，同比增长27.7%；毛利率为43.4%，高于上年第四季度的年末旺季。品牌净新增217家门店，打破了历史同期开店纪录。旗下潮玩品牌TOP TOY收入同比快速增长55.1%，达到1.38亿元，平均门店数量同比增长32.2%，同店销售与上年同期相比增长约26%。

你永远可以相信名创优品的联名IP。在名创优品的经营哲学里，什么最火我就卖什么。从迪士尼到三丽鸥再到漫威，名创优品似乎每一次都能精准踩中。这当然不是美丽的意外，而是名创优品有一套健全的运营思维及模式。名创优品选择的IP大多在全球范围内拥有广泛知名度和口碑，联名成功率本就赢在起跑线上。名创优品调研考察IP的时间至少1年；根据调研报告为每个IP制定全生命周期的开发和库存管理计划，再用极致的供应链效率，输出比官方衍生品更平价的联名商品。名创优品每周一开的"选样会"，创始人叶国富都会在场亲自决定每款产品上与不上，定价多少，如何营销。以最近火爆全网的Chiikawa，名创优品又先于其他品牌觅得了商机。名创优品是Chiikawa首家联合推出周边商品的品牌。相较于代购动辄几百元的价格，名创优品百元以下的Chiikawa单品显得格外具有诱惑力，有Chiikawa产品的门店根本不愁客源问题。

有人说名创优品有几分像泡泡玛特。准确来说，名创优品想的是站在泡泡玛特的肩膀上跳得更高。名创优品和泡泡玛特的最大卖点皆为IP，区别是泡泡玛特的IP大多为自有，而名创优品的IP大多为联名。从短期来看，自有IP通常能创造更高的毛利，但相对也要付出更多的销售成本，尤其是名创优品合作的IP早已久经市场考验，几乎不需要推广成本；但从长期来看，值钱的自有IP能够历久弥新，上限极高，能够与品牌共享时间的玫瑰。名创优品的毛利率在43%左右；而泡泡玛特的毛利率在60%左右。名创优品从泡泡玛特学到了不少生意经，并付诸了行动：其一，名创优品售卖的商品种类多于泡泡玛特，适用的消费者人群也更广；其二，名创优品后期加入的香水、香薰等品类较之以前的品类，毛利率逐渐提高；其三，新品牌TOP TOY收入同比增长90%，俨然是名创优品旗下的最强者。与传统名创优品集中于家居产品的属性相比，TOP TOY的产品形式集中于玩具，比如盲盒、积木、拼装模型、玩偶等。这些商品的毛利率更高，也更符合Z世代为兴趣买单的消费倾向。

从当前看，名创优品偏向于"走捷径"的联名IP模式，它既有标准化的百元商品体系、丰富的产品线，又具有一定的设计感、潮流感，始于平价又高于平价。

资料来源：考拉是只鹿. 名创优品，游走于优品与仿品之间［EB/OL］．（2024-05-29）［2024-07-15］. https://mp.weixin.qq.com/s/-k_j1UkOalMWFadR4b7mhQ.

问题：

（1）联名IP策略有何优势和劣势？名创优品是如何实施联名IP策略的？

（2）名创优品的做法对其他零售商有何启示？

第6章 零售采购、存货与配送

内容体系

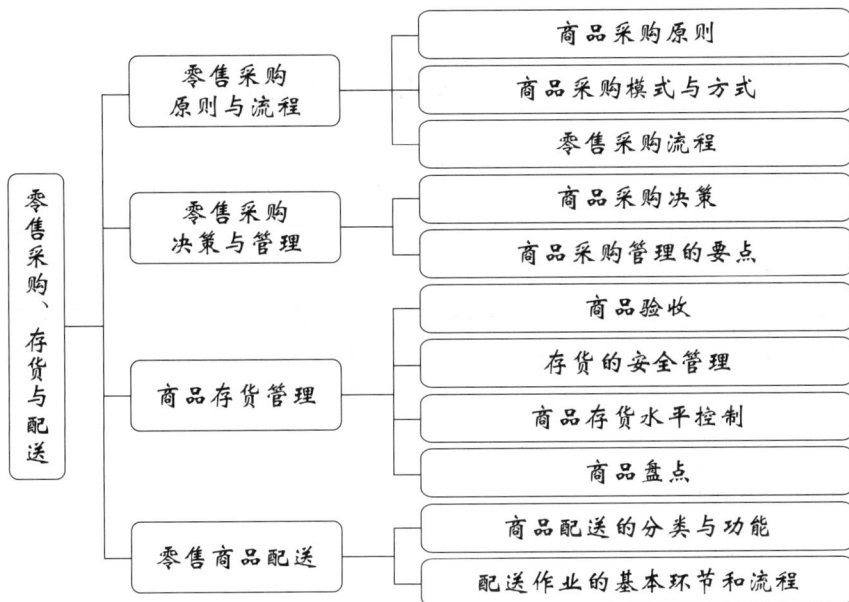

◆掌握商品采购的业务流程、商品采购决策的内容、存货控制的各种方法、商品盘点作业流程、商品配送业务流程。

◆了解商品采购的原则、模式与方式，商品采购管理的要点，商品验收的内容，商品安全管理的措施，商品配送方式、原则及功能。

❖ 引例

永辉超市源头直采与战略联盟相结合，打造垂直化供应链

永辉超市通过"源头直采"的采购模式以及与供应商建立战略联盟的方式，打造垂直化供应链，推动供应链转型升级。

永辉超市将大米、香蕉、苹果、大豆等商品的采购环节内化，自建这些商品的生产基地，有效缓解了由外界环境导致的生鲜采购成本上涨的问题。对于大部分生鲜食品，永辉超市综合考虑不同地区与自身不同业态的需求，实施统采、源头直采、当地农贸市场采购、供应商采购以及海外直采等多样化采购模式。

此外，永辉超市积极与供应链上游的供应商进行合作，与其进行股权绑定，形成利益共同体。这种零供战略联盟也有效推进了供应链垂直化转型。对于生鲜产品以及复购率较高的酒水饮料类产品，永辉超市也积极向先进企业寻求合作，形成消费黏性。

永辉超市采用多种采购模式，并与供应商进行深度合作，保证了其生鲜商品的种类丰富、性价比高和供给充足，从而获取了新零售商业模式下的供应链优势。

资料来源：嘿马财经. 永辉超市是如何从传统模式转型到"新零售"商业模式的？[EB/OL].（2023-04-23）［2024-07-29］. https://baijiahao.baidu.com/s?id=1763957190776817683&wfr=spider&for=pc.

6.1 零售采购原则与流程

商品采购是零售商为了保证销售的需要，实现销售目标，在充分了解市场需求的情况下，根据自身的经营能力，运用适当的采购策略和方法，通过等价交换方式取得商品资源的一系列活动过程。

商品采购是零售经营活动的开始，做好采购工作不仅可以更好地满足消费者需求，增加企业的利润，还可以开发新商品和新供应商，淘汰滞销商品和不良供应商，增强零售商的市场竞争能力。

6.1.1 商品采购原则

（1）以需定进原则

以需定进是指零售商要根据市场需求情况来决定进货，保证购进的商品在品种规格、质量、数量（总量、批量和商品结构）上都能符合消费者需要，做到"适销对路"。坚持以需定进能够避免盲目采购，促进商品销售。鉴于购销活动与市场需求之间的平衡是动态的、积极的，零售商采购商品既要认真研究市场需求态势，又要结合本企业实际（如经营业态、经营特色、店铺形象）和各种商品的不同特点，还要广开进货门路，主动购进新商品来引导和拉动顾客消费，以进促销。

（2）勤进快销原则

勤进快销是指零售商进货时坚持小批量、多品种、短周期的原则，这是由零售商的性质和经济效益决定的。零售商受自身规模、周转资金、储存条件等限制，为了增加经营品种，就要压缩每种商品的进货量，以勤进促快销、以快销促勤进，力争以较少的资金占用来经营较多的商品品种，加速商品周转，做活生意。需要注意的是，"勤"和"快"都是相对而言的。"勤"并非越勤越好，而要视自身条件和商品特点、货源状况、进货方式等多种因素，在保证商品不脱销的前提下考虑进货批量。"快"也必须在保证企业效益和社会效益的前提下，加快销售速度。

（3）经济核算原则

经济核算是指零售商在进货环节就要精打细算，提高人、财、物的利用效率和购、销、存的有效衔接，尽可能减少一切支出，保证获得最大的经济效益。讲求经济核算强调的是综合统筹考虑，若单纯以廉价为目标采购商品，会扰乱零售店资金分配，给正常的商品采购计划、库存管理和销售计划带来不良影响。

小知识6-1

（4）文明诚信原则

文明诚信是指零售商在采购过程中，一方面要文明经商，以商业道德为规范，承担起商品"守门员"的社会责任，严把商品监督和审查关，严禁假冒伪劣商品进入流通渠道，做物质文明的组织者和精神文明的传播者；另一方面要讲求诚信、信守合同，在采购商品中以经济合同的形式与供货商确定买卖关系，保证采购合同的有效性和合法性，更好地发挥经营合同在企业经营中的作用，树立良好的企业形象，协调好零售商、供应商和消费者之间的相互关系，使采购合同真正成为零售商经营活动正常运转的保护伞。

6.1.2 商品采购模式与方式

6.1.2.1 商品采购模式

商品采购模式根据零售商是否连锁可以分为单店采购模式和连锁采购模式，连锁采购模式按照集权的程度又可分为集中采购模式和分散采购模式，集中采购模式和分散采购模式相结合便是混合采购模式。

（1）单店采购模式

单店采购模式即零售商完全按照自己的经营意愿开展商品采购活动。采购者直接与众多供应商打交道，一般进货量较小，配送成本较高，必须努力实现采购的科学管理；否则，失败的风险很大。实践中，单店采购模式主要有店长或经理全权负责、店长授权采购部门经理具体负责、由商品部经理具体采购等具体形式。该模式一般适合卖场规模较小、经营商品品种在2 000种以下的零售商。

（2）集中采购模式

集中采购模式是指零售商总部设立专门的采购机构和专职采购人员统一负责商品采购工作，所属各门店只负责商品陈列以及内部仓库的管理和销售工作，对于商品采购，各门店只有建议权，可以根据自己的实际情况向总部提出有关采购事宜。集中采购是连锁零售商实现规模化经营的前提和关键。该模式的优点是：有利于统一财务管理，降低成本费用；塑造统一的店铺形象，规范店铺的经营行为；发挥集中议价的优势，便于对货源的控制。其缺点是缺乏弹性、拖延时间、分店士气低下以及过度的一致性。

（3）分散采购模式

分散采购模式即零售商将采购权分散到各个分店，由各分店在核定的金额范围内直接向供应商采购商品。该模式的优点是灵活、顾客需求响应迅速、有利于竞争；不足之处是不利于价格控制和降低成本，塑造统一形象难度大。

（4）混合采购模式

混合采购模式即零售商对某些商品进行集中采购，对其他商品采取分散采购的模式。混合采购可以获得集中采购和分散采购的双重利益。

在实践中，没有绝对的集中采购和分散采购。一个零售商究竟在多大程度上实现集中采购和分散采购没有标准的模式。企业的分权程度、企业机构职能间的分工、采购实体的目标、组织文化、资源和管理需求等都会影响到零售采购模式的选择。

6.1.2.2 商品采购方式

按照与供应商的交易方式不同，商品采购方式可被分为购销方式、代销方式、联营方式（见表6-1）。

表6-1　　　　　　　　　　按照与供应商交易方式划分的商品采购方式

采购方式	内　容
购销方式	又称"经销"或"买断"，即零售商根据购销合同中规定的账期（付款天数），按双方约定的商品进价及收货数量付款给供应商，不存在退换货现象。零售商的大部分商品均以购销方式进货
代销方式	零售商在约定的付款日按当期的销售数量及双方进货时所认可的商品进价付款给供应商。采用代销方式的商品采购，卖不完的商品完全退货是销售的交易条件之一，代销商品的库存清点差异也通常由供应商来承担
联营方式	零售商在购销合同规定的付款日内，在当期商品销售总金额中扣除双方约定的提成比例金额后，准时付款给供应商，此时联营商品的退、换货及库存清点的差异都由供应商来承担。对少部分商品（如服装、鞋帽、散装糖果、炒货等），零售商会采用联营的方式

按照采购实施的方式划分，商品采购方式可被分为直接采购、间接采购、委托采购和联合采购（见表6-2）。

表6-2　　　　　　　　　　按照采购实施方式划分的商品采购方式

采购方式	内　容
直接采购	零售商直接向制造商进行采购，这是零售商主要的采购方式之一。其优势是进价低、品质信誉有保证、交货准时、售后服务好；劣势是需要预付定金或由担保人进行担保，交易过程相对复杂。其一般适合数量较大的商品采购
间接采购	零售商通过批发商、代理商以及经纪人等中间商进行的商品采购。它适合于与中小制造商的零星交易，并以标准化商品为限，因为中间商没有能力来满足零售商关于定制、修改商品外观或功能的要求
委托采购	零售商通过付给对方一定代理费的形式委托代理商等中间商进行的商品采购。采用委托进货方式时必须对采购商品的质量、规格、品种进行严格检查，对不符合采购标准的坚决退货。它一般适用于中小型零售商
联合采购	零售商为了取得规模采购的优势，汇集同业零售商向供应商订购商品的一种合作采购行为，一般适合于中小型零售商或进口管制下发生紧急采购的情况。其优点是采购价格优惠、利于加强市场信息沟通、提高采购绩效；缺点是参与的零售商较多，作业手续复杂，数量分配及到货时间等问题容易引起诸多争端

　　按照采购价格方式划分，商品采购方式可被分为招标采购、询价采购、比价采购、议价采购、公开市场采购等（见表 6-3）。

表 6-3　　　　　　　　　　　　按照采购价格方式划分的采购方式

采购方式	内　　容
招标采购	零售商将商品采购的所有条件（如商品名称、规格、品质要求、数量、交货期、付款条件、处罚规则、投标押金、投标资格等事项）详细列明，刊登公告。投标供应商按公告的条件，在规定的时间内交纳投标押金，参加投标。招标采购按规定必须至少有 3 家供应商进行报价投标方得开标，开标后原则上以报价最低的供应商得标；当得标的报价仍高过标底时，采购人员有权宣布废标，或征得监办人员的同意，以议价方式办理
询价采购	又称"选购"，即零售商选取信用可靠的供应商将采购条件讲明，询问价格或寄送询价单促请对方报价，比较后现价采购
比价采购	零售商请数家供应商提供价格，从中加以比较后确定供应商再进行采购
议价采购	零售商与供应商经过讨价还价后，议定价格进行采购。一般来说，询价、比价和议价采购是结合使用的，很少单独进行
公开市场采购	零售商在公开交易或拍卖时，随时机动地进行采购。一般来说，大宗商品或价格变动频繁的商品常用此种方式

　　此外，按照采购地区划分，商品采购方式可被分为国外采购、国内采购等；按照采购订约方式划分，商品采购方式可被分为订约采购、口头电话采购、书信电报采购、试探性订单采购等。

小知识 6-2

6.1.3　零售采购流程

　　零售采购流程是零售商从建立采购组织开始到商品引入卖场并进行定期检查评估的一系列步骤（如图 6-1 所示）。

建立采购组织 → 制订采购计划 → 确定货源及供货商 → 谈判以及签约 → 商品导入作业 → 再次订购商品 → 定期评估改进

图 6-1　零售采购流程

（1）建立采购组织

　　零售商的采购组织既可以是由企业内部专门负责店铺或部门采购任务的采购机构和成员组成的正式组织，也可以是由一群既负责经营商品，又负责商品采购，有时还处理其他业务的兼职采购人员组成的非正式组织，还可以是通过支付一笔费用雇用外部的公司或人员开展采购业务的外部组织。一些中小独立零售商还会建立联合采购组织，即由若干中小零售商通过签订一份有利于各方的协议进行联合采购而设立的组织，其主要目的是应对日益成长的大型连锁企业的威胁，在采购业务上拥有更多的与供应商讨价还价的能力。

（2）制订采购计划

采购计划一般包括年度采购计划和月度采购计划，采购员在掌握年度采购计划的基础上根据月度采购计划执行采购任务。采购组织和采购人员要通过多种渠道收集有关顾客需求的信息，以便采购适销对路的商品。制订采购计划通常要细分落实到商品的小分类上，特别重要的商品甚至要落实到品牌商品的计划采购数量上，其目的一是便于控制好商品结构；二是为采购组织和人员的业务活动提出一个范围和制约。需要注意的是，制订采购计划要求采购组织和人员通过多种渠道收集有关顾客需求的信息，力争采购适销对路的商品，兼顾促销计划和新品上市活动计划，将此内容纳入采购计划之中。

小知识6-3

（3）确定货源及供货商

零售商的货源渠道来自公司自有和外部供货商（含固定供货商和新供货商）。供货商包括当地批发商、外地批发商、代理商和经纪人、批发交易市场、附属加工企业等。零售商类型和规模不同，进货渠道也会有所不同。为确保进货及时畅通，商品品种、规格、花色、样式等丰富多彩，零售商必须广开货源渠道，并尽量建立固定的货源和购销业务关系。

供货商选择是一项复杂的工作，为确保商品购进环节不出意外，零售商应该事先建立供应商准入制度，设立相关选择标准对供应商进行资格审查，从源头开始就筛选和淘汰不合格的供应商，提高采购效率。同时，采购组织和人员应该主动收集有合作潜力的供应商资料，记录到公司数据库中，再根据记录内容和选择标准评定该供应商是否可列为合作对象。

小案例6-1

（4）谈判以及签约

一次新的或特定的订货通常要求签订一份经过谈判的合同，此时，买卖双方将认真讨论商品购买的所有细节内容，就各项交易条件进行磋商谈判，进而达成共识，签订购销合同。而例行的订货或再次订货因交易内容已经被双方接受，合同条款是标准化的，因此，订货过程通常按照例行方式处理，即签订一份格式化的合同。

小知识6-4

采购合同一旦签订就正式生效，买卖双方必须严格执行，任何一方不得随意毁约，否则将受到法律的制裁。如遇特殊情况需要变更合同，需经对方同意，发生纠纷应尽量协商解决；协商不成的，可采取调解或法院裁决方式解决。

（5）商品导入作业

零售商与供应商签订采购合同后，商品就开始被引入卖场中进行销售。零售商需要对引进的商品进行各种销售前的准备工作，包括商品进货验收（卸货、核验、收货记录）、退换货处理、存货、标价、补货上架等一系列作业环节。

（6）再次订购商品

当零售商把试销中符合销售业绩要求的商品列为正式销售的商品时，商品采购就成为一种连续发生的行为，即零售商需要制订再订购计划购进该种商品。此时零售商需要考虑以下因素：订货时间和送货时间、资金数量与使用效率、采购成本与储存成本、存货周转率等。

（7）定期评估改进

定期评估主要包括商品评估和供应商评估两个方面。商品评估主要看该商品是否能够畅销，而供应商评估是确定已合作供应商的合作等级及合作前景。定期评估不仅是考核已经运行的采购工作的效果，更重要的是如何改进、提高零售商的采购管理水平。实践证明，与优良的供应商建立长期稳定的合作关系对零售商事业的发展至关重要。

实例与点评6-1

6.2 零售采购决策与管理

小案例6-2

6.2.1 商品采购决策

6.2.1.1 采购品种决策

采购商品的品种决策包括品种大类决策和具体品种决策。

品种大类决策主要受零售商的经营范围和市场需求的影响。为了准确掌握消费者的需求情况，零售商在采购之前必须做好市场调研和预测工作，多方收集消费者和供应商的信息，在整理分析各种市场信息的基础上结合过去选择商品品种的经验，预测市场流行趋势、新产品情况和季节变化等来确定自己的采购品种大类。

由于消费者的需求多种多样，相对而言，零售商有限的财力、能力等难以满足消费者的众多需求。因此，在品种大类确定后，零售商还需要结合自己的特长和市场竞争情况确定具体的品种，重点考虑主力商品和辅助商品的安排，增强自己在市场上的竞争力。

小知识6-5

6.2.1.2 采购数量决策

采购商品的数量大小不仅影响商品销售和库存，而且关系到销售成本和经济效益。在一定时期内，零售商通常要考虑商品采购总量和每次采购商品的数量两个问题。

一定时期内零售商采购总量的大小可根据同期某一特定地区的总需求量和该零售商所占市场份额的大小来计算。若以一年为时间单位，则计算公式为：

某零售商年进货量=所在地区年进货总量×该零售商的市场份额

小知识6-6

进货总量确定后，零售商必然要考虑每次采购商品的数量问题。对于货源供应不稳定和市场需求变化较大的商品，零售商在确定具体的进货量时只能根据对市场供求变化的预测来选择。而对于供求平稳的商品，零售商可从经济核算的角度，采用一些量化分析方法确定每次进货量的大小。经济进货批量法是零售商常用的方法之一。该方法分析了零售商在年进货总量一定、商品供销稳定均衡、进货地点不变的条件下，每次采购数量的大小与进货费用和保管费用之间存在的某种数量依存关系，从而得出了在进货总量一定的前提下，每次进货量大小与采购总费用支出成反比、与保管总费用支出成正比的结论（如图6-2所示）。

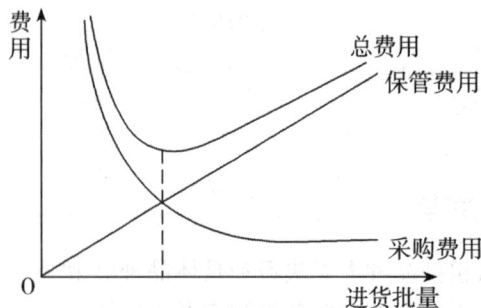

图6-2 经济进货批量图

通过求导数建立数学模型，计算出一个使采购保管总费用最低的进货数量点，即经济进货批量，进货数量高于或低于该点均会使总费用增加。经济进货批量的计算公式为：

$$经济进货批量=\sqrt{\frac{2\times 年进货总量\times 平均每次采购费用}{单位商品年保管费用}}$$

【例6-1】某家用电器商场预计全年销售甲电器6 000台，商品进价为每台550元，每次采购费用为33元，年保管费用率为1.8%，求甲电器的经济进货批量。

【解】甲电器的经济进货批量$=\sqrt{\frac{2\times 6\,000\times 33}{550\times 1.8\%}}=200$（台）

由此可继续了解零售商的其他工作指标：

全年采购次数=6 000÷200=30（次）

采购间隔时间=365÷30=12.17（天）

年采购总费用=33×30=990（元）

年保管总费用=550×1.8%×200÷2=990（元）

全年总费用=990+990=1 980（元）

6.2.1.3　采购时机决策

商品采购时机是指零售商可以获得较大收益的商品采购时间和机会。采购时机的选择一般需分析以下因素：

（1）库存水平

对供销稳定的商品，合理的采购时间一般用采购点法来确定。所谓采购点是指零售商据此来采购商品的库存水平，它是根据进货期、商品平均日销量和商品安全存量确定的。

商品销售量和进货期稳定时：采购点=平均日销售量×进货期（天）

商品销售量和进货期不稳定时：采购点=平均日销售量×进货期（天）+商品安全存量

式中：商品安全存量是针对销售量和进货期的波动而在正常库存量之外增加的那部分商品库存量。它是防止商品脱销的保险量，其目的是在多种紧急状况下提供商品以满足销售的需要，一般用概率和统计方法来估算。

（2）采购季节与销售季节的关系

尽管在采购季节商品丰富、物价下落，是商品购进的最好时机，但还应考虑采购季节距销售季节的长短；否则，易导致商品储存时间过长而大大增加诸如保管、损耗、资金利息等方面的费用开支，不利于经济核算。

（3）供货方提供的优惠及限制条件

在进货环节，供应商提供的如优惠日期、支付截止日期等条件也会影响进货时机的选择。对此，零售商应认真权衡利用供货方所提供条件的利弊，妥善作出决策。

6.2.1.4　供应商选择决策

对供应商的比较选择一般要分析其品种、数量、质量、商品供应能力、信誉情况、交货时间、运输付款、交货方式及提供的服务等内容。实践中可采用财务衡量标准和非财务衡量标准评定和选择供应商。

（1）供应商的财务衡量标准

供应商的财务衡量标准即通过计算供应商行为评价值来判断供应商的可接受程度。这种评价方法建立在会计师评判的基础上，它把进货中所发生的查验后退货、办理退货手续、因货源质量而返工、提前或逾期供货、缺量或超量供货等各种无价值附加劳动所花费的劳动时间进行量化统计，并统一用金额来表示，计算出无价值附加劳动所引发的成本，再与货物供应成本进行比较，计算出供应商行为评价值（VPI）：

VPI=（货物供应成本+无价值附加劳动引发的成本）÷货物供应成本

衡量标准是：VPI=1，说明供应商没有无价值附加劳动，效率高，最受欢迎；1<VPI≤1.021，说明供应商非常受欢迎；1.02<VPI≤1.04，说明供应商是可接受的；VPI>1.04，需重新考虑与该供应商的关系。

（2）供应商的非财务衡量标准

供应商的非财务衡量标准即通过确定质量、价格、准时交货、附加值等指标的分值来确定供应商的可接受程度。首先，确定衡量指标的评分标准（见表6-4）。其次，按照各项衡量指标和标准，对各供应商进行评分并将各指标得分进行汇总。最后，评价和选择供应商。最受欢迎的供应商分值在100分及以上，可接受的供应商分值在95~99分，可试用的供应商分值在90~94分，不可接受的供应商分值少于90分。

表6-4 衡量指标的评分标准

衡量指标	评分标准
质量标准	无退货满分40分；退1件30分；退2件20分；退3件或以上扣40分
价格标准	明显低于其他供应商的价格为满分20分；有竞争性的价格为10分；价格高于其他供应商的为0分
准时交货	100%准时交货满分40分；每减少1个百分点扣2分
附加值	信誉好的满分20分；达到要求者10分；需要改进的扣10分；不可接受的扣20分

零供关系反映的是价值链不同环节的博弈关系，是零供双方博弈地位的反映。在零售运营中，零售商与供应商之间就商品交易条件方面出现一些矛盾或冲突属于正常现象。常见的零供冲突主要表现在价格冲突、促销冲突、管理冲突、账期冲突、品牌冲突等方面，通常情况下双方可以通过协商的方式来化解这些冲突，情形严重时也可以通过法律途径来解决。

6.2.2 商品采购管理的要点

6.2.2.1 定位管理

定位管理是使商品按照卖场配置及商品陈列表的规定"各就各位"，以创造最佳的业绩。卖场是贩卖商品的地方，商品的位置好比商品的住址，如果能切实掌握及执行，对进、销、存管理及分析将大有助益；否则，商品"居无定所"，不但影响订货、进货，更易造成缺货状况，使顾客不满，进而导致销售分析的失真，影响商品决策品质。故采购者对商品在卖场中的实际陈列位置，应随时加以了解。

6.2.2.2 数字管理

商品被用以创造业绩和利润，因此店内的商品必须是易卖又易赚钱的畅销品。而衡量商品好坏的指标有：

（1）销售量

最易判断商品销售好坏的资料即销售量，通常在一定期间（1个月或3个月）内没有销售交易的商品即为呆滞品，应优先考虑淘汰。

（2）商品周转率

这是判断商品库存数量是否理想的一个标准，据此可以判断库存金额与销售金额是否可以达到相对稳定的平衡状态。商品周转率的数值越大，说明商品的鲜度越高，就越能吸引消费者进入终端店铺。如便利店商品周转率以每月或每季计算，正常的周转率为每月4次（商品每周约回转1次）。目前，国内便利店商品的周转水平约为1~2次，若商品周转率在1次以下，则可将其列为优先淘汰的商品。

小知识6-7

（3）交叉比率（商品贡献率）

这是从商品流通速度和获利性方面考虑商品重要性的指标，通常以每月或每季为计算期间。以交叉比率衡量商品的好坏是基于商品对店铺整体贡献的多少，需要同时考虑销售快慢及毛利高低等因素才较具客观性。国外标准便利店商品的交叉比率为100以上，而目前国内便利店商品的交叉比率在30~50之间。交叉比率在30以下的商品，可被列为优先淘汰商品。

6.2.2.3 品质管理

目前很多零售商的经营品种都有食品、生鲜、果蔬等，其中食品类占很大比重（如便利店食品类占销售额的70%），因此其品质良好与否将影响顾客健康及商店形象。在食品采购方面，采购人员除应定期或不定期地到门市检查商品品质外，更应教育一线门市人员了解商品知识，协同做好商品管理工作，以达到商品评估的标准。

6.3 商品存货管理

商品存货是指零售商为满足自身商品销售及不脱销而储存的待销商品。存货管理是指通过适量的库存，用最低的成本实现对企业生产经营的供应，即最佳或经济合理的供应。

存货管理的目标是保证零售商经营的正常运作需要、稳定经营规模、降低供需所带来的经营风险，因此进行存货管理应遵循经济性原则、完整性原则、安全性原则和时效性原则。通过有效的商品存货管理，零售商可以确定哪种商品可以采购、什么时候采购以及采购多少等，从而提高经济效益和社会效益。

小案例6-3

6.3.1　商品验收

商品验收是零售商采用一定的方法对购进商品进行的数量和质量检验。商品验收既是零售商对供应商所提供商品的确认，也是零售店内部商品流通环节对接收商品的确认。

6.3.1.1　商品验收的内容

（1）发票验收

发票验收即零售商将自己的订货单与供应商的发票进行一一核对（包括核对商品项目、数量、价格、销售期限、送货时间、结算方式等），通过检查确认供应商所提供的商品是否与自己的需求完全吻合。

（2）数量验收

数量验收即零售商清点商品数量时不仅要清点大件包装，还要开箱拆包分类清点实际的商品数量，甚至要核对每一包装内的商品式样、型号、颜色等是否与零售商的需求一致；一旦发现商品短缺或溢余，就应立即填写商品短缺或溢余报告单，报告给采购部门，以便通知供应商，协商解决办法。

（3）质量验收

质量验收即零售商对购进商品进行品质检查，以确认供应商提供的商品是否符合自己的质量要求。此时要注意两种情况：一是商品是否有损伤，若商品在运送过程中出现损伤，往往由运送者或保险人承担责任；二是检查质量，若有低于订货质量要求的商品，应及时向供应商提出并予以解决，避免因为商品质量问题影响零售商的销售，损害商店形象。

6.3.1.2　商品检查的方式

零售商进行商品验收是通过对商品检查实现的，包括对供应商提供的商品的检查和对零售商内部商品流通环节的检查。零售商对供应商的商品检查方式见表6-5。

零售商内部商品流通环节的检查是指销售部门对储存部门提供的商品进行检查，其目的是划清经济责任，防止和减少商品损失与零售差错。

表6-5　　　　　　　　　　　零售商对供应商的商品检查方式

类型	内　涵	特　点
直查	检查者根据订货单检查供应商的发票及运送单，清点大类及项目。如果检查结果不一致，再对商品开箱拆包进行清点检查	快速、简便
盲查	检查者没持有自身的订货单和运送单，只就供应商的商品实行现场实际清点和记录，然后将清查的各项商品数量、质量、损伤状况一一登记和描述，并交付采购部门。采购部门的管理人员再与订货单一一核对	准确，但费时费力
半盲查	检查者持有运送单和说明，有商品大类的数量而没有每一类商品项目的数量。检查者必须实地清点每一类商品项目和数量	快速、准确
直查与盲查相结合	当供应商的发票、运送单标明的内容细致、清楚，且与零售商订货单完全相同时，零售商可采用直查；当供应商的发票、运送单标明的内容较粗、不清楚时，零售商实行盲查或半盲查	快速、简便、准确

6.3.2　存货的安全管理

当商品经过验收进入仓库和卖场陈列架上时，对存货商品的安全管理就列入零售商的活动日程。存货安全管理是零售商为了保障商品使用价值和价值的完好、更好地适应销售要求而对待销商品采取的一系列措施与活动。

6.3.2.1　存货安全管理的内容

（1）防止商品残损霉变

商品使用价值是商品价值的物质承担者，商品残损霉变不仅损害商品的使用价值，也影响销售，使企业得不到应有的回报。

（2）防止失窃

商品丢失直接意味着店铺的损失，因此，店铺全体员工都应是企业商品安全的保卫者，商品的安全是储存部门和卖场销售人员职责的重要部分。

（3）防止各种事故

商品安全的前提是防患于未然，对于可能出现的各种自然灾害、人为事故等要做好预防工作。

（4）防止无形损失

商品安全管理不仅是对有形商品进行保障，也要对无形商品进行保障，防止损失。所谓无形损失是指受多种因素的影响，商品出现技术、风格等过时而遭淘汰或者销售出去只有微利或无利可图而造成的经济损失。

6.3.2.2 存货安全管理的措施

（1）建立健全商品安全管理制度

商品安全管理制度主要包括储存与运输部门的商品安全作业制度、商品库存的合理区位制度、供货秩序制度、员工的商品安全责任制度、维护商品安全的奖励制度与造成商品损失的惩罚制度等。

（2）配置商品安全管理的设备与设施

这是指在仓库与商品卖场配置温湿度控制系统、火警警报与自动灭火系统、盗窃警报系统、屏幕监视系统等。

（3）建立商品储存期限卡

这是指在仓库或卖场的商品都应建立商品储存期限卡，说明商品不得迟于某日期出售。

6.3.3 商品存货水平控制

零售商的商品存货类型主要包括周转性库存、季节性库存和专用性库存，其中周转性库存是最基本的库存类型，季节性库存和专用性库存都是在特定时间和特定情况下使用的。常用的存货控制方法有：

6.3.3.1 定额库存控制法

定额库存控制法是零售商根据商品在经营中的重要程度，或按照类别、品种制定一个商品数额，以此来控制该商品库存数量的一种方法。其公式如下：

商品库存定额=平均日销量×商品周转期

式中：商品周转期是指商品由购进到销售需要的时间，通常用天数表示。商品周转期一般由商品在途天数、销售准备天数、商品陈列天数、机动天数、进货间隔天数构成。

控制商品库存需要确定最低库存定额、最高库存定额和平均库存定额，其公式如下：

最高库存定额=商品周转期×平均日销量

最低库存定额=（商品周转天数−进货间隔天数）×平均日销量

平均库存定额=（最高库存定额+最低库存定额）÷2

最低库存定额是防止商品脱销的警戒线，最高库存定额是防止商品积压的警戒线，平均库存定额是零售商应保持的商品库存量。

库存报警有助于零售商随时关注库存商品的健康运营状况，发现可能面临的经营风险，及时调整经营策略。库存报警的类型一般包括安全库存报警、滞销品报警和保质期报警。

6.3.3.2 定量采购控制法

定量采购控制法是指当库存水平下降到预定的最低库存数量（采购点）时，零售商按照规定数量（一般以经济进货批量为标准）进行采购补充商品的一种方法。采用定量采购控制法必须预先确定订货点和订货量。定量采购控制法是对库存进行连续盘点，一旦库存水平到达再订购点，就立即进行订购。其优点是能够及时了解和掌握商品库存的动态；每次订货数量固定，方法简便。其缺点是需要经常对商品进行详细检查和盘点，工作量大，增加了库存保管维持成本；对每个商品品种单独进行订货作业，增加了订货成本和运输成本。因此，此方法适用于品种数目少但占用资金较多的商品。

6.3.3.3 定期采购控制法

定期采购控制法是指零售商按照预先确定的订货间隔进行采购补充库存的一种方法。在定期采购时，不同时期的订货量不尽相同，订货量的大小主要取决于各个时期的使用率。定期采购控制法是从时间上控制采购周期，从而达到控制库存量的目的。其优点是订货间隔固定，多种商品可以同时采购，从而降低订单处理成本和运输成本；不需要经常检查和盘点库存，节省了相关费用。其缺点是对商品的库存动态不能及时掌握，要么遇到突发性的大量需要而产生缺货状况，从而形成损失，要么为了应对突发事件而多储备商品，从而形成库存水平过高。因此，定期采购控制法适用于品种数量大、占用资金较少的超市商品。

定量采购与定期采购的比较见表6-6。

表6-6 定量采购与定期采购的比较

影响因素	定量采购	定期采购
订货量	固定的（每次订货量相同）	变化的（每次订货量不同）
订购时间	在库存量降到再订货点时	在盘点期到来时
库存记录	每次出库都作记录	只在盘点期作记录
库存大小	较小	较大
作业所需时间	记录持续，所需时间较长	简单记录，所需时间较短
商品类型	昂贵、关键或重要商品	品种数量大的一般商品

6.3.3.4 ABC分类控制法

ABC分类控制法是指零售商在保证商品正常销售的前提下，对每类库存商品按品种和占用资金大小分类排队，根据各类商品的重要程度不同，采用不同的管理方式进行分别控制。ABC分类控制法的基本原理是从错综复杂、品种繁多的商品中，抓住重点，照顾一般。

零售商采用这种方法可以将全部商品按照销售额或库存额比重分为A、B、C类商品。A类商品是指获利性高或占销售额比重大而品种少的商品；C类商品是指获利性低或占销售额比重小而品种多的商品；B类商品是指处于A类与C类商品之间的商品。A类商品是骨干商品，应重点控制，按照品种计算进货和库存数量。对B类商品可以按照类别计算进、销、存数量，尽可能固定进货周期和进货批量，以保证库存数量相对稳定。对C类商品则可以采用总金额控制，采取定期检查和集中检查的办法补充库存，库存控制可以适当放宽一些。ABC分类控制法见表6-7。

表6-7 ABC分类控制法

类　别	占全部商品品种的比重（%）	占全部商品金额的比重（%）
A类（重点控制）	5~10	70~75
B类（次重点控制）	15~20	15~20
C类（一般控制）	70~75	5~10

小知识6-8

6.3.3.5　库存商品保本分析

从管理角度看，在备销期间，库存商品要发生仓库管理费、折旧费、水电费、工资费用及自然损耗等，当这些费用支出与储存商品能实现的毛利相等时就能实现备销商品的盈亏平衡，这个点即保本点。库存商品超过保本点出售会给企业带来亏损，提前于保本点出售会给企业带来盈利。库存商品保本分析如图6-3所示。图中的总费用线和毛利线的交点是保本点，保本点垂直于横坐标的交点是库存商品的保本期。总费用包括一次性费用和时间性费用。一次性费用是指不随商品库存时间变化而变化的费用；时间性费用是指随商品库存时间的变化而变化的费用，如利息、保管费、商品损耗等。库存商品保本期用公式表示为：

库存商品保本期=（毛利-一次性费用）÷时间性费用

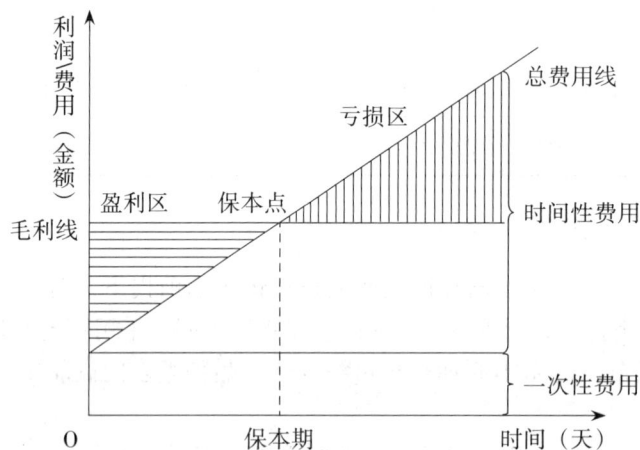

图6-3　库存商品保本分析图

【例6-2】某商店购进一批商品，进价为10 000元，毛利率为30%。若一次性费用为500元，时间性费用率为1%，试分析该商品的库存保本期。

【解】该商品的库存保本期=（10 000×30%-500）÷（10 000×1%）=25（天）

若要实现一定的目标利润，则库存商品的保利期用公式表示如下：

库存商品保利期=（毛利-一次性费用-目标利润）÷时间性费用

【例6-3】某商店购进一批商品，进价为10 000元，毛利率为30%。若一次性费用为500元，时间性费用率为1%，该商品拟实现500元利润，试分析该商品的库存保利期。

【解】该商品的库存保利期=（10 000×30%−500−500）÷（10 000×1%）=20（天）

6.3.4 商品盘点

商品盘点是指定期或不定期地对卖场内的商品进行全部或部分清点，并与账面上的存货相比较，以确定该时期内的商品实际损耗和库存信息，为零售商的日常经营和商品采购提供信息资料的作业活动。

商品盘点是衡量零售商运营业绩的重要指标，零售商通过盘点可以达到掌握盈亏状况、恢复正确库存、优化商品管理、发现问题控制损耗等目标。

6.3.4.1 商品盘点的分类、原则与要求

（1）商品盘点的分类

商品盘点的分类见表6-8。

表6-8　　　　　　　　　　　　　　　商品盘点的分类

划分标准	类型	内容
按照商品盘点的周期	定期盘点	零售商定期地检查在库商品的余额，以核对和保持准确的库存商品数据。定期盘点时每次盘点间隔时间相同，包括年、半年、季、月度盘点，每日盘点，交接班盘点等
	临时盘点	零售商在调整零售价格、改变陈列方法、调动商品负责人、发生货物损失事故或仓库与货主认为有必要盘点对账时，对卖场内全部或部分商品进行盘点
按照商品盘点的时间	营业前盘点	零售商在门店开门营业前或关门之后盘点
	营业中盘点	也叫即时盘点，即零售商在营业中随时进行盘点，营业和盘点同时进行
	停业盘点	零售商在门店正常的营业时间内停业一段时间进行盘点
按照商品盘点的覆盖面	抽样盘点	零售商根据需要选择一部分商品做样本进行盘点，抽样盘点可以针对不同仓库、商品、保管员等进行
	全面盘点	零售商对所经营的全部商品进行盘点
按照账或物	账面存货盘点	零售商根据数据资料，计算出商品存货
	实际存货盘点	也叫实地盘点，即零售商针对未销售的库存商品，进行实地的清点统计

（2）商品盘点的原则

第一，售价盘点原则，即以商品的零售价作为盘点的基础，库存商品以零售价控制，通过盘点确定一定时期内的商品溢损和零售差错。

第二，即时盘点原则，即在营业中随时进行盘点，营业和盘点同时进行，超市（尤其是便利店）可以在营业中盘点，且任何时候都可以进行。

第三，自动盘点原则，即利用现代化技术手段来辅助盘点作业，如利用掌上终端机可

一次完成订货与盘点作业，也可利用收银机和扫描器来完成盘点作业。

（3）商品盘点的要求

第一，真实，即盘点所有的点数、资料必须是真实的，不允许作弊或弄虚作假，掩盖漏洞和失误。

第二，准确，即盘点过程准确无误，无论是资料的输入、陈列的核查，还是盘点的点数都必须准确。

第三，完整，即所有盘点的流程，包括区域的规划、盘点的原始资料、盘点点数等，都必须完整，不要遗漏区域、商品。

第四，清楚，即盘点过程属于流水作业，不同的人员负责不同的工作，因此所有资料（如人员的书写、货物的整理）必须清楚，这样才能使盘点顺利进行。

第五，团队精神，即盘点是全店人员都参加的营运过程，为减少停业损失，加快盘点时间，各部门必须有良好的配合协调意识，以大局为重，使整个盘点按计划进行。

小知识6-9

6.3.4.2 商品盘点的作业流程

（1）盘点前的准备工作

盘点前的准备工作包括人员准备、商品整理、环境整理、单据整理、通知顾客等环节任务。通常情况下，准备工作至少应于实际盘点前一天开始，将盘点所需的人员、物品、表单、工具等逐一落实到位。盘点若在营业中进行，可通过广播来通知顾客；若采用停业盘点，则最好在3天前以广播及公告方式通知顾客。

（2）盘点实施工作

为了盘点准确，每次盘点必须两人一组来实施，一人清点数目，另一人填表并复诵数目。盘点表内数字不能随意涂改，若有涂改，必须签字认可。盘点完结后，应将盘点表送复核人抽查复核，准确无误后方能离开岗位。盘点实施作业包括库存区盘点作业（包括仓库盘点及货架盘点）和卖场陈列区盘点作业（包括货架商品盘点和促销区商品盘点）。其中库存区的仓库盘点一般在白天进行，货架盘点则在前一天晚上进行，盘点后进行封存，盘点前应注意补货。库存区盘点作业流程如图6-4所示。由于卖场陈列区的商品数据均存储于销售电脑中，因此盘点作业可以通过查询电脑数据帮助盘点人员纠正错误。卖场陈列区盘点作业流程如图6-5所示。

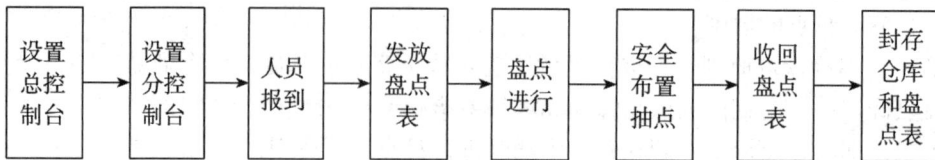

设置总控制台 → 设置分控制台 → 人员报到 → 发放盘点表 → 盘点进行 → 安全布置抽点 → 收回盘点表 → 封存仓库和盘点表

图6-4 库存区盘点作业流程

```
┌──────┐   ┌──────┐   ┌──────┐   ┌──────┐   ┌──────┐   ┌──────┐
│ 整理 │→ │ 设置 │→ │ 设置 │→ │ 人员 │→ │ 盘点 │→ │ 报告 │
│ 散货 │   │ 总控 │   │ 分控 │   │ 报到 │   │ 进行 │   │ 的   │
│      │   │ 制台 │   │ 制台 │   │ 及   │   │      │   │ 处理 │
│      │   │      │   │      │   │ 开会 │   │      │   │      │
└──────┘   └──────┘   └──────┘   └──────┘   └──────┘   └──────┘
```

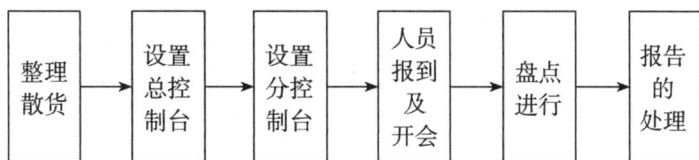

图6-5　卖场陈列区盘点作业流程

（3）盘点后的处理工作

一是进行资料整理，将盘点表全部收回，检查是否有签名，并加以汇总；二是计算盘点结果，若采用营业中盘点，应考虑盘点中出售的商品金额；三是根据盘点结果实施奖惩措施；四是根据盘点结果找出问题并提出改进对策，填写商品盘点执行报告。商品盘点工作结束后，若出现盘点差错、账实不符等，应填写商品盘点差异记录表和商品处理报告单，并提交给有关部门处理。

小知识6-10

6.4　零售商品配送

零售物流包括供应物流（采购和配送）、销售物流、回收物流等内容，其中配送被喻为零售业利润的"第三源泉"，对零售商控制成本、提高效率具有相当重要的作用，甚至成为衡量一个零售企业经营管理水平的重要标准。本节着重介绍零售商品配送的有关内容。

6.4.1　商品配送的分类与功能

商品配送（commodity delivery）是指按照用户的订货要求，在配送中心或其他物流节点进行货物配备，并以最合理的方式送交用户的活动。

6.4.1.1　商品配送分类

按组织者的不同，配送可分为供应商直接配送、零售商自营配送、社会化配送、共同配送等方式（见表6-9）。

按照时间及数量不同，配送可分为定时配送、定量配送、定时定量配送等（见表6-10）。

6.4.1.2　配送中心的功能

与传统的仓库和运输只重视商品的储存保管和提供商品运输不一样，配送中心重视商品流通的全方位功能。配送中心的功能一般包括基本功能和辅助功能（如图6-6所示）。

表6-9 　　　　　　　　　　　　　按照组织者不同划分的配送方式

配送类型	内　　容
供应商直接配送	零售商和供应商为了追求共同的利益，由供应商将零售商所需的商品直接配送到店铺或货架的物流方式
零售商自营配送	由零售商独立组建配送中心，实现对内部各门店的商品供应配送。这是连锁零售商广泛采用的一种配送方式
社会化配送	零售商将其部分或全部的物流活动委托给第三方专业公司来承担的配送方式，即第三方物流
共同配送	多个零售商为了实现整体配送合理化，以互惠互利为原则，共同出资建立一个配送中心，互相提供便利的配送服务的协作型配送方式
配送中心配送	由专职的配送中心为零售商进行的商品配送，是配送的重要形式
仓库配送	以一般仓库为据点进行的商品配送

表6-10 　　　　　　　　　　　　　按照时间及数量不同划分的配送方式

配送类型	内　　容
定时配送	按规定时间间隔进行配送，比如数天或数小时一次等。每次配送的品种及数量可以根据计划执行，也可以在配送之前以商定的联络方式（如电话、计算机终端输入等）通知配送的品种及数量。具体包括日配（当日配送）和准时看板两种方式
定量配送	按照规定的批量，在一个指定的时间范围内进行配送
定时定量配送	按照所规定的配送时间和配送数量进行配送
定时定路线配送	在规定的运行路线上，制定到达时间表，按运行时间表进行配送，用户则可以按规定的路线站和规定的时间接货以及提出配送要求
即时配送	完全按照用户突然提出的配送要求的时间、数量，随时进行配送

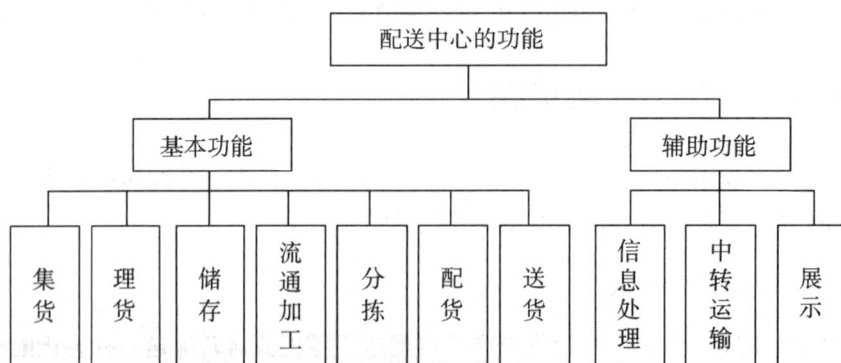

图6-6　配送中心的功能

实例与点评6-2

6.4.2 配送作业的基本环节和流程

6.4.2.1 配送作业的基本环节

配送作业是按照用户的要求，把货物分拣出来，按时按量发送到指定地点的过程。从总体上讲，配送是由备货、理货和送货3个基本环节组成的，其中每个环节又包含若干项具体的、枝节性的活动。

（1）备货

备货是指准备货物的系列活动，它是配送的基础环节。严格来说，备货包括两项具体活动：筹集货物和存储货物。

（2）理货

这是配送的一项重要内容，也是配送区别于一般送货的重要标志。理货包括货物分拣、配货和包装等经济活动，其中分拣是指采用适当的方式和手段，从储存的货物中选出用户所需货物的活动。分拣货物一般采取两种方式来操作：摘取式、播种式。

（3）送货

这是配送活动的核心，也是备货和理货工序的延伸。在物流活动中，送货实际上就是货物的运输。在送货过程中，常常进行3种选择：运输方式、运输路线和运输工具。

6.4.2.2 配送作业的流程

在比较完善的配送体系中，配送中心作为整个配送体系的核心，对整个配送体系的运作起到至关重要的作用。配送作业的一般流程包括如下内容：进货、搬运、存储、盘点、订单处理、拣货、补货、配送（如图6-7所示）。

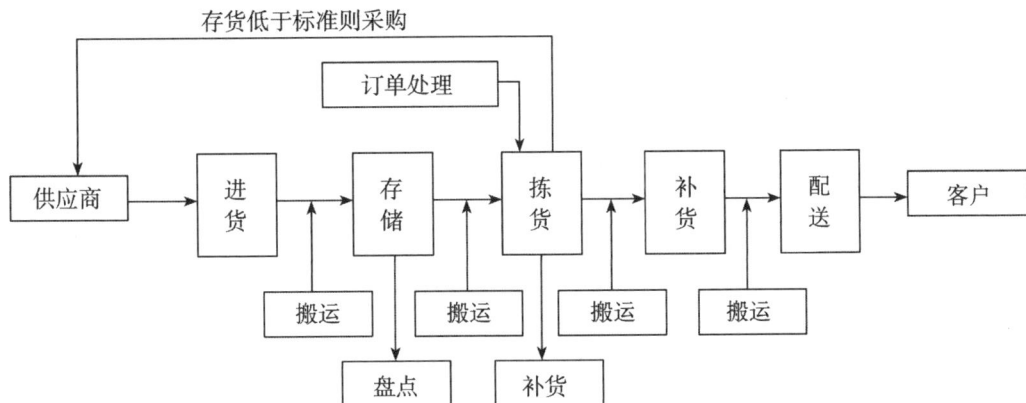

图6-7 配送作业的一般流程

小知识6-11

小知识6-12

素养园地

智慧零售综合解决方案体系助推零售业数字化、智能化转型升级

党的二十大报告指出："推动战略性新兴产业融合集群发展，构建新一代信息技术、人工智能、生物技术、新能源、新材料、高端装备、绿色环保等一批新的增长引擎。"零售业上接生产、下连消费，是国民经济的重要先导产业之一，直接影响和带动经济总量的增长与产业结构优化，关系人民群众生活品质的高低。

近年来，随着信息技术、电子商务、物流配送在商业领域加快应用，零售业的商品流通和信息传递能力显著提升，社会总产品流通效率大幅提高。更全面的智慧零售综合解决方案成为零售业数字化、智能化转型升级的重要推动力。

汉朔科技股份有限公司（以下简称汉朔科技）于2012年成立，其围绕电子价签物联网系统构建了全面的软硬件技术体系，并进一步将业务拓展到配件和其他智能硬件，以及软件、软件运营服务（SaaS）和技术服务方面，以客户需求为导向，持续进行技术创新，不断完善智慧零售综合解决方案体系，从而实现数字化、智能化的新型零售业全领域布局。

从产品技术看，汉朔科技提供的门店数字化解决方案，有利于促进实体零售业降本增效。相比传统的分布式、私有云部署模式，汉朔科技通过SaaS云服务模式创新，提升零售业数字化解决方案的可延展性，有针对性地解决零售行业智能设备多、场景复杂、各业务系统相互独立的行业痛点。

从行业应用看，汉朔科技在聚焦零售领域的同时，持续关注多元场景，并逐步延伸拓展基于无线通信技术和智能软硬件产品的技术产品能力，在智慧办公、智能制造、智慧餐饮、物流仓储等多元业态领域中成功实现项目验证。

2022年，汉朔科技提出企业可持续发展战略，旨在通过科技创新助力行业客户实现数字化、智能化转型，并与合作伙伴共同构建可持续发展的产业生态。依靠产品性能、交付效率和技术服务等方面的优势，汉朔科技在全球业务布局上取得显著成就，海外分支机构遍布美国、英国、法国、德国、荷兰、澳大利亚、新西兰、新加坡等，服务超过50个国家和地区的400余家客户，在全球电子价签市场位居前列。

资料来源：汉朔科技股份有限公司. 汉朔科技：构建智慧零售综合解决方案体系 助推零售业数字化、智能化转型升级［N］. 人民日报，2024-06-20（16）.

关键术语

商品采购　存货管理　商品验收　存货安全管理　商品盘点　商品配送

即测即评

第6章单项选择题　　　　第6章多项选择题　　　　第6章判断题

基本训练

❖ 问答题

1. 试比较分析集中采购与分散采购。
2. 试述零售采购流程。
3. 简述商品采购决策的内容。
4. 简述零售存货安全管理的内容。
5. 试比较分析定量采购与定期采购。

❖ 案例分析

案例1　　　　　　　　　**比优特的"日日配"和"保亭共享仓"**

黑龙江比优特商业集团有限公司（以下简称比优特）是黑龙江省百强企业，被誉为东北的"胖东来"。

比优特始终不遗余力地"降价格、提动销"，通过"保亭共享仓"的建设，深度整合国内错综复杂的商品经销体系。其以"保亭共享仓"为抓手，大幅降低商品在流通环节的成本；同时，强调"动销"概念，减少单品数，保证有效单品，用共享仓辅助实现商品品类管理。如"保亭共享仓"济南仓自2023年8月15日开仓，截至2024年3月，整体销售额为1.3亿元，单日最大出货金额为100万元，日均出货量为8 000件；主要经营食品百货品类，运营SKU数1 400多支，与112个厂商的130个品牌开展了直供合作，下游供应25家成员企业。"保亭共享仓"最大的特点是：利用联合的力量，开展品牌合作。共享仓的商品在出厂价基础上只加3%供应给下游客户，全体成员企业共同参与共享仓运营，商品采购和价格体系透明，同时利用"共享"理念，用商品"赋能"，保证共享仓商品全部都是有销售数据支撑的热销商品。

在"降本增效"上，比优特有一套自己的方法论，总结起来就是"减动作、提效率"。在门店运营管理方面，其先后实施了"日日配""小时工"等举措，有效降低了企业运营成本，提高了商品周转效率和管理效率。"日日配"是指比优特门店杂货百货品类做到每日一配或几配，门店原有的杂货百货库房面积由此被取消。其好处有三：一是门店杂货百货库房被减掉后，其主力业态4 000~6 000平方米门店库存金额下降比例在40%~50%；二是原先400~800平方米不等的库房演变成仅余40平方米左右的果蔬库房，卖场面积得到相应扩充；三是门店杂货百货员工优化了50%左右，真正做到了降本增效。

资料来源：止戈. 周刊全景比优特！一文看懂，"比优特模式"深度解析［EB/OL］.（2024-03-19）［2024-07-15］. https://mp.weixin.qq.com/s/xQpKvBkQPhj0FYSiFAppdw.

问题：

（1）比优特是如何运用"保亭共享仓"进行商品赋能的？

（2）"日日配"举措对企业的仓储及配送有哪些要求？

（3）比优特的做法对其他零售商有哪些启示？

案例2　　　　　　　　　　　**大张的商品力与供应链**

在"豫西零售王"河南大张实业有限公司（以下简称大张），商品力被摆到极其重要的位置，品种丰富、卖相新鲜、高性价比是其特色。

大张超市定位于为社区居民提供一站式购物，其特点是：

第一，品种丰富。通常相同的经营面积，大张门店的SKU要高出同行不少，来满足顾客的多样化需求。

第二，性价比高。大张努力做到："同质量的商品，我们价格最低；同价格的商品，我们质量最好。"在商品质量上，新鲜是大张经营的第一要义。如卖相不好的蔬果会及时打折处理；水果、熟食、烘焙等品类进行现场加工，既保证了产品新鲜，又让卖场极具烟火气。大张还背靠强大的生产加工能力，推出自有品牌系列产品，如大张馒头、大张面条、大张豆芽、大张豆腐等，进一步保障商品品质。在保障品质的同时，大张门店还能做到相对低价。大张创始人曾提出"比价"说：店内商品要和互联网比价，要低于网上价格。极致的性价比不断引来新客、稳定老客，不但为大张门店吸引了客流，也提升了客单价。

而这些都与大张的供应链分不开。依托大张高效的配送体系，大张旗下门店基本实现总部统一供货，同时保持较高的商品周转率，尤其是蔬果能达到日配水平。康华店门店绝大部分商品供自大张物流园，整体商品周转天数在20天左右，部分品类的商品周转率如生鲜更高，甚至可达日配水平。大张郑州万科店蔬果实行每日一配，一般分两车发送，分别在午夜12点和凌晨3点抵达门店，到店后由门店工作人员分拣上架。水产亦实行每日一配，直接由大张遍布全国的水产基地直接配送至门店，商品质量更加有保证。比如很多鱼类就直接由山东威海水产基地发车配送到店。

多年来大张一直坚持优化物流配送系统和生产加工体系，对供应链建设常抓不懈。早年间，大张打造了"N+1模式"——"一个配送中心，覆盖N个门店"，并且配送中心与门店的距离不超过200千米，配送3个小时可达，从而使商品缺货率、果蔬鲜度、物流成本、经营成本等各方面实现可控，使门店的品质、形象、服务得到保障。

大张在洛阳市宜阳县打造全新的食品工业园，深度加工中西餐食，打造冷链物流基地。食品工业园是集中央厨房、冷链仓储、物流配送于一体的食品工业园，设计年产各类食品20万吨，配送能力为100万吨，冷链配送辐射200千米内的大张各门店。这对于强化大张的生鲜商品力、基于生鲜加工品打造差异化优势从而最终提升门店的盈利能力具有重要意义。

在长申精品超市，除极少数生鲜品现场加工外，门店绝大部分商品来自大张物流园，早已运作成熟的大张馒头、大张面条、大张豆腐等初级加工品自不必说，随着食品工业园的逐步落成和深加工能力的提升，未来将有更多自主加工产品摆上大张货架。

资料来源：李小敬. 大张为什么这么牛？解读大张超市如何抓"纲"治企［EB/OL］.（2023-03-10）［2024-07-15］. https://mp.weixin.qq.com/s/oNu24D5qOKvt1LKbHfJawA.

问题：

（1）试分析大张的商品力与其供应链的关系。

（2）大张的供应链具有哪些特点？

（3）大张的成功做法给其他零售商带来哪些启示？

案例3　　　　　　　　　　　胖东来的采购管理

喜欢+专业是成为世界一流标准的前提。以前的采购更多是丰富商品，跟随市场，迎合大众，做专业买手。未来胖东来的采购员应该是一个开发员，不是单纯采货买货，而是需要简化商品，开发创造，引领生活，成为行业专家。胖东来在2024年要求"品质+简单"，保证每个品类的商品都是行业内的高品质，每个品类的商品都要有清晰的定位，把商品打造成艺术品。这些需要胖东来的工作人员对艺术和产品都有所了解。

胖东来的采购体系建设可以从调研、审核、管理、接受和纠正方面来理解。

一、调研方面

作品类规划需要先了解市场情况，如本地市场、全国市场、门店的定位等，再判断应该去构建什么样的商品结构体系。目前在品类规划方面，胖东来是一线品牌+进口/高品质+自己独有和定制的产品，商品结构分为基础型商品、品质型商品和自有商品。在渠道方面，胖东来直采商品（即与工厂或者基地直接合作）销售占比为60%；供应商商品销售占比为35%，进口全球优选商品销售占比为5%，这也是在开发全球的供应链，对某些国家相对优秀的产品作直采。胖东来当下更多的是通过贸易商直接进行定制，作定量的采购。

二、审核方面

合作商引进首先是双方企业文化契合，不合适者可以一票否决；其次是企业资质，设有品质管控的措施和实地考察。商品引进分为品质审核和价格审核。品质审核不仅要追溯到厂家或者指定原料，还要追溯到原料出处甚至田间地头以及各个流通环节，这样才能让每一款产品做到质量保证，有助于加强对原料等级、价值的了解，有助于企业在成本核算和开发商品时更专业。价格审核很多时候是由胖东来进行定价，通过成本核算，初步算出从原料、包装到一系列流通的费用，再加上胖东来制定的每个品类的标准毛利率。与胖东来合作的上游供应商不赚钱不行，该加多少价就加多少，但是不能有暴利的情况。引进流程需要各级主管、采购总监、采购经理、采购主管都参与审核。

三、管理方面

日常活动是对门店流通环节的管控、对库存的管理以及与消费者交流相关的商品信息。在库存方面，要根据对商品周转、门店定位情况的了解，做好采购计划，包括哪些商品容易滞销、容易缺货。在信息推广方面，对很多好的但消费者不知道的商品进行讲解，告诉消费者这个商品是干什么的，要怎么用，应该怎么去选。再就是做有知识产权的视频或者平面图，不能侵权。

四、接受和纠正方面

商品的反馈和接收就是可持续性的保证。胖东来要接收商品上架之后顾客的反馈、员工的反馈，或者市场上有没有同类型的信息，要建立一个机制接收这些信息，听到真实的声音。胖东来的每一份调查报告背后都是真实的，调查之后需要改进，帮助自身进行提升。胖东来的每一次进步变化可能都与市场反馈有关。调查报告把事实呈现出来，做错了就改正，有损失就承担，给社会公正、真实的交代。

资料来源：赵勇. 胖东来超市部食品采购经理赵勇：喜欢+专业=世界一流［EB/OL］.（2024-04-04）［2024-07-15］. https://mp.weixin.qq.com/s/hbOFwBBxuoKgEQ5edGIU7Q.

问题：

（1）有人说"好的商品采购是销售成功的一半"，你是如何理解的？

（2）举例说明胖东来是如何践行这些采购管理措施的？

（3）胖东来的采购管理适用于哪些零售商？

第7章 零售价格

内容体系

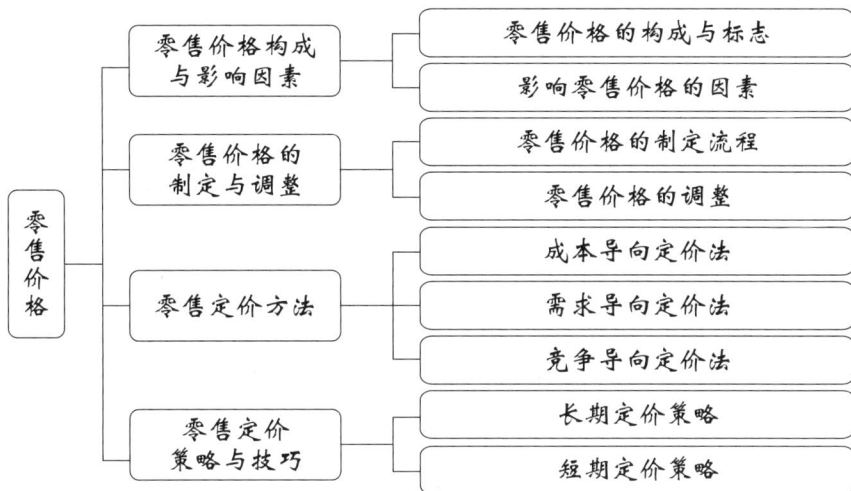

零售价格
- 零售价格构成与影响因素
  - 零售价格的构成与标志
  - 影响零售价格的因素
- 零售价格的制定与调整
  - 零售价格的制定流程
  - 零售价格的调整
- 零售定价方法
  - 成本导向定价法
  - 需求导向定价法
  - 竞争导向定价法
- 零售定价策略与技巧
  - 长期定价策略
  - 短期定价策略

学习目标

◆ 掌握影响零售定价的要素、价格制定的流程与调整策略、不同定价方法的应用条件。

◆ 了解零售价格的构成与标志、不同定价方法的特点、长期定价策略和短期定价策略，领会并能够运用相关的定价技巧。

❖ 引例

胖东来的定价原则

一、良好的价值沟通原则

何谓价值沟通的原则，简单来说就是顾客在消费商品之后能给顾客带来什么好处。

胖东来商品经营的特点是"专注民生、品质、良好的价值"。专注民生，可以在商品范围上给顾客以确定性。胖东来的成功绝不是偶然的，其不贪婪、不扩张，就在许昌和新乡这两个地方深耕，凭借小而精（规模）、专而精（专注）、特而精（制度和文化）、精而精（行业）在区域性、行业性方面领先。专注品质，表现在胖东来对商品品质的过滤和筛选。良好的价值是胖东来一直践行的主线，为顾客、企业、社会甚至国家，天天在践行。胖东来带给顾客的体验感、信任感及安全感是其他企业所不具备的。以上三点就足以让胖东来在市场上有主导权、主动权、定价权。

二、拒绝暴利定价的原则

胖东来在商品价签上标注售价、进货价、毛利率等信息，让消费者一目了然。胖东来能成为中国超市行业的翘楚，就在于对先进文化理念的坚守，不贪婪，拒绝暴利，不进行短视行为，而是真正按自己的理念做到"有所为，有所不为"。

三、优质优价原则

商品定价参考的首要因素就是成本。优质优价，劣质劣价。既然定价要参考成本，商品定价要想取得价值，无非采用两种模式：一种是通过规模化生产降低成本；另一种是在原材料方面降低成本。胖东来的企业价值之一就是做到为顾客过滤、筛选和推荐优质商品。其为顾客尽到了防守食品安全的责任，让顾客有了更多放心、安心选择商品的权利。胖东来没有三、四线品牌，也很少有促销商品，只在晚上有日清商品。但其利润进行了再分配，员工待遇好了，其就会更好地向顾客提供优质的服务，顾客也得利了；有利润，胖东来才有条件向顾客提供更优良的购物环境，顾客的体验感也更好了。

胖东来的所有经营行为都有先进的文化在指导。胖东来的经营理念也可以说是经营哲学，是我们走向未来的着眼点。

资料来源：品知营销．跟着胖东来学定价［EB/OL］．（2024-05-20）［2024-07-15］．https://mp.weixin.qq.com/s/D-eiRinOwca_YdMZHzLT8w.

7.1　零售价格构成与影响因素

7.1.1　零售价格的构成与标志

7.1.1.1　零售价格构成

零售价格是零售商品价值的货币表现形式，一般是由商品进货成本（采购价格）、销售费用、税金以及企业所追求的利润构成的，即零售价格=进货成本+销售费用+税金+利润（如图7-1所示）。

实例与点评7-1

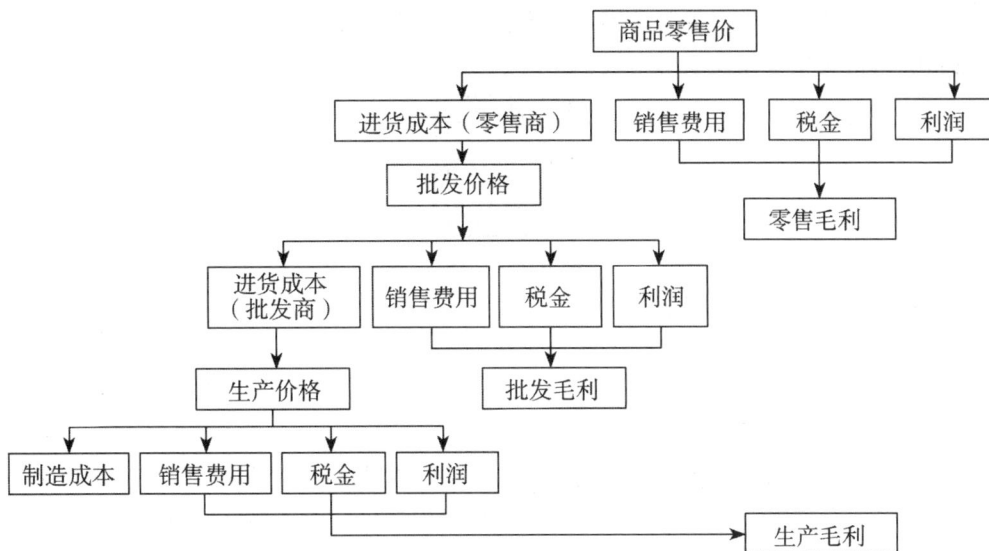

图7-1 价格结构图

7.1.1.2 零售价格标志

零售价格标志是指零售商用来传达和标志商品销售价格的符号和工具。零售商的价格标志主要可分为以下几类：

（1）货架价格标签

货架价格标签多被陈列在商品货架上，一般是可以活动的，标有指示方向，基本被用于表示正常销售的商品价格。由于商品价格的类型不同，价格标签多用不同的颜色以区别对待。

（2）价格牌

价格牌被用于表示促销区域的商品价格信息。一般的价格牌尺寸比较大，规格标准，多用电脑打印好的数字翻牌组成。

（3）POP广告

POP广告一般由门店策划人员手写而成，广告纸的规格标准、字体标准、信息也比较丰富，除必要的商品品名描述、规格和价格外，还包括其他的内容，其形式活泼幽默、极具吸引力。

（4）价格吊牌

价格吊牌是指服装、鞋类等商品由于很难采用统一商品标价方式，必须采用单品标价的方式，因此每一件商品都必须有包含价格信息的价格吊牌。吊牌价格可以印刷或用打价枪粘贴，但所有的价格要与系统的扫描价格一致。

7.1.2 影响零售价格的因素

价格形象是指零售商的商品价格在消费者心目中留下的整体印象，包括价格优势、价格诚信度和性价比。零售定价是零售商获得可持续性竞争优势的重要手段，而价格又是营销组合中十分敏感而又难以控制的因素，零售商能否科学定价不仅涉及企业活动的各个方面，也影响到企业生存和发展的全过程。

小知识 7-1

影响零售商定价的主要因素有：

7.1.2.1 企业因素

（1）选址与定位

店址选择既关系到店铺客流，也关系到店铺的经营成本和商品定价。一个地区的不同地段，店面租金有差异，租金高低关系到价格构成中的固定成本高低，也直接关系到零售店的盈利能力。零售店铺的顾客定位也对价格有影响，经营高档商品、为高收入群体服务的店铺，其商品定价通常较高。

（2）企业定价目标

零售商的定价目标主要有维持生存目标、利润目标（如利润最大化、资金利润率等）、销售目标（如销售量、市场占有率等）、竞争目标（如适应竞争、防止竞争、躲避竞争等）和维护形象目标等类型。如以提高市场占有率为定价目标，零售商的普遍做法就是以低价打入市场，开拓销路，逐步占领市场。

（3）经营管理水平

经营管理水平高、经营方式先进、经营能力强的零售商不仅能够审时度势，在制定科学的企业战略方面占有优势，而且在价格决策方面能够充分利用各种有利因素使自己的定价行为科学化，不断提升价格决策能力，为商品定价带来更大的回旋余地。

小知识 7-2

7.1.2.2 商品因素

（1）商品成本

从长远看，商品价格的下限是该种商品的成本。商品成本包括进货成本、销售成本和储运成本，只有商品价格不低于商品成本，企业才能以销售收入来抵偿经营成本和费用，否则就无法经营。

（2）商品特征

商品特征是商品自身构造所具有的特色，一般指商品的外观、质量、功能、商标、包装、保质期等，它能反映商品对顾客的吸引力。零售商既可以按照质价相符原则制定商品价格，也可以出于营销考虑按照质价不符原则进行定价（见表7-1）。

表7-1 商品质量与商品定价的关系

项　目		商　品　价　格		
		高	中	低
商品质量	高	溢价	渗透价	特别廉价
	中	高价	质价均等	廉价
	低	特别高价	以次充好高价	质价均等（便宜）

此外，商品生命周期不同会影响到商家对商品的定价。

7.1.2.3　顾客因素

（1）顾客需求

顾客需求是零售商品定价的上限。顾客需求对定价的影响主要是通过货币支付能力、需求弹性、需求强度、需求层次、需求动机、需求潜量等方面来反映的。具有支付能力强、价格心理承受力强、迫切需要某种商品、满足较高层次需求特征的顾客对价格不敏感，企业可以将价格定得高一些。

（2）顾客消费习惯

顾客在口味、款式、价格、品牌、场所、供应商、广告等方面都可能形成特定的消费习惯，对符合消费习惯的商品会毫不犹豫地购买。因此，零售商品在低价与高价、整数定价与尾数定价以及价格调整等方面应充分考虑顾客的消费习惯。

7.1.2.4　市场与环境因素

（1）供求关系

商品价格与市场供应成正比，与需求成反比。在其他因素不变的情况下，商品的供给量随价格的上升而增加，随价格的下降而减少。商品的需求量则随价格的上升而减少，随价格的下降而增加。

（2）竞争环境

价格是竞争者关注的焦点和主要的竞争手段，零售商应采取适当方式，一方面了解自己和竞争者在市场上所处的地位、优势及劣势，了解市场竞争格局、发展趋势、主要竞争者的状况、价格领袖的情况和非价格竞争等内容，在定价中摆正位置，避免不当的价格竞争；另一方面积极"访价"，多渠道了解竞争者所提供的商品质量和价格，找出自己的特色，从而更准确地确定本企业商品的价格。

（3）国家法律、法规

零售商对价格的制定既要受国家有关法规的限制，也要受到当地政府制定的政策的影响。这些限制和影响一般反映在价格构成、价格形式、价格变动、价格管理等方面，零售商在定价时必须遵照执行。

（4）上游的控制

在零售商联营和部分自营商品中，商品零售价基本上由供货商决定。供货商会向零售商建议零售价格，提供一份商品价目表，印在包装上或贴在商品上。此时零售商虽然可以根据其商品在卖场的销售情况提出调整建议，但基本上丧失了主动为商品定价的权利，大多只能执行供货商建议的价格。

小案例 7-1

7.2 零售价格的制定与调整

7.2.1 零售价格的制定流程

7.2.1.1 明确定价目标

零售商的定价目标有多种，如利润目标、销售额目标、竞争目标、形象目标等，具体选择哪种定价目标，一方面受企业整体战略的影响，另一方面受特定竞争环境的影响。如零售商以追求高资金利润率为目标，则要考虑商品单价与扩大销售的关系，既要使商品价格不能过低，增加销售利润，又要使商品价格不能过高，扩大商品销售，加快资金周转。

7.2.1.2 预测商品需求

定价目标的实现与需求有着密切的关系。一般来说，预测商品需求应考虑顾客对价格的敏感性、商品价格弹性、需求规模等。如顾客对某商品的需求越迫切，对该商品的价格敏感性就越低。

小知识 7-3

7.2.1.3 选择定价方法

零售商的商品定价主要受商品成本、市场需求和市场竞争等因素的影响和制约。因此，目前通行的定价方法主要包括成本导向定价法、需求导向定价法和竞争导向定价法（详见7.3部分内容）。零售商对同一种商品采用不同的定价方法所形成的商品售价是不同的。零售商可以根据自身实际情况，选择适合本企业商品定价的某种方法。

7.2.1.4 明确定价策略

定价策略是零售商为达到预期定价目标而采取的价格对策，着重解决的是定价手段中的思维方式和战略问题。定价策略主要包括两方面内容：一是制定零售价格应遵循的基本方针，如实行高价还是低价等；二是对制定出的价格如何进行管理、如何促进销售等。

供零售商选择的定价策略有很多，详见7.4部分内容。

7.2.1.5 拟订定价方案

定价方案通常包括定价目标、定价方法、具体计算公式、定价策略运用以及定价方案评估等内容。对同一个定价目标可以拟订不同的定价方案，但针对不同的定价目标不能采用相同的定价方案。为了保证定价决策的正确性，零售商应拟订几套备选方案，并通过对各备选方案的详细分析和比较，最后作出科学的选择。

7.2.1.6 预测竞争者的反应

零售商定价应根据竞争者的价格和产品特点，采取相应的对策。如同质商品的定价应尽量与竞争者接近，异质商品则视商品差异来决定定价是高于对手还是低于对手；有替代品关系的商品定价还要考虑替代品的价格。

7.2.1.7 实施与控制定价方案

筛选并确定最佳方案后，零售商通常应先试一段时间以进行检验，销售效果好就正式实施，反之就需要重新修正直至获得令人满意的效果。定价方案正式实施后，经营者还必须对该方案的执行情况进行动态监控，随时做好对原有价格方案进行修正的准备。

7.2.2 零售价格的调整

在动态的市场环境中，零售商必须根据市场环境的变化，不断对其商品价格进行调整，发动价格进攻战略。价格进攻战略包括主动变价战略和应对变价战略，无论是主动变价还是应对变价，零售商所面临的价格变动与调整方向都是两个：提价或降价。

7.2.2.1 提价

（1）零售商提价的原因

一是成本上升。原材料等生产要素的价格上涨造成厂商成本提高，导致零售商品进价上升，不得不提高价格。

二是需求上涨。市场需求大幅度上涨，造成商品供不应求，无法满足顾客需求，此时零售商采取提价做法既可以有效地抑制需求，又可以获取更大收益。

三是定价目标调整，即零售商出于战略或战术方面的考虑，在经营的不同时期对企业的定价目标进行调整而形成的提价，如刚进入市场时以维持生存为定价目标的零售商，在市场上站稳脚跟后可能考虑提价。

（2）提价的风险与时机

零售商提价的风险表现在：抑制需求、减少销量；新竞争者涌入，竞争加剧；关联方分享利润，零供矛盾突出等。

当零售商面临以下情形时，可以考虑提价：商品处于优势地位、商品需求弹性小、商品进入成长期、商品进入销售旺季、竞争对手提价、厚利限销的商品（多为市场俏销、供给有限，顾客对价格不敏感的商品等）、通货膨胀等。

（3）提价的方法

可供零售商选择的提价方法主要有：

①借机涨价法，要求零售经营者必须紧紧抓住涨价时机，提价一步到位。

②分段涨价法，要求每次涨价幅度不宜过大，一般不超过原价的10%。

③部分提价法，应注意选择好要提价的商品种类。

④间接提价法，要求以改变商品的品质、牌号或包装，减少重量或数量，取消原有的免费服务项目或价格折扣，缩短保修期限等手段隐蔽性地提价。

小案例7-2

7.2.2.2 降价

（1）零售商降价的原因

商品生产和经营成本下降、商品进入衰退期、商品进入销售淡季、商品使用价值和价值下降、薄利多销、零售竞争需要、竞争对手降价、采购差错、定价不当、促销差错。

（2）降价的风险与时机

降价带来的风险，一是可能使顾客对商品的质量、款式乃至店铺的安全经营产生怀疑心理；二是可能使企业的利润减少；三是可能引起供货商的不满；四是可能引起竞争对手的报复，从而陷入价格大战中。

在保本期内，经营者可以选择早降价、迟降价、交错降价和全店出清存货等降价时机（见表7-2），具体的降价时间可选择在换季、节假日、店庆等时段。

（3）降价幅度的确定

确定商品降价幅度是操作中的难点，也是零售商降价促销的关键所在。对降价幅度大致有两种看法：一是大幅度降价以吸引消费者；二是较小幅度降价以保证应获得的利润。一般来说，零售商确定降价幅度应考虑商品特征、原始销售价格、降价时机、存货多少、资金需求等因素。

表7-2   零售店降价时机的选择

类型	含　义	好　处
早降价	在商品上市不长时间或商品还能维持一定销路之时，主动对商品实施降价	提高市场占有率；吸引客流；降价幅度小；销售费用低；为新品腾出陈列、销售和库存空间；改善店铺现金流动状况
迟降价	在销售季节后期或商品进入衰退期时对商品进行的清仓处理	有足够的时间按原价出售商品，增加销售利润；利于维护店铺商品价格稳定的形象；降价幅度大，吸引客流
交错降价	在商品销售情况还不错的情况下，在整个销售季节逐步降低商品价格，以维持良好的销路	灵活，易于控制；保证一定的收益
全店出清存货	零售店在一年内分两到三次定期在实时盘存和下一个销售季节开始前把商品降价销售出去，其目的是及时回笼资金，投入新商品的销售	为原价商品提供了较长的销售期限；增加顾客对店铺商品质量的信任感

7.3　零售定价方法

7.3.1　成本导向定价法

成本导向定价法是以商品成本为主要依据来制定商品价格的方法。成本导向定价法的常用具体方法主要有以下3种：

7.3.1.1　成本加成定价法

成本加成定价法是一种按照单位商品成本加上一定百分比的加成率来确定商品销售价格的定价方法。加成率通常采用企业的目标利润率，零售商的加成率一般采用毛利率。毛利率有两种不同的计算方法：一是以进货成本为基础计算的毛利率（顺加法）；二是以销售价格为基础计算的毛利率（倒扣法）。计算方法不同，定价结果也不同。

以进货成本为基础确定毛利率计算商品销售价格的公式为：

商品售价=单位进货成本×（1+毛利率）

式中：

毛利率=（销售价格−进货成本）÷进货成本×100%

以销售价格为基础确定毛利率计算商品销售价格的公式为：

商品售价=单位进货成本÷（1−毛利率）

式中：

毛利率=（销售价格-进货成本）÷销售价格×100%

【例7-1】某店铺经营的甲商品进价为75元，以进价为基础的毛利率为40%，该商品的零售价应是多少？

甲商品售价=75×（1+40%）=105（元）

【例7-2】某店铺经营的甲商品进价为75元，以零售价为基础的毛利率为28.57%，该商品的零售价应为多少？

甲商品售价=75÷（1-28.57%）≈105（元）

比较例7-1与例7-2不难看出，在同样的利润水平下，以零售价为基础的毛利率小于以进价为基础的毛利率。

7.3.1.2 目标收益定价法

目标收益定价法也称投资收益率定价法，是以销售收入在补偿商品成本费用的基础上，能保证实现企业的目标收益为指导思想的一种定价方法。

用目标收益定价法计算商品售价的计算公式为：

商品售价=（总成本+目标收益）÷预计销量

=（变动成本总额+固定成本总额+目标收益）÷预计销量

=单位变动成本+（固定成本总额+目标收益）÷预计销量

【例7-3】某店铺经营的乙商品进价为1 500元，单位其他营销费用为75元，固定营销费用总额为100 000元，目标收益为140 000元，预计销量为1 000件。乙商品的零售价应为多少？

乙商品售价=（1 500+75）+（100 000+140 000）÷1 000=1 815（元）

当零售商根据商品收益与销售数量、销售价格、成本之间的关系，在通过市场调查预计销售数量的基础上，确定出不盈不亏的销售价格（目标收益为零时的价格）时，目标收益定价法又被称为盈亏平衡定价法。其商品保本售价的计算公式为：

商品保本售价=总成本÷预计销量

=（变动成本总额+固定成本总额）÷预计销量

=单位变动成本+固定成本总额÷预计销量

【例7-4】某店铺经营的乙商品进价为1 500元，单位其他营销费用为75元，固定营销费用总额为100 000元，预计销量为1 000件。乙商品的保本销售价格应为多少？

乙商品保本售价=（1 500+75）+100 000÷1 000=1 675（元）

如果某商品有价内税，如属于消费税目内的商品，则商品保本售价的计算公式为：

商品保本售价=（单位变动成本+固定成本总额÷预计销量）÷（1-价内税税率）

【例7-5】某店铺经营的乙商品进价为1 500元，单位其他营销费用为75元，固定营销费用总额为100 000元，预计销量为1 000件，该商品的消费税税率为25%。乙商品的保本销售价格应为多少？

乙商品保本售价=［（1 500+75）+100 000÷1 000］÷（1-25%）=2 233（元）

7.3.1.3 边际贡献定价法

边际贡献定价法是零售商根据单位商品的变动成本和可接受销售价格的最低界限，并且考虑边际贡献来制定商品售价的方法。其中，边际贡献是指销售收入减去变动成本后的差额，边际贡献减去固定成本后的差额就是利润。

边际贡献的计算公式为：

边际贡献=销售收入−变动成本总额

=销售数量×（单位价格−单位变动成本）

=销售数量×单位边际贡献

用边际贡献定价法计算商品售价的公式为：

商品售价=单位变动成本+单位边际贡献

=单位变动成本+边际贡献÷销售数量

【例 7-6】甲商品的单位变动成本为 80 元，要求单位边际贡献达到 20 元，那么甲商品的销售价格为多少？

甲商品售价=单位变动成本+单位边际贡献=80+20=100（元）

边际贡献定价法通常适用于以下两种情况：一是当商品滞销积压时，企业可以以单位变动成本为基础定价，尽可能减少损失，提高企业竞争力。二是当企业经营两种以上的商品时，可根据各种商品的边际贡献率的大小安排经营，以实现商品的最佳组合。

实例与点评 7-2

7.3.2 需求导向定价法

需求导向定价法是零售商根据消费者对商品的需求强度、价值理解和消费意愿来确定商品价格的一种方法。它以消费者对商品的效用评价为基础，是以市场导向观念来确定商品价格的。即使在相同的成本水平下，利用需求导向定价法，也可以为商品制定出不同的价格。

需求导向定价法的常用具体方法主要有以下两种：

7.3.2.1 理解价值定价法

理解价值定价法也称认知价值定价法，是指零售商以消费者对其所销售商品价值的主观判断和理解认识程度为依据，计算和制定商品销售价格的一种定价方法。

采用理解价值定价法的关键是把握好买方对商品价值的理解程度和水平，即准确计算出商品所提供的全部市场认知价值。因此，零售商在定价时，首先要估算和测定某种商品在消费者心目中的市场认知价值，然后据此制定该商品的销售价格。评估消费者对商品理解价值水平的方法见表 7-3。

表7-3　　　　　　　　　　　　评估消费者对商品理解价值水平的方法

方　法	内　涵
主观评估法	经营者召集店内经营人员对该商品的理解价值进行集体评估，并在个人评估的基础上加权平均，以计算出理解价值水平及与之相对应的价格水平，也称自估法
客观评估法	经营者组织店外有关人员，如消费者或用户代表、商业同行、技术专家、营销专家等，对该商品的理解价值水平进行客观评估，再将个人的评估结果加权平均（消费者代表所占比重或权数通常较高），据以制定出相应的商品价格，也称他估法
实销评估法	零售商以初步拟定的一种或几种不同的商品价格水平，向目标市场消费者提供少量商品，进行试探性的实地销售，经过一段时间试销后，通过征询消费者的具体意见，并分析消费者对商品的理解价值水平，以此来修正该商品的试销价格，从而形成该商品的正式销售价格。其具体评估方式有上门征求意见、问卷调查、投票评分、使用评价、举办消费者座谈会等
附加商品使用期后收入定价法	使用期后收入是指消费者在商品使用完毕之后能够继续得到的收益。如高档耐用消费品在使用期过后，都会面临报废或更新换代的问题，让消费者感到"弃之可惜，食之无味"。处理此类商品若无须额外支出，还可能有一些收益正是消费者求之不得的。本方法就是指零售店根据消费者的这种需要，在销售某些高档耐用商品时提供相应的服务，以此提高商品的理解价值，并相应提高商品销售价格

7.3.2.2　需求差别定价法

需求差别定价法是指零售商根据不同时间、地点、商品及不同消费者的消费需求强度差异为定价的基本依据，针对各种差异决定其在基础价格上的增减，确定不同的销售价格的方法，也叫价格歧视。

差别定价的主要形式有：

（1）顾客差别定价

顾客差别定价即零售商对新老顾客、会员与非会员顾客、需求强度不同顾客、购买数量不同顾客以及对商品认知不同的顾客在同一商品上采取不同的销售价格。

（2）商品差别定价

商品差别定价即零售商对不同功能、品牌的商品，或同一质量不同外观、式样、花色、型号、包装的商品分别制定不同的销售价格。

（3）空间差别定价

空间差别定价即处于候车（机）室、旅游区、繁华地段的零售店的商品定价往往高于其他地区，同一商品在不同业态的零售店出售的价格也会不同。

（4）时间差别定价

时间差别定价即零售店在不同季节、不同日期、不同钟点对商品或服务采用不同的销售价格。如销售旺季与淡季、消费高峰期与低谷期、每天刚营业或打烊前的商品售价常有区别。

小知识7-4

7.3.3 竞争导向定价法

竞争导向定价法是零售商以市场上相互竞争的同类商品价格作为定价的基本依据，并随市场竞争状况的变化来调整价格水平的一种定价方法。采用竞争导向定价法，经营者需要调查、了解和自己有竞争关系的同行中同类产品的定价和市场价格水平，然后制定自己的商品价格（见表7-4）。

表7-4　　　　　　　　　　　　**按竞争导向定价的选择依据**

零售组合	定价选择		
	定价<市价	定价=市价	定价>市价
地段	不便捷的地方	靠近竞争者，无地段优势	无强大对手，方便顾客
服务	自取服务，店员商品知识少，无商品陈列	销售人员提供适度的帮助	高水平的服务、推销技巧、送货上门等
花色品种	集中于畅销货	花色品种适中	花色品种丰富
店内环境	廉价的固定装置，几乎没有镶嵌式壁板或货架	店内环境中等	吸引人的、娱乐化的装饰，大量陈列
专门服务	现购自运	不提供专门服务或对顾客收取额外费用	价内含服务费用
品牌	其他品牌	名牌货	独家经营商标

竞争导向定价法的常用具体方法主要有以下3种：

（1）随行就市定价法

随行就市定价法是指零售商根据主要竞争者的价格或市场平均价格来确定自己商品价格的方法。作为一种防御性的定价方法，它不以价格作为主要的销售工具，而是把地点、商品、服务和促销等零售要素作为重要的销售工具，适用于竞争激烈的均质商品，如粮油以及一些日用品定价。其优点是和平相处，避免激烈竞争和恶性价格战；平均价格易被消费者所接受，能给零售店带来合理的利润；定价简单，易于操作。

（2）错位竞争定价法

错位竞争定价法是指零售商不以同行业平均价格水平为依据，而是依据本店自身的经营特点和竞争优势，有意识地制定高于或低于竞争者的商品价格。作为一种进攻性的定价方法，零售商选择低于竞争者的定价表明实行的是高销售、高周转的策略，多被超市、折扣商店、集市等采用。而选择高于竞争者的定价是期望通过单位商品的销售获得较高的利润，多被有竞争实力或商品特色的专业商店、百货商店多采用。

小案例 7-3

（3）协议定价法

在竞争对手实力相当的情况下，经营者为避免在竞争中两败俱伤，常通过与竞争者进行友好协商，双方或多方确定一个参与者都认可的统一商品售价，或确定统一的定价方法，大家共同执商店，相同商品的价位基本相同。由于协议价格通常是由少数占据市场垄断地位或强势地位的零售商控制的，因此它实质上也是一种领袖价格，行业内其他零售商只是执行占垄断地位的零售商通报的商品定价。使用该方法定价时要特别注意是否与法规、政策相抵触。

7.4 零售定价策略与技巧

7.4.1 长期定价策略

7.4.1.1 高/低价策略

高/低价策略是指零售商制定的商品价格有时高于竞争对手，有时低于竞争对手，同一种商品价格经常变动，零售商经常使用降价来进行促销的一种定价策略。高/低价策略的优势：

一是刺激消费，加速商品周转；

二是同一种商品的价格变化可以使其在不同的市场上都具有竞争力；

三是以一带十，起到连带购买的作用；

四是拓展零售商的获利空间。

7.4.1.2 稳定价格策略

稳定价格策略是指零售商基本保持价格稳定，不在价格促销上过分做文章，包括每日低价策略和每日公平价策略。每日低价策略是指零售商希望尽量保持商品低价，尽管有些商品价格也许不是市场上最低的，但给顾客留下的印象是所有商品价格均比较低廉。每日公平价策略是指零售商在进货成本上附带一个合理的加价，不刻意寻求价格方面的竞争优势，而是寻找丰富的花色品种、销售服务、卖场环境及其他方面的优势，给顾客的印象是卖家赚取合理的毛利，以弥补必要的经营费用，保持稳定经营。

稳定价格的优势是：

第一，稳定销售，利于库存管理和防止脱销；

第二，减少人员开支和其他费用；

第三，利于为顾客提供优质的服务；

第四，利于改进日常管理工作；

第五，利于保持顾客忠诚度。

7.4.2　短期定价策略

7.4.2.1　新商品定价策略

对新品定价可采用以下策略：

（1）撇脂定价

撇脂定价即零售商以高价向市场投放新品，力求在短期内收回成本，待竞争商品投放市场后随即降价，再进一步开拓市场。

（2）渗透定价

渗透定价即零售商以低价向市场投放新品，使新品能够迅速占领市场，待市场份额提高后再调高价格，通过降低成本实现盈利目标。

（3）满意定价

满意定价即零售商以适中的价格向市场投放新品，兼顾买卖双方的利益，顺利地推出和接受新品。

小知识 7-5

7.4.2.2　心理定价策略

这是零售商运用营销心理学原理，根据各种类型顾客购买商品时的心理制定价格，引导和刺激购买的价格策略。其具体包括：

（1）声望定价

声望定价即零售商利用顾客仰慕名牌商品或名店的声望所产生的某种心理，制定高于其他同类产品的价格。顾客购买此类商品不仅是为了消费，还要显示他们的身份和地位。声望定价最适合服装、化妆品等质量不易直接被消费者鉴别的商品。

（2）尾数定价

尾数定价即利用消费者数字认知的某种心理，在价格数字上保留零头，使消费者产生价格低廉和卖主经过认真的成本核算才定价的感觉，从而对商品及其定价产生信任。这种策略适用于单位价值较低的日用品。在我国传统文化中，6、8、9都是吉祥数字，包含这些尾数数字标价的商品更容易被消费者所接受。

（3）整数定价

整数定价即零售商针对注重质量而不计较价格的高收入阶层，在礼品、工艺品和高档商品定价上采用整数定价，使商品更显高贵，从而满足消费者的心理要求。

（4）招徕定价

招徕定价即零售商利用顾客求廉心理，有意将几种商品降价，以低于市场平均价格来吸引顾客购买，借机带动其他商品的销售的做法。采用此策略的关键是"特价品"必须是大多数顾客熟悉且日常生活必需、购买频率较高的商品，且"特价品"的数量要适宜。

（5）错觉定价

错觉定价即零售商利用顾客对商品价格过分关注而忽视其他因素的做法，制定出让顾客容易产生错觉的价格，如相同品牌、口味的方便面，90克包装标价1.4元的商品的销售可能好于100克包装标价1.5元的商品。

（6）习惯定价

习惯定价即零售商根据顾客在长期购买实践中形成的商品习惯性价格标准，作为定价的依据对商品进行定价，高于或低于这一标准的价格都会引起顾客怀疑，如对肥皂、面粉、鸡蛋等日用消费品的定价要特别慎重，若一定要调整价格，通常采用间接调整的方式以避免顾客的抵触心理。

小案例7-4

7.4.2.3　折扣定价策略

折扣定价策略即零售商在正常价格的基础上给予顾客一定的折扣和让价，以鼓励其购买的价格策略。价格折扣的主要类型有：

（1）现金折扣

现金折扣即零售商对赊销和分期付款的顾客采取的若提前付款所给予的现金优待。如可在30天内付款的顾客，如果在10天内付清货款，则零售店提供给顾客减免现金货款2%的折扣。

（2）数量折扣

数量折扣即零售商为大量购买某种商品的顾客提供的一种减价，以鼓励顾客购买更多的物品。

（3）季节折扣

季节折扣即零售商为购买过季商品的顾客提供的一种减价，以鼓励顾客提前购买或在淡季购买，清理库存，利于商品的均衡流通。

（4）价格折让

价格折让也叫以旧换新折让，是另一种类型的价目表价格减价，即零售商允许顾客用指定的旧物折合成一定的价格购买本店经营的某类商品。

（5）会员卡或积分卡累计折扣

会员卡或积分卡累计折扣即零售商采用办理会员卡或积分卡的形式，对持会员卡或积分卡购物的顾客按照购买金额或累计购买达到一定数量的金额给予不同的折扣，达到稳定顾客、扩大销售的目的（详见8.4.2部分零售销售促进工具内容）。

（6）限时折扣

限时折扣即零售商在特定的营业时段对商品进行打折，以刺激顾客的购买欲望。限时折扣可以是固定时间，如每天打烊前一个小时内，也可以是随机抽取的一个时段对个别或部分商品进行折扣销售。

7.4.2.4 组合定价策略

组合定价策略即零售商从追求整体效益最大和动态最优出发，对所经营的各种商品进行综合配套、最佳组合的价格策略。其具体做法有：

（1）替代商品综合定价

替代商品综合定价即零售商有意安排本店用途大致相近、可以相互替代的商品之间的价格比例而采取的定价策略。其目的是适当提高畅销品价格、降低滞销品价格，使两者的销量都能达到一定水平，从而增加店铺的总盈利。

（2）互补商品综合定价

互补商品综合定价即零售商在销售顾客需要配套使用的商品时，利用价格对消费连带品需求的调节功能来全面扩展商品销量的定价策略。其做法是有意降低购买频率低、需求弹性高的商品价格，同时提高购买频率高、需求弹性小的商品价格。

（3）关联商品综合定价

关联商品综合定价即零售商在为存在投入产出关系的关联品定价时，先要准确把握关联品的比价参数，再根据比价参数对其他关联品的价格作相应调整，以保持关联品销售结构的协调均衡，提高整体效益的定价策略。

（4）商品与服务综合定价

商品与服务综合定价即零售商针对消费者对大件耐用商品在搬运、安装、使用维修等方面的担心而采取的将提供商品售后服务的费用计入商品价格内，并将售后服务措施公布于众，以消除顾客后顾之忧、扩大销售的定价策略。

7.4.2.5 促销品定价策略

促销品定价策略也称特卖商品定价策略，是指零售店每隔一段时间选择一些特价商品，以大幅度降价（一般比正常商品的价格低20%以上）或提供赠品的形式给顾客以较大实惠和优待，以招徕顾客、扩大销售的定价策略。实施此类策略需注意：

①促销品的选择既可以是人们熟悉的、需求量大且周转快的日常生活必需品，也可以是购买频率不高、周转较慢、在价格刺激下偶尔购买的商品。

②促销品应限量销售。

③促销活动的时间宜选择在节假日、双休日、店庆等时间。

④明确赠品的提供形式，如赠送、先买后送、随商品附赠等。

关键术语

零售价格　零售价格标志　价格形象　成本导向定价法　需求导向定价法　竞争导向定价法　高/低价策略　每日低价策略　每日公平价策略

即测即评

第7章单项选择题

第7章多项选择题

第7章判断题

基本训练

❖ 问答题

1.试述影响零售定价的因素。

2.简述零售定价流程。

3.零售商如何选择降价时机?

4.简述竞争导向定价法。

5.简述零折扣定价策略。

6.举例说明零售商的短期定价策略。

7.试比较分析高/低价策略与稳定价格策略的优缺点。

❖ 案例分析

案例1　　　　　　　　　商品分类管理　价格策略多样化

苏宁店以主营生鲜、日常消费品和特色服务与其他品牌便利店形成差异化，以靠近社区、比菜场更近、菜品新鲜且价格并不高于菜场为自身优势。

但是局限于苏宁店的店面面积，店内菜品有限。虽然有苏宁店App作为线上补充且价格相对低一点，但是在目前苏宁店尚未形成大的影响力的情况下，苏宁店以价格不高于菜场来进行营销是不太恰当的，毕竟消费者目前习惯去菜场，那里菜品丰富、商户多，价格可以比较且可以讨价还价。

在日配商品上，苏宁店以总部对总部的形式和供销商开展合作，以最低廉的价格获得最优质的商品去服务消费者；但在日用消费品方面，苏宁店商品的价格并没有比其他便利店低，有的比其他便利店商品还略高，造成苏宁店的商品给消费者无优势的感受。

在价格策略上，苏宁店从商品分类开始，对生鲜商品实行动态定价，对日用品实行主动竞争定价法、折扣折让定价法或渗透定价法，对特色商品实行差别定价法等多重价格策略。

生鲜商品是苏宁店的主营商品之一，但同时生鲜商品属于易耗品。蔬菜、水果的价格受新鲜度、品相、光泽度等因素影响，且这些因素随时间的发展会不断损耗，如果不能及时销售出去，就造成亏损。

对生鲜商品进行动态定价，是指根据商品的交易水平和供给状况及时调整商品的价格。动态定价对消费者也会形成吸引力，满足消费者求实惠的心理。

在数字化时代，苏宁店可以充分发挥大数据、互联网、人工智能的优势，开发精准销量预测系统、智能动态促销系统等运营管理系统为小店赋能，一方面动态调整价格，另一方面把最新价格信息推送给消费者，通过智慧零售让生活购物更加方便，实现最快的动销。

对日用品实行主动竞争定价法是指在分析竞争对手的情况下，对特定商品进行价格调整，吸引消费者，这样就能赢得更多的客户和市场份额；同时，避免恶性价格战对自己和竞争对手带来致命的打击。

折扣折让定价法或渗透定价法可以让苏宁店根据实时库存情况、供销商促销活动等进行灵活的调整，吸引顾客，把劣势转化为优势，逐步侵蚀竞争对手的市场份额。

对特色商品进行差别定价，可以满足不同消费者的心理价位需求，在最大限度地占有市场的同时，提高商品的毛利率和利润率。毕竟从深层次分析，打价格战并不是可以长期实行的策略。在面对竞争时，企业进行战略性的思考，围绕消费者在"创新创造价值"方面去竞争，既可以获得比较竞争优势，又可以获得高额利润。

苏宁店在南京地区面对苏果的强势地位和其他知名便利店的竞争，除了在商品上开展差异化策略，在价格策略上也要保持灵活性。这需要充分地去研究竞争对手，分析其价格策略。

资料来源：尚城老付. 苏宁店，在价格策略、渠道策略、促销策略三方面应该怎么做？[EB/OL].（2022—06—23）[2024—07—15]. https://baijiahao.baidu.com/s?id=1736408097545584669&wfr=spider&for=pc.

问题：

（1）分析苏宁店按照商品分类采取不同的定价策略的原因。

（2）动态定价、竞争定价、差别定价等定价方法的适用条件是什么？

案例2　　　　　品质向上　价格向下

盒马认定的"折扣化"，不是卖便宜货，而是通过垂直供应链建设，"品质向上、价格向下"，最终把好货卖便宜。可以说，盒马折扣化的核心在于差异化的产品运作、垂直供应链以及极致的运营成本。打破顽疾，实现同质量低价，推行全新的采购模式，进行"折扣化"变革，正是盒马"刀刃向内"变革的重点之一。

盒马尝试颠覆此前主流的KA模式。在传统KA模式下，零售商的主要营收方式是通过将货架提供给供应商来收取费用。而盒马开始"去KA化"，改革核心是通过垂直供应链重构采购等环节，建立以OEM（代工生产）、ODM（贴牌生产）为核心的采购体系，重构供应链体系。

按照盒马规划，成品部的标品商品采用源头采购、工厂定制的方式，在最上游的采购环节就牢牢地控制住产品价格。鲜品部的商品通过基地直采的方式优化供应链。盒马希望将商品采购价格降至当前的一半左右，进而完成终端售价的下调。比如盒马在江苏昆山投资的烘焙工厂"糖盒"，实现了"从一粒小麦到一块面包"的全链路生产。这种垂直供应链的模式极大降低了成本。2023年7月底，盒马推出了吐司提质加量不加价。再比如，盒马与乳制品企业深入合作的鲜奶、娟姗牛奶、口味奶等产品，也通过供应链调优的方式做到了高品质、低价。未来，盒马的鲜品（包括水产、肉禽蛋、水果、蔬菜等）部和成品（包括部分食品、非食品、预制菜等）部都将进行垂直供应链建设。

向上布局，重构供应链，优化产业链，大幅减少甚至去掉中间环节，才能实现优质、低价。真正地向消费者让利，才是增强消费黏性、增加复购率、提升品牌的最好方式。

资料来源：紫金财经. 新零售寻路"折扣化"：如何将好货卖得更便宜？［EB/OL］.（2023-10-31）［2024-07-15］. https://mp.weixin.qq.com/s/D-eiRinOwca_YdMZHzLT8w.

问题：

（1）影响零售店商品价格的因素有哪些？

（2）盒马是如何实现"品质向上、价格向下"，把好货卖便宜的？

案例3　　　　　　　　　　　　　**食得鲜的商品价格**

食得鲜定位于线上平价超市。在商品价格方面，其提供的价格为社区店的七至九折（在品质相当的情况下），产品基础成本占比约为60%，客单租金成本占比约为1%，损耗占比约为1%，综合履约成本占比约为9%，综合成本比传统商超低10%以上，年销售额保持在3 000万~5 000万元，纯利润达30%。

资料来源　佚名. 从7个人到7 000万，连续2年盈利，回归零售本质的食得鲜［EB/OL］.（2018-06-23）［2024-06-23］. http://baijiahao.baidu.com/s?id=1604111985090907829&wfr=spider&for=pc.

问题：

（1）与同行相比，食得鲜的商品价格构成具有哪些优势？

（2）你认为食得鲜的盈利主要归功于什么？

第8章　零售促销

内容体系

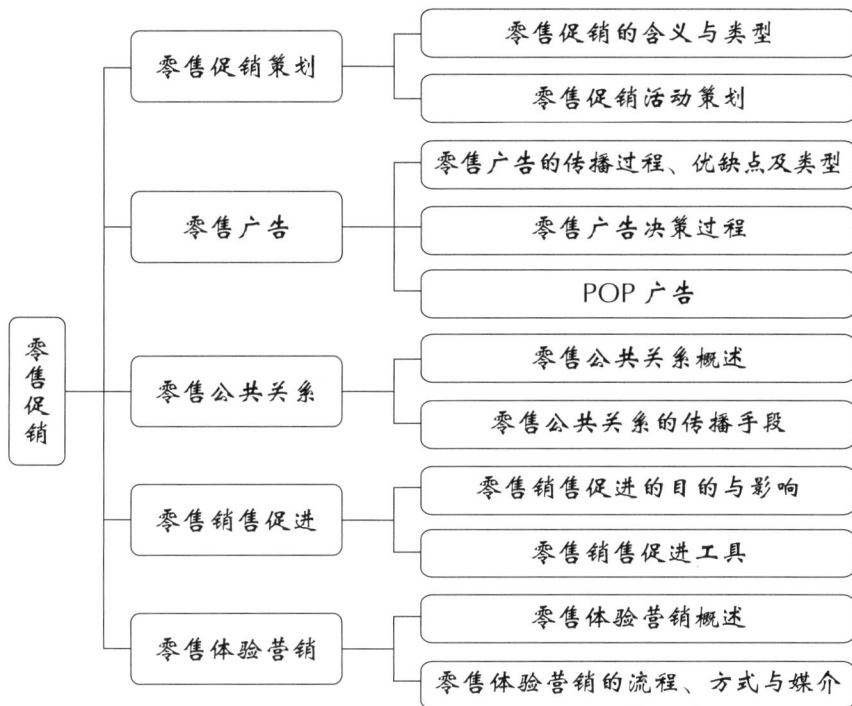

零售促销
- 零售促销策划
  - 零售促销的含义与类型
  - 零售促销活动策划
- 零售广告
  - 零售广告的传播过程、优缺点及类型
  - 零售广告决策过程
  - POP广告
- 零售公共关系
  - 零售公共关系概述
  - 零售公共关系的传播手段
- 零售销售促进
  - 零售销售促进的目的与影响
  - 零售销售促进工具
- 零售体验营销
  - 零售体验营销概述
  - 零售体验营销的流程、方式与媒介

学习目标

◆掌握零售促销活动策划的原则与步骤、零售广告决策过程的内容、零售公共关系的传播手段、零售销售促进工具的运作要领、零售体验营销的流程与方式。

◆领会POP广告的应用要领。

◆了解零售促销的功能与类型，零售广告的特点、类型，零售公共关系的目标、特点与类型，零售销售促进的目的，零售体验营销的含义、特点与媒介。

❖ **引例**

喜茶是如何打开年轻消费者市场的

"喜茶"的名字蕴含茶文化的印记,却以奶茶的形式重新定义了茶在年轻人心中的形象。年轻人追求健康、时尚与品位。喜茶在产品定位上紧扣住这一市场趋势,巧妙地将传统茶与奶茶融合,从年轻人喜欢的奶茶入手,打开了年轻消费者的市场。

一、产品口味创新,满足消费者多元化需求

喜茶始终保持对年轻人口感偏好的敏锐洞察力。通过不断创新口味,满足年轻消费者对不同口味的追求,在传统的茶饮上加入年轻人关注的咸甜浓稠的芝士奶盖、健康的低脂奶、恬淡的抹茶粉,这样喜茶就摒弃了传统中国茶苦涩的口感。以其品牌首创的多肉葡萄为例,颗颗果肉完整的当季巨峰葡萄,搭配清雅绿妍茶底、醇香芝士,视觉上更具冲击力,口感上更有层次,奇妙的组合紧紧抓住了年轻消费者的心。

二、从产品形象入手,抓住年轻人的消费心理

在包装上,喜茶紧跟年轻消费者的消费习惯和偏好,采用简约时尚的设计风格,又有很多贴心的细节设计。如喜茶的奶盖杯口是可以旋转的,消费者可根据自己的口味控制好杯的大小;为了方便携带,防止洒漏,喜茶外带的包装采用了固定的纸盒,避免了杯与杯之间的碰撞。喜茶的包装不仅是一个简单容器,更像是年轻人彰显个性、表达生活态度的时尚配件。

三、打造年轻人喜欢的"社交+"场景

喜茶非常重视消费场景的打造,通过与年轻人共同关注的时尚元素相结合,营造出与众不同的消费体验。无论是装修时尚的店面设计还是独具特色的限定主题店,喜茶给年轻人带来了一个可以打卡、分享和社交的场所。每家喜茶店都被赋予新的概念,LAB、白日梦计划、黑金、PINK主题店各具个性。这种与消费者的情感互动强化了品牌与年轻人之间的联结。

四、饥饿营销噱头,拿捏年轻人的猎奇心理

购买一杯喜茶需要排队等待多时,很多吃瓜群众受到从众心理的驱使便也跑过去凑热闹,饥饿营销奏效。饥饿营销作为喜茶整套营销策略中的基础部分,充分吸引了新消费者,并通过社交媒体的曝光和口碑传播形成了独特的购买体验,有效地激发了消费者的购买欲望,推动喜茶的销售增长。

五、玩转跨界联名,拉拢年轻消费者

喜茶运用跨界联名营销的方式,与知名品牌合作推出联名款,吸引年轻人积极参与,争相打卡和分享。拥有"跨界营销之王"称号的喜茶,曾与《甄嬛传》、百雀羚、小黄鸭、茶颜悦色、杜蕾斯、《梦华录》、《喜剧之王》等展开联名。喜茶与意大利品牌FENDI联名推出一款名为"FENDI喜悦黄"的饮品,更是火出圈。通过联名推出独特合作系列,喜茶成功吸引了不同领域的粉丝们的关注,有效地增大了品牌的曝光度。喜茶还在社交媒体上积极参与话题讨论,进行粉丝互动和活动策划,增强了用户与品牌之间的情感纽带。

资料来源:品牌增长研究院. 智旗洞察:喜茶是如何打开年轻市场的?[EB/OL].(2023-12-29)[2024-07-30]. https://mp.weixin.qq.com/s/10PUflJBDiHzPNi3M49S4A.

在竞争激烈的市场环境中,零售商日益认识到,要吸引消费者,除了要选择合适的地址、商品、价格等内容外,与顾客的沟通同样不容忽视。开展促销活动对企业新产品上市、扩大市场份额、解决产品积压库存等具有十分重要的意义。

8.1 零售促销策划

8.1.1 零售促销的含义与类型

8.1.1.1 零售促销的含义

零售促销是指零售商为告知、劝说或提醒目标市场顾客关注有关企业任何方面的信息而进行的一切沟通联系活动。零售促销的功能主要体现在告知功能、劝说功能、提醒功能方面。零售促销的本质与核心是沟通信息,目的是引发、刺激消费者产生购买行为。零售商开展促销活动的目标与企业经营目标是一致的,从总体上看都是有利于改进企业长期和短期的经营效果(如图8-1所示)。

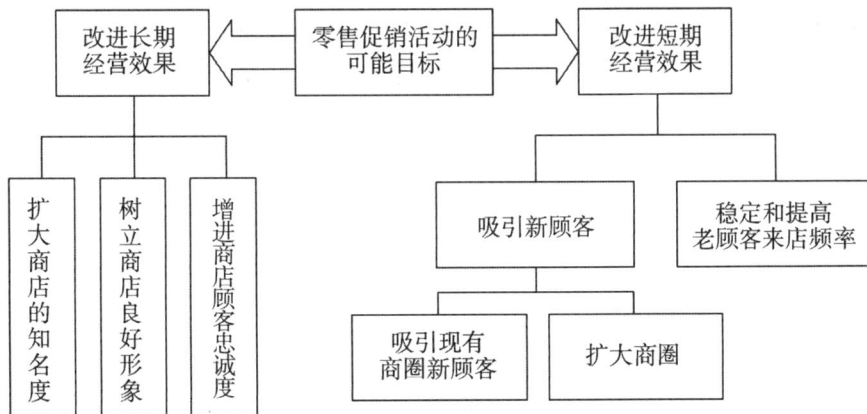

图 8-1 零售促销活动的可能目标

小知识 8-1

8.1.1.2 零售促销活动的类型

按照促销主题划分,零售促销活动可被分为开业促销、年庆促销、例行性促销和竞争性促销。

按照运用的媒介不同划分,零售促销活动可被分为广告、销售促销、宣传、店内氛围和视觉营销。

按照市场营销学的视角划分，零售促销活动可被分为广告促销、营业推广、人员促销和公共关系促销（如图8-2所示）。

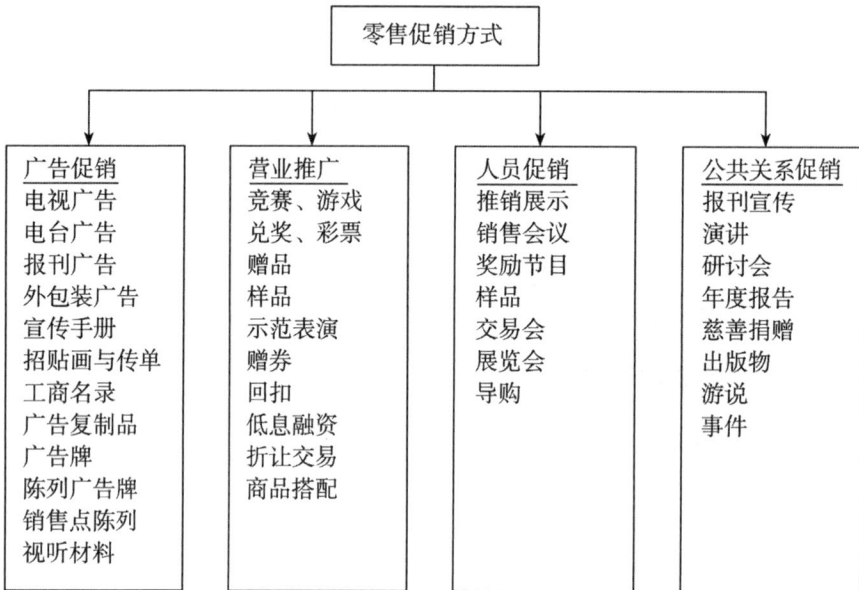

图8-2 零售促销方式

按照与顾客交流的方式划分，分别以是否付费和传播途径为纵轴和横轴，零售促销活动可被分为如图8-3所示的四大类。每一种具体的促销类型都有利有弊，在控制性、灵活度、可信度和成本方面呈现不同的特点（见表8-1）。

图8-3 按照交流方式划分的零售促销方式

表8-1 按照交流方式划分的零售促销活动的类型的特点

零售促销活动的类型		控制性	灵活度	可信度	成 本
有偿公众传播	广告	最高	最低	最低	适中
	销售促进	最高	低	无资料	适中
	店内氛围	最高	低	无资料	适中
	网站	最高	适中	低	适中
有偿个人传播	人员销售	高	最高	低	高
无偿公众传播	宣传	低	低	高	低
无偿个人传播	口碑	低	低	高	最低

在实践活动中，零售促销活动的类型有很多种，本章着重介绍零售广告、零售公共关系、零售销售促进和零售体验营销几种类型。

8.1.2 零售促销活动策划

8.1.2.1 零售促销策划的原则

（1）差异化原则

差异化原则即赋予每个促销活动以一个不同于其他活动的思维和操作方式，确定不同于其他活动的亮点，使消费者从促销活动中得到新鲜的感受从而关注该活动。

（2）整体性原则

整体性原则即零售商应该将零散的促销活动统一在企业的整体发展战略中，针对不同市场、不同客群心理采取不同的促销策略与战术，最大范围地覆盖目标市场。

（3）实用性原则

实用性原则即促销活动要从消费者真正得到实惠的角度出发进行设计和运作，力求经济、便捷、实用，符合顾客需求。

（4）资源优化原则

资源优化原则即促销活动要权衡收益与成本，进行预算控制，综合运用各种促销手段，合理配置人力、物力、财力等资源，从而达到资源优化的目的。

小案例8-1

8.1.2.2 零售促销策划的基本步骤

（1）确定促销目标

零售促销的具体目标既有提高销售量、刺激顾客购买欲望、增加客流量等短期目标，也有增强企业竞争力、增进顾客忠诚、加强企业形象、扩大知名度等长期目标。促销目标不同，所采用的促销手段也不同。

（2）编制促销预算

零售促销通常需要一定的促销费用支持。促销费用一般包括销售人员报酬、广告费用、公关费用、业务费用、售后服务费用和销售物流费用等。零售商编制促销预算时，既要考虑影响促销预算编制的因素，又要考虑经济核算原则，采用适当的方法确定促销预算。

小知识8-2

（3）选择促销组合

零售促销组合是指零售商根据商品的特点和促销目标的要求，综合各种影响因素，对各种促销方式的选择、编配和运用。选择促销组合通常需要考虑以下因素：

①促销目标。如零售商以提高商品销量为主要目标，则公共关系是基础，广告是重点，人员推销是前提，销售促进是关键；以塑造形象和提高知名度为主要目标时，促销组合应以公共关系和广告为主。

②商品因素。一是商品性质，如消费品促销组合以销售促进和广告形式为多。二是商品生命周期。如在商品投入期的促销重点是提高商品知名度，促销组合以广告为主要形式，以公共关系、人员推销和销售促进为辅助形式；在成长期，仍需广告宣传，并辅以人员推销形式；在成熟期，促销活动以增进消费者购买兴趣为主，各种促销手段的重要程度依次是销售促进、广告、人员推销；在衰退期，销售促进依然是主要手段，并辅以广告、公共关系手段。

③市场因素。市场因素涉及的内容较多，如经济状况、市场规模和集中度、购买者特点、顾客心理与行为、效果层级（如图8-4所示）、竞争对手促销手段、时机因素等。

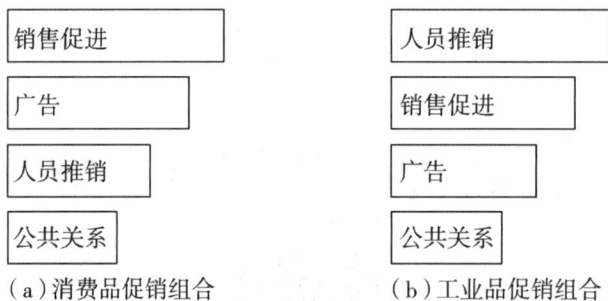

销售促进		人员推销	
广告		销售促进	
人员推销		广告	
公共关系		公共关系	
（a）消费品促销组合		（b）工业品促销组合	

图8-4　促销与效果层级

④其他因素，如零售商的类型、品牌策略、价格策略、促销预算等。

（4）制订促销方案

促销方案包括确定促销主题、促销时机与活动持续的时间、促销商品的选择、促销参与的条件、促销优待幅度、促销优待送达方式、宣传媒体、人员分工，以及国家政策、供应商等因素。

（5）执行促销策划

执行促销策划是将促销方案落地实施，包括前置时间（开始实施促销方案前所必需的准备时间）和销售延续时间（从开始实施促销到约95%的采用此法促销的商品到达消费者手中为止的时间）。为确保促销活动的效果，对于一些重大的促销活动，零售商也可以采取预试的做法，邀请消费者对不同的促销方式进行评价，或在有限的地区范围内进行适用性测试。

（6）评估促销效果

促销效果评估分为对零售促销效果的评估（涉及业绩评估）、促销整体效果评估、供应商配合状况评估和零售店自身运行状况评估。

小知识8-3

小知识8-4

8.2 零售广告

8.2.1 零售广告的传播过程、优缺点及类型

8.2.1.1 零售广告的传播过程

零售广告是由零售商付费，通过店内外各种媒体向最终消费者提供关于商店、商品、服务、观念等信息，以影响消费者对商店的态度和偏好，直接或间接地引发销售增长的沟通传达方式。广告传播系统模型（如图8-5所示）为我们描述了广告的信息传播过程。该模型由信源、信息、渠道、接收者、大众等5个要素构成，这5个要素形成了两个认知过程：

第一个认知过程是广告的目标受众（接收者）对广告信息的接收和理解，其途径是广告媒体。

第二个认知过程是大众对目标受众（接收者）所传递信息的接收和理解，其途径是口头传播，即广告传播过程通常是两次传播的过程，除了广告直接影响目标受众之外，更重要的是目标受众利用其影响力将所理解的信息进行更广泛的群体扩散。

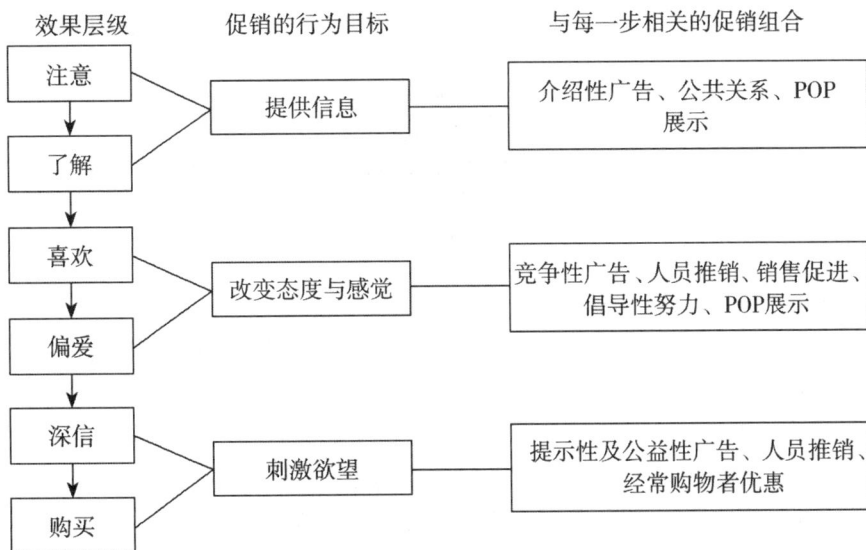

图8-5 广告传播系统模型

8.2.1.2 零售广告的优点和缺点

（1）零售广告的优点

零售广告的优点是：吸引大量顾客；可供选择的媒体多；传播内容与表现方式灵活多样；易于被零售商控制；利于开展自助服务，使零售商服务弹性增大。

（2）零售广告的缺点

零售广告的缺点是：采用大众媒体传播信息，缺少灵活性，无法满足个别顾客的需求；部分媒体广告提前期长，无法配合临时活动的开展；广告投入及覆盖面与零售商的实力及商圈难以吻合。

小知识8-5

8.2.1.3 零售广告的类型

（1）按照发布的内容分类

①开拓型广告，即以提高顾客对零售商的认知度为目标并提供零售商的有关信息，一般用于新店开张或分店开业。

②竞争型广告，即以宣传零售商品、价格、服务、卖场环境为主要内容，强调零售商与竞争者的区别，以争取次级商圈的顾客为目的。

③提示型广告，即重点突出零售商的优势、培育核心商圈内消费者的顾客忠诚度和品牌忠诚度，强调使零售商成功的特性。

④公益型广告，即着重在公众面前保持零售商形象，而不特别强调产品或服务的优势，希望通过公益形象树立起在消费者心目中的良好形象，达到提高顾客忠诚度的目的。

实例与点评8-1

（2）按照做广告的目的分类

①商品广告，即零售商向消费者提供有关商品特征和优惠信息，目的是吸引顾客快速前来购买自己的商品。

②声誉广告，即零售商从企业长期发展的角度考虑，告知消费者本企业与竞争对手相比所具有的优势，树立起本企业的良好形象的传达方式。

③公益广告，即用来宣传公益事业或公共道德的广告。

（3）按照费用支付方式分类

①自付型广告，即由零售商自己承担应支付费用的广告。其优点是控制性强、灵活性

大；缺点是要独自承担所需的广告费用，资金压力大。

②合作型广告，即由零售商寻求合作企业共同负担所应支付费用的广告。

小知识8-6

8.2.2 零售广告决策过程

8.2.2.1 确定广告目标

广告目标是零售商利用广告要达到的目的。巴里·伯曼和乔尔·R.埃文斯认为，零售广告有多种不同的具体目标，包括：短期销售额增长，更大的客流量，发展并加强零售形象，告知顾客产品、服务及公司的特性，使销售人员工作更轻松，发展对自有品牌的需求。在零售实践中，零售商常用的广告目标有形象目标、商店定位目标、增加客流量目标、增加销售额目标。

8.2.2.2 参与广告规划

零售商参与广告规划通常需要关注以下内容：体现广告目标、明确传递内容、决定诉求形式、确定广告时间、广告设计建议。

实例与点评8-2

8.2.2.3 选择广告媒体

零售广告选择的媒体可概括为印刷媒体、电子媒体、其他媒体等（见表8-2）。各种媒体自身具有不同的特点（见表8-3），零售商在选择广告媒体时往往从较低成本、较高到达率的角度出发，综合考虑各种影响因素。影响零售广告媒体选择的因素主要有商品的特点、顾客接触媒体的习惯、媒体传播范围与频率、媒体的信誉特征、媒体的费用等。

表8-2 零售广告媒体分类

媒体大类	具体的媒体项目
印刷媒体	报纸、杂志、招贴、传单、商品说明书、商品价目表、商品目录、内部通讯、包装纸（盒）、广告牌、邮寄广告、电话号码簿等
电子媒体	电视、广播电台、电子广告牌、互联网、通信设备、剧场广告等
其他媒体	商店橱窗、公共汽车及站台、气球、店内广告等

表8-3　　　　　　　　　　　　　零售广告媒体的特点

媒体类型	传播范围	时效性	传播方式	普及程度	用户接收方式	价格	注意度	更新速度	互动性	传播速度
网络	全世界	实时	多媒体	中	被动+主动	低	高	即时	高	中
平面	区域性	滞后	文字、图片	慢	被动	中	高	慢	低	慢
广播	区域性	实时	声音	快	被动	高	中	慢	中	快
电视	区域性	实时	图文、声音、影像	快	被动	高	中	慢	中	快

小知识8-7

8.2.2.4　编制广告预算

广告费用是零售商的一项重要支出，因此，零售商编制广告预算一方面要考虑影响广告预算决策的诸多因素以确定预算总额；另一方面需要针对不同时间、商品、活动等情况科学地分配广告预算。

8.2.2.5　测定广告具体效果

测定广告效果具体包括：

（1）广告促销效果的测量

广告促销效果反映广告费用与商品销售量（额）之间的比例关系，也称广告的直接经济效果。其效果测定是以商品销售量（额）增减幅度作为衡量标准的，常用的测定方法有广告费用占销率法、广告费用增销率法、单位费用促销法、单位费用增销法、弹性系数测定法、利润费用法、单位费用利润法、市场扩大率法等。由于影响商品销售的因素很多，单纯以销售量（额）的增减来衡量广告效果并不全面，因此上述测定方法只能作为衡量广告促销效果的参考。

（2）广告本身效果的测定

广告本身效果主要是以广告对目标市场消费者所引起心理效应的大小为标准，包括对商品信息的注意、兴趣、情绪、记忆、理解、动机等。因此，其效果测定主要围绕知名度、注意度、理解度、记忆度、视听率、购买动机等项目展开，常用的测定方法主要有直接测试法、记忆测试法、价值序列法等。

8.2.3　POP广告

POP广告是零售商最重要也最常用的一种广告形式，近年来被越来越多的商店所接受，并演化出丰富多彩的各种广告形式。

8.2.3.1　POP广告的含义与功能

POP广告是指在商品购买场所、零售商店的周围、入口、内部以及有商品的地方提供有关商品与服务信息的广告、指示牌、引导标志等，也称店面广告、售点广告。美国国际终端营销协会关于POP广告与销售效果和POP广告与冲动性购买的调查表明，卖场中POP广告的有无对销售效果和顾客的购买行为会产生非常大的影响（见表8-4、表8-5）。

表8-4　　　　　　　　　　　　　POP广告与销售效果

商品添加POP广告	销售额平均增加18%
POP广告中标明商品信息	销售额平均增加33%
POP广告中标明特卖价格	销售额平均增加124%
插页广告中登载商品	销售额平均增加194%

资料来源　陈立平. 卖场营销［M］. 北京：中国人民大学出版社，2008：277.

表8-5　　　　　　　　　　POP广告与冲动性购买的关系

商品名称	冲动性购买平均增长率
化妆品	23%
香烟	13%
医药品	25%
家庭日用杂货品	23%
女性卫生用品	18%
男性化妆品	24%

资料来源　陈立平. 卖场营销［M］. 北京：中国人民大学出版社，2008：277.

作为商品与顾客之间的对话，POP广告在店铺促销中执行以下功能：告知新产品、唤起潜在购买意识、取代售货员、营造销售气氛、提升企业形象。

8.2.3.2　POP广告的类型

（1）普遍使用的POP广告

商店中普遍使用的POP广告类型及功能见表8-6。

表8-6 普遍使用的POP广告

类 型	功 能
招牌POP广告	包括店面、布幕、旗子、横（直）幅、电动字幕等，其功能是向顾客传达企业的识别标志，传达企业的销售活动信息，并渲染这种活动的气氛
货架POP广告	是展示商品的广告或立体展示售货，是一种直接推销商品的广告
招贴POP广告	类似于传递商品信息的海报，招贴POP要注意区别主次信息，严格控制信息量，建立起视觉上的秩序
悬挂POP广告	包括悬挂在卖场中的气球、吊牌、吊旗、包装空盒、装饰物，其主要功能是营造卖场活泼、热烈的气氛
标志POP广告	即商品位置指示牌，其主要功能是向顾客传达购物方向的流程和位置的信息。其主要包括两类：一是店内标志，一般用来表示店内的出入口、安全通道、卖场、方向、电梯、休息场所、收银台、卫生间、试衣间等场所的位置和方向；二是卖场分类标志，通常根据商品的大分类来表示卖场和部门的位置
包装POP广告	指商品的包装具有促销和企业形象宣传的功能，如附赠品包装、礼品包装、若干小单元的整体包装
灯箱POP广告	大多稳定在陈列架的端侧或壁式陈列架的上面，主要起指示商品的陈列位置和指明品牌专卖柜的作用

（2）销售型POP广告与装饰型POP广告

前者是指顾客可以通过其了解商品的有关资料，从而进行购买决策的广告。后者被用来提升超市的形象，进行店铺气氛烘托。这两种POP广告的区别见表8-7。

表8-7 销售型POP广告与装饰型POP广告的区别

名 称	功 能	种 类	使用期限
销售型POP广告	代替店员出售商品，帮助顾客选购商品，促进顾客的购买欲望	手制价目卡、拍卖POP、商品展示卡	拍卖期间或特价期，多为短期使用
装饰型POP广告	制造店内的气氛	形象POP、消费POP招贴画、悬挂小旗	较为长期，而且有季节性

（3）外置POP广告、店内POP广告和陈列现场POP广告

外置POP广告是将本商店的存货以及所经销的商品告知顾客，并将顾客引入店内的广告。店内POP广告是将本店的商品情况、店内气氛、特价品种类以及商品的配置场所等经营要素告知消费者的广告。陈列现场POP广告是设置在商品附近，用来帮助顾客做出相应的购买决策的展示卡、价目卡及分类广告。其具体种类与功能见表8-8。

表8-8 外置POP广告、店内POP广告和陈列现场POP广告的区别

名　称	具体种类	功　能
外置POP广告	招牌、旗子、布帘等	告诉顾客这里有家商店及其所售商品的种类，通知顾客正在特卖或制造气氛
店内POP广告	卖场引导POP、特价POP、气氛POP、厂商通报、广告板	告诉进店的顾客，某种商品在什么地方；告诉消费者正在实施特价展卖，以及展卖的内容，营造店内气氛；传达商品信息以及厂商信息
陈列现场POP广告	展示卡、分类广告、商品价签等	告诉顾客商品品质、使用方法及厂商名称等特征，帮助顾客选择商品；告诉顾客广告品或推荐品的位置、尺寸及价格；告诉顾客商品名称、数量、价格，以便消费者作出购买决定

8.2.3.3　零售POP广告的设计

（1）零售POP广告的使用条件

根据国内外零售商的运作经验，POP广告适合在以下情况中使用：新商品；特卖商品；商店向顾客极力推荐的商品；相同的问题顾客提问5次以上；自有品牌商品。

（2）零售POP广告的设计理念

作为卖场促销的重要手段，POP广告设计在准确把握各种零售业态特征、商品特征、消费者特征的基础上，还应体现3S理念：简洁（simple），强调必须精选POP广告的陈述内容，力求简短，吸引顾客注意；直入（straight），强调POP广告要有打动顾客的语言，使用文字灵活，具有鼓励性；强烈（strong），强调POP广告要有强烈、鲜明的个性和魅力，迅速引起顾客的注意和兴趣。

（3）手绘POP广告的制作

手绘POP广告是卖场中最具机动性、经济性和亲切性的一种POP广告形式。其制作要领是：设计规范；广告内容重点突出，容易领会；形式新颖，具有创意、个性和美感；文字简短有力，符合时代与顾客需要；广告干净整洁，便于更换。

8.3　零售公共关系

8.3.1　零售公共关系概述

8.3.1.1　零售公共关系的含义

零售公共关系是零售商以非付费的方式，通过大众传播媒介发布有关商店的能引起公众注意的公益消息或服务信息，以提高商店形象，获得消费者好感与信赖的一系列活动。公共关系自20世纪初由艾维·李开创以来，对社会各个领域和方面，特别是对企业经营

活动的影响已经越来越广泛和深入（如图8-6所示）。

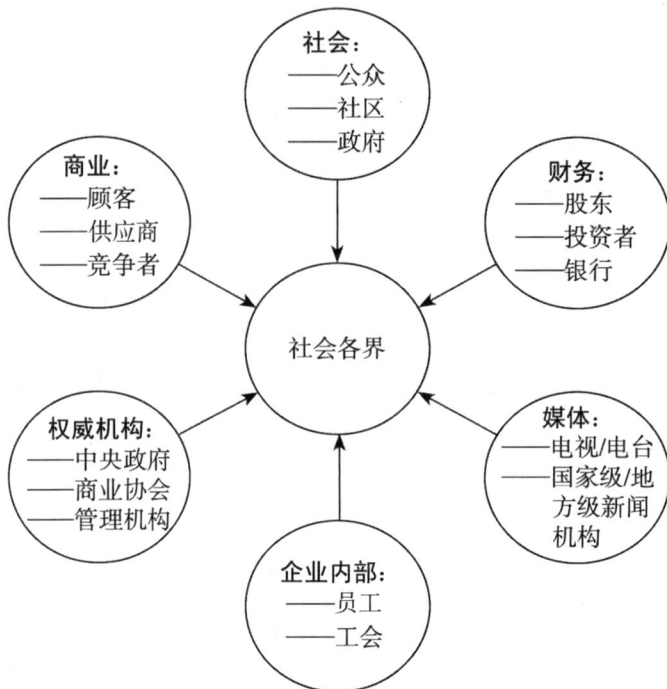

图8-6 零售公共关系

8.3.1.2 零售公共关系的目标

零售公共关系的主要任务是沟通与协调商店与社会公众之间的关系，塑造良好的社会形象，以争取公众的理解、认可和合作。其希望达到的目标如图8-7所示。

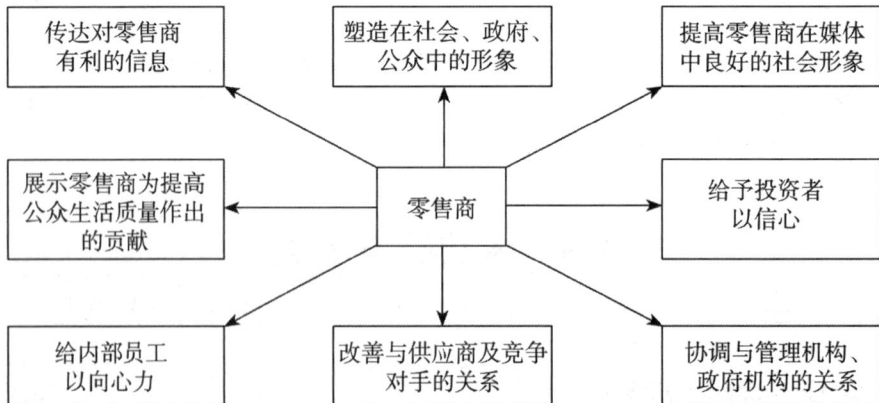

图8-7 零售商运用公共关系预期达到的目标

8.3.1.3 零售公共关系的优缺点

与其他的促销方式相比，零售公共关系的主要优点是：详细报道宣传的信息；传播的信息可信度高；不需要付费；进一步扩大零售商知名度；能触及更广泛的受众；公众的留意程度高。

其不足之处表现在：短期内活动效果不明显；零售商的控制能力弱；属于企业刻意策划的公关活动仍然会产生一定的费用。

8.3.1.4 零售公共关系的类型

（1）按照功能不同分类

①宣传型公共关系，即零售商运用报纸、杂志、广播、电视、互联网等各种传播媒介，采用撰写新闻稿、演讲稿、报告等形式，向社会各界传播企业的有关信息，以形成有利于企业形象的社会舆论导向。

②征询型公共关系，即零售商通过开办咨询业务、设计调查问卷、进行民意测验、设立热线电话、聘请兼职信息人员、举办信息交流会等各种形式，逐步形成效果良好的信息网络，再将获取的信息进行分析研究，从而为经营管理决策提供系统的依据。

③交际型公共关系，即零售商采用座谈会、专访、招待会、电话、信函等形式，通过语言、文字的沟通，与企业广结良缘，巩固传播效果。

④服务型公共关系，即零售商通过各种实惠性服务，以行动获取公众的了解、信任和好评，以实现既有利于促销又有利于树立和维护企业形象和声誉的活动。

⑤社会型公共关系，是零售商通过赞助文化、教育、体育、卫生等事业，支持社区福利事业，参与国家、社区重大社会活动等形式来塑造企业形象的活动。

（2）按照公共关系活动要达到的目的分类

①预期型公共关系，即零售商事先做好活动策划，并努力使媒体进行报道，或预计某些事件会引起媒体的关注并予以报道。

②意外型公共关系，即媒体在零售商事先未注意的情况下报道其表现。

8.3.2 零售公共关系的传播手段

8.3.2.1 新闻报道

新闻报道是零售商乐于接受、由新闻媒体公开发布的、对事实或观点的一种陈述，一般用来报道特定的事件、新店开张、单位时间内零售店销售业绩、店铺战略调整与转变等。

8.3.2.2 出版物

在实践中，零售商常常通过依靠年度报告、小册子、专论文章、商业信函、业务通信和杂志、视听材料等各种沟通传播材料去接触和影响目标市场，帮助商店树立形象和向消费者通告重要新闻。

8.3.2.3 事件

零售商可以通过安排特殊事件的形式来吸引消费者对自己的注意，如召开新闻发布会、举办专题活动（如庆典活动、知识竞赛活动等）、公益赞助活动（如赞助教育事业、社会慈善和福利事业、体育活动、文化娱乐活动等）。公共关系的关键是要学会讲故事，积极寻找和挖掘卖点、整理提炼故事，善于制造公共关系事件对零售商促销目标的实现会起到重大的作用。

8.3.2.4　演讲

零售商负责人或其指定的发言人应该经常通过各种形式，如相关会议、商业午餐、为学生讲课等，表达自己的观点，传递企业的信息，或通过宣传媒体圆满地回答各种问题。

8.3.2.5　形象识别媒体

在高度交往的社会中，零售商还应努力创造一个公众能迅速辨认的视觉形象。视觉形象可以通过零售商的标志、文件、小册子、招牌、企业模型、业务名片、建筑物、制服及制服标记、包装袋、商业表格等来传播，即CIS策划所用到的载体。

8.4　零售销售促进

8.4.1　零售销售促进的目的与影响

零售销售促进是指零售商针对最终消费者所采取的除广告、公共关系和人员推销之外的能够迅速刺激需求、激发购买、扩大销售的各种短暂性的促销措施，也称营业推广。

8.4.1.1　零售销售促进的目的

（1）吸引新顾客

销售促进会干扰和破坏顾客对店铺的忠诚度。零售商利用销售促进吸引的新顾客包括同类型其他店铺的顾客、其他类型店铺的顾客、店铺转换者（即经常转换店铺购买商品的顾客）。其中，店铺转换者是零售商主要吸引的对象。

（2）保持现有顾客

比较而言，老顾客带给店铺的收益比新顾客高出20%~85%，且吸引新顾客的费用是挽留老顾客的6倍。因此，销售促进应特别重视维护老顾客，稳固和扩大老顾客群体。

（3）促使顾客大量购买

销售促进活动要促使顾客在本店购买足够数量的商品，使他们在近期内不会再购买该商品。其用意一是确保顾客在一段时间内能够继续使用本店提供的商品；二是已大量购物的顾客可能对竞争者提供的促销刺激无兴趣，从而在一定程度上减弱了竞争对手的活动效果。

（4）扩大零售商知名度

销售促进活动与店铺其他促销活动结合运作，有助于扩大零售店铺的知名度，如零售商在播放电视广告的同时向目标市场消费者发放赠品，会吸引消费者注意，提升店铺认知。

8.4.1.2 零售销售促进的影响

零售销售促进的积极影响是：能够吸引顾客注意；形式多样，增强顾客的购买兴趣；在活动中获得的赠券、赠品、创意服务等有价值的东西会使顾客有一种获得利益的收获感，吸引顾客光顾并维持对零售商的忠诚；引发冲动性购买行为。

零售销售促进可能产生以下消极影响：没有把握准消费者心态，促销活动引发顾客不良反应；以让利为前提，可能有损零售商形象；方式老套，难以吸引顾客；注重短期效果，时效性强，难以建立顾客忠诚度，只能作为补充促销手段。

小案例8-2

8.4.2 零售销售促进工具

8.4.2.1 折价促销

（1）特价促销

特价促销即直接将商品的原价调至较低的现价以吸引消费者增加购买。特价促销通常需要供货商的大力支持与配合，如特价期间的广告费、陈列费和折扣提供等；否则，店方无利可图就很难运作下去。运用特价促销的注意事项是：恪守诚信经营；精选商品品项；供应数量充足；降价幅度有吸引力；配合其他手段；利用价格数字印象。

（2）优惠券（折扣券）

优惠券（折扣券）是零售店使用最广泛、最有效的一种促销工具，一般由零售商将印在报纸、杂志、宣传单或商品包装上的附有一定面值的优惠券，通过邮寄、挨户递送、销售点分发等形式发放，持券人凭此券前往购物就可以享受到一定的优惠。

小知识8-8

（3）限时抢购

限时抢购即在特定的营业时段提供优惠商品，以刺激顾客大量购买，如限定16：00—18：00购买某商品五折优惠。实际操作中的注意事项：

一是信息送达。应以宣传单或广播、电视、互联网等媒体手段提前预告给消费者，并利用卖场营业高峰时段以店内广播方式刺激顾客购买特定优惠商品。

二是优惠幅度。限时抢购的价格优惠必须在三成以上才会产生预期效果。

（4）免服务折扣

免服务折扣即有些商品价格含有一定的服务费，当零售商对没有条件享受服务或自动放弃服务享受的顾客给予一定的价格折扣时，就是免服务折扣，如保修费退回、送货费退回等。免服务折扣不仅有利于保护顾客的合法权益，而且有利于增强顾客的吸引力，提高企业信誉。

（5）联合折扣

联合折扣即零售商与餐旅、娱乐、洗车、美容美发、金融、保险等行业联合开展的一种促销活动。在活动期内，顾客凭在商店购物的结账小票就可以在结成联合体的成员单位享受消费折扣或接受优惠服务，如购物满200元，就可得到某美容美发机构免费理发卡一张等。

8.4.2.2 奖励促销

（1）赠品促销

赠品促销是零售商以赠品为诱因刺激消费者采取购买行为的促销活动。赠品促销的具体方式有3种：

①赠送：只要进店就能免费获得礼品。

②买后才送：顾客购买一定数额的商品才能获得礼品。

③随商品附赠：将赠品与商品的包装附在一起直接放在货架上，顾客在购买商品时即可获得赠品。

采用赠品促销应跳出赠品与竞争对手同质化的现状，关注赠品发展的精美化、品牌化和高质化趋势，用新颖、时尚、实用的赠品吸引顾客，满足顾客需求。

（2）抽奖

抽奖是指顾客在商店购买一定金额的商品即可凭抽奖券在当时或指定时间参加商店组织的公开抽奖活动。常见的抽奖方式有直接抽奖、事后兑奖、多重抽奖等。采用抽奖促销应注意以下问题：确定顾客可参与抽奖的最低消费金额；确定抽奖商品的金额；确定奖励的项目和方式（较大的奖励项目一般用定期公开抽奖方式；较小的奖励项目一般用立即摸奖兑现的方式；若用购物券作奖励，应注意购物券不宜限额使用）。

（3）竞赛

竞赛是零售商为鼓励消费者运用和发挥自己的才能去解决或完成某一特定问题，当问题解决时就提供一定的奖品予以奖励的一种活动形式。此类活动需要具备奖品、才华和学识3个基本要素，竞赛的着眼点是趣味性和参与性。常见的竞赛活动方式有：

①在店内或通过媒体开展的各类比赛，让消费者参加；

②让消费者答题；

③征求商店标志或促销创意活动等。

8.4.2.3 会员制促销

会员制促销是指零售商以某项利益或服务为主题将消费者组成一个群体，通过发放带有特定标志的会员卡来开展宣传、促销等营销活动，会员在购物时凭会员卡可以享受价格折扣、服务等方面优待的一种销售方式。会员制于20世纪80年代流行于欧美，中高档服装专卖店、仓储商店及大型超市常采用会员制促销。会员制促销的主要目的是留住老顾客。一般来说，会员可享有的优惠项目见表8-9。

表8-9　　　　　　　　　　　　**会员可享受的优惠项目**

优惠项目	优惠内涵
会员价格	会员在购物时可享受比非会员更大的折扣
服务	会员在购物时可享受保险及送货上门等服务
赊销	会员在持卡购买大宗昂贵商品时可享受分期付款的优惠
年底分红或返利	视会员在店内消费总额和企业盈利情况，年底给予会员一定的分红或返利
定期联谊活动	会员每两周或一个月有机会参加店铺的联谊活动，彼此沟通信息，并获得店铺的一份礼物
优惠日活动	针对会员每隔半个月或一个月，推出一天优惠购物日
获得店铺信息	会员每两周或一个月可获一份印刷精美的店铺最新商品信息，并享受网络订货、电话订货和免费送货服务等

会员制促销的具体形式包括：

（1）公司会员制促销

公司会员制促销即消费者以公司名义入会，店铺向入会公司收取一定金额的年费。会员在购物时可享受10%~20%的购物优惠和一些免费服务项目。

（2）终身会员制促销

终身会员制促销即消费者一次性向店铺缴纳一定金额的会费，成为该店的终身会员，可长期享受一定的购物优惠，常年得到店方提供的精美商品广告，还可以享受诸如网络订货、电话订货和免费送货等服务。

（3）普通会员制促销

普通会员制促销即消费者无须向店方缴纳会费或年费，只需在店铺一次性购买足额商品便可申请获得会员卡，此后便可享受5%~10%的购物价格优惠和一些免费服务项目。

（4）内部信用卡会员制促销

内部信用卡会员制促销即消费者申请某店信用卡后，购物时只需出示信用卡，便可享受分期支付货款或购物后15~30天内现金免息付款的优惠，或进一步享受一定的价格折扣。它一般适用于大型高档店铺。

小案例8-3

会员制促销的优点是：稳定顾客，提高顾客忠诚度；掌握消费信息，了解消费者需求；拓展新会员；增加企业的收入和利润。

会员制促销的弊端是：回报缓慢；费用较高；效果难以预计。

实践中，零售商要想提升会员制促销的效果，需要关注并解决好项目内容缺乏吸引力，顾客认同感弱；活动千篇一律，顾客无兴趣；人为设置障碍，会员政策不靠谱等问题，设法吸引和留住消费者，增加消费者的满意度、复购率和推荐率，提升消费者的生命周期。

8.5　零售体验营销

1998年，美国俄亥俄州战略地平线顾问公司的约瑟夫·派恩二世与詹姆斯·吉尔摩在美国《哈佛商业评论》（1998年7—8月号）发表的论文《体验式经济时代的来临》（Welcome to the Experience Economy）中，首次提出了体验营销的概念。此后，体验营销开始引起人们的关注并迅速传播开来，以顾客需求为导向的体验营销成为21世纪企业获取竞争优势的重要法宝。零售商也面临着如何尽快适应这一营销潮流的挑战，将自己定位为"体验场所，以在激烈的零售竞争中创造竞争优势的艰巨任务"。

8.5.1　零售体验营销概述

8.5.1.1　零售体验营销的含义与特点

零售体验营销是指零售商根据消费者情感需求的特点，结合商品和服务的属性，策划有特定氛围的营销活动，让消费者参与并获得美好而深刻的体验，满足其情感需求，从而扩大商品和服务销售的一种营销活动。

零售体验营销的特点是：

（1）以顾客需求为导向

以顾客需求为导向即零售商从消费者的真正需求出发进行商品、定价、销售方式等方面的设计与运作，以"推式"营销增强企业服务的主动性。

（2）以顾客沟通为手段

以顾客沟通为手段即零售商通过建立与顾客的双向沟通，最大限度地搜集顾客信息，并及时反映在店铺提供的商品与服务方面，满足顾客的个性化需求，有效地推动消费者购买。

（3）以顾客满足为目标

以顾客满足为目标即零售商在商品及服务的提供过程中，不仅要满足顾客对商品使用价值的需求，还要开展各种活动增强顾客的体验需求，满足顾客购买过程中所产生的需求，使顾客在物质和精神上得到双重满足。

小案例8-4

8.5.1.2 体验营销与传统营销特征的对比

与传统营销相比，体验营销具有明显的优势，两者具体区别见表8-10。受体验经济时滞性的影响，体验营销也有时滞性的局限，即从消费者导出需求到实现体验需要一个过程，不能把实物摆上货架供消费者随挑随选。

表8-10 传统营销与体验营销的差异

项 目	传统营销	体验营销
产生背景	迎合工业时代的需求	适应体验经济的需求
关注点	关注功能特色和益处	关注消费者体验
竞争范围	比较狭窄，限于产品类别的范围	比较宽泛，置于社会文化背景下的消费氛围和感觉
消费者	消费者是理性的决策者	消费者同时受感性和理性的驱动
分析方法	多采用定量分析的调研方法	定量调查+探索性调查
营销要点	差异化营销	传递服务、营造消费情景
互动性	多采用"广告+推销"手段，顾客被动接受	强调双向沟通，让顾客通过感受获得体验，顾客主动接受
定价依据	成本导向定价	需求导向定价

8.5.2 零售体验营销的流程、方式与媒介

8.5.2.1 零售体验营销的流程

在实践中，零售体验营销是通过看、听、用和参与等手段，充分刺激和调动消费者的感官、情感、思考、行动、关联等感性因素和理性因素，吸引消费者积极参与到体验中来；当消费者经过体验感觉满意后，就会采取购买行动，并及时将体验后的感受反馈给零售商。零售商根据消费者反馈和自身营销意图，改善营销策略，再通过体验营销进一步作用于消费者，由此形成一种良性互动循环，达到消费者和零售商双赢的目的。其具体活动流程如图8-8所示。

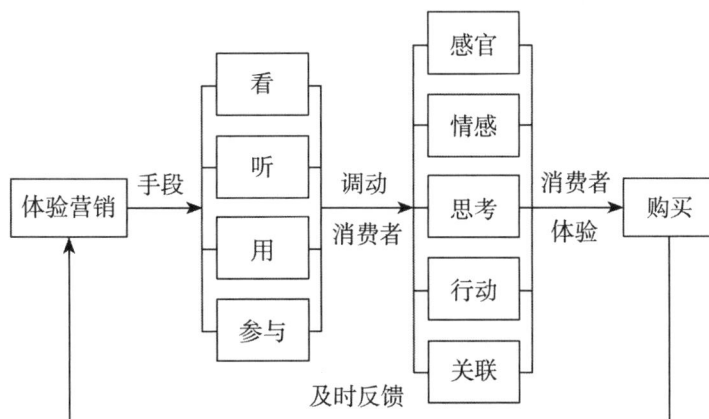

图8-8 零售体验营销的流程

8.5.2.2 零售体验营销的方式

零售商开展体验营销的方式多种多样，鉴于目前体验营销还处于起步阶段，一般消费者的体验大多停留在感官、情感等层面上，因此本章仅介绍几种主要的体验营销方式。

（1）娱乐式零售

娱乐式零售即零售商通过让顾客参与的手段，运用感官、情感策略增加娱乐活动来刺激顾客的感官，促使顾客在卖场内快乐地体验和消费的一系列活动，如服装店的时装秀、游戏卖场的亲身感受等。

（2）专业式零售

专业式零售即零售商利用明星代言等行动式策略营造一种氛围使顾客体验推介产品带来的享受，并在明星效应下影响消费者的行为，推动销量的活动。这种方式适用于IT类高科技产品的营销。

（3）主题式零售

主题式零售即零售商主要通过看、听等手段，利用情感、思考策略在一个特定的主题中引起消费者对某方面情感的思考，再形成体验共鸣的活动，如超市的母亲节"献给母亲的爱——蛋糕制作"主题活动等。

（4）融合式零售

融合式零售即零售商利用关联式策略开展的、旨在促进消费连带购买的一系列体验营销活动，如零售业与餐饮业融合的结果是在商场内建造餐厅，为顾客提供餐饮服务，吸引更多的消费者，延长顾客的逗留时间，激发顾客购物或再次购物的欲望。

8.5.2.3 零售体验营销的媒介

零售体验营销的媒介是零售营销人员为消费者创造体验时的战术实施活动，包括传播、视觉/语言标识、产品、联合品牌塑造、空间环境、网站与电子媒介、人员等。

（1）传播

传播的体验媒介包括广告、公共关系以及其他的公司外部与内部传播方案（如目录杂志、小册子与新闻稿、年报等）。

（2）视觉/语言标识

其包括产品名称、独特音效等标识系统可用于创造感官、情感、思考、行动及关联体验的品牌体验形象。

（3）产品

产品的体验媒介包括产品设计、包装、产品展示、品牌角色等。

（4）联合品牌塑造

联合品牌塑造的体验媒介包括建立品牌联盟或战略合作伙伴关系、产品在节目中的展示和联合促销等形式，其作用原理是将消费者对知名合作方的体验部分转移到自己品牌身上。

（5）空间环境

其包括建筑物、办公室、工厂、零售与公共空间以及商展摊位，环境体验因其具有实体性而通常给人留下全面深刻的印象。

（6）网站与电子媒介

其主要包括网站、电子公告栏、线上聊天室等，互联网的交互性使得网站与电子媒介成为众多体验的诞生地。

（7）人员

其主要指销售人员、公司代表、客服人员及任何与消费者关联的零售人员。

8.5.2.4 零售体验营销的实施

零售商实施体验营销策略，除了要站在消费者的立场，将感官、情感、思考、行动、关联五点作为一种设计思考方式外，还需要根据不同的地区特性和终端销售环境，展现不同的体验诉求。其应注意以下主要事项：

（1）灵活地运用各种体验工具

灵活地运用各种体验工具即通过有效地选择视觉、听觉、交流、情感、人等体验工具与顾客形成互动，吸引消费者。

（2）增加顾客体验附加价值

增加顾客体验附加价值即零售商在营销中加入人文关怀或企业文化，为顾客提供体验价值，让顾客满意，如树立人性化的体验营销理念、注重细节、借助品牌增加体验附加价值、精心设计环境、提供多种便利、在创新中设计体验等。

（3）构建顾客导向的体验营销网

构建顾客导向的体验营销网即构建一个以顾客需求为导向的体验营销网络平台，由体验店网、消费者网、营销人员网、营销团队培训网、互联网等五大网络形成一个相互影响、相互作用的整体网络来相互营销、相互发展。

素养园地

明星代言须谨记法律和社会责任

党的二十大报告指出："全面依法治国是国家治理的一场深刻革命，关系党执政兴国，关系人民幸福安康，关系党和国家长治久安。必须更好发挥法治固根本、稳预期、利长远的保障作用，在法治轨道上全面建设社会主义现代化国家。"

近年来，不少明星都在广告代言的路上栽了"跟头"。例如，《中华人民共和国广告法》规定，保健食品广告中不得利用广告代言人作推荐、证明。某演员以自己的名义和形象为保健食品作推荐和证明，就构成违法代言广告行为。艺人的道歉具有一定的警示效应，但事后道歉无法弥补违法广告代言行为造成的危害。

明星代言具有广泛的示范效应，须谨记法律和社会责任。《中华人民共和国广告法》以及一系列法律规范，已经给广告代言行为立了很多规矩。2022年10月31日，按照中央宣传部文娱领域治理有关工作部署，国家市场监督管理总局会同中央网信办、文化和旅游部、广电总局、银保监会①、证监会、国家电影局等七部门联合印发《关于进一步规范明星广告代言活动的指导意见》，进一步规范明星广告代言活动，依法追究广告代言违法行为各方主体责任，要求相关部门加强广告代言活动全链条监管，严厉查处明星代言的虚假违法广告。

监管部门应在全面深入开展普法工作、教育引导明星增强代言自律意识的基础上，利用"大数据检索+人工检查"的方式，加强对依托网络、电视等媒介发布的明星代言广告的监督，鼓励社会各界积极举报明星违法代言的线索，形成监管高压态势。对明星违法代言问题，发现一起、严查一起，并实施联动惩戒、曝光案例，让违法代言明星付出代价，切实绷紧法律弦、责任弦，规范代言行为。

资料来源：李英锋. 明星代言须谨记法律和社会责任［N］. 人民公安报，2022-12-29（3）.

关键术语

零售促销　零售促销组合　零售广告　零售公共关系　零售销售促进　零售体验营销

即测即评

第8章单项选择题

第8章多项选择题

第8章判断题

基本训练

❖ 问答题

1. 简述零售促销策划的步骤。

2. 简述选择零售促销组合应考虑的因素。

3. 简述零售广告决策过程。

4. 简述POP广告的使用条件。

5. 简述零售公关活动的传播手段。

6. 试述零售体验营销与传统营销的区别。

7. 简述零售体验营销的媒介。

❖ 案例分析

案例1　　　　　　　　　　　促销活动效益评估

某品牌洗发水在某商场举办了为期两周的促销活动，促销的内容包括降价（由原价

---

① 2023年3月，中共中央、国务院印发了《党和国家机构改革方案》。在中国银行保险监督管理委员会基础上组建国家金融监督管理总局，不再保留中国银行保险监督管理委员会。2023年5月18日，国家金融监督管理总局正式揭牌，银保监会正式退出历史舞台。

23元降到19元）、进行促销广告和商品展示等。销售数据如下：

（1）促销之前的4周，平均每周销售量为1 000瓶，单价为23元；

（2）促销期间（2周）的平均销售量为4 000瓶，单价为19元；

（3）促销期后的2周，平均每周销量为1 100瓶，单价为23元；

（4）促销广告、商品展示等成本为800元；

（5）商品的成本为每瓶16元；

（6）制造商提供的商品折扣是销售量的10%。

问题：

（1）请用数据说明此次促销活动是否成功。

（2）零售商开展促销活动应关注哪些事项？

案例2　　　　　或告别"付费会员制"，转而直接上折扣价

进入2023年，"降价""扩张"成为盒马发展的关键词。2023年10月，盒马启动"折扣化"变革，推出"移山价"，对线下5 000余款商品降价，但被用户发现：这些商品的折扣与付费会员八八折并不能共同使用，非会员的普通消费者购买部分商品的价格与会员八八折的折后价一致，甚至更低。在此折扣攻势之下，付费会员变得有点"鸡肋"。从2023年12月13日晚间开始，盒马年费258元的黄金会员依然可以续费，钻石会员则已无法续费。盒马未来可能再无会员制，而是直接以常规"折扣化"来加速争夺商超市场份额。

盒马推进"折扣化"转型，并频繁推出"移山价"的低价产品，这将让其成为商超赛道的一条"鲇鱼"，在与山姆、沃尔玛、Castco等的竞争中掀起激烈的"价格战"。盒马透露，"折扣化"变革的最终目的是让盒马所有商品更具价格竞争力。而全新的采购模式、供应链调优是支撑长期开展"折扣化"变革的关键。

资料来源：邓莉. 盒马欲掀商超"价格战"［N］. 广州日报，2023-12-20（A16）.

问题：

（1）零售销售促进工具有哪些？

（2）如何看待折价促销和会员制促销两种不同的销售促进工具？

案例3　　　天虹造趣节：IP联名"破圈"，打造暑期造乐场

2023年，文旅消费复苏，顾客的消费观念和习惯引领潮流，情感链接、多元体验、创新造趣都需要有更具象的表达。7—8月，天虹抓住暑期赛道，打造持续整个暑期的造趣节，与华强方特动漫国民IP"熊出没"进行深度合作。官方媒体矩阵强势联动，落地"熊出没"10周年全国首展，打造暑期IP多元美术陈列及纪念品，将国漫IP引入生活场景，突破圈层壁垒，打造暑期造乐场。

一、以"IP联动"造趣，主题乐园形成情感链接空间

7—8月，天虹多业态联动，在全国落地暑期造趣节，联名国产动漫头部IP"熊出没"，将线上平台、线下商圈打造成能够链接情感的夏日乐园。合适的IP联名意味着情绪的快速启动。天虹在全国8城12家店落地"熊出没"10周年全国首展及多种体验活动，掀起线下探展打卡热潮。同时，天虹在线上策划IP会员玩法，为顾客创造沉浸式体验场景。活动期间，全国客流同比上升27%，落展12家店的客流量大幅增长，引发破圈效应。

二、以"多元体验"造趣，线上线下立体式营销

在造趣节期间，天虹开启线上线下立体式营销，通过多样化的体验对顾客发出"立体声"。线上顾客可以通过天虹App或小程序感受到丰富的暑期活动，线下以宠物友好、户外乐活、自然共生、美好生活为概念，通过空间打造、沉浸互动的形式为消费者展现暑期欢乐氛围。以天虹深圳区域为例，除了"熊出没"10周年全国首展，还有熊熊舞台剧、熊粉大巡游、熊熊闯关、配音大赛、熊熊森林生日会、熊熊落日影院等首创体验。7月22日，龙华天虹购物中心以环保加人文探索为主题，联合社区工作站、党群服务中心为孩子打造趣味职业体验活动。造趣节期间，昆山天虹购物中心的客流量同比提升49.2%，深圳宝安天虹购物中心、杭州天虹购物中心、浏阳天虹购物中心等客流量都同比提升超30%。

三、以"深度创新"造趣，私域和公域共创，推动活力升级

天虹在内部实现全业态联动，不同业态、不同店型分别匹配不同顾客，在社群、朋友圈等私域场景中全面推行深度创新；在外部联合"熊出没"官方媒体矩阵统一发声，提升天虹造趣节声量，同时在小红书、微博等公域场景开启话题共创，带动造趣节裂变传播。

①会员积分玩法创新，拉动私域活力。天虹增添IP会员玩法，顾客通过天虹App或小程序进行会员积分兑礼，可获取吃喝玩乐好物、游乐园门票、游戏币和"熊出没"IP周边等，以此吸引消费者，激发私域顾客活力。

②小红书联动创作，扩大传播裂变。天虹造趣节通过小红书推出"出道即顶流"的全网创作活动，引导顾客参与#小心天虹有熊出没#话题创作。商业与年轻化社交平台进行合作，将线下欢乐情绪引流线上进行裂变传播，让话题在年轻消费圈层中收获流量。

天虹将国漫IP带入商业场景，引领顾客在场景中释放情绪，带动场景体验消费的热潮；同时，通过打造个性化的新生活方式，从游玩、体验、创造方面与年轻亲子客群建立更深度的情感链接，提升在客群中的友好商圈形象。

资料来源：天虹E视点. 天虹造趣节：IP联名"破圈"打造暑期造乐场［EB/OL］.（2023-08-31）［2024-06-23］. https://mp.weixin.qq.com/s/k9jqng29Lqj_jweHiRfoXw.

问题：

（1）结合案例资料，分析天虹采取了哪些促销类型和手段来吸引消费者、满足消费需求。

（2）体验营销重在营造用户场景，结合资料分析天虹是如何开展体验营销的。

第9章 零售服务

内容体系

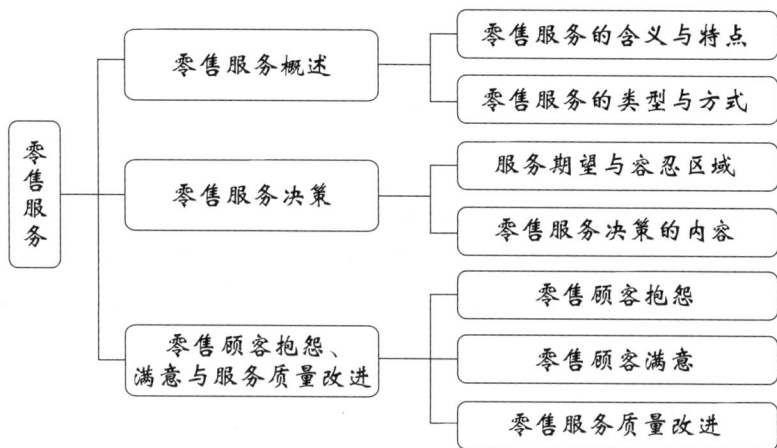

学习目标

◆掌握零售服务方式与服务素质，零售服务决策的内容，顾客抱怨产生的原因和处理的原则，顾客满意的内涵、影响因素和途径，采取有效的措施改进服务质量。

◆领会零售期望服务与容忍区域的内涵。

◆了解零售服务的含义、特点与类型。

❖ 引例

胖东来的服务创新细节

1. 只卖虾不卖水——所谓好服务，就是换位思考

卖海鲜把水挤掉；卖蔬菜掐头去尾，留下净菜，墙上挂着农残检测数据的公示；为带宠物逛商场的顾客准备了有遮阳棚、保温帘子、饮水设备的宠物笼子……胖东来通过诸多服务细节在情感上征服了顾客。

2. 一盒爱心糖果——胖东来的冗余服务

胖东来免费提供爱心糖果，针对不同人群提供不同的购物车，在洗手台上准备了洗手液、护手霜，在水池边设置了免费的果蔬清洁剂、一次性手套及其回收箱等。提供冗余服务能满足对服务有不同层次需求的人群需要。

3.每个服务员都是专家——从周到服务到专家服务

大家都说胖东来的服务好，是超市界的天花板，这是因为胖东来看到了未来服务业发展的趋势，做专业服务。服务人员都有相应的岗位实操手册，通过理念、培训和实践让服务员成为岗位专家。

4.全民皆兵式服务——每个人都是服务员

胖东来的特色服务是"全民皆兵"，这是他们的服务标准，别人的优质服务在胖东来可能只是基本服务。胖东来认为员工都应做到的体现主人翁意识的3件事是：

第一，服务要有具体要求，发现问题，马上整改。

第二，向服务要效益。胖东来的高工资意味着高要求，是优质服务创造了高效益，是顾客给员工发了钱。

第三，文化认同。持续进行文化灌输，老板让每个人都相信工作是幸福的，给别人帮助是幸福的，未来是美好的。

5.上门退换货服务——让服务超越期待

胖东来除了愿意帮你退换货，还有上门退换货服务。超越客户预期的服务原则，在胖东来要完成150%，甚至200%。提供上门退换货服务是不划算的，但是它打动了人心，胖东来不算小钱算总账。

6.赔钱的服务——500元的客户投诉奖

胖东来的原则是应该花的钱，该花就花。胖东来设立客户投诉奖，只要客户投诉，核实清楚非客户原因后，除了赔礼道歉，还给客户发500元钱。这是非常精明且清晰的方法，赔钱的背后是一系列的管理手段，让这500元物尽其用。

7."迪拜刀法"——让好服务被看见

大家说胖东来切西瓜用"迪拜刀法"：西瓜现切现卖，把不好的全去掉，只留中间最甜、最核心的部分，卖给顾客的都是最好的；熟食加工区是开放的，水饺隔着玻璃现卖现包……胖东来把每一个能展示给顾客的环节都展示出来，提供可展示的服务。

8.每千克200元的水果——引导而非迎合消费

胖东来货架上占比约20%的引领性产品是高档高价商品，即使不好卖它也会进，卖不掉就打折。此举理由有两点：

第一，好东西有好的品质，胖东来的员工要了解什么叫世界顶级产品、什么叫高品质的生活，员工开了眼界，心态和状态都会有变化。

第二，好的产品可以引导消费，消费者今天不买，明天不买，但可能后天买。哪怕是因为买一送一才买，他也能感受到优质产品到底有多好。

20%的引领性产品很多都是亏钱的。现在新的消费群体崛起，很多年轻人追求的就是高品质的产品，对价格并不敏感。这群人是最优质的顾客群，胖东来其实在为未来打基础。

9.胖东来没有上帝——平等相待的服务

在胖东来，顾客就是跟你我一样的普通人。如果你衣冠不整，保安不会让你进，服务员也可以制止你。胖东来有一条制度，因为制止不文明行为跟顾客起冲突，公司不接受顾客投诉，反而会给员工 500 元补偿。胖东来员工的幸福感比较高是因为这种平等的理念贯穿在企业每一个角落。

10. 网红店之谜——为什么人们都在讨论胖东来

胖东来能有今天的口碑，是通过一系列的方法长期经营出来的。它在做好零售业的基础上，顺带把自己打造成了"网红"。

第一，不投广告，把钱花在提升服务上。

第二，胖东来最有名的是它的高工资。员工收入高了，服务的时候就更投入。

第三，很多人在网上支持胖东来，其实是在支持一些自己认同的理念。大家支持胖东来的背后，其实是对这个社会的期待，是对美好生活的期待。胖东来恰恰理解和践行了老百姓的这种需要。

资料来源：刘杨. 服务业必读丨胖东来的服务创新及启示 [EB/OL]. (2023-08-02)[2024-07-15]. https://mp.weixin.qq.com/s/Qr5Un27h-Lt7b_SQU-7tHw.

9.1　零售服务概述

9.1.1　零售服务的含义与特点

9.1.1.1　零售服务的含义

零售服务是零售商为顾客提供的、与其基本商品相连的、旨在增加顾客购物价值并从中获益的一系列无形的活动。阿伦·杜卡（Alan Dutka）对"服务"一词所作的进一步解释，有助于我们理解服务的内涵（见表 9-1）。

表 9-1　　　　　　　　　　　　　阿伦·杜卡对服务的解释

S	sincerity（真诚：为顾客提供真诚、有礼貌的服务）
E	empathy（角色转换：以适合顾客的角色或方式为顾客提供服务）
R	reliability（可靠性：掌握服务所需要的专业技能并以诚恳的态度为顾客服务）
V	value（价值：提供顾客期望得到的服务，增加价值）
I	interaction（互动：具备优秀的沟通技能并及时给予顾客回应）
C	completeness（竭尽全力：竭尽全力为顾客提供所能做到的最好的服务）
E	empowerment（授权：给予服务人员一定权限以确保在一定时间内解决顾客的各类问题）

西方国家把服务称为"第二次"竞争。美国营销界的一项研究表明，91%的消费者会避开服务质量低的公司，其中80%的顾客会另找其他方面差不多但服务质量更好的公司，20%的人宁愿为这种更好的服务多花钱。因此，在商品趋于雷同的今天，零售服务在吸引消费者、促进销售、增强竞争力方面所具有的作用更加凸显和重要。

小案例9-1

9.1.1.2　零售服务的特点

（1）无形性

无形性即零售服务在被提供之前是看不见、摸不着的。顾客只能在接受服务之后才能评价其是否满足自己的需要。无形性使人们难以明了顾客究竟需要什么样的服务以及怎样评价零售商的服务，也使得提供和保持高水平的服务变得更困难。

（2）不可分离性

不可分离性即零售服务的提供与消费通常是同时进行的，零售商提供服务的过程也是顾客消费服务的过程，服务提供者和顾客的相互作用都对服务的结果有影响。因此，服务质量和顾客满意度在很大程度上依赖服务过程发生的情况。

（3）易变性

易变性即零售服务是由人所表现出来的一系列行为，而人的行为受多种因素的影响会随时随地发生变化，进而影响到零售服务的质量和稳定性，造成了顾客眼中的服务是经常变化的。

（4）易逝性

易逝性即零售服务不能被储存、转手或退回，无法像有形商品那样在时间和空间上存贮下来，以备下次使用。因此，零售服务不能集中提供来获得显著的规模效益，而服务一旦出现差错将会造成顾客流失的重大损失。

9.1.2　零售服务的类型与方式

9.1.2.1　零售服务的类型

按照售货流程不同划分的零售服务类型见表9-2。

按照零售商提供服务多少划分的零售服务类型见表9-3。

按照投入资源划分的零售服务类型见表9-4。

按照顾客需要或与购买商品的密切程度划分的零售服务类型见表9-5。

表9-2 　　　　　　　　　　　　按照售货流程不同划分的零售服务类型

类型	内　涵
售前服务	在商品出售以前所进行的各种准备工作，目的是向消费者传递商品信息，引起消费者的购买欲。这一阶段的服务包括提供商品信息、商品整理编配、商品陈列、货位布局、购物气氛创造等
售中服务	在人员服务的商店中，售中服务表现为售货人员在与顾客交易的过程中提供的各种服务，如接待顾客、商品介绍、帮助选购、办理成交手续、包装商品等服务。在自我服务商店中，售中服务则表现为提供咨询、结算、包装等服务
售后服务	商品售出后继续为顾客提供的服务。一般来说，商店向顾客交付了商品，顾客向商店支付了金钱，销售已基本完成。但对于一般的大件商品、高技术产品的消费者在购买后对商品运送、使用时发生的一些问题，商店需要提供进一步的服务。这类服务的目的是使顾客对商店感到满意，成为商店的回头客。售后服务包括退换商品、送货、维修、安装、解决抱怨及赔偿等

表9-3 　　　　　　　　　　　按照零售商提供服务多少划分的零售服务类型

类型	内　涵
自助服务	零售商服务于那些愿意自己进行寻找比较选择过程的顾客，以便使其节约资金。自助服务是折扣业务的基础，主要用于出售方便商品、民族品牌商品、快速消费品等
有限服务	零售商提供较多的销售帮助，因为其经营的选购品较多，顾客需要较多的信息，其不断增长的运营成本导致高价格
全方位服务	零售商在每一个购买环节上都为消费者提供帮助。此类零售商通常经营那些消费者愿意等待的特殊商品，对经营者来讲，提供较多的服务导致高运营成本，最终导致高价格。专卖店和一流的百货商店常采用此类服务

资料来源　科特勒，阿姆斯特朗，洪瑞云，等. 市场营销原理 ［M］. 何志毅，等译. 亚洲版. 北京：机械工业出版社，2006.

表9-4 　　　　　　　　　　　　按照投入资源划分的零售服务类型

类型	内　涵
物质性服务	通过提供一定的物质设备、设施为顾客服务。如零售商向顾客提供休息室、电梯、试衣间、试鞋椅、寄存处、购物车、停车场等，使顾客使用这些物质设备时感到方便
人员性服务	售货人员、送货人员、导购人员、咨询人员等提供的服务。他们提供的主要是服务和信息。零售业的服务人员要与顾客进行面对面接触，他们的形象和素质往往对商店的形象有最直接的影响，也是消费者评价商店服务质量的一个重要标准，我们要给予充分重视
信息服务	向消费者传递商店与所提供的商品等方面的信息，使顾客了解商家、了解商品、帮助顾客作出适当的购买决策。零售商提供的信息主要有POP广告、媒体广告、新闻宣传、商品目录、商品货位、人员介绍等
资金信用服务	提供消费者信贷，如提供赊销商品、分期付款、信用卡付款等。在提供信贷服务时，零售商应考虑自身的承受能力及消费者的偿还能力，但同时应避免审查手续过于复杂，以免草草收场、影响消费者的热情、损害商店的形象

表9-5 按照顾客需要或与购买商品的密切程度划分的零售服务类型

类型	内 涵
方便性服务 （基本服务）	为顾客浏览选购商品提供便利。这类服务是任何业态的商家都应该提供的服务，也是商店的基本服务，满足顾客购物的基本需要。这类服务包括：提供方便的营业时间；商品货位有指示说明标志；商品陈列井然有序，色彩搭配协调；售货员具备基本的业务素质；有宽敞的停车场等
伴随性服务 （连带服务）	针对顾客在获得商品的过程中的要求提供服务。这类服务与购买的商品直接联系，也是商店提供的促销性质的服务，如提供导购人员、现场演示、现场制作、送货、安装、包装等
补充性服务 （附带服务）	对顾客期望得到的非购买商品的需求提供服务。这类服务对顾客消费起着推动作用，辅助商店成功地经营，也可以说是推销性的服务。这类服务包括休息室、餐饮室、自动取款机、寄存物品、电话咨询、订货、照看婴儿、停车等。这类服务能有效地吸引顾客，留住顾客，增加了顾客在停留时间的购买机会，也有助于体现商店的服务特色，树立商店的良好形象

9.1.2.2 零售服务的方式

零售服务方式是指零售服务产品的提供和交换形式的总称，是零售商实现服务理念的具体手段和途径。常见的零售服务方式有：

（1）标准化方式

标准化方式即零售商按照既定的规则或程序，为每一位顾客提供相同的服务。该服务方式成本较低，服务连贯性大大增强，避免受到服务提供者员工个人因素的影响；不足之处是缺乏灵活性，对员工授权不够，难以激发员工的工作积极性和主动性。

（2）定制化方式

定制化方式即零售商通过提供定制化的服务来满足不同顾客的不同个人偏好。该服务方式针对性强，易于突出服务特色，能够提高顾客对零售商服务表现的评价；不足之处是易导致成本提高、服务效率降低、对员工的素质要求较高、受个人因素影响较大。

实例与点评9-1

（3）服务延伸方式

服务延伸方式即零售商扩大现有的服务产品线，通过增加附加服务项目来实现服务表现的延伸。该服务方式能够为顾客提供更多的便利和价值，有利于形成特色、提高顾客的满意度和改善对零售商服务表现的评价；不足之处是易导致成本增加，服务的复杂性增强，易被对手模仿而失去特色。

（4）自助式方式

自助式方式即零售商提供便捷的自助服务平台和工具，方便顾客随时随地进行服务查询、预约和反馈等操作。该服务方式简单快捷、灵活经济，不受时空限制；不足之处是仅满足顾客服务的共性需求，针对性不足。

9.2 零售服务决策

零售商提供各种服务都需要付出成本，并且零售商提供服务与顾客接受服务并不是一致的。有些服务并非全部顾客都需要，有些顾客常常在服务与商品价格之间进行比较，考虑服务成本占商品价格的比例来决定是否使用店方提供的服务。这就需要零售商对提供什么服务、提供多少服务进行决策。

小案例 9-2

9.2.1 服务期望与容忍区域

9.2.1.1 服务期望

零售商提供服务的目的是让目标顾客接受并提高其满意度。因此，了解目标顾客对服务的期望是零售商设计服务的标准和参考点。顾客对零售服务有以下两种典型的期望：

（1）理想服务

理想服务即顾客期望得到的零售商能提供的服务项目和质量水平，也称希望的绩效水平。理想服务是顾客认为"可能是"和"应该是"的混合物。由于现实条件的限制，或是由于竞争不充分而顾客没有选择余地时，顾客往往不得不承认自己的理想服务期望也许是不现实的。

（2）适当服务

适当服务即顾客最低可接受的零售商能提供的服务项目和质量水平。适当服务是顾客对零售商的低水平服务期望，是顾客可接受的最低或最起码的服务水平，反映了顾客相信其在服务体验的基础上可得到的服务水平。例如，垄断型卖场至少可以帮助创造高客单价的老人送货，这非常有助于培养社区口碑（老人是天然的消息传播者），以便在将来有竞争店时留住一部分忠诚顾客。

在实践中，理想服务与适当服务的划分不是绝对的。同一服务项目对于不同的零售商或同一零售商的不同商品来说，既可能被列入理想服务，也可能被列为适当服务。

小知识 9-1

9.2.1.2 容忍区域

在理想服务与适当服务之间存在一个差异范围，这一差异范围被称作容忍区域，即顾客承认并愿意接受的服务差异范围（如图9-1所示）。如果零售商提供的服务水平低于容忍区域的下限，即降到顾客可接受的适当服务水平之下，顾客将感受到挫折并对商店的满意度降低。而零售商提供的服务水平超过了容忍区域的上限，即超过理想服务水平，顾客会非常高兴并可能非常吃惊。在容忍区域范围内的服务，顾客可能不特别注意服务绩效，但在区域外的服务就会以积极或消极的方式引起顾客的注意。

零售商在设计服务时，不仅需要弄清楚顾客的服务期望，还需要弄清楚顾客对服务的容忍区域。适当服务是零售商必须提供的，如果缺乏将会导致顾客流失；理想服务对于一般的零售商而言不必强求，但以服务作为主要竞争优势的零售商需要提供优质的理想服务，这样有助于强化顾客忠诚，提升零售店形象。

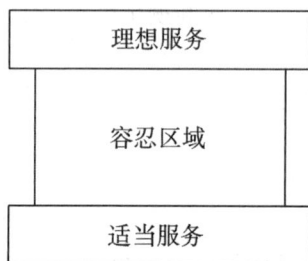

```
┌─────────────────┐
│      理想服务     │
└─────────────────┘
      │       │
      │  容忍区域 │
      │       │
┌─────────────────┐
│      适当服务     │
└─────────────────┘
```

图9-1　容忍区域

9.2.2　零售服务决策的内容

9.2.2.1　服务目标决策

服务目标是零售商通过服务所要达到的目的，也是确定提供什么服务、提供哪些服务的指导方针。

零售服务目标通常包括增加商品形式效用、增加时间效用、增加地点效用、促进所有权转移、增加顾客的方便性、改善店铺形象、增加客流量、确定竞争优势、建立特定需求等。

9.2.2.2　服务项目决策

服务项目是零售商愿意且能够向顾客提供的服务内容的类别和数量。可供零售商选择的服务项目很多，且提供很多的服务项目可能使零售商获得一定的利益，但由于某些服务项目的提供必须支付一定的成本，因此零售商不能无限制地提供服务，在服务项目设计时需要对提供哪些具体服务项目作出选择。

零售商选择服务项目时一般应考虑以下因素：

（1）促进销售

促进销售即零售商应研究某项服务的水平与销售量的变动关系。零售服务项目的设置不是越多越好，而是应该直接或间接地促进销售。如图9-2所示，A线表示服务水平与销售量无关或相关程度很小，B线表示服务水平与销售量呈线性正相关关系。

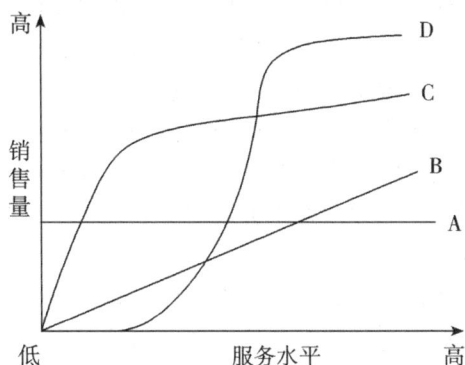

图9-2　服务与销售量的关系

（2）顾客需要

顾客需要即零售服务项目的提供要考虑顾客在购买和消费过程中的需要和承受能力，超出顾客期望和承受能力的服务项目将不为顾客所接受。

（3）销售方式

采用自助式店铺销售方式的零售商会免去大量的人员服务，代之以商品指示与说明、有序的商品陈列、加工整理等服务；无店铺销售的零售商会对所提供的商品都提供送货上门服务，并接受电话、电函订货等。

（4）店铺规模

一般大型零售商提供的服务项目多且较为充分，而小型零售商提供的服务项目较少。

（5）商品特点

不同的商品在销售过程中需要伴随的服务是不同的，因此零售商需要按照商品的销售特点提供相应的服务。如耐用品和技术复杂的商品销售，就需要零售商提供保修、安装、维修等服务。

（6）服务成本

服务成本即零售商提供的每一项服务都需要付出一定的成本，因此，对服务项目及数量的设计要考虑自身承担成本的能力而定。

（7）竞争状况

当零售商在商品组合、店址选择和价格方面与竞争对手相比不占优势时，增加服务项目、提高服务水平会有助于零售商参与竞争。另外，零售商在市场中所处的竞争地位不同，在服务项目方面的选择也会有所差别。

小知识9-2

9.2.2.3　服务水平决策

服务水平是零售商愿意向顾客提供的购买商品帮助的程度，可通过服务项目、服务质量和服务价格等来表现。实践中，零售商提供的服务水平常被分为低服务水平、中等服务水平、高服务水平。低服务水平通常表现为零售商仅提供经营商品所必需的服务，同时以提供低商品价格吸引顾客，如超市、仓储式店铺、折扣店等；高服务水平则表现为零售商不仅提供必要的服务，还提供伴随性服务和补充性服务，如专业商店、精品专卖店、大型百货商店；中等服务水平则介于上述两种服务之间，表现为零售商既以服务也以价格吸引顾客，如一些中等规模的百货店。

零售服务水平的设计与选择，需要综合考虑目标顾客特点、商品特点、店铺特点、服务效果、服务成本以及竞争对手提供的服务等。如在高档零售店铺中，顾客可能希望得到精致的礼品包装、泊车服务、餐厅和有侍者的盥洗室，因此零售商应以服务差异化作为自己的竞争战略，为顾客提供高水平高成本的零售服务。而在折扣店铺中，顾客只能希望纸板礼品盒、自助停车、午餐柜台和没有侍者的盥洗室，因此零售商应以成本领先作为自己的竞争战略，提供低水平低成本的零售服务。

9.2.2.4　服务收费决策

零售商所提供的全部服务项目并非为所有顾客所使用。由于提供零售服务会产生服务成本，于是零售商面临着在提供服务时是否收费，以及是向所有的顾客收费还是向使用服务的顾客收费等困难抉择。实践中，成本增加和顾客行为两个因素使许多零售商对一些服务项目开始进行收费。

在进行免费或收费服务决策时，零售商一方面需要视企业承担成本的能力来决定哪些服务是主要的服务（通常是免费的）或辅助的服务（可能要收费），另一方面应密切注意竞争者及边际毛利，并认真研究目标市场的需求特点。设定收费标准时，零售商还需决定其目标是保持收支平衡还是实现服务盈利，权衡各项服务的利益-成本关系（零售商必须清楚地知道为顾客提供的每一项服务所增加的成本，这些成本需要产生多少额外的销售额才能得以补偿），基于零售商的经验、竞争者的行动和顾客评价等内容进行相关设计与变更。

▌9.3　零售顾客抱怨、满意与服务质量改进

9.3.1　零售顾客抱怨

9.3.1.1　顾客抱怨的类型

顾客抱怨是指顾客对零售商的产品、服务、人员或环境等方面的不满或指责。顾客抱怨是一把双刃剑，对零售商会产生积极和消极的双重影响。概括地说，顾客抱怨有以下

类型：

（1）建设性抱怨

其是善意的，提出问题，也提出改进意见。这种顾客大多能成为忠诚顾客。

（2）引起注意的抱怨

希望受人重视是一种人的天性。有的顾客通过抱怨而引起服务人员对他的注意和重视，或者由此引出上一级领导与其见面，使他感觉到自己很重要。

（3）专业抱怨

顾名思义，这是指吹毛求疵型的抱怨。这类顾客只是极其个别的人，或许只想从抱怨中赚些好处。

小知识9-3

9.3.1.2　顾客抱怨产生的原因

（1）商品原因

商品原因如商品质量低劣、配件不全；商品裸置、过期、有坏品；商品品种规格不全，不能充分选择；畅销商品严重缺货（促销商品、特价商品等）；商品定价高于其他商家；商品的标签不清或贴错，导致拿给顾客的商品出现规格、价格、式样等错误。

（2）服务原因

服务原因如工作人员态度不好（冷淡、无理、不友好、盛气凌人）或过于热情使顾客反感；职业道德差，缺乏诚信（如提供错误信息、不兑现承诺、附加费用、不公平交易等）；业务不熟练（如缺乏商品知识、服务技术水平低、对店铺销售政策了解和掌握不够）；不适当的交易程序（如手续烦琐、购买时间长、货款找错、结算等候时间过长等）；服务项目不全（换零钱等）；售后服务不及时或送错商品等。

（3）设施与环境原因

设施与环境原因如地面、通道或楼梯、电梯及入店门、卖场光线、卖场噪声、温度、湿度、通风及气味、试衣间、卫生间、收银台、货架、停车场、卫生等存在诸多问题，引起顾客不满。

（4）顾客原因

顾客原因如顾客需求发生变化；顾客认知不足或有偏见；顾客期望过高；顾客购买习惯的影响；顾客的自我表现作用；顾客的自我保护心理影响；顾客购买权限与支付能力的限制等。

9.3.1.3　顾客抱怨处理的基本原则

顾客抱怨管理是一种前瞻性的管理。处理顾客抱怨应遵循的基本原则有：

（1）正确认识顾客抱怨

既然顾客抱怨对零售商的影响是双重的，服务人员就应该正确认识和对待顾客抱怨，拒绝接受顾客的抱怨是一种短视行为。当顾客提出抱怨时，服务人员应表现出极大的关心和兴趣，不回避，耐心、认真地听取，让顾客畅所欲言，从中发现顾客的真实意图和想法，再妥善地予以解决。

（2）建立抱怨处理系统

顾客抱怨处理系统的建立有助于零售商改进经营工作，减少抱怨和投诉，不断提高服务质量。处理顾客抱怨的组织形式分集中解决、分散解决、集中与分散相结合解决（见表9-6）。

表9-6　　　　　　　　　　　　　处理顾客抱怨的组织形式

类　型	操作内容
集中解决	由零售商成立专门的服务质量办公室（或顾客投诉部、顾客关系挽留部），按照店铺制定的各种处理顾客抱怨的政策与规定集中解决顾客抱怨问题。其优点是解决抱怨具有一致性；私人性解决，减少顾客围观；顾客抱怨可以被统计分析，利于企业发现并解决问题，改进服务水平。其缺点是此环境对顾客有孤立感，易产生心理压力，顾客不喜欢
分散解决	由零售部门的管理人员和销售人员来解决顾客抱怨，多数零售商采用这种组织形式。其优点是满足了顾客的意愿，解决问题比较容易。其缺点是处理抱怨不一致，缺乏全局观念；抱怨在基层解决不被上报，企业很难从中发现顾客想法以及企业的经营状况，信息资源的作用被弱化；存在本位主义，调节效果可能不好
集中与分散相结合解决	一般的顾客抱怨由本部门或销售人员解决处理，主要问题的抱怨或顾客对部门或销售人员调节不满意的抱怨由服务办公室协调解决。它汇集了集中解决和分散解决组织形式的优点

（3）积极预防抱怨产生

服务人员应尽可能地预料顾客有可能提出的抱怨，防患于未然，从预防入手，并相应采取行之有效的措施，将顾客的抱怨消灭在未发生之前，这是零售商对顾客抱怨所应采取的最积极的态度。

（4）弄清抱怨产生的原因

想要有效地处理顾客抱怨，必须弄清楚顾客抱怨产生的原因。因此，零售商必须认真听取顾客的意见，通过与顾客的交流了解和掌握顾客的心理活动和想法，找出顾客抱怨产生的真正原因，才能摸清脉络、对症下药，为后续抱怨的处理提供有效的依据。

（5）处理抱怨的政策依据

妥善处理顾客抱怨需要零售商掌握一定的政策依据，零售商处理顾客抱怨的基本准则依据是《中华人民共和国消费者权益保护法》。此外，诸如零售行业标准、零售商的店规以及买卖双方的约定也可以作为双方具体解决抱怨问题的相关依据。

（6）选择抱怨处理的方式

零售商处理顾客抱怨有多种方式，如退还货款、商品调节、价格调节、服务调节等，同时与顾客建立良好的关系。

小知识9-4

9.3.2 零售顾客满意

9.3.2.1 零售顾客满意的定义

零售顾客满意是指顾客对零售商提供的产品或服务超过顾客期望的一种感觉状态，是顾客对零售商、产品、服务、员工的直接性综合评价。

顾客满意研究兴起于20世纪70年代的美国，盛行于80年代。最早的文献可追溯到1965年理查德·卡多佐（Richard N. Cardozo）的论文——《顾客的投入、期望和满意的实验研究》。零售顾客满意战略的主导思想是：零售商的整个经营活动要以顾客满意度为核心，从顾客的角度和观点来分析消费需求，即产品开发以顾客的要求为源头，价格制定考虑顾客的接受能力，销售点的建立以便利顾客为准则，售后服务要使顾客得到最大限度的满意。

9.3.2.2 零售顾客满意的内涵

零售顾客满意包括横向和纵向两个层面：

在横向层面上，零售顾客满意包括以下内容：

一是理念满意，指零售商经营理念带给顾客的满足状态，包括经营宗旨满意、经营哲学满意和经营价值观满意。

二是行为满意，指零售商全部的运行状况带给顾客的满足状态，包括行为机制满意、行为规则满意和行为模式满意。

三是视听满意，指零售商具有可视性和可听性的外在形象带给顾客的满足状态，包括企业标志满意、标准字满意、标准色满意以及由此形成的应用系统满意等。

四是产品满意，指零售产品带给顾客的满意状态，包括产品质量满意、功能满意、设计满意、包装满意、品位满意和价格满意等。

五是服务满意，指零售服务带给顾客的满足状态，包括绩效满意、保证体系满意、服务的完整性与方便性满意、情绪或环境满意等。

在纵向层面上，零售顾客满意包括以下逐次递进的层次：

一是物质满意层次，即顾客对零售企业产品的功能、质量、设计和品种等核心层所产生的满意。

二是精神满意层次，即顾客对零售企业产品的外观、色彩、装潢、品位和服务等形式层和外延层所产生的满意。

三是社会满意层次，即顾客对在零售企业产品和服务的消费过程中所体验到的社会利益维护，如维护社会整体利益的道德价值、政治价值和生态价值等所产生的满意。

9.3.2.3 影响顾客满意的因素

（1）必备因素

必备因素是指顾客期望存在的并认为理所当然的那些特性。由于这些因素是顾客预期应该有的，因此一旦没有就会引起顾客的特别注意，使顾客感到恼火和不满意，而即便有了甚至更好时，在顾客的心目中也只有中性的感觉。例如，顾客对其购买的桶装水，就希望水纯净、水桶整洁、送水到家等。

（2）越多越好因素

顾客对这类因素有一个较大的感觉范围，若顾客的需求没有得到满足就会感到失望，若得到合理满足不会有什么感觉；但若做得更好，顾客会增加满意度。如顾客电话订购桶装水，一般标准为6小时后送到，若送水员8小时送到会招致抱怨；6小时送到顾客认为正常，而在4小时内送到顾客会非常高兴。

（3）期望之外因素

期望之外因素是指顾客未曾期望，以致会感到喜出望外的那些特性。这些因素因为是期待之外，所以缺少了不会引发消极影响，但如果具备就会产生积极效果，提高顾客满意度。如店铺为长期用水户定期免费清洗、消毒饮水机等。

9.3.2.4 提高顾客满意度的途径

实例与点评9-2

（1）提供服务质量承诺

服务质量承诺即零售商向顾客公开表述要达到的服务质量。一项好的服务承诺应具有无条件、容易理解与沟通、有意义、简便易行和容易调用等特征。服务承诺既让顾客和公众监督零售商，也使零售商能进一步了解顾客的要求和自己的差距，持续改善和提高顾客满意度。

（2）提供顾客服务

顾客服务是零售商提供的除销售核心产品之外的所有能促进顾客关系的交流和互动活动。它包括核心和延伸产品的提供方式，但不包括核心产品自身。以发型设计服务为例，理发本身不属于顾客服务，但顾客在理发前后或理发过程中所得到的待遇属于顾客服务。顾客提出的某些特别处理要求，构成了顾客服务的内容。服务完成后，若顾客的惠顾得到感谢和赞扬，也归入顾客服务。

（3）实施服务补救

服务补救即零售商在对顾客提供服务出现失败或错误的情况下，对顾客的不满和抱怨所作出的补偿性反应，并通过这种反应重新建立顾客满意与忠诚。服务补救是零售商提高顾客感知服务质量的第二次机遇。美国技术支持研究计划协会的研究表明，被迅速补救的顾客忠诚率达到了80%~90%。因此，零售商不仅要重视顾客抱怨，更要重视采取积极有效的补救措施来挽留顾客。

小知识 9-5

9.3.3 零售服务质量改进

9.3.3.1 零售服务质量的构成要素与具体内容

零售服务质量是零售商在商品销售过程中为顾客提供服务的综合水平。服务质量既有物质内容，又有服务方式和态度内容。其中，组织商品是提高服务质量的基础，购买方便是提高服务质量的手段，服务态度是提高服务质量的表现。

零售服务质量的构成要素主要包括：

（1）技术质量

技术质量即零售服务产出的结果，是顾客从服务中所得到的东西，也称服务结果质量，顾客容易感知，也便于评价，技术质量是服务质量的基本构成要素。

（2）职能质量

职能质量即在零售服务推广过程中顾客所感受到的服务人员在履行职责时的行为、态度、穿着、仪表等给顾客带来的利益和享受，也叫服务过程质量。它完全取决于顾客的主观感受，难以进行客观的评价。职能质量也是服务质量的基本构成要素。

（3）形象质量

形象质量即零售商在社会公众心目中形成的总体印象，是顾客服务质量的过滤器。它包括企业整体形象和企业所在地区的形象两个层次，通过视觉识别、理念识别、行为识别等系统多层次地体现，顾客可从企业的资源、组织结构、市场运作、企业行为方式等多个侧面来认识。

（4）真实瞬间

真实瞬间即零售商提供服务过程中顾客与企业进行服务接触的过程。该过程是一个特定的时间和地点，是零售商向顾客展示自己服务质量的时机。真实瞬间是服务质量构成的特殊因素，是有形产品质量所不包含的。真实瞬间是服务质量展示的有限时机，一旦时机过去，服务交易结束，零售商也就无法改变顾客对服务质量的感知，此时出了问题也无法补救。

零售服务质量的具体内容一般包括：

（1）经营品种适销对路

商品是提高服务质量的物质基础，没有一定的商品，提高服务质量就是一句空话。因此，要想提高服务质量，首先要使顾客买到称心如意的商品。

（2）服务方式方便顾客

在售货方式上，零售商应该根据既要便于顾客选购，又要保证商品安全的原则，注意做到宁愿自己麻烦，也不让顾客为难。

（3）设置多种服务项目

零售商在经营过程中，本着讲求实效、符合经济核算的原则，增加与商品经营范围有连带关系的服务项目，满足顾客需求。

（4）提高零售服务素质

零售服务素质是指零售商为顾客提供有效服务的功夫或本领，一般由服务意识、服务态度、服务知识（包括商品知识、顾客知识、服务文化知识、商业法规知识）、服务技能（包括业务技能和沟通技能）、服务形象（包括服饰、妆饰、表情、动作姿势、语气和语调等）等部分有机组成，其中服务意识是服务素质的基础。零售服务素质的高低主要是通过零售人员来表现的，因此，零售商应致力于提高人员素质，使服务人员态度热情、文明礼貌、技术规范熟练，塑造良好的人员形象。

9.3.3.2 服务质量差距模型

1985年，美国营销学家帕拉休拉曼（A. Panrasurman）、泽斯曼尔（V. A. Zeithaml）和贝利（L. L. Berry）等人提出了一种用于服务质量管理的理论模型——服务质量差距模型（如图9-3所示），其目的是分析质量问题产生的根源，并帮助服务企业的管理者了解如何改进服务质量。零售商可以借鉴服务质量差距模型，寻找提高顾客服务质量的途径。

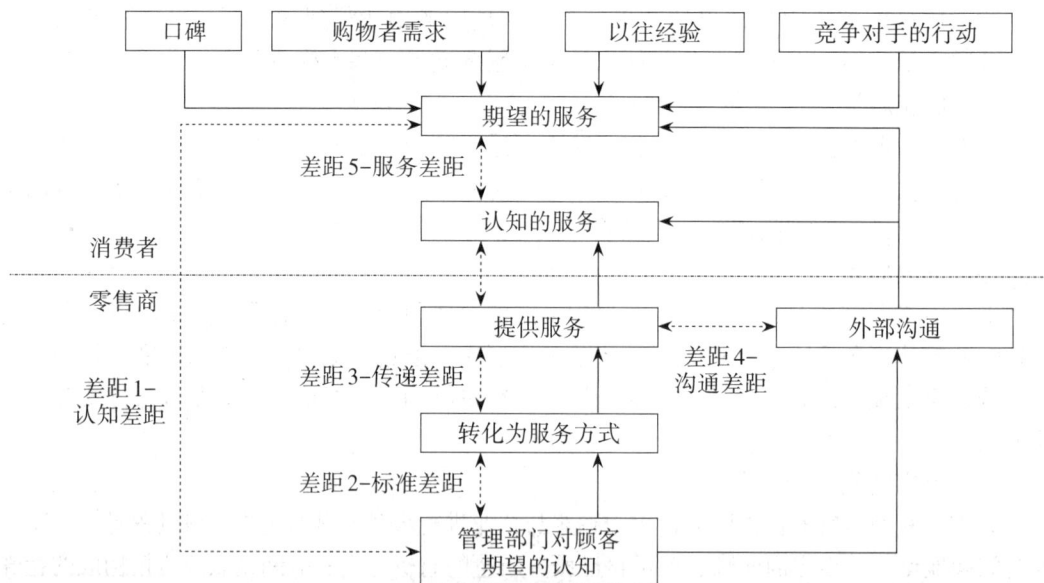

图9-3 服务质量差距模型图

资料来源 麦戈德瑞克. 零售营销［M］. 裴亮，等译. 2版. 北京：机械工业出版社，2004.

该模型的上半部分与顾客有关，下半部分则与提供服务的零售商有关。顾客期望的服务是顾客以往的经验、个人需求、口碑和竞争对手的行动的函数，同时受到零售商营销宣传的影响；顾客所体验的服务被称为认知的服务，它是一系列内部决策和活动的结果。其中服务差距（差距5）是服务质量差距模型的核心，服务差距（差距5）的出现主要是受认知差距（差距1）、标准差距（差距2）、传递差距（差距3）、沟通差距（差距4）等的影响。

小知识9-6

9.3.3.3 零售服务差距的弥补

零售商可从以下几个方面来弥补服务差距：

（1）认知差距的弥补

认知差距产生的直接原因是零售商没能真正了解顾客的期望，因此，零售商能否理解顾客需求，并提供符合顾客需求甚至个性化的服务，对认知差距的改善至关重要。零售商可以通过保持沟通、开展顾客调查、建立投诉系统和顾客数据库、顾客访谈、员工反馈等多条渠道获得顾客信息，了解顾客的真实需要。

（2）标准差距的弥补

标准差距产生的直接原因是零售商没有将服务质量问题列为企业的首要问题，没有制订清晰的顾客服务计划。因此，零售商必须制定科学的服务理念、服务标准及服务管理体系，明确组织的服务目标，并取得高层领导的支持。在标准制定过程中，要注意服务标准对员工而言必须是具体或者是可以量化的，这样才能便于员工的执行以及对其进行考核。

（3）传递差距的弥补

传递差距产生的直接原因是监督不力，员工对标准和顾客预期的认识不足，员工缺乏技术、运营方面的支持。要弥补传递差距，需要零售商在提供必要的员工培训、提供支持性的设备和设施、对员工授权、树立以服务质量为中心的管理文化等方面下大功夫。

（4）沟通差距的弥补

沟通差距产生的原因一是外部营销沟通的计划与执行没有和服务统一起来，二是在广告等营销沟通过程中往往存在承诺过多的倾向。因此，零售商弥补沟通差距首先要加强营销部门与运营部门的沟通，实现部门间的互动，避免承诺太高、太多以及承诺随意，其次零售商要学会控制顾客的心理预期，真实、准确地对服务作出承诺，避免过度承诺形成过高的顾客心理预期。

关键术语

零售服务　容忍区域　零售顾客抱怨　零售顾客满意　服务补救　零售服务质量

即测即评

第9章单项选择题

第9章多项选择题

第9章判断题

基本训练

❖ 问答题

1.简述零售容忍区域。

2.简述零售服务决策的内容。

3.简述零售服务素质的构成要素。

4.简述零售服务质量的具体内容。

5.简述顾客抱怨产生的原因。

6.简述处理顾客抱怨的原则。

7.试述顾客满意的内涵。

❖ 案例分析

案例1 百思买的个性化顾客服务

百思买紧跟数码家庭娱乐潮流，以更有效的方式组合产品，用配套服务为顾客创造更多价值。而支撑这一战略的基础是精准的顾客调研和细分。"顾客中心性"是百思买的企业口号。

当百思买还是一个小店时，提供个性化的服务并不太困难，因为对一个仅满足小镇顾客需求的商店来说，店主不仅能够叫得上来所有来店里买东西的顾客的名字，还知道他们买了些什么值钱的东西，知道这些东西是什么时候买的、买的时候花了多少钱，甚至知道顾客的孩子叫什么名。一家大型的连锁店要做到这一点并不容易，而百思买做到了。

百思买努力让顾客在其规模巨大的商店里获得一种小镇小店的感觉。营销副总裁Barry Judge表示："我们希望彻底改造零售业的营销模式，顾客中心性是我们的出发点。首先，我们根据每个连锁店所在地区的人口特征和购买历史来决定我们应该给顾客提供什么样的产品和服务，然后每个连锁店会根据该地区的目标消费者的特点，调整它们的本地营销计划。"

以顾客中心性为出发点的百思买把服务延伸到新的高度。顾客希望买歌不买盘，百思买推出音乐下载服务，每月费用是10美元。如果你愿意自己DIY歌曲音乐专辑，每首79美分自己刻录。百思买专门收购计算机维修安装公司Geek Squad，以加强和开拓家庭服务安装业务。在百思买的连锁店内，你会很容易地找到Geek Squad的服务咨询专家。无论是顾客重新装修房子，还是买了新房，这些专家会及时为你出谋划策，帮你拟订家庭娱乐中心布线、安装和应用方案。顾客花150美元咨询费，专家将去顾客家里登门拜访，现场制订方案。如果顾客最终在百思买采购，咨询费将冲账免费。

资料来源：佚名．百思买：连锁巨头的小店思维［EB/OL］．（2005-05-10）［2024-07-27］．http://www.8168168.com/html/200505/10/20050510101035_1.html.

问题：

（1）你认为百思买的个性化服务可以被其他零售商复制吗？为什么？

（2）如何解决提供个性化服务与降低服务费用之间的矛盾？

案例2 信誉楼的"变态"服务

信誉楼，这个被誉为"变态"超市的鼻祖、"变态级"服务的开创者，以无理由退换货服务而闻名于世。他们的服务理念简单又直接——"退货和购物一样方便"。早在几十年前，信誉楼就开始了这种"变态"服务，成为这个领域的先驱。不同于其他普通的商场，信誉楼设有专门的退换货接待处，有专人处理顾客的问题，确保问题能够迅速得到解决。

信誉楼的退换货理由也是千奇百怪，比如买的裤子开线了，可以退，甚至可以得到一二百元补偿金；买了一块价值万元的手表，戴了一年也能退；即使是甜瓜苦了、山竹烂心、核桃空壳，甚至是一个没吃的苹果，都可以退。一位网友分享了她的经历：她在信誉楼买了一件衣服，回家就洗了，后来发现衣服有点小问题，抱着试试看的心态去退货，商家二话不说就退了。从此以后，她就成为信誉楼的"铁粉"。

信誉楼每年要处理40万次退换货，造成的损失高达千万元。以客户为中心，坚持为客户提供最优质的购物体验，使得信誉楼在消费者心中留下了深刻的印象，成为"变态"服务的代名词。

除了完善的退换货制度，深度服务也是信誉楼的制胜法宝。

自1998年起，信誉楼便承诺"为顾客当好参谋，帮助顾客买到心仪的商品"。2001年，其再度升级服务，提出"为顾客提供解决问题的方案"。这些服务的核心理念是：视每一位顾客为朋友，从不强行推销产品，而是提供合理化的建议。在信誉楼有一个广为流传的故事：一位卖沙发垫的员工发现，许多顾客因为尺寸不合适而放弃购买。于是，他直接将缝纫机搬到现场，现场改制沙发垫，以满足顾客对沙发垫尺寸的各种需求。如今，现场改制已经成为信誉楼的常规服务项目之一。这种个性化的服务充分展示了信誉楼对每位顾客的关心和重视，也体现了其不断提升服务质量的决心。

除了这些，信誉楼的服务简直可以说是"超乎寻常"。在购买水果时，称重人员会细心地帮你把坏果子挑选出来。如果你先买了猪肉又买了牛肉，店员们会将这些肉装进一个布袋子，以防止两种肉串味。在卖菜的货架旁边，信誉楼还会为顾客提供湿巾，方便大家在挑选菜品之后清洁双手。每一家信誉楼店铺都设有美容部，为消费的顾客提供免费的美容护理服务。

在零售行业中，出色的服务质量永远是赢得顾客的关键。信誉楼在细节方面无可挑剔、贴心到极致的服务，无疑是其成功的秘诀。

资料来源：808桌长. 河北最"变态"超市：干尽傻事，年入200亿让胖东来都服气！[EB/OL].（2023-11-10）[2024-07-17]. https://mp.weixin.qq.com/s/dHc5CLhpOUSLaqJFk7unxg.

问题：

（1）影响服务质量的因素有哪些？信誉楼的"变态"服务有哪些特点？

（2）在实践中，信誉楼是如何构建其整体服务框架的？

案例3   **深度练货，提升新品销售业绩**

业绩=成交人数×客单价

成交人数包含老顾客（回得来，买得够，进行会员管理）和新顾客（进得来，留得住，实施引流技术+成交技术）两种类型，而客单价就是产品的大单和连单。导购要想提升业绩，就要多练货，这样才能做到心中有货。

一、新款练货的关键步骤

鞋服店铺新款到店,导购除了进行数量清点、核对、检查、出样并且熨烫陈列,又或是更换一下模特等一些常规的工作做法外,花时间认真、用心、标准化地去熟悉这些商品才是导购工作最重要的关键步骤。导购要按照以下维度熟悉商品:

第一,款式风格。导购要对新品的款式风格以及对应适合的场合先进行快速的识别,这样才能在顾客进店时根据顾客的个人风格和特点进行精准推荐。

第二,颜色。店铺导购要对新品颜色以及专业卖点说辞进行演练,即挖掘服装颜色的亮点、卖点以及对应的可搭配的颜色、适合的肤色等。颜色是服装情绪的表达,也是搭配中最重要的一个环节,如果没有给顾客搭配好颜色,就会影响顾客整体的穿搭效果,使顾客不满意进而流失此单。

第三,搭配。导购要对新品作各种搭配演练。新品到店以后,导购需要第一时间找出店内可搭配的商品,还要知道这套衣服跟顾客家中最常见的哪些单品可以搭配,这样既能提高衣服的性价比,也能展现店铺工作者的专业度。

第四,价格。导购对新品的价格要背熟,这是最基础、最简单的也是必须要做到的,可以体现店铺每个人的专业度以及用心程度。

第五,面料。导购要对新品的面料熟记和熟知,这是服装人专业基本功的体现。此外,导购需要了解每个单品的特点和洗涤方式,尤其是一些特殊工艺以及面料的商品,这样才能保证在成交结束后及时提醒顾客进行专业的洗涤护理。

第六,到货数量和尺码。导购要熟知新品的到货数量和尺码,这样才能在销售时做到精准推荐。

二、练货的核心动作

第一,基本熟悉货品。熟悉货品是搭配的基础和前提。此环节需要完全掌握产品的款式、价格、卖点、面料、库存,包括一些基础的搭配方式。导购拿到一件商品之后,需要从以下方面去熟悉货品:品类、波段和款号、库存、价格、面料、卖点、版型、搭配。

第二,练习快速拿货。导购要能够做到同一波段的产品,1分钟内至少可以拿7套搭配。快速拿货的目的是做到最快、最高效地为顾客进行商品展示、搭配,避免销售时机流失。要注意拿货标准,就是一定要做到成套拿货,令人觉得搭配很惊艳。

第三,比拼美感。这是指除了商品搭配时的速度和数量外,质量也要得到提升和保证,也就是要重视美感。

资料来源:李十玥. 像销售高手一样深度练货 [EB/OL]. (2024-04-14) [2024-07-17]. https://mp. weixin.qq.com/s/KW0JP8ARLsmKcFq0CGeBHg.

问题:

(1)你是如何理解练货的?店铺导购如何练就过硬的练货本领?

(2)提升店铺人员零售服务素质可以从哪些方面入手?

第10章　零售形象与店面设计

内容体系

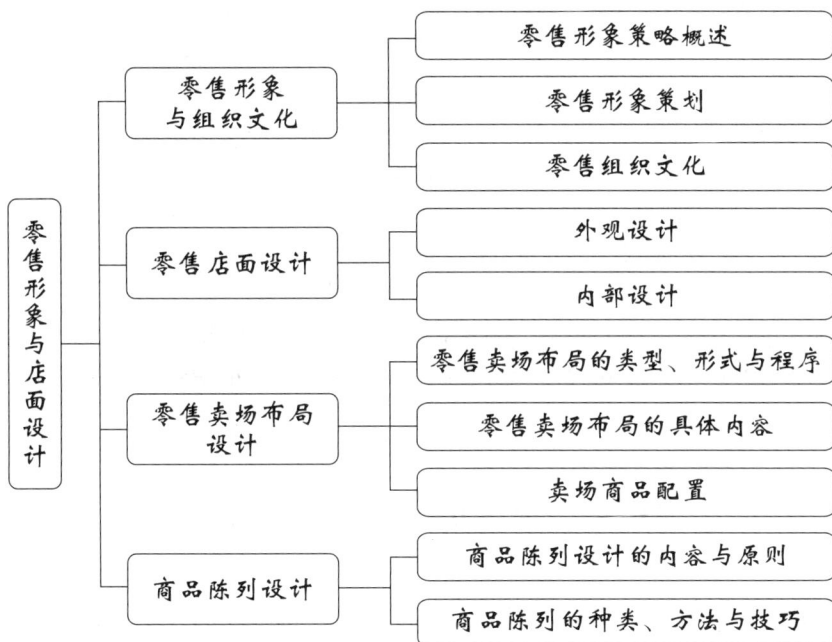

学习目标

◆握零售形象策略的构成内容、策划步骤，零售店面外观设计、内部设计的内容与基本要领，零售卖场布局设计的程序与具体内容，卖场商品布局的要领，卖场商品陈列设计的要领。

◆了解零售组织文化的内容。

❖ 引例

上海九百商场改造

提起上海静安寺，人们可能想到静安公园或百乐门舞厅，不过上海"老克拉"一定记得在现今环球大厦对面、静安寺的西边、百乐门舞厅隔壁的地方，有一座闻名遐迩的百乐商场（后改称九百商场）。

自从1933年百乐门落成营业,百乐商场一路前行至今,见证了静安寺一带百年的风雨历程。商场改造设计团队经过深度融合东西方文化精粹,在一中一西、一佛一俗中寻求和谐,提出"静安阳台"和"礼佛之心"两项策略。

不同于大多数商场以年轻客群为主力而展开运营设计,如今的九百商场有着上海几代人的"粉丝",其中具有忠实消费观的中老年客群成为商场客群扩大的重要目标。为此在空间设计上,设计团队延续九百商场改造前的市集印迹,在规划上将商场界面实行三项"打开"原则,形成开放的、具有烟火气的差异化商场"市集"。

第一项"打开":一层立面开放并退让,形成风雨阳台,让商业不再争抢城市地盘,退一步看似少了点经营空间,其实形成了蓄客区。

第二项"打开":商场中间空间开放,打通了万航渡路和愚园路的"任督二脉"。

第三项"打开":在商场二层规划出观景阳台。九百商场的二层是观赏静安宝塔的最佳之地,二层的"静安阳台"让人可以坐下来安静地欣赏"静安之心"。

改造后的九百商场延续了老上海十里洋场的风采绝伦,还对购物环境、品类业态及服务体验进行全盘规划,将出租率从改造前的不到50%提升至改造后的100%。作为主打美食业态的九百商场,老字号、国潮美食品牌、网红餐厅都聚集于此,既留住了情怀,又增添了时尚情调。美食城在夜幕降临时更是化身为静安寺商圈的"深夜食堂"。

资料来源:乐游上海,上海V见地.案例解析|上海老旧购物中心改造重建最新案例——九百商场[EB/OL].(2022-03-16)[2024-07-27].https://mp.weixin.qq.com/s/7HPXH8iHjcugNSHCumcCyg.

10.1 零售形象与组织文化

零售形象是零售商文化的综合体现,是零售商的商品、服务、人员素质、公共关系、经营作风等在顾客和社会公众中留下的总体印象。零售形象是社会对零售商的客观评价,成功的零售商都会给消费者留下一个明确、清晰和始终如一的形象,构成其与竞争者的差异。

10.1.1 零售形象策略概述

10.1.1.1 零售形象策略的含义

零售形象策略是零售商将店铺经营理念与精神文化,运用整体视觉设计传达给公众,使其对店铺产生一致的认同感和价值观的策略。零售形象策略作为零售商经营策略的一个有机组成部分,是塑造店铺形象特色、增强顾客对店铺的记忆力,进而提高店铺业绩的重要手段。

10.1.1.2　零售形象策略的功能

（1）识别功能

识别功能即零售形象能够使零售商同竞争对手区别开来，在顾客心目中建立店铺偏好，取得独一无二的竞争地位。识别功能是零售形象策略的基本功能。

（2）集成功能

集成功能即零售形象能够将地域分散、独立经营的各分支店铺统合在一起，形成强大的竞争群体，使零售商的公共关系活动得到顺利发展，达成与社会各方面的协调与平衡。

（3）传播功能

传播功能即零售形象大大加强了传播符号的共性，保证信息传播的有效性，使店铺能够以较少的费用取得良好的传播识别效果，使传播更经济有效。

（4）管理功能

管理功能即零售形象在规范零售商管理方面发挥着有力的作用，一方面零售商制定的零售形象手册就是一部零售商从思想、行为到传播进行全方位标准化管理的内部法规，另一方面给管理者确定了一个明确的商形象塑造目标，提供了一个处理杂务的既定原则，使管理人员迅速准确地作出正确的决定。

小知识 10-1

10.1.1.3　零售形象策略的构成内容

完整的零售形象策略系统由 3 个子系统构成，即理念识别系统、行为识别系统、视觉识别系统，三者相互推进、共同作用，才能形成最佳的零售形象效果（如图 10-1 所示）。

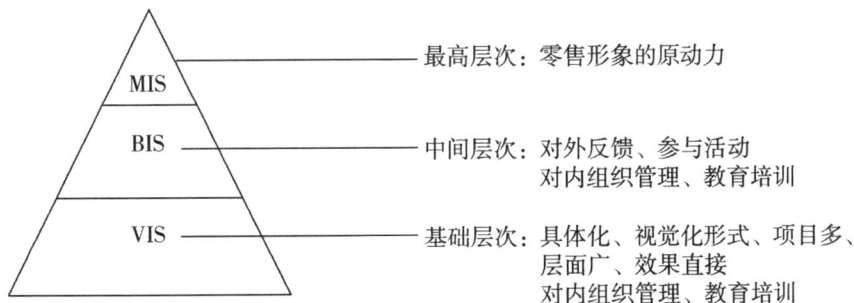

图 10-1　零售形象策略系统

（1）理念识别系统

理念识别系统（MIS）是零售形象策略的核心和原动力，包括店铺经营哲学、经营宗旨、经营理念和价值观等意识文化方面的内容，它赋予店铺以灵魂，是整个零售形象策略设计的基础。零售商由内向外扩散其经营理念，贯彻零售店铺精神，可以达到使公众深刻认识其识别目标及有力塑造店铺独立形象的效果。

小案例10-1

（2）行为识别系统

行为识别系统（BIS）是零售商以理念识别系统为基础和原动力，制定出一套使理念具体化的措施，是理念识别系统动态形式的外化和表现。行为识别系统体现在零售商内部的制度、组织、管理、教育等方面及店铺外部的促销、公关等活动中。

（3）视觉识别系统

视觉识别系统（VIS）是零售商在理念识别系统和行为识别系统的基础上向外界传达的全部视觉形象的总和。视觉识别系统是最外在、直观、形象生动的静态识别符号，包括企业名称、品牌标志、标识字、标识色等很多内容。

10.1.2　零售形象策划

零售形象策划是零售商为了达成零售形象目标，树立整体形象，对零售形象总体战略和具体形象塑造活动进行的谋划、设计和运作等活动。

10.1.2.1　零售形象策划的原则

（1）统一性原则

统一性原则即零售商的名称、标志、标语、建筑、广告文案等应通过统一规范的标识字、标识色、标识性图像等进行整合才可达到重复诉求的目的，收到事半功倍的形象宣传及提升效果。在视觉识别系统中，统一性原则表现得最为显著。

（2）个性化原则

个性化原则即零售形象策划应突出店铺特色，通过精心设计的表现方式，引起顾客及其他公众的注意和联想，领会店铺的丰富内涵，形成对企业的认可、信任和依赖。

（3）多样化原则

多样化原则即零售形象策划要有多样化的表达方式，呈现零售商对时代潮流、民族文化、经营历史等多方面体会和总结的提炼。零售商理念的传达设计，要力求创新，体现丰富多彩。

（4）前瞻性原则

前瞻性原则即零售形象策划是对零售商未来所作的规划，关系到企业前途及命运，因此零售商必须全面考察和了解企业的内外环境、运作特点以及市场发展前景，从战略角度来完成策划活动。

10.1.2.2　零售形象策划的步骤

（1）进行形象调查

通过零售商内部状况调查和外部环境调查，发现零售商形象存在的现实问题。

（2）确立理念要素

在零售形象调查的基础上，汇集各方面意见，确定零售理念的要素。

（3）设计理念系统的语言文字

理念要素确定之后，就是语言文字的形象表达设计问题。要求准确、简练，对顾客有亲和力，使顾客易读、易记，要有高尚的文化内涵。

（4）确定视觉识别设计机构

组织设计方案征稿活动，挑选应征作品请专家评价，零售形象委员会最后审定，以此确定设计机构，商定有关设计要求。

（5）进行视觉识别设计

由设计机构进行设计，零售形象委员会定期与设计部门沟通，提供帮助，了解进度情况，提出修改意见。

（6）确定视觉识别设计样稿

印刷、制作视觉识别设计样稿，通过零售形象委员会审定，确定最终的视觉识别设计样稿，设计机构进行零售形象手册制作与宣传。

（7）设计行为识别系统

根据理念识别内涵，组织专人进行设计，然后提交企业形象委员会讨论通过。

10.1.3　零售组织文化

10.1.3.1　零售组织文化的含义、结构与功能

零售组织文化是指在一定的政治、经济、文化背景下，零售商在长期的经营实践活动中所逐步形成的被大多数员工普遍认同的价值观念、行为准则、工作作风和团体氛围的总和。

零售组织文化结构主要由 3 个层次组成：

（1）行为（物质）文化层

这是组织文化的表层部分，主要由组织成员的行为、零售经营的各种活动以及这些行为与活动的各种物化形态所构成，如零售购物环境文化。

（2）规范文化层

这是组织文化的中间层，主要由各种组织规范、组织准则、组织制度所组成。

（3）精神文化层

这是组织文化的核心层，主要由作为组织指导思想与灵魂的组织价值观、道德观、组织精神等所组成。

在零售实践中，零售组织文化的功能主要表现在导向功能、约束功能、凝聚功能、激励功能、协调功能。

小知识 10-2

10.1.3.2 零售组织文化的形式与内容

零售组织文化主要有显性组织文化和隐性组织文化两种形式。前者是指那些以精神的物化产品和精神行为为表现形式的，通过直观的视听器官能感受到的、符合组织文化实质的内容；后者是相对于看得见的显性文化而言的，是组织文化的根本和最重要的部分（见表10-1）。

表10-1　　　　　　　　　　　　零售组织文化的形式与内容

组织文化形式	具体形式	内　　容
显性组织文化	组织标志	以标志性的外化形态来表示零售商的组织文化特色，并且和其他组织明显区别的内容，如厂牌、厂服、厂徽、厂旗、厂歌、商标、标志性建筑等
	工作环境	员工办公、销售、休息的场所，如办公楼、卖场、活动室、图书馆等
	规章制度	能够激发员工工作积极性和自觉性的规章制度，如民主管理制度、服务规范等
	经营管理行为	零售商在生产中以"质量第一"为核心的制造活动、在销售中以"顾客至上"为宗旨的推销活动、在组织内部以"建立良好的人际关系"为目标的公共关系活动等，如人员服务、营销方式和手段等
隐性组织文化	组织哲学	组织全体员工所共有的对世界事物的一般看法，是组织最高层次的文化，它主导、制约着组织文化其他内容的发展方向。从组织管理史的角度看，组织哲学已经经历了"以物为中心"到"以人为中心"的转变
	价值观念	零售商主观世界对客观事物好坏标准的基本看法，是企业作为主导意识的价值标准和基本信念，是企业人格化的产物，是组织文化的核心和精髓。其包括组织存在的意义和目的、组织各项规章制度的价值和作用、组织中人的各种行为和组织利益的关系等
	道德规范	零售商在长期的经营活动中形成的，被员工自觉遵守的道德观念、风气和习俗，包括是非界限、善恶标准和荣辱观念等
	组织精神	零售组织员工在长期的生产经营活动中，受组织哲学、价值观念、道德规范影响而形成的组织群体的共同心理定势和价值取向。它是组织的组织哲学、价值观念、道德观念的综合体现和高度概括，反映了全体员工的共同追求和认识

10.1.3.3 零售组织文化建设

（1）零售组织文化建设流程

零售组织文化建设流程分为循序渐进的4个阶段（如图10-2所示）。各阶段的建设内容和工作重点既有差别又相互衔接。

```
┌─────────┐    ┌─────────┐    ┌─────────┐    ┌─────────┐
│ 识别与   │ →  │ 培育与   │ →  │ 确立与   │ →  │ 变革与   │
│ 规划阶段 │    │ 强化阶段 │    │ 巩固阶段 │    │ 发展阶段 │
└─────────┘    └─────────┘    └─────────┘    └─────────┘
```

图 10-2　零售组织文化建设的流程

小知识 10-3

（2）零售组织文化的运作方式

零售组织文化的运作方式是全面推进、重点突破、虚实结合。所谓全面推进是指零售商在外部形象文化和内部管理文化两个体系全面设计与运行。重点突破是指零售商在组织文化建设中，逐步探索适合自身发展的管理文化模式。虚实结合是指零售商在企业文化的实施方式上采取多种形式，以务实为主，以务虚为辅，在核心内容和形式表现方面达成一致。

10.2　零售店面设计

零售店面设计是零售商通过规划店铺外观、内部设施、设备、布局、陈列，创造出独特形象，改善购物环境，进而影响消费者决策，提升顾客忠诚度，实现价值增值的系统工程。零售店面设计是直接影响顾客购买行为和店铺销售业绩的主要因素。好的店面设计不仅体现了一定的艺术美，也反映了零售商独特的经营理念与风格。

实例与点评 10-1

10.2.1　外观设计

商店外观主要指零售店铺的外部形象，是零售商立在街头的企业广告。新颖独特的零售店面外观与门面装修是吸引顾客进店、激发顾客购买欲望的重要手段之一。零售外观设计的主要内容包括：

10.2.1.1　建筑物的造型与结构

店铺建筑物的造型是向顾客传递店铺的第一个信息，因此，建筑物造型应富有特色，具有吸引力和辐射力，同时要符合城市和社区的建筑规划要求。建筑物造型设计一般应考虑建筑物形状、建筑物高度、建筑物外表颜色等。

店铺建筑物的结构分为单层式、多层式、单间或多元式。单层式结构一般采用单层大开间连通式建筑，内部不分隔，给顾客以强烈的视觉冲击，最大限度地利用卖场空间。多层式结构一般采用多层全封闭建筑，底层可为大型停车场，顾客可以从底层停车场进入卖场。单间或多元式结构是零售商通过租赁或合作形式取得某商住楼宇的单间或多个单间的使用权进行商品经营，通常为中小零售商使用。

10.2.1.2 店门和出入口设计

（1）店门设计

店门是商店外观中最关键的位置，起着商店内外部联结的纽带作用。店门设计按照开放程度分为开放型、半开放型、封闭型（如图10-3所示）。

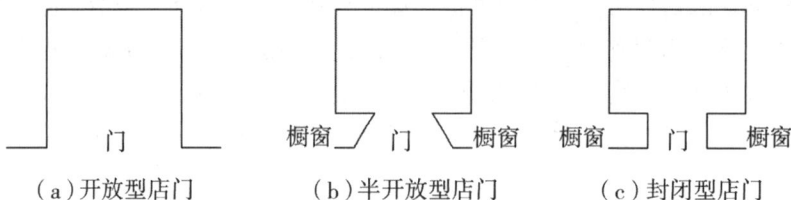

| （a）开放型店门 | （b）半开放型店门 | （c）封闭型店门 |

图10-3 店门设计的类型

小知识10-4

（2）出入口设计

出入口选择的好坏是决定零售店客流量的关键，出入口的设计应与店铺的市场定位相吻合。一般情况下，零售店铺的出入口要分设，在布局时以入口以设计为先。入口设在客流量大、交通便利的一边。通常入口较宽，与出口相比大约宽出1/3。出口处通道宽度应大于1.5米，出口处可设置收款台。出入口大小要综合店铺营业面积、顾客流量、地理位置、经营商品品种及安全等因素合理设置。总的原则是出入便利、客流顺畅。具体来说，店铺出入口的设计包括三方面内容：出入口的数量、出入口店门类型和出入口通道。

10.2.1.3 招牌设计

店铺招牌即店铺名称与标志，用来识别店铺、招徕生意，对顾客起到引导、介绍、指示的作用。店铺招牌是店铺外观中最具代表性的装饰部分，是最引人注意的地方，也是永久的广告，它对店铺及其商品有着重要的宣传效果。店铺招牌的设计主要包括以下内容：

（1）店铺名称

店铺名称应该易读易记，富有美感，具有刺激消费者的视觉和听觉、引发美好联想的力量。店铺命名的方法有很多，如以主营商品命名（如大众眼镜店、永和服装店等）、以店铺所在地命名（如王府井百货大楼）、以美好词语命名（如祥云服装店）、以历史名人命名（如太白商场、陆羽茶店）、以经营者名字命名（如李占记钟表有限公司、黄振龙凉茶）、以意义深刻与风格独特命名（如王麻子剪刀铺）。

小案例 10-2

（2）店铺标志

店铺标志是指零售商特有的造型、图案、文字、色彩或其组合，它通过造型单纯、含义明确、标准统一的视觉符号，将店铺的经营理念、范围、品种、规模等信息传递给社会大众，以使消费者识别。店铺标志是"无任期大使"，具有国际交流的功能。

（3）店铺招牌的造型

店铺招牌的造型应该鲜明醒目。招牌设计具体包括：招牌文字设计、招牌表现形式、招牌制作材料和招牌摆放位置等。

10.2.1.4 停车场设计

零售商圈能否扩大在某种程度上取决于交通的便利性。现代化大型仓储式卖场、购物中心的发展也得益于私人交通工具的普及，因此，停车场成为零售商吸引顾客的一个重要基础设施。停车场的设计一般应考虑停车场的规模、位置和停车位等因素。一般来说，停车场的大小由卖场规模、商圈大小、客流量和顾客汽车拥有量等因素来决定。停车场的位置最好在店铺周围，顾客停车后能便利地进入卖场，购物后能轻松地将商品转移到车上。停车场的车位尽量采取直线型，节约占地又便于出入。

10.2.1.5 橱窗设计

橱窗是以商品为主体，通过布景、道具和装饰画的背景衬托，并配合灯光、色彩和文字说明，进行商品介绍和商品宣传的综合形式。橱窗展示具有引起注意、激发兴趣、促进购买、增强信心的心理功能。

小知识 10-5

橱窗设计主要包括以下步骤：

（1）橱窗的建立

橱窗高度的设置要求是橱窗横面的中心线与顾客的视平线处于同一水平面。具体尺寸应考虑街道宽窄、城市大小及卖场所在建筑物等情况。另外，橱窗建立还应考虑防尘、防晒、防风、防冻、防雨、防盗等因素。

（2）选择陈列品

陈列商品的选择是橱窗设计的核心内容，卖场可考虑以下商品作为橱窗陈列的对象：

代表店铺经营特色的主打商品、新产品、换季或节日商品、重点宣传与推广商品、流行性商品或名贵商品、需重塑形象的滞销积压商品。

（3）构造陈列主题

陈列主题是橱窗的灵魂，体现了橱窗布展的中心思想。设计人员需要在充分调查消费者心理的基础上，通过大胆丰富的联想，创造出独具特色的陈列主题，把陈列品有机地结合起来，主次分明、目标明确地展示给顾客。

（4）陈列前的准备

陈列前的准备即设计人员对橱窗进行构图设计（如商品组合、配置和安放位置，绘制草图），按照要求准备各种陈列用具，借用商品样本，制作好价格标签、说明牌，美工人员则根据样图做好文字图画。

（5）陈列布置

陈列布置即依照图样按次序将橱窗用具、陈列商品等先后摆放，再放置每件商品的价格标签、说明牌，之后布置背景或图板，最后将陈列现场清洁整理完毕。

橱窗设计的要求是：

（1）背景设计要求

橱窗背景是衬托商品、烘托气氛的必要条件。背景设计的基本要求是通过设计，突出商品主题，诱发联想，引人注目。因此，背景形状要求大而完整、单纯，避免烦琐装饰；颜色尽量使用透明度高、纯度低的统一色调、统一风格。

（2）道具设计要求

道具是指为了橱窗陈列展示商品创造有利条件的特定工具，具有辅助陈列样品，显示渲染商品特点、样式、规格、花样、花色美观的作用。常用的道具一般都是根据商品陈列需要和不同商品的特点进行设计造型的，材质采用有机材料或无机材料制作。另外，商用道具要尽可能考虑它的多功能性，便于拆装组合，具有表现力。

（3）灯光设计要求

橱窗灯光的要求是色调柔和，避免过分鲜艳、复杂。另外，橱窗中的灯光，因照明的高低、光源的种类以及照明的颜色等不同，对商品的固有色会产生一定的影响。

10.2.2　内部设计

10.2.2.1　卖场建筑装修

卖场建筑装修是指为了满足顾客对方便、舒适、愉快的购物环境的要求，在原有建筑物的基础上进行改造、修整和装饰的过程。

（1）天花板设计

天花板可以创造室内的美感，而且与空间设计、灯光照明相配合，形成优美的购物环境。在天花板设计时，要考虑到天花板的材料、颜色、高度（见表10-2）。以服装店为例，天花板要有现代化的感觉，能表现个人魅力，注重整体搭配，使色彩的优雅感显露无遗。

表10-2 一般卖场天花板高度与营业面积的对应关系

营业面积	天花板高度
300平方米左右	3~3.3米
600平方米左右	3.3~3.6米
1 000平方米左右	3.6~4米

（2）墙壁设计

卖场内墙壁设计的内容包括墙面装饰材料与颜色的选择、壁面的利用等，总体要求是坚固、性价比高和美观。在墙壁处理中，应使墙壁与门窗、灯具和通风口结合起来，以取得完整的效果。墙面用材料可选择木质壁材、涂料、油漆、墙纸等。墙壁色彩应与所陈列商品的色彩内容相协调，与店铺的环境、形象相适应。墙面利用一般可以在壁面上架设陈列柜，安置陈列台，安装一些简单设备，可以摆放一部分商品，也可以用来作为商品的展示台或装饰用。

（3）地面设计

地面设计包括地面装饰材料和颜色选择、地面图形设计等。地面装饰材料可选择瓷砖、塑胶地砖、水泥、石材、木质或塑料地板、地毯等。图形设计有刚、柔两种风格，一般来说，以圆形、椭圆形、扇形和几何曲线形等曲线组合为特征的图案，带有柔和之气，适合经营女性商品的店铺使用；以正方形、矩形、多边形等直线条组合为特征的图案，带有阳刚之气，适合经营男性商品的店铺使用。而以儿童为主要服务对象的店铺，可采用不规则图案，在地面上设计一些卡通图案，显得活泼。

（4）楼梯设计

由于存在顾客楼层递减规律（2层比1层减少70%，以后每层减少50%），对于没有自动扶梯的卖场，为了引导顾客进入上面楼层消费，在设置楼梯的位置和宽度时，首先应将楼梯口设置在面向营业大厅的位置上，营业厅小的店铺不适合开设多楼层卖场；其次是楼梯的宽度要和店铺的营业面积相适应，既方便顾客移动，也可以避免拥挤从而造成事故。设计楼梯宽度时，应综合考虑楼层数量和每天顾客总流量，常用的基本指标是顾客每百人所需宽度为0.65米，即楼梯宽度=每层顾客人数×每百人顾客应留宽度÷100=全天顾客总人数÷（楼层数×顾客批次）×0.65÷100。

【例10-1】某店铺有5层营业面积，每层有3个楼梯，每天营业时间为10小时，估计全天有20批顾客，每批顾客停留30分钟，全天有10万的顾客流量，试计算该店铺楼梯的宽度。

楼梯宽度=100 000÷（5×20）×0.65÷100=6.5（米）

每个楼梯宽度=6.5÷3≈2.2（米）

（5）通风设施设计

零售店铺顾客流量大，空气容易污染。为了营造一个空气清新、温度适宜的购物环境，店铺在建设之初就应该设计出科学、合理的通风系统，采用空气净化设备，防止空气流动造成的交叉感染。店铺的通风系统可以分为自然通风和机械通风两种。店铺在设计、安装与使用通风设施时应遵循科学性、安全性、舒适性、经济性原则，并注意与店内其他设施的整体协调。

10.2.2.2 店面布局（见10.3部分）

10.2.2.3 色彩与气味设计

（1）色彩设计

顾客对色彩的认知来自物理、生理和心理等多个方面，色彩具有色相、明度、彩度3个属性，色彩与色彩感觉见表10-3。在零售经营中，零售商需要合理地运用色彩的情感意义和象征意义来影响消费者。如环境色彩设计就是零售商根据店铺经营的商品特点来选择不同的装饰色和色彩组合，通过商品与色彩的组合、营业空间与色彩的组合、季节变化和地区气候与色彩的搭配，做到调配得当、醒目宜人，对顾客的购物情绪起到良好的正面引导作用。

表 10-3   色彩与色彩感觉

色彩种类	色彩感觉	色彩情感
红色	热	刺激
绿色	冷	安静
蓝色	较冷	较刺激
紫色	中性	较刺激
橙色	暖	较刺激
黄绿色	中性	较安静
青绿色	冷	很安静
紫绿色	较冷	较刺激
紫红色	稍暖	较刺激

（2）气味设计

宜人的气味会对顾客的生理和心理产生影响，有效地刺激顾客的购物情绪，因此，卖场的气味美化设计是卖场设计不可或缺的。卖场气味大多与商品有关，气味正常是确保顾客愿意购买这些商品的前提。如化妆品的香味、食品的香味、糖果巧克力的香味、水果的香甜气味、茶叶的清香气味、花店的花香气味等能产生良性的促销效果，不良的气味则会适得其反。因此，零售商应采取适当的措施消除不良气味，如合理进行卖场的通风设计、采用空气过滤设备、定期释放一些芳香气味、提供商品包装防止商品串味、加强商品检查以防止商品发生霉变等。

10.2.2.4　照明与音响

（1）照明设计

明亮柔和的照明不仅可以准确地传达商品信息、展现商品魅力、美化环境，还可以起到引导顾客进店、方便顾客挑选购买、提高销售效率的作用。卖场照明分为基本照明、重点照明和装饰照明 3 种类型。卖场照明设计的基本要求是明亮、有层次差别。照明方式可根据商品及环境等要求选择直接照明、半直接照明、下射式照明、间接照明、半间接照明、扩散式照明、陈列柜照明、隐蔽式照明等。具体的照明强度因地点不同而有所不同，如橱窗的重点部位光度最强，卖场重点陈列品、POP 广告、展示品、重点展示区、商品陈列柜等光度次之；普通走廊、通道和仓库的光度一般较弱。

（2）音响设计

音乐具有强大的感染力。清新、愉快的背景音乐不仅能为店铺创造出一种良好的氛围，而且能直接影响顾客的购物情绪和员工的工作状态。零售商进行卖场音响设计需要注意以下事项：一是背景音乐的选择要适合店铺特点、顾客特征及一定时期顾客的心态，形成一定的店内风格；二是注意控制音量的高低；三是播放音乐要适时适度。

小案例 10-3

10.2.2.5　商品陈列（见 10.4 部分）

10.2.2.6　绿化

零售商在店铺适当的地方摆放一些绿化盆栽，其绿化的自然美会给卖场的人工环境增添美感。店铺绿化应考虑植物的外形、颜色等特性，绿化布置时遵循统一规划、合理组织、节约用地、搭配景观等原则，同时注意盆栽摆设、剪裁、浇水、施肥、灭虫、去尘、补缺等工作。

10.3　零售卖场布局设计

10.3.1　零售卖场布局的类型、形式与程序

零售空间是零售商为促成交易活动而在店铺提供的用于顾客活动、店员活动、商品陈列展示、陈列商品储存等用途的空间范围。零售空间一般包括销售空间、商品空间、店员空间和顾客空间。由于可供店铺使用的零售空间都有一定的限度，因此零售商必须在商品、顾客、店员、销售之间做好零售空间分配。

零售卖场布局是零售商为了刺激顾客需求，根据明确的计划对包括商品、设备、用具、通道等在内的卖场整体空间进行合理的配置。狭义的卖场布局仅指对店铺各商品部门的销售空间进行分配和定位。

小知识10-6

10.3.1.1 零售卖场布局的类型

按照卖场设施的分类来划分，零售卖场的布局主要见表10-4。

表10-4　　　　　　　　　**按照卖场设施分类划分的零售卖场布局类型**

类　　型	含　　义	主要内容
前方卖场布局	顾客在进入卖场前所接触和使用到的企业相关设施和设备。其功能是诱导与宣传，以引起消费者注意、产生兴趣，促使其进店消费	停车设施完备、充足；招牌醒目吸引人；出入口方便出入
中央卖场布局	卖场及其内部的所有设施。其功能是对商品进行展示、陈列、贩卖及促销，为顾客选购商品提供便利	设计卖场通道、陈列设施的布局、标识设施的布局、接待顾客设施的布局
后方卖场布局	专门为员工劳动、生活以及商品加工处理与进货等提供支持的场所和设施。其功能是担负为前方卖场提供支援补给以及指挥服务的责任	作业场、有关生活设施、办公室、仓库

小案例10-4

10.3.1.2 零售卖场布局设计的形式

按照店铺采取的向顾客销售商品的基本方式不同，零售卖场布局分为隔绝式销售布局和敞开式销售布局。隔绝式销售布局又称柜台式销售布局，是指用柜台将顾客与营业员和商品分开，顾客不能进入营业员工作现场，挑选商品依靠营业员传递的售货方式。其货架布局形式主要有附墙式、岛屿式、斜角式等（见表10-5）。敞开式销售布局是将商品展放在货架上，允许顾客直接挑选商品，顾客活动空间与营业员工作现场交织在一起的销售方式。其货架布局形式主要有格子式、网状式、散点式、单元式等（见表10-6）。

表10-5 隔绝式销售方式下的布局形式

类型	含义	特点
附墙式	货架、柜台等陈列器具顺应墙面排列，货架货柜常为直线形布置，沿店铺四周顺序排列	能创造清新明朗、高效率的卖场形象；陈列和储存的商品较多；便于顾客发现和选购商品；便于补货和安全管理 不足之处：卖场中间部位闲置 适用于小型店铺
岛屿式	营业现场以岛状分布，在卖场中央围成若干封闭空间，中间设置货架	陈列商品较多；便于顾客欣赏和挑选商品，顾客流动较灵活；部分区域可形成临时仓库
斜角式	将货架和柜台等设备与门店的建筑格局进行斜角布置，是一种辅助布局形式	多位于角落，占地省，充分利用营业面积；卖场布局富于变化

表10-6 敞开式销售方式下的布局形式

类型	含义	特点
格子式	将陈列商品的柜架或其他设备在营业现场呈纵向或横向平行排列，形成多个线条	可利用面积大，陈列商品多；便于补货和安全管理 不足之处：顾客自由流动不便；营业员之间协作困难
网状式	将陈列商品的柜架或其他设备在营业现场呈纵横交叉状排列，使其呈现网状分布	便于顾客自由流动；便于营业员补货和彼此协作 不足之处：不利于商品安全管理
散点式	将营业现场的柜架等陈列器具随客流密度和流向变化灵活布置，呈无规则分布	卖场气氛轻松活泼，顾客流动性强，自由挑选，即兴购买较多 不足之处：浪费营业面积，易使顾客迷茫；浪费顾客时间；安全管理困难；费用较高
单元式	将卖场划分为若干相对封闭的小空间（店中店），每个空间经营某类或某档次商品	有效减少卖场内的噪声，集中顾客注意力；合理分流顾客；店内布局新颖

10.3.1.3 零售卖场布局的基本程序

由于卖场布局对销售氛围有很大影响，因此零售商设计卖场布局要从激发顾客愉快的心情、鼓励顾客继续浏览的视角出发，最大限度地满足顾客购物需求，最小限度地支出费用，最有效地利用每一寸空间。

总体来说，卖场布局的基本程序是：

（1）店铺总体布局设计

店铺总体布局设计即零售商应先确定商品货位布局的形式，如格子式、岛屿式、散点式等。不同的布局类型有不同的优缺点，适合不同的零售业态类型。

（2）部门化设计

部门化设计即零售商将经营的商品按照对顾客接受的意义组成商品群，每个部门经营和销售某一商品群。它是零售商对店铺布局的组织和决定商品具体置于卖场哪个位置的必要手段。

（3）为商品销售部门分配空间

一般情况下，店铺的营业面积应该占据店铺总面积的主要比例。零售商应根据各商品销售部门的销售能力和获利能力为其确定和分配空间规模。销售额分配法和存货分配法是零售商对销售空间进行分配时通常采用的方法

（4）商品销售部门定位

商品销售部门定位即零售商根据空间价值因素（如楼层、每层的位置）、商品因素（如冲动性商品、购买频率、商品连带性等）、商品之间的销售额等因素进一步由商品销售部门选择、确定具体的卖场位置。

（5）商品定位与陈列

商品定位与陈列即零售商根据商品销售量和毛利率等因素在商品销售部门内部安排商品位置，进行陈列展示。

10.3.1.4　客动线调查与设计

客动线是顾客在店铺内外的行走活动路线，也叫动线、顾客动线、客流动线、客导线。货位布局确定后，可采用客动线调查法检查店铺的动线布局是否理想。客动线调查是零售商对店内顾客从进入卖场直至退出卖场的实际行走轨迹进行科学的测量、图示和分析，从而对卖场布局进行评价的一系列活动。常用的客动线衡量指标有通过率、停留率、购买率和热力图。客动线调查产生于20世纪60年代的美国，80年代以后成为美国超市应用最广泛的一种改善卖场经营的有效方法。客动线调查不仅被应用于卖场布局的调整，而且被广泛应用于商品部门间的品类管理、价格带管理、磁石卖场设计、理货员的配置、卖场生动化设计等卖场营销与管理诸多方面。客动线设计是对顾客从入口处进入店铺到从出口处离开店铺的行走路线所进行的设计，考虑的主要因素是出入口、主通道、营业区。

10.3.2　零售卖场布局的具体内容

10.3.2.1　店铺通道设计

店铺通道是指顾客在卖场内购物行走的路线。零售卖场中的通道分为单向通道和环形通道。单向通道也称直线式通道，起点是卖场的入口，终点是收银台；顾客依照货架排列的方向单向购物，以商品陈列不重复、顾客不回头为设计特点，使顾客在最短的线路内完成商品购买行为。环形通道也称回形通道，通道布局以流畅的圆形或椭圆形按逆时针的方向环绕超市，以便顾客依次浏览、购买商品。

小案例 10-5

小知识 10-7

店铺通道设计要特别关注以下要点：开放畅通，轻松进出；主副有别，宽度适宜；避免重复，杜绝死角；富有特色，便于记忆；符合习惯，营造和谐氛围。

10.3.2.2　店铺服务设施设计

（1）柜台和货架设计

柜台和货架设计主要是材质和形状的选择。材质选择有金属类、木质类、塑料类、纸质类等，形状选择有标准形（如长形和方形）以及异形（如三角形、梯形、半圆形、多边形等）。标准形柜台和货架便于商品陈列与摆放；异形的柜台和货架会改变其呆板、单调的形象，增添活泼的线条变化。

（2）收银台设计

收银台的数量应以使顾客在购物高峰时能够迅速付款结算为出发点。调查表明，顾客等待结算的时间不能超过 8 分钟，否则会产生烦躁的情绪。实践中可按照每小时通过 500~600 人为标准设置一个收银台。收银台的位置可选择在店门的右侧或左侧、店铺中心、墙壁中间等地点。

（3）休闲区设计

有条件的卖场应该提供一个休闲区供顾客休息或娱乐休闲。设计休闲区应考虑以下几点：提供舒适的面向卖场的座位；使休闲区富有生气，避免顾客在枯燥中等待；提供娱乐设施服务时儿童应有家长陪同。

（4）存包处设计

存包处一般设置在店铺的入口处，分为自助存包和人工存包。人工存包处一般配有2~3 名工作人员，采取存包领牌、购物后凭牌取包的方式提供服务。自助存包一般由顾客按照存包柜旁的提示自行操作完成存、取包的活动。

（5）试衣间设计

对经营服装的店铺或柜台来说，试衣间是决定服装是否能被售出的重要环节。试衣间的设计应该注意以下问题：保护个人隐私；面积不宜太小；装修远离简陋。

10.3.2.3　陈设品设计

店铺的陈设品包括展示陈设品、导向陈设品、艺术陈设品等类型。陈设品设计的目的是给顾客购物提供一个更加舒适、优美的环境氛围。陈设品设计应考虑快速传递信息、点缀烘托氛围、形成视觉冲击、强化情感交流等要点。在零售布局的服务功能中，陈设品具有更好的灵活性和有效性。

小知识10-8

10.3.3 卖场商品配置

10.3.3.1 卖场商品配置的依据

（1）根据商品的性质进行配置

一是便利品应放在最显眼、容易速购的位置，如入口处、收银台旁、自动电梯两侧、店铺前端等。

二是选购品应集中放在宽敞、明亮的地方，以便于顾客在从容观察中产生购买欲望。

三是特殊品宜放在环境较为幽雅、客流量较少的店内较远处，或设立专柜，以显示商品名贵、高雅和特殊，迎合顾客的心理需求。

（2）根据顾客的购物行走特点进行配置

一是研究顾客进店后的走动特点，如逆时针方向行走、习惯用右手拿取物品、喜欢直行等特点，进行相应的商品配置。

二是根据顾客采购商品的顺序规律作出配置规划，如超市可以按照蔬菜、水果—畜产、水产—冷冻食品—调味品—糖果、饼干—饮料—面包、牛奶—日用杂品的顺序进行商品配置。

（3）根据商品盈利性进行配置

如将获利性较高的商品摆放在店铺最好的位置上，以促进销售，而将获利性较低的商品摆放在较差的位置上。

（4）配合其他促销策略进行配置

零售商应注意与店内其他促销策略结合起来进行商品配置。如特价品、新商品、树立形象的商品等常常被零售商放置在一些特定位置进行商品配置。

10.3.3.2 磁石点理论

卖场商品布局的调整主要是根据磁石点理论来进行的。磁石是指零售卖场中最能吸引顾客注意力的地方，磁石点就是顾客的注意点。磁石点理论是指零售商将卖场中最能吸引顾客注意力的地方配置最合适的商品来吸引顾客注意力、诱导顾客兴趣、激发购买欲望，并引导顾客顺畅地逛遍整个卖场最大限度地增加顾客购买率、实现促进销售目的的零售营销理论。根据商品对顾客吸引力的大小，可将商品分为第一磁石、第二磁石、第三磁石、第四磁石、第五磁石。磁石商品的类型划分及布局位置见表10-7，卖场中各磁石商品的陈列位置如图10-4所示。

表 10-7 磁石商品的类型划分及布局位置

磁石点	卖场位置	配置要点	商品类型
第一磁石	沿主通道两侧分布，是顾客的必经之地，是商品销售的主要位置	由于特殊的位置优势，不必刻意装饰即可达到很好的销售效果	主力商品；销售量大的商品；购买频率高的商品；采购能力强的商品
第二磁石	在主通道中穿插	有引导顾客走到卖场各个角落的任务，需要突出照明及陈列装饰	流行商品；引人注意的商品；季节性强的商品
第三磁石	位于陈列货架的端头位置	是卖场中顾客接触频率最高的位置，盈利机会大，应重点配置，商品摆放三面朝外	特价商品；大众化商品；高利润商品（自有品牌）；厂家促销商品（新品）；时令性商品
第四磁石	位于卖场中副通道的两侧	重点以单项商品来吸引顾客，需要在陈列方法和促销方式上刻意体现	热销商品；大量陈列商品；广告宣传商品；廉价品；贴有醒目促销标志的商品
第五磁石	位于收银处前的中间卖场，属于非固定卖场	能够引起一定程度的顾客集中，烘托门店氛围，展销主体需要不断变化	大型展销商品；特卖品；节日促销商品；非主流商品

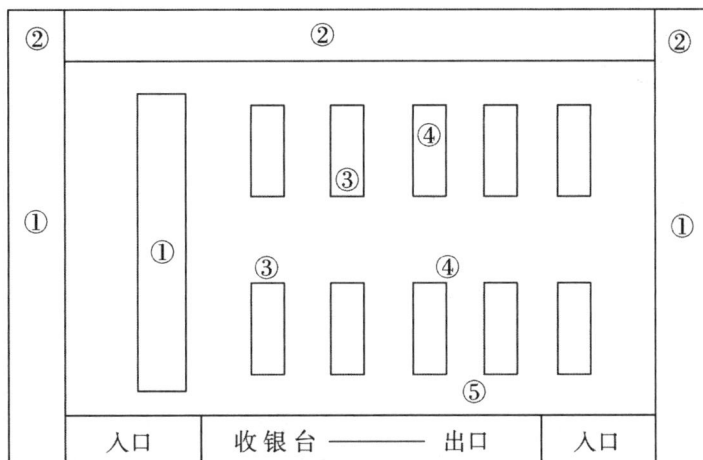

图 10-4 卖场中各磁石商品陈列位置图

10.3.3.3 商品配置表

商品配置表是零售商把商品的排面在货架上进行有效分配，并将规划分配的结果进行呈现的一种书面形式。商品配置表是门店商品陈列的基本标准，在设定的区域内配置和陈列什么商品、怎样配置和陈列商品主要是通过商品配置表的运用来具体实施的。商品配置表具有商品陈列定位管理、畅销商品保护管理、商品销售目标管理、连锁经营标准化管理等功能。

小案例 10-6

在实际工作中，零售商可以利用电脑来制作、修改和调整商品配置表。商品配置表的制作始于市场调研，终于卖场销售效果评估。其基本步骤如下：进行市场调研；商品分类与布局；制作商品平面配置图；配置陈列设备；收集商品品项资料；制作商品布局表；现场商品陈列；评估陈列与布局效果。

10.4 商品陈列设计

商品陈列是指商品在货位、货架、售货柜台内的摆放、排列，将真实的商品经过艺术处理直接展现在顾客面前。商品陈列是零售商营业现场的"门面"和顾客购买商品的"向导"。成功的商品陈列可迅速将商品信息（外观、性能、特征、价格等）传递给顾客，减少顾客询问，加速成交过程，并能改善店容、店貌，创造良好的企业形象，给顾客带来美的享受。

实例与点评 10-2

小知识 10-9

10.4.1 商品陈列设计的内容与原则

10.4.1.1 商品陈列设计的内容

（1）陈列位置

不管是店铺集中陈列的商品还是各部门自行陈列的商品，都应置于卖场内的明显区域上，如出入口迎面处及附近、主通道两旁、与主通道交叉处、各销售处的明显位置等，具体的陈列位置如货架、堆头、橱窗、过道旁、专柜、收银台、陈列柱、墙壁、天花板等，这样才能使顾客容易发现商品，形成购买兴趣和动机。

（2）陈列技术

商品陈列非常讲究技术和技巧。实践证明，按照商品陈列技术要求陈列的商品才具有吸引力，促进顾客购买。一般情况下，商品陈列技术涉及商品陈列高度（黄金法则）、可感知性（看得见、摸得着）、陈列数量（一般要求放满）、商品说明卡等。

小案例 10-7

（3）陈列装饰与衬托

商品陈列要有一定的衬托，才能显示商品的美。通常情况下，可以根据商品的特征、使用商品的对象特征等来选择商品的装饰与衬托。

（4）色彩搭配

陈列色彩搭配一是商品之间的色彩搭配，要求不同商品邻近摆放的色彩要和谐，互相能够衬托；二是商品与装饰物、衬托物的色彩搭配，要求衬托出商品美。色彩搭配应按照补色对比原理设计，即两种颜色搭配会使两种颜色都鲜亮，如红色与绿色就是一对补色。装饰物与衬托物的色彩要暗于商品色彩，以求突出商品的生动与鲜艳。如陈列鸡蛋商品时，白皮鸡蛋配蓝色托盘，会使白色鸡蛋显得更加新鲜。

10.4.1.2 商品陈列设计的原则

（1）安全性原则

安全性原则即排除非安全性商品（如超过保质期、鲜度低劣、有瑕疵、味道恶化的商品），保证陈列商品稳固安全、卫生清洁。

（2）区分定位原则

区分定位原则即每一类、每一项商品都必须有一个相对固定的陈列位置。

（3）易见易取原则

易见易取原则即要使陈列的商品容易让顾客看见，容易让顾客触摸、拿取和挑选。

（4）满陈列原则

满陈列原则即货架上的商品要经常、充分地放满陈列，以吸引顾客注意，留下商品丰富、挑选余地大的印象。

（5）前进梯状原则

前进梯状原则即商品补充陈列要依照先进先出的原则，先把原来的商品取出，放入补充的新商品，再在该商品前面陈列原来的商品。另外，陈列商品的排列应前低后高，呈阶梯状，使商品陈列既有立体感和丰满感，又不会使顾客产生被商品压迫的感觉。

（6）关联性原则

关联性原则即关联性商品应陈列在通道的两侧，或同一通道、同一方向、同一侧的不同组货架上，不同分类但有互补作用的商品也应陈列在一起。

（7）同类商品垂直陈列原则

同类商品垂直陈列原则即根据顾客的视线移动规律和货架段位的平均销售收益，使同一类商品尽量做到垂直陈列。

10.4.2 商品陈列的种类、方法与技巧

10.4.2.1 商品陈列的基本种类

（1）量感陈列

量感陈列原指商品陈列数量的多寡，实践中该含义一方面是指"实际很多"，另一方面指"看起来很多"。量感陈列的具体方法有很多，如店内吊篮、店内岛、店面敞开、铺面、平台、售货车及整箱大量陈列等。其中整箱大量陈列是中型超市常用的一种陈列手法，如在卖场内辟出一个空间或拆除端架，将单一商品或 2~3 个品项的商品作量感陈列。量感陈列一般适用于食品杂货，以亲切、丰满、价格低廉、易挑选等特点来吸引顾客。当零售商在低价促销、季节性促销、节庆促销、新品促销、媒体大力宣传或顾客大量购买时，一般采用量感陈列方法。

（2）展示陈列

展示陈列是指零售商在卖场内为了强调特别推出的商品魅力而采取的陈列形式。其一般适合百货类和食品类，虽然陈列成本较高，但能吸引顾客的注意力和兴趣，营造店铺的气氛。常用的陈列场所有橱窗、店内陈列台、柜台以及手不易够到的地方（如货架顶端）等。展示陈列常用的表现手法是：突出陈列、端头陈列、岛形陈列、去盖包装整箱陈列、悬挂陈列、树丛式陈列、散装陈列等。

（3）混合陈列

混合陈列即将量感陈列和展示陈列两者结合，制造出既有大量的商品可挑选又能表现商品特性的效果。

10.4.2.2 商品陈列的方法

（1）商品陈列的一般方法

商品陈列的一般方法有：

①三角形摆放法，给人稳定的感觉，适合多种商品陈列。

②圆形摆放法，多用在不易表现量感的商品陈列，如立柱。

③半圆形摆放法，适合立柱、墙边、墙角等位置的商品陈列。

④曲线形摆放法，有流动感，适合妇女、婴幼儿使用的商品。

⑤直线形摆放法，适合墙面、陈列台、货仓超市。

⑥放射形摆放法，适合小件、新型商品的陈列。

（2）有效陈列法

有效陈列法是指利用商品在卖场中的艺术摆放方式，展示商品的使用性能并制造出美感，满足顾客需求的陈列方法。常用的有效陈列法有：

①集中焦点法，即利用色彩、光线等制造出卖场焦点，引人注意。如色彩从亮到暗或色彩由冷色调转为暖色调，对比越强烈，越容易产生焦点效应。

②使用场景法，即把相关产品集中摆放，制造出一个特定的使用场景，从而产生良好的促销效果。如胖东来推出的"向自然前进"户外陈列主题，把各种关于户外和烧烤所需的商品跨界陈列，按照真实场景1∶1还原，用画面感极强的沉浸式体验，带领顾客穿梭于自然和城市，让顾客产生与时俱进的幸福感和生活方式的品质感。

③制造季节法，即利用冬季、夏季等季节性商品制造出良好的时令变化效果。

实例与点评10-3

10.4.2.3　商品陈列的技巧

（1）突出陈列

突出陈列即将商品放在篮子、车子、箱子或突出板（货架底部可自由抽动的搁板）内，陈列在相关商品的旁边销售，主要目的是诱导和招揽顾客。采用突出陈列应注意突出陈列的高度适宜，数量适宜，占地面积适宜。

（2）端头陈列

货架端头位置的销售力极强。端头陈列可以是单一品项，也可以是组合品项，实践中多以后者效果为最佳。端头组合陈列应注意以下事项：品项不宜太多，一般以5个为限；各品项之间要有关联性；组合品项中可选择一个品项作为招徕品，以低廉价格形成引流效果，目的是带动其他品项的销售。

（3）岛形陈列

岛形陈列即运用陈列柜、平台、货柜等陈列工具在卖场的适当位置展示陈列品。此类陈列能强调季节感、时鲜感和丰富感。岛形陈列应注意的问题是：陈列工具应与商品特征相配合；陈列工具一般放在卖场前部和中部，便于向顾客充分展示陈列品；陈列工具的高度不宜影响顾客视线；陈列工具最好装有滑轮和搁板，方便调整；陈列工具要牢固、安全等。

（4）去盖包装整箱陈列

去盖包装整箱陈列即零售商将非透明包装商品的包装箱的上部切除（可用斜切方式）或将包装箱底部切下来，作为商品陈列的托盘的陈列方式。它适用于整箱的饮料、啤酒、调味品等，充分显示商品包装的促销效果。

（5）悬挂陈列

悬挂陈列即零售商用固定或可以转动的装有挂钩的陈列架陈列缺乏立体感的商品。一般适用于剃须刀片、电池、袜子、手套、帽子、小五金工具、头饰等日用小商品的陈列。

（6）树丛式陈列

树丛式陈列即零售商用篮、筐或桶等将商品随插在里面，陈列于出入口或端头位置，能使顾客产生便宜感。卖场实践中常用十分低廉的价格整篮、整筐或整桶出售商品。

（7）散装或混合陈列

散装或混合陈列即零售商把商品原包装拆下，把单一品项或几个品项组合在一起，在岛形陈列工具内出售。此类陈列往往用一个统一价格出售，使顾客产生便宜感。

关键术语

零售形象策略　零售形象策划　零售组织文化　橱窗　零售卖场布局　磁石点理论　商品配置表　商品陈列

即测即评

第10章单项选择题　　　　第10章多项选择题　　　　第10章判断题

基本训练

❖ **问答题**

1. 简述零售形象策划的步骤。
2. 简述零售组织文化的层次结构。
3. 简述店铺橱窗设计的步骤。
4. 简述卖场布局的程序。
5. 举例说明卖场商品磁石的类型。
6. 简述商品陈列设计应遵循的原则。

❖ **案例分析**

案例1　　　　　　　　　胖东来：用爱把零售做成艺术

胖东来的经营之道屡屡挑战人们的商业常识。人们通常认为商业用地寸土寸金，但是胖东来在商场顶楼留出整整一层作为员工娱乐中心。人们通常认为服务业应该全天候响应，但胖东来从2012年4月开始，所有的店面每周歇业一天。人们通常认为不断扩张规模才是成长的标志，但胖东来从2012年开始缩小规模，减少店面数量，并认为这标志着自己的成熟。人们通常认为商业就应该追求成本最小化、销售最大化，但胖东来不惜花大钱在店中安装一流的硬件设施，雇用更多的保洁人员来保证环境卫生。

胖东来这些独特做法的背后是怎样的商业逻辑呢？

"爱"在胖东来——员工篇：胖东来舍得"高投入"，给员工的工资是当地同行业平均水平的两倍，让员工过上体面的生活；胖东来对员工的健康体贴入微，上班时间允许员工坐着休息，以避免静脉曲张的职业病，每周二闭店让员工充分休息。

"舍"在胖东来——顾客篇：胖东来把顾客看成一家人，宁可自己吃亏，也要让每一位顾客都满意。胖东来规定自己没有的商品可以代顾客订购，顾客不满意的商品可以无条件退货，而且顾客可以享受在胖东来的各种免费服务：修理电器、修鞋、熨烫等。

"美"在胖东来——文化篇：在零售行业里，胖东来恐怕是第一家把商业当作文化来经营、把商品当作展品来看待的企业。它不仅在销售商品，也在传播商品知识和商业文化。其希望把商店做成商品的博物馆，让顾客享受商业之美和艺术之美。

"信"在胖东来——信仰篇：胖东来的当家人于东来认为："我们不光让员工学会怎么去挣钱，更多地要让员工学会怎么做人、做事，理解生命，理解生活，然后去更好地安排自己的生活。"

当众多企业急于增长、急于扩张的时候，胖东来却放慢了脚步，停下来看看"内在的灵魂"是否跟上了外部的发展速度。比照世界上最优秀的单店，从环境、商品、管理到人员的精神面貌和专业能力方面，于东来认为自己还差得很远。因此，于东来决定把工作重点放在加强精细化管理上面，通过制度细化来提升每一个胖东来人的综合素质和专业能力。于东来相信，唯有经过精细化的转型蜕变，唯有员工充满热爱地去工作，胖东来才能真正把零售业做成一种文化现象。

资料来源：佚名. 胖东来：逆袭沃尔玛的中国第一零售［EB/OL］.（2013-06-21）［2024-01-27］. http://news.hexun.com/2013-06-21/155391740.html.

问题：

（1）胖东来是如何成功策划和塑造店铺形象的？

（2）胖东来企业文化的精髓是什么？哪些方面可供其他零售商借鉴？

案例2　　　　　　　　　　茶颜悦色天下粮仓概念店

2023年12月，茶颜悦色在大本营长沙开出了品牌迄今最大门店——天下粮仓概念店，还融入了咖啡子品牌和茶馆子品牌。

天下粮仓概念店占地面积为1 000平方米，由两栋相连的公馆式建筑所组成。新店选址于长沙古城太平老街。太平老街是长沙老城保留原有街巷格局最完整的一条街，也是当地最具湖湘文化魅力的街区。

天下粮仓概念店的整体空间采用夯土墙，与湖湘文化相融合，充满历史温度。无论从主题到内容，还是从空间设计到各种装置落地，都展现了品牌对"农耕""粮食"溯源的理解。从设计布局上看，该店前厅一楼从农耕文化开始营造氛围，随处可见的打谷机、风车、钉耙、箩筐、铁犁等农具据说是从长沙旧市场搜罗而来的。前厅二楼是回廊式结构，设有两间闲谈休憩区，空间大，座位多，竹帘半遮，有较好的私密性。后厅则是民国中西合璧的老洋房格局，打造成一个小型展览厅，展示了许多长沙百年来发展的老照片。

这家概念店除了有茶颜悦色主品牌，还融入了两个子品牌：鸳央咖啡入驻了前厅，占地约500平方米，这也是鸳央咖啡最大的一家店；后院为中式茶馆子品牌——小神闲茶馆。

自2014年创立于长沙，如今茶颜悦色在长沙、株洲、重庆、武汉、南京、无锡等12个城市共有500多家门店。茶颜悦色主要分5种店型：常规门店、茶颜·茶叶子铺、茶颜·游园会、茶颜·外卖镖局以及茶颜·新中式实验空间（概念店），还有部分茶颜联名店以及快闪店。

资料来源：AriaChoi. 茶颜悦色开出迄今最大门店，还集齐了三大品牌！［EB/OL］.（2023-12-28）［2024-07-26］. https://mp.weixin.qq.com/s/ZNqgqgZz9FREFNvgkCHxrQ.

问题：

（1）组织文化与店面形象之间存在哪些关系？

（2）店面形象通常由哪些内容构成？店面形象策划对零售商产生哪些影响？

案例3　　　　　　　　　　比优特超市沈阳星摩尔店布局改造

比优特超市沈阳星摩尔店位于沈阳市铁西区北二中路6号星摩尔购物中心一层，经营面积有6 000多平方米，日均来客近5 000人，周末日销40万元以上。用之前家乐福门店一半的营业面积，创造了比之前门店多1倍的经营业绩，比优特对大卖场的布局改造思维、空间利用率要比同行好很多。

比优特在规划上的一大特点就是门店"去库房化"，不设库房区。几乎所有单品（除现场加工品类、少量奶制品外）均由位于沈阳浑南区的比优特配送中心进行"日日配"，将门店更多的空间转换成经营面积。

另一大特点是对卖场布局动线的调整。传统的大卖场基本离不开"中央大街"式的主动线设计思路，十几年来早已造成顾客体验上的麻木。比优特星摩尔店采用隐藏式的模糊主动线，呈压扁、横置的S形，将整个大卖场分为3条相对独立的区域。

从入口进到卖场后，往里依次是蔬菜和水果、鲜肉、水产、烘焙、熟食、面点、粮油副食、散称糖果等区域，没有明显的主副通道，各品类陈列衔接自然，潜在地增加了顾客逛到每个角落的冲动感。

第一条状区域的购物场景，在依托时令水果、糖果、寿司、烘焙等个别品类满足年轻消费群体味蕾的同时，主要满足的是家庭一日三餐食材的购物需求。折返第二条状区域，此处主要为酒饮、冷冻冷藏、常温奶类、休闲食品等品类，购物场景主要围绕年轻消费群体的生活方式与需求特点。第一、二条状区域之间由高货架、靠墙式冷藏柜进行区隔，两侧分别陈列粮油副食和冷藏乳饮、食品。第二、三条状区域的衔接品类为清洁用品，卖场到此逐渐过渡到以居家生活消费场景为主的区域，有清洁日化、个护、厨卫用品、家居百货等品类，同时辅以比优特自营品牌——百媚生美妆、北鼻兔孕婴童用品店。

几年前，大卖场模式刚进入下行期，比优特就开始探索大卖场的升级变革，并积淀出行之有效的成熟模式。从布局理念上可看出，比优特强调的是用紧凑的布局、灵活的动线、清晰的客群细分为全客层提供不同的生活方式，明显区别于已无法引起顾客购买欲望的"中央大街式"传统大卖场。

从这个意义讲，比优特的门店已不是大卖场的概念，而是大型超市。其讲究的购物场景细分、一站式购齐、低价、品类精选等，践行"东北人家庭采购员"的商品服务提供商理念。

资料来源：东风. 家乐福玩不转的门店！比优特仅用4200平米做到日销40万［EB/OL］.（2024-02-07）［2024-06-12］. https://mp.weixin.qq.com/s/74Xnk9sGKN_MUP8hZVs2Dw.

问题：

（1）传统的中央大街式主动线设计有哪些优点和缺点？

（2）试分析比优特星摩尔店卖场布局的类型及特点。

第11章 零售安全与防损管理

内容体系

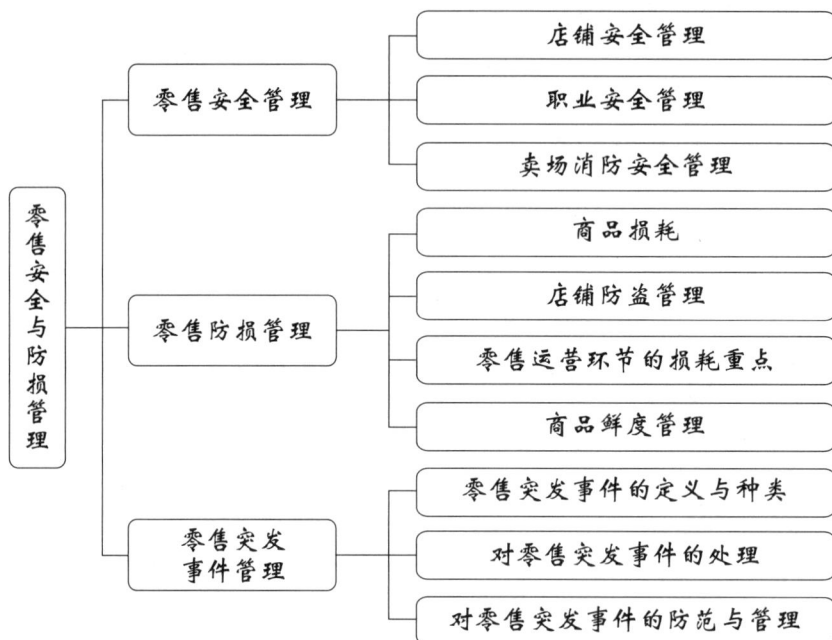

学习目标

◆掌握零售安全管理、卖场消防安全管理的内容、零售防损管理的类型与产生原因、生鲜商品管理的内容。

◆了解零售安全管理的重要性、原则与内容，店铺防盗管理的内容，突发事件的种类，学会如何应对零售突发事件。

❖ 引例

《零售企业数据安全合规指南》意见征求

数据作为新型生产要素，已成为国家重要资产和我国数字经济发展的基础战略资源。2021年以来，国家、行业、地方相继颁布了大量数据安全政策文件。作为数字经济健康发展的重要基石，数据安全的重要性愈发突出，数据安全合规管理需求愈加迫切。

零售企业的消费者数据、交易数据、商品数据规模庞大。近年来，消费者法律意识不断提升，国家相关监管机制也在不断完善，对零售企业存储、使用现有数据提出了很高的要求。与此同时，零售企业的数据治理理念和结构又相对传统，形成了数据量大、高要求和低治理水平之间的矛盾，处理不好可能上升到司法层面。

为此，中国百货商业协会联合北京市盈科律师事务所，结合零售企业反馈，起草《零售企业数据安全合规指南》（意见征求稿），围绕数据合规目标、治理框架、治理实践路径展开论述。本指南结合司法实践，系统阐述了数据安全合规的相关管理要求，拟为企业开展数据相关工作提供有效指引。

《零售企业数据安全合规指南》（意见征求稿）包含三大部分：

（1）总则。

（2）数据安全合规管理规划，包括现状分析、方案规划、方案论证。

（3）数据安全合规管理实践，包括零售企业涉及的消费者个人信息保护、数据安全组织建设、数据安全管理制度、数据资产盘点、数据分类分级、零售企业数据全生命周期保护要求、算法合规管理要求、数据安全事件应急响应。

资料来源：中国百货商业协会.《零售企业数据安全合规管理指南》意见征求［EB/OL］.［2023-07-17］［2024-07-15］. https://mp.weixin.qq.com/s/hkx-efAJEJ5cUsCgqfFZhg.

11.1　零售安全管理

11.1.1　店铺安全管理

11.1.1.1　店铺安全管理的重要性

店铺安全管理是零售商为了实现安全运营而组织和使用人、财、物力等各种资源的过程。通过制订最佳的安全保障方案和管理措施，控制来自自然界、物质的不安全状态以及人的不安全行为等因素，确保商品、设施和人员的安全与完好，使零售商更好地进行运营销售工作，取得更好的经营效益。

安全管理是衡量零售商综合管理水平的一个重要标准，安全管理的重要性表现在以下几方面：一是消除各种隐患和风险，最大限度地预防和避免意外事故的发生；二是通过规范人的行为，减少人的不安全行为因素，避免发生人员伤亡事故，使企业避免巨大的经济损失；三是通过对实物不安全状态的监管，保证设备的正常运转，减少物品损耗；四是通过制定相应的管理措施和进行培训教育，使商场具备处理意外事故的应急能力，减少企业在意外事故中的财产损失。

11.1.1.2 店铺安全管理的原则

（1）法治原则

法治原则即店铺安全管理要符合法律、法规的要求，严格执法，违规必究，不妥协和不让步。

（2）预防原则

预防原则即店铺安全管理应以预防为主，通过有效的管理，消除引发事故的因素，杜绝隐患，将事故消灭在萌芽状态。研究表明，98%的事故是可以预防的，因此，店铺安全管理应贯彻预防原则。

（3）监督原则

监督原则即店铺安全管理要从日常监督和检查做起，工作细致、警觉，不忽视任何细节，特别注意在未造成伤害或造成轻微伤害的小事故中寻找隐患。

（4）教育原则

教育原则即店铺安全管理应通过安全知识教育、安全技能培训、安全政策宣传、安全信息传播等各种手段，培养员工的安全意识、预防意识、危机意识，做到群力群防。

小案例 11-1

11.1.1.3 店铺安全管理的内容

（1）职业安全

职业安全包括员工安全、用具设备安全、店铺环境安全、顾客安全、安全管理制度与监督检查等。

（2）消防安全

消防安全包括店铺消防组织结构、消防管理制度与检查、消防设施、消防演习等。

（3）商品损耗预防与控制

商品损耗预防与控制包括重点区域的损耗控制、各运营环节的损耗管理、内盗与外盗的预防与处理等。

（4）突发事件的处理

突发事件的处理包括突发事件的处理原则、紧急计划的制订、各类突发事件的处理程序等。

（5）安全员顾客服务

安全员顾客服务包括服务原则、工作制度与权限、相关工作技巧等。

（6）数据安全

数据安全包括消费者个人隐私信息安全、消费数据安全，以及其他有关企业运营的信息安全等。

11.1.1.4 事故致因

事故发生的主要原因分为事故的直接原因和间接原因。直接原因又称一次原因。一般来说，事故的直接原因有两个，即人的不安全行为和物的不安全状态；间接原因是指导致事故的直接原因得以产生和存在的原因（见表11-1）。大多数时候，事故发生的原因是多种原因综合作用的结果。对零售店铺而言，卖场中的各种事故主要是由内外两种原因引起的。内部原因导致的事故较为常见，可以改正和消除，属于卖场可控的范围之内。本章主要介绍各种内部事故的预防和处理。

表11-1 事故发生的原因

类　型		内　容
直接原因	人的不安全行为	违反规定操作；在不安全区域工作、停留；不熟悉工作，操作不熟练；工作态度错误，安全意识差；不使用保护用品；注意力不集中，说笑打闹等
	物的不安全状态	设备有缺陷和故障；无防护装置，保护用品不良；照明、通风不良；使用不安全的用具；没有安全规程
间接原因	二次原因	技术上和设计上有缺陷；教育培训不够；身体的原因；精神的原因；管理上有缺陷
	基础原因	学校教育的原因；社会历史的原因

11.1.2 职业安全管理

11.1.2.1 员工安全管理

一是个人防护用品的安全使用，不同的防护用品有不同的用途，作业员工应正确使用以确保工作安全。

二是安全搬运与装卸，即为了保证员工自身和商品的搬运装卸安全、顾客以及环境设施的安全，搬运装卸员工应有正确的搬运装卸动作和操作规程，避免造成自身伤害；使用必要的个人防护用品，保证人身安全；正确使用搬运装卸工具；树立保护商品的意识，以适当的方式进行搬运装卸，保证商品不受损坏；注意工作时的周围环境，既要避免危险因素的伤害，又要避免伤及周围的人员或设施。

三是安全运输，即为了保证员工自身的安全、商品的运输安全、顾客及环境设施的安全，从事运输的员工必须正确使用运输工具；保证商品的摆放符合安全标准，整齐、稳固，对高空货架作业必须使用安全皮筋或缠绕膜；空车作业时不能载人；随时注意通道畅通，经过作业区域时应注意到人员、商品及周围设施的安全；电力叉车在营业区域高空作业时，必须设立围栏，作业区域内不能让顾客进入。

11.1.2.2 设施与用具安全

这主要包括店门、电梯、楼梯、电力专用设备、卡板、裁纸刀等设施和用具的安全使用。

11.1.2.3　卖场环境安全

卖场环境安全主要包括：①店内地面、通道的安全；②商品存放与陈列安全；③设施和设备安全；④店外/停车场安全等。

实例与点评11-1

11.1.2.4　顾客安全

顾客安全包括：广播提醒顾客注意安全；提示家长儿童在玩耍或乘坐电梯时应随身照顾；开业或节假日顾客过多应及时疏导，避免因拥挤而引发不安全因素；特价促销时避免顾客哄抢而引发不安全因素；商品展示时保证水电的使用安全，展示完毕后消除安全隐患；避免因商品展示台过大导致通道过窄从而引发拥挤状况等。

11.1.2.5　安全管理制度与监督检查

这包括安全使用电力、燃气及水的相关制度，化学用品及危险品安全处理制度，安全监督检查制度，以及安全监督检查实施反馈等。

11.1.3　卖场消防安全管理

11.1.3.1　消防组织

鉴于消防工作的重要性，国家有关法律、条例规定，各单位特别是消防重点单位，必须有专门负责消防的管理层负责人。零售店作为消防重点安全管理单位，要成立专门的消防组织，上到店铺经理，下到普通员工，人人有责，确保消防安全。店铺消防组织包括消防委员会和消防小组，其人员组成如图11-1、图11-2所示。

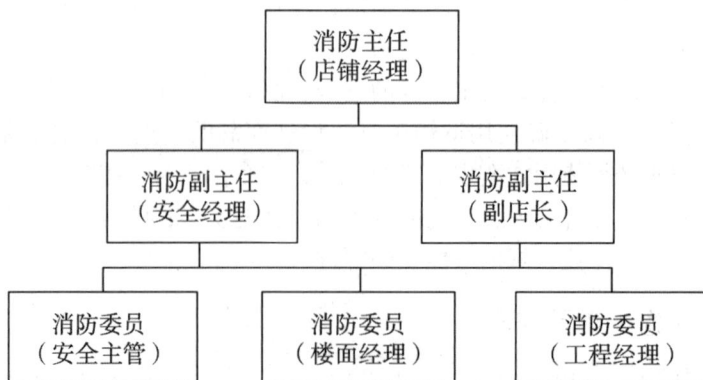

图11-1　消防委员会人员组成

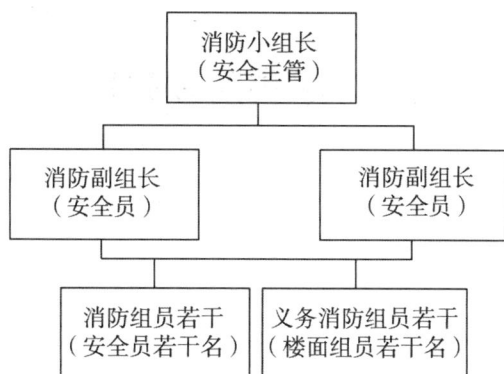

图11-2　消防小组人员组成

11.1.3.2　消防系统

卖场消防系统包括消防标志、消防通道、紧急出口、疏散图、消防设施（包括火灾警报器、烟感和温感系统、喷淋系统、消防栓、灭火器、防火卷闸门、内部火警电话等）、监控中心、紧急照明、火警广播等。当火警发生时，火警广播可以通知顾客，稳定顾客情绪。

11.1.3.3　消防预防、检查与演习

（1）消防预防措施

使用的照明灯具要与可燃物质保持一定的安全距离；电器用完后要及时切断电源；商场内不要吸烟；停电后不使用明火照明；安装电器设备时，切不可超容量安装。

（2）消防检查与演习

消防检查的内容很多，主要包括：消防器材与设施检查（如是否进行档案登记、存放位置是否正确、各种配件是否齐全、是否可以正常使用）、消防安全标志检查（如紧急出口、紧急疏散图、防火标志、禁止吸烟标志等是否完好无损，紧急通讯录是否张贴在明显位置）、火警报警系统是否正常工作、照明配电是否符合要求、人员资质及使用消防器具检查、隐患通知是否全部反馈、消防安全栏是否定期更新等。消防演习的目的是检查卖场火警报警系统是否正常运转、员工是否熟悉火警报警信号以及逃生渠道和方法，提高员工对火险的警惕性。消防演习的基本程序如图11-3所示。

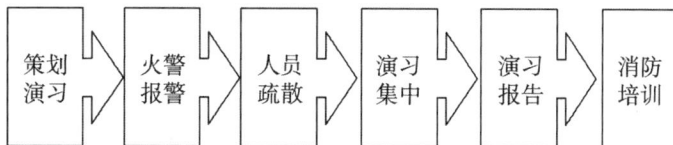

图11-3　消防演习的基本程序

11.2 零售防损管理

11.2.1 商品损耗

11.2.1.1 商品损耗的含义与类型

零售业界内人士普遍认为，若能将零售商在2%以上的商品损耗率降低到1%，则其经营利润可以增长100%，可见防损管理对零售商的重要性。商品损耗是指零售商在商品销售过程中由各种原因造成的商品总价值的损失，狭义上专指账面库存与实物盘点库存之间的差额。

商品损耗可分为正常损耗和非正常损耗两种类型。正常损耗是店铺经营中不可避免的损耗，如生鲜商品的变质、过期，商品包装在运输过程中不慎损坏，商品在销售过程中自然磨损等。这一部分损耗属于零售商经营中的正常损耗范围，通常用一个损耗指标加以控制，若实际损耗超出这一损耗指标就属于非正常损耗。非正常损耗一般是因管理不善或作业错误带来的损耗，即人为产生的损耗，只要加强管理和科学作业就可以避免。因此，非正常损耗是零售商防损工作分析和控制的重点，本章对商品损耗的分析也是针对非正常损耗的。

11.2.1.2 商品损耗的原因

（1）作业错误引起的损耗

其包括商品验收不正确的损耗、退货处理不当的损耗、变价损耗、自用品领用管理不严的损耗、坏品处理的损耗、收银作业的损耗、盘点误差损耗、商品有效期管理不当的损耗、商陈列不当的损耗等。

（2）偷盗引起的损耗

其包括外部盗贼偷盗的损耗和员工偷盗的损耗。

（3）意外事件引起的损耗

其主要指因水灾、火灾、台风、停电等自然意外事件引起的损耗，以及抢劫、诈骗等人为意外事件引起的损耗。

（4）生鲜处理不当引起的损耗

其主要指在加工过程中原材料浪费严重，商品鲜度管理不佳，如温度管理不当、陈列方法不当、陈列设备不当等，或者因为冷藏、冷冻设备运转不正常而导致变质损失所造成的损耗。

（5）其他损耗

其如仓管商品或原料保存不当而变质，或由于产品销路不对、订货量大于需求量等订货不当造成积压而形成损耗等。

实例与点评 11-2

11.2.2 店铺防盗管理

根据国内外机构对零售业商品损耗的研究，80%以上的商品损耗是由偷盗造成的，因此，加强店铺防盗管理对零售商尤为重要。

小案例 11-2

11.2.2.1 内部偷盗管理

内部偷盗（简称内盗）是指员工以非法占有为目的，秘密占有公司的钱财物品行为。在失窃的商品中，内盗是最主要的一个方面。据一些统计资料表明，国外商场内盗所造成的损失要高于外盗的损失，所以零售商必须高度重视防范内盗。

（1）内盗的手段与原因

内盗的手段多种多样，主要表现为：随身隐藏、使用及食用、擅自变更商品、收银员非正常结算、其他偷窃形式等。

内盗的原因是多方面的，既有客观原因，也有主观原因。如商场管理混乱、制度不健全，给员工以可乘之机；员工对企业缺乏认同感、责任感及荣誉感；员工的收入明显低于同行业平均值，在生活中支出大于收入，出现经济困难的状况；沾染不良社会习气，如赌博、酗酒、吸毒或结交不可靠的朋友；存有侥幸心理；贪图小利；感觉在店内受到不公平待遇而进行报复等。

（2）防范内盗的主要措施

①挑选诚实的员工。诚实的品德是从事零售业，特别是在零售运营领域工作的人员最重要、最基本的道德要求。因此，人事部门在招聘前应对应聘者进行求职背景调查，在招聘过程中进行诚实度测试，在任用期间进行诚信考核，使有诚信的员工留在店内并得到重用。

②加强培训教育，即在员工上岗培训时加强对员工的职业操守培训，培养员工爱岗敬业、遵纪守法的工作作风，塑造良好的企业文化。零售商经常向员工宣传内盗的处理规定与办法，在心理上起到警示作用。

③建立健全管理制度。加强卖场内部管理，建立健全安全管理制度，实行连带责任制和内部举报制，鼓励员工检举偷盗行为，以此建立监督、检查机制，让全体员工齐抓共管、相互监督。

④突击盘点，即不定期地对某些商品进行临时盘点，如在店铺休息时间或营业结束后，由经理或店长随机决定进行盘点。经常采取这种做法进行突击检查，会使那些有盗窃想法的员工产生心理压力，预防内盗的发生，并及时发现、处理已发生的内盗事件。

⑤借助顾客帮助。顾客不仅能帮助店铺完成销售任务，而且能有效防止内盗现象的发生，特别是收银工作，借助顾客的监督可以有效地降低内盗发生的概率。如卖场在收银处贴上这样提示：如果收银员没有将销售小票递给顾客，卖场将该单商品赠送给顾客。

小知识11-1

11.2.2.2 外部偷盗的防范

外部偷盗（简称外盗）是指顾客或假装成顾客的人偷窃或偷吃卖场商品的行为。从目前国内店铺失窃情况来看，失窃商品主要是体积较小而价值较高的商品。如何妥善地解决防盗问题，既在营运中维护店铺的利益不受损害，又不损害嫌疑人的正当权益，是摆在经营者面前的一个严峻的现实问题。

外盗分为职业型、业余型和顺手牵羊型。外盗多发生在货架死角、防盗装置死角、大型展示台与促销区、员工懈怠或纪律性较差的柜组和卖场。对商店外盗的防范可采取的措施如下：

（1）人员防范

人员防范如设置便衣安全员，进行员工防盗意识教育和防盗技巧培训，夜班值班保安加强巡逻，收银员与理货员严守纪律、坚守岗位，实施免费存包，设立抓偷举报制度等。

（2）技术防范

技术防范如设置录像监控系统、安装窥孔、利用电子防盗系统、张贴警示标语、使用防盗标签、利用卖场广播等。

小案例11-3

（3）物质防范

物质防范如合理安排货架，避免出现视线死角；科学设置试衣间；贵重商品上锁陈列；促销品、展销品堆放整齐、减少由物品混乱引发的偷盗；适当减少出入口等。零售商采用的安全措施不同，其安全性能也有所不同，见表11-2。

表 11-2 零售商采用的安全措施

措　施	安全性（%）	措　施	安全性（%）
观察镜	50.3	穿制服的保安	24.4
现场闭路电视	48.7	模拟现场闭路电视	23.3
绳子、锁链	44.0	观察亭	18.1
诚实的购物者	42.0	商品显示器	17.9
安全显示器	39.9	注墨或染色标签	13.7
电子防盗标签	39.1	试衣间服务员	10.6
便装的安保人员	29.3	员工的潜意识信号	1.6

资料来源　HOLLINGER R C. National retail security survey［R］. Florida：University of Florida，1993.

11.2.2.3　盗窃事件的处理

小案例 11-4

（1）盗窃事件的处理程序

内盗的处理程序一般按照发现内盗、调查取证、确定当事人、谈话并记录、处罚处理等环节进行。外盗的处理程序一般为发现可疑现象、秘密跟踪、观察是否全部结账、出卖场门口实施抓捕行动、谈话对证、偷盗处理等。

（2）盗窃处罚措施

对盗窃的处罚措施有和解方式和司法方式。和解方式常被用于盗窃情节轻、金额少或未成年人盗窃，一般给予严厉教育和警告，并记录在档，等价买回盗窃商品。司法方式即将盗窃人送交司法机关进行处理，多用于盗窃情节严重、金额大、惯偷或团伙盗窃，或认错态度不好的盗窃行为。

①对内盗的处罚处理：一是对发现并确认的内盗人员在追回被盗物品或赔偿盗窃金额后一律立即解聘，即"零容忍"；二是将处理结果及时在本公司范围内曝光，起到警示和威慑作用，同时注意内盗事件的曝光不得在公共媒体中进行，不得公开盗窃者的个人资料。

②对外盗事件的解决要本着证据原则、顾客服务原则、和平解决问题原则，按照相关法律和法规进行处理，特别注意不能实施公开盗窃者的个人资料或对盗窃者进行人身攻击等违反法律的行为。

小知识 11-2

11.2.2.4 对"忘记付款"的处理

"忘记付款"是指行为人主观上不具有非法占有商品的目的，其行为上未采取隐蔽的方式藏匿、夹带商品逃避付款，经收银员或管理人员提醒即能主动付款的行为。如行为人将体积较小的商品无意中随手装在外衣口袋或敞开的手提袋内，经收银员或管理人员提醒即拿出来付款。

发生"忘记付款"现象时，若行为人未付款的商品金额较小，且一经提醒或经磁性检测器检出即主动拿出商品付款，可在其交款后放行。若行为人几经提醒仍不承认身上带有未付款商品，且将该商品藏匿在较隐蔽之处，如内衣口袋、非敞开式提袋内或其他不易被人察觉之处，此时为防止围观，应立即将其带离商场出口，在商场办公室或保安室问明情况（包括责成其书写事情经过）后交公安部门处理，不可对其人身及随身携带物品进行搜查，更不可作罚款处理。

11.2.2.5 店铺设置电子防盗系统

电子防盗系统主要由3部分组成：检测器、解码器（或消磁器）、标签。标签附着或附加在商品上，解码器（或消磁器）使标签失效，检测器用来检测出未经解码或消磁的标签并引发警报。市场上出现的电子防盗系统从技术上可分为6种类型，其特点见表11-3。

表11-3 电子防盗系统的类型与特点

类　型	特　　　点
微波系统	保护范围广，能方便灵活地安装（如隐蔽于地毯下或吊置于天花板处），但是易受液体侵蚀和易受人体屏障影响，故微波系统退出了电子防盗系统市场
分频系统	分频系统只有硬标签，没有软标签，主要用于服装服饰的保护，不适用于超市
自报警系统	主要用于贵重物品，如高档时装、皮革、裘皮大衣等，一般商场较少使用
电磁系统	优点：磁签的成本低、体积小、隐蔽性好，对金属包装的商品可进行短期保护 缺点：检测率低、误报率高、充磁时间长。因此，电磁系统不适应客流量大的商店，已经被当今商界视为被淘汰的技术
声磁系统	这是电子防盗史上第一次实现几乎零误报和接近百分百检测率的电子防盗系统，自1989年推出以来一直深受用户喜爱 优点：能够形成较宽的检测通道，同时能满足共振需要 缺点：由于需要较大的能量，以致形成了强磁场，因此会对心脏不好的人有一定的影响
无线电射频系统	优点：具有精密性及高可靠性。无线电射频系统能将标签做成纸状并且可以与收款台上的POS机结合，可达到与收款速度同步，即在每秒钟内给两个标签解码 缺点：不能保护金属性商品。但随着高科技材料的发展，可通过采用特殊涂层使用电波反射的方式使该技术有所突破

电子防盗标签属于电子商品防盗（EAS）技术，主要用于识别通过放置在超市出入口或收银通道处的检测系统检测粘贴在商品上的防盗软标签或钉在服装鞋帽等商品上的防盗硬标签（可重复使用）。当有未经收银员处理的标签（软标签未消磁或硬标签未取下）通过系统时，系统会发出报警以提醒工作人员注意。它是一项用于检测非法物品流动的理想识别技术。商品防盗标签分为软标签和硬标签两种，其各自的用途、特点、使用方法见表11-4。实行标签化管理的商品可以在商品未出厂前将标签做在包装里或商品中，无须在卖场内再粘贴标签，如胶卷、电池、玩具、皮鞋、服装、礼品等适合采用此形式。对尚未实行标签化的商品，一般情况下在配送中心完成标签粘贴，而有些商品需要在卖场粘贴标签。

表11-4 商品防盗标签的类型与特点

类型	适用商品	特 点	消磁方法
软标签	保健品、酒类、化妆品、电池、糖果等	一次性，不能循环使用，具有隐蔽性	付款后，通过收银机消磁系统消磁，报警功能消失
硬标签	服装、内衣、皮鞋、皮具、高档食品等	永久性，可循环使用，不具有隐蔽性	付款后，收银员手工用特定工具将标签取下收回

防盗报警的处理流程如图11-4所示。

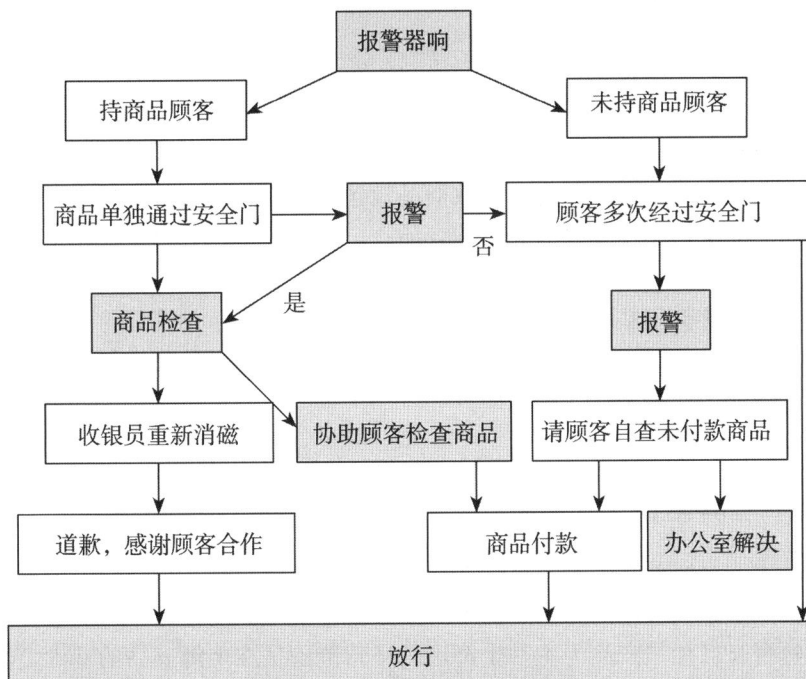

图11-4 防盗报警处理流程

11.2.3 零售运营环节的损耗重点

11.2.3.1 收货运营的损耗重点

其主要包括：
①收货流程、退换货流程错误；
②已收货与未收货区域划分不清；
③退换货商品已经作账面库存减账处理，但实际未能扣除供应商货款；
④商品质量控制不严格。

11.2.3.2 收银运营的损耗重点

其主要包括：
①每日的收银现金差异；
②遗漏扫描或收款；
③收银员损坏商品；
④退货赔偿；
⑤收银排队或无零钞导致顾客未能付款。

11.2.3.3 楼面运营的损耗重点

其主要包括：
①订货数量过多或品种不符合销售季节，导致滞销；
②订货数量过少，导致缺货；
③陈列、运输、库存管理不善，导致商品及包装损坏；
④生鲜商品质量控制不良，引起过期变质；
⑤未执行自用品、赠品的管理程序；
⑥条形码或价签打印粘贴错误，引起损耗。

11.2.4 商品鲜度管理

11.2.4.1 生鲜商品管理的特点

生鲜商品也叫易腐商品，属于不易保存的商品。生鲜三品是指蔬果、肉类、水产三类产品，生鲜三品多以初级产品为主。生鲜五品是在生鲜三品的基础上再加上面包、熟食产品，面包、熟食是以加工产品为主。生鲜区的经营范围是在生鲜五品的基础上，因管理的需要再加上日配和散装食品，就成了生鲜区的主要经营范围。生鲜商品有标准性差、整理和保管比较困难、货源品质不稳定、易腐烂变质、保质期短、需要特殊保质条件和设备、需手工加工制作等特点，因此，与其他商品相比，生鲜商品的管理也呈现出以下特点：经营的市场潜力较大；利润较高；加工和管理环节较多，产品保质期短，管理难度较大；专业性、专业交叉性和综合性强。

小知识 11-3

11.2.4.2　商品鲜度管理内容

(1) 温湿度管理

例如，一般蔬菜水果的保鲜温度在5℃~8℃，湿度宜保持在90%~95%；冷冻肉品需保持在-18℃以下；冷藏肉品需保持在-2℃~2℃；鲜活水产品的水温可保持在常温；冷藏水产品温度维持在-2℃~2℃，需适当加冰；冷冻水产品温度保持在-18℃以下等。

(2) 陈列管理

其基本要求是：

①严格执行不同商品的陈列标准；

②安排专人负责整理货架，明确岗位责任和班组责任制度；

③防止新旧生鲜商品混淆；

④严格做到先进先出陈列；

⑤随时检查陈列商品，及时处理货架上的坏品；

⑥保证适当的陈列高度，以免物品压坏或空气不畅。

(3) 设备管理

生鲜商品的储存和陈列往往需要特殊的冷冻、冷藏设备，如冷冻肉品需以冷冻展示柜陈列，冷藏肉品需以冷藏展示柜陈列。为确保这些冷冻、冷藏设备能够长期保持适当的工作温度，经营者一是要对这些设备进行定期检查（一般以每月3次为宜），发现故障及时排除；二是突然停电后要注意设备的运转情况，并对保存的生鲜食品进行质检工作。

(4) 加工处理

生鲜商品（如肉类和水产品）一般要进行加工处理，其作业流程为：原料入库——一次处理——冷盐水机处理——二次处理——包装——出货陈列——销售。肉品和水产品的一次处理主要是去除内脏和分切部位肉；冷盐水机处理主要是降温和杀菌；二次处理是将肉品细分再装盒出售。蔬菜水果的保鲜处理方法主要有冰冷水处理法、冷盐水处理法、复活处理法、散热处理法、直接冷藏法和常温保管法。不同的蔬菜、水果只有采用不同的处理方法才能有效保持商品的鲜度。

(5) 销售管理

其基本要求是：

①生鲜商品要分等级销售和陈列；

②价格变动要灵活，对于鱼片、绞肉、活虾等需要当日售完的生鲜商品，可在销售高峰期就开始打折出售，以免成为坏品；

③促销活动要频繁，生鲜商品在未变质之前可经常性地进行特价促销。

小知识 11-4

11.2.4.3 生鲜商品的防损管理

（1）调查商品损耗状况及原因

全面调查店铺生鲜商品的损耗状况，每天分时段记录生鲜商品的投放量和销售量，对每次重大损耗和事故的发生时间、环境、当事人、品种、数量、金额、原因等信息都应详细记录，定期对原始记录进行统计分析。

生鲜商品损耗的原因主要包括订货数量掌握不当、商品结构把握不当、加工配送的进度与卖场的销售节奏不相匹配、降价促销的时机与幅度决策失误、库存管理制度不完善等。

（2）明确关键环节控制点

在查明生鲜商品损耗原因的基础上，分析生鲜商品的作业流程，进一步明确和列出"关键点"，采取切实可行的关键点检查和控制措施，以便针对损耗多发环节有重点地进行控制与管理。

（3）实施重点商品重点管理

超市经营的生鲜商品种类繁多，不同类别的生鲜商品的损耗程度是不同的，因此，损耗管理应该有侧重点。实践中确定重点商品的常用方法是交叉分析法，即综合考察损耗率和销售额比重。如某些超市的下列经验数据可供参考：①A类商品，损耗率为6%以上，销售额比重为10%以上；②B类商品，损耗率为3%~6%，销售额比重为5%~10%；③C类商品，损耗率为3%以下，销售额比重为5%以下。

（4）做好二次加工与深度开发工作

生鲜商品的二次加工与深度开发是指将临近保质期而尚未卖掉的商品提前回收，转到其他部门或自行加工成熟食制品、半成品配菜的活动。这类转化的品种较多，利润空间弹性也较大。具体做法既可以将再加工及深度开发工作交给配送中心进行，集中配送，也可以考虑将生鲜商品的二次加工和深度开发直接放在卖场内进行，根据需求灵活掌握，尽量利用剩余的生鲜商品。

小案例 11-5

11.3 零售突发事件管理

11.3.1 零售突发事件的定义与种类

零售突发事件是指零售店内部造成人身伤亡或物资损失的意外变故或灾害。突发事件的发生常常是不以人们的意志为转移的，店铺内可能出现的违法犯罪活动、员工的失职行为及其他不能预见的原因引起的事故和事件等属于突发事件范畴。

零售突发事件的种类主要有火灾、恶劣天气、人身意外、突然停电、抢劫、示威和暴力、骚乱、爆炸物和威胁等。

11.3.2 对零售突发事件的处理

11.3.2.1 零售突发事件的处理机构

零售卖场除了正常的运营作业外，突发事件时有发生。若突发事件发生时得不到及时、妥善的处理，其危害之大不可估量。因此，为减少财产损失与人员伤亡，迅速、有效地处理紧急事件，进行抢救作业是零售经营管理人员和安全部人员必须具备的素质。加强对突发事件的防范和管理，其目的一是预防突发事件的发生；二是当突发事件发生时，店铺能迅速果断地控制事态的发展，保障顾客和员工的人身安全，把事件可能造成的危害减少到最低限度。

零售突发事件多属于意外事件，处理时大多需要专业知识，因此，零售商一方面要在事前成立突发事件处理小组，科学地设置小组内相关岗位和岗位要求，明确小组成员的分工和职责；另一方面要进行实战演练，真正做到对突发事件有准备、有预防，在突发事件来临时，能够迅速、有效、有重点地进行灾中、灾后的抢救处理工作，将损失降到最低限度。突发事件处理小组的人员组成如图11-5所示。

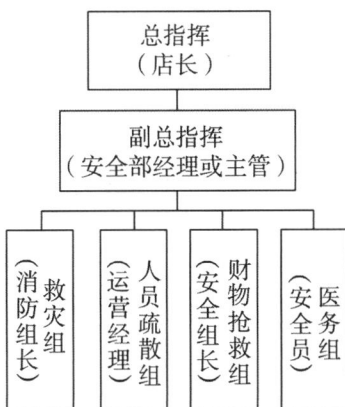

图11-5 突发事件处理小组人员组成

11.3.2.2　零售突发事件的处理原则

（1）人身安全第一的原则

当店铺发生突发事件时，无论情况严重与否，人身安全都是第一位的。首先要保障顾客的人身安全；其次是保证商店员工的人身安全，使场内人员在最短的时间内疏散到安全地带。

（2）统一指挥和协调配合的原则

突发事件来临时店铺必须整体行动，各组成员分工明确、职责清晰、统一调度、互相配合。

（3）严格依法办事的原则

在处置店铺突发事件过程中，不管事件性质如何及涉及对象是谁，都要遵循法律程序，实事求是地进行处理，不能有过激行为，也不应带任何偏见。对于某些复杂原因导致的突发事件，受损伤的顾客可能迁怒于商店，在尚未查明原因之前，零售商需要讲究政策和策略，做好解释和稳定工作；原因查明后，确属于店方责任的，要敢于承担责任，依照法律程序解决相关问题，不要使事态扩大。

11.3.2.3　零售突发事件的处理流程

当店铺发生突发事件时，零售商需要立即启动突发事件处理预案，紧急进行人员疏散。对于涉及面较广、影响较大的突发事件而言，其基本处理程序如下：开启疏散广播—停止手头工作—确定疏散路线—组织人员疏散—进行巡场检查—安全区域集中。

11.3.3　对零售突发事件的防范与管理

11.3.3.1　停电处理

卖场停电时，工作人员立即启用备用发电机，保证店内照明和收银区作业；启动店内广播，安抚顾客，现场工作人员维持秩序并酌情考虑是否进行顾客疏散；安全员立即对店铺的出入口进行控制；所有工作人员坚守岗位，确保人、财、物等现场安全等。

小知识11-5

当电力恢复时，工作人员立即开展以下工作：全店恢复营业，运营部门优先整理顾客丢弃的零星商品，并将其归位；生鲜部门检查商品品质，将变质商品立即从销售区域中撤出，并对损失进行登记。

11.3.3.2　火灾防范与处理

零售店作为一个人员和商品密集的公共活动场所，一旦发生火情，后果不堪设想，因此，零售商一定要时时警惕，做好火灾的防范工作。

（1）火灾防范的主要措施

①将"防火器材位置图"和"人员疏散图"张贴在店内的指定位置。

②定期保养和检查各种消防设施，如果灭火设施发生故障，应随时向安全小组组长反映，并立即作出处理。

③安全小组负责人要定期对全体员工进行培训，讲解灭火设备的功能、使用方法，以及防火注意事项和逃生的基本常识。尤其是对新员工进行上岗培训时，要加入消防知识；新员工在考试合格后方能上岗。

④提醒负责清理卫生的人员随时注意有无火种，电器插座、电动机附近应经常清扫，不留杂物；也可将店内清洁工作承包给清洁公司，并在承包合约上注明"若发生火灾应追究清洁公司的相关责任"。

⑤物品存放要井然有序，不要阻塞疏散通道及安全门，不遮挡逃生标志。店内不能存放易燃物品，店内的装饰材料应选用耐火材料。

⑥在员工手册中必须加上"禁止乱丢烟头"等内容，并派专人负责下班关空调、抽风机和其他电器设备。

⑦随时提醒员工树立防火意识，包括不要忽视任何隐患，注意电源插头有无松动或损坏；如有发现，应及时报告经理或负责人。

⑧定期举行防火演习。如果商场出租了专柜给其他商家或引入一些厂家促销人员，也应要求他们一起参加防火演习。

（2）火灾现场的处理办法

火灾发生有轻有重。若是轻度火灾，即一般的小火警，发现人员应立即向店长报告，并利用就近的消防设施与其他店员一起迅速扑灭火势。如果发生重大火灾，则必须按科学的流程进行操作。

小知识 11-6

（3）火灾发生后的处理方法

①全体人员离开商店后，应到附近指定地点集合，商店经理迅速清点人数，并告知店员在未经许可的情况下不得进入火灾现场。

②如有必要，可向公安部门报案，并协助公安人员在现场进行调查取证。

③店长在清点财物的损失后，编列清单及时上报给上级主管。

④分析火灾发生的原因及应变处理过程中存在的问题，提出今后的整改措施。

⑤如果出现顾客和员工因烧伤而被送往医院治疗的情况，应及时关心和了解顾客和员工的康复情况。

⑥如果发生的是一般的小火情，在火被扑灭后，向组长汇报，并找出原因，以防患于未然。

11.3.3.3　对抢劫的预防与处理

（1）对抢劫的预防

预防店内抢劫的做法通常有：

①设置和配备必要的安保设施和安保人员，威慑歹徒，弱化其作案动机。

②严格规范店铺内现金管理，不存放大额现金。

③保持高度的警惕性，注意可疑情况。

④店内无顾客时，加强店员走动，整理货架，补货，或做一些清洁工作。

⑤在适当的位置安装监控摄像头。

（2）遭遇抢劫时的处置程序

①收银员须谨记：没有任何东西比你的生命更重要，不提倡个人英雄主义，保全生命是第一位的。

②保持冷静，不要作无谓的抵抗，尽量让劫匪感觉到你正按照他的要求去做。

③尽量记住劫匪的容貌、穿着、身高、口音、年龄等特征。

④尽量拖延给财物的时间，假装合作，等待其他人员的救助；尽可能使财物损失降至最低。

⑤乘歹徒不备时拨打110报警，并迅速按下报警器；若无合适的机会，则在劫匪离开后，第一时间拨打110报警。

⑥立即凭记忆用文字记录，填写"抢劫叙述登记表"。

⑦保持好现场，待警方到达后，清理财物的损失金额。

小知识11-7

（3）遭遇抢劫后的处置办法

①歹徒离去后，迅速向上级主管部门报告，并向公安机关报案。

②歹徒离去后3分钟内，立即记录歹徒特征。

③小心保持犯罪现场的完整性，不要碰到歹徒曾经碰触过的地方，以免破坏了可能存在的指纹或其他证据。

④待公安人员和上级主管负责人到达现场查看完毕后，清点损失情况。

⑤查看监控视频，协助公安机关破案。

⑥将遭遇抢劫的过程写成报告，呈送上级相关主管部门。

关键术语

店铺安全管理　商品损耗　电子防盗标签　零售突发事件

即测即评

第11章单项选择题

第11章多项选择题

第11章判断题

基本训练

❖ 问答题

1.简述店铺安全管理的内容。

2.简述店铺职业安全管理的内容。

3.简述卖场环境安全的内容。

4.简述商品损耗产生的原因。

5.处理零售突发事件应遵循哪些原则？

❖ 案例分析

案例1　　　　　　　　　胖东来的"擀面皮事件"

超市餐饮档口不卫生，应该怎么处理？负责人撤职、档口关停、公开道歉……除了这些常规操作，胖东来的大手笔赔付让不少人惊掉了下巴：买过的都给1 000元补偿，举报者给10万元奖励！不少网友惊呼："不愧是胖东来！"

2024年6月27日，胖东来微信官方公众号"胖东来商贸集团"发布《关于新乡胖东来餐饮商户"擀面皮加工场所卫生环境差"的调查报告》，称6月26日胖东来发现有顾客在6月25日于抖音平台反馈新乡胖东来餐饮部联营的擀面皮加工场所卫生环境差的问题。对此，公司立刻要求关停新乡胖东来两店餐饮部所有联营商户档口，并成立调查小组结合餐饮部主管对此事进行调查落实。

经调查落实，胖东来详细说明了事件经过。

2024年6月19日上午11点，顾客到新乡市胖东来生活广场餐饮部反馈商户擀面皮在引黄路中段有加工点，其环境卫生状况差，并提供了现场的视频。在接到顾客反馈后，结合之前餐饮部的访厂记录进行查阅，餐饮部发现该加工点与登记报备加工点（八里营）不一致。当日下午1点，餐饮部安排人员根据顾客提供的地址确认该加工点路线及位置。

6月20日早6点，餐饮部安排品控人员进行调查，9点30分确认送货面包车从该加工点出发，将面筋、豆芽、辣椒油送货至新乡胖东来两店餐饮部的擀面皮档口。经调查确认顾客反馈信息属实后，餐饮部要求擀面皮档口在6月20日当天停止营业进行整改，并将引黄路加工点关停，同时按照合同商品管理标准规定处以5 000元罚款。

经过3天的停业整改，擀面皮负责人于6月22日下午称其各项问题已整改完毕，餐饮部安排品控人员和部门直属主管一同前往引黄路加工点，确认该加工点已处于关闭状态，并对新登记报备的加工点（大朱庄）进行调查，确认其加工环境符合公司标准。根据以上调查情况，餐饮部决定该擀面皮档口于6月23日恢复营业。

6月26日上午，公司看到抖音作品后，成立调查小组介入处理。

经餐饮部与商户沟通，了解到因商户加工点搬迁，于2024年6月9日至6月19日临时启用引黄路加工点（视频显示场所）。该加工点环境卫生标准差，不符合公司关于食品加工场所的环境卫生标准，已于2024年6月23日搬迁至大朱庄加工点。

胖东来在调查报告中称，此事件反映出餐饮部主管对于食品安全问题不重视，不应该按照合同中规定的环境卫生问题进行处罚，应按照食品安全问题直接解除合同，予以清退，终止合作。对于顾客反馈的问题，餐饮部主管应首先关闭档口并立即进行调查，但在本次事件中，餐饮部主管接到顾客反馈后没有第一时间关停档口，在对问题评估的决策上存在重大失误。

与此同时，胖东来认为在商户管理上存在审厂漏洞和监管盲区，与商户签订的合同不完善，缺乏对商户私自变更加工场所的有效约束。针对顾客反馈的问题，餐饮部主管在问题调查和处理的关键节点上没有及时向顾客进行有效的反馈，也没有按照流程上报公司。因此，胖东来表示，要加强商品品控管理，完善各项管理制度及工作标准。

针对顾客，胖东来提出"对于帮助我们发现了重大食品安全隐患的顾客"，给予10万元现金奖励。对所有于2024年6月9日至6月19日期间在新乡胖东来两店餐饮部购买擀面皮、香辣面的顾客办理退款，给予1 000元补偿（共计8 833份，顾客可持有效支付凭证到购买门店餐饮部办理）。

针对管理层，新乡餐饮部第一主管和品控员在工作中严重失职，对本事件负直接责任，依据公司制度决定对以上两位人员予以辞退，其他班长以上管理层全部予以免职。因监管不到位，对本事件的结果负连带责任，新乡店长被取消年终福利。

针对联营商户，因新乡胖东来擀面皮商户违反合作合同，刻意隐瞒和私自变更加工场所，按照合同约定，即日起停止营业，并解除合同，终止合作，限期撤柜，公司保留追究其法律责任的权利。

因擀面皮加工场所卫生环境差，胖东来除了处理相关责任人外，还主动赔付近900万元。不少消费者认为胖东来经此一事，更值得信任了。

资料来源：冉隆楠. 主动赔付近900万元！网友感叹：胖东来不愧是你！[EB/OL]. （2024-06-27）[2024-07-15]. https://mp.weixin.qq.com/s/sgzW0Rq2jfAqs24nsHxd6w.

问题：

（1）店铺安全管理对零售商会产生哪些影响？

（2）胖东来发生的"擀面皮事件"说明了什么？

（3）如何评价胖东来主动赔付的做法？

案例2   零售业：别让数据安全成为业务的绊脚石

截至2023年8月31日，南都大数据研究院通过各地行政执法公示平台、媒体报道等公开渠道，收集到146起依据《中华人民共和国数据安全法》作出行政处罚决定的案例。对146起数据安全行政处罚案例进行梳理，可以发现网信、公安、通信管理等部门都对数据安全领域开展过相关执法。从公示时间来看，2021年公示5起案例，2022年公示11起案例，2023年1—9月已公示130起案例，数量呈爆发式增长。可以看出，随着《中华人民共和国数据安全法》实施和相关配套体系的完善，相关部门加大执法力度和频率。从行业分布看，物业管理（21.02%）、信息技术（12.33%）和零售业（10.27%）居前3位。从公开案例的原因看（注：部分案例有多项处罚原因），排在前3位的是未采取技术措施保障数据安全（73.29%）、未建立健全全流程数据安全管理制度（60.27%）、未组织开展数据安全教育培训（21.92%）。处罚方式（部分案例作出多项处罚）如下：警告（80.14%）、责令整改（50.68%）、罚款（14.38%）、未披露（9.59%）、逮捕（0.68%）。

零售业位居行业第三，成为数据安全行政处罚的"重灾区"。由此可见，用户数据与业务数据所带来的安全问题可能成为零售业的巨大隐患。在数字化浪潮下，零售业想要快速发展，数据安全建设是必备的武器。

零售企业由于内部分散的组织结构、多样化的交易渠道及工具形态、庞大的终端用户交易数据等，数据安全建设和运营将面临诸多挑战，寻找出路和方向来应对挑战是摆在零售商面前的一个课题。

第一，数据多且分散。零售企业通常涉及大量的数据收集、存储、使用和处理，包括客户个人信息、交易记录、设计图纸等高度敏感数据。由于零售企业普遍存在门店分散、POS机和计算机数量多、人员流动大的特殊属性，管理和保护大规模的数据需要强大的防护措施，以确保数据的安全性和合规性。

第二，数据共享难把控。零售企业大多会与各种第三方合作伙伴和供应商共享数据，如物流服务提供商、支付处理机构等。数据共享过程增加了数据被滥用或泄露的风险。因此，在数据共享过程中保持数据的完整性以及隐私保护是一个巨大的挑战。

第三，员工教育和内部访问控制。零售企业通常拥有大量的员工，需要接触和处理敏感数据。确保员工对数据安全有正确的认识和意识，并加强内部访问控制，限制员工只能访问和处理必要的数据，并及时撤销离职员工的权限，是一项重要且具有挑战性的任务。

第四，高要求与低治理水平的矛盾。国家相关监管机制的不断完善对零售企业存储、使用企业内部的敏感数据提出了很高的要求。然而，零售企业的数据安全治理理念和结构相对传统，形成了高要求和低治理水平间的矛盾，处理不好可能带来巨大的经济隐患，更可能上升到司法层面的问题。

资料来源：[1] 南都大数据研究院. 数据安全行政处罚案例盘点：物业管理、信息技术、零售业占比高 [EB/OL].（2023-09-11）[2024-07-15]. https://baijiahao.baidu.com/s?id=1776689581168606408&wfr=spider&for=pc.［2］极盾科技. 零售业：别让数据安全成为业务的绊脚石！[EB/OL].（2023-10-12）[2024-07-15]. https://blog.csdn.net/jidunkeji/article/details/133633698?spm=1001.2014.3001.5502.

问题：

（1）零售业以10.27%的占比位居行业第三，成为数据安全行政处罚"重灾区"，说明了什么？

（2）结合资料分析零售商在数据安全建设和运营方面面临哪些挑战？

（3）对零售商开展数据安全建设和运营，你有何规划和建议？

案例3　　　　　　　　　　**Costco的防盗管理**

Costco的收缩率（行业术语，指因入店行窃和员工偷窃造成的商品损失额占销售额的比率）比零售业平均水平低近95%，仅为0.11%至0.12%。相比之下，零售业平均水平在1%~2%。根据美国全国零售联合会的数据，零售业的平均收缩率为1.6%，几乎是Costco收缩率的15倍。Costco首席财务官Richard Galanti说，Costco的成功秘诀之一就是将入店盗窃控制在最低限度。

一、Costco的盗窃零容忍原则

为了避免盗窃，Costco实施了一系列政策：

1.供应链不拆包，"无接触"

产品以托盘包装离开供应商，以同样状态到达消费者手中。

2.监控摄像头

门店在整个仓库内都设有监控设备，监控顾客和员工的活动，记录偷窃或其他犯罪事件。

3.员工

专设防损员工在店内寻找潜在盗窃或犯罪活动特定行为，他们还可以通过安全摄像头来监控购物者在店内的行动。

4.保安人员

店面保安人员在现场监视，还可能当"便衣"冒充普通购物者，防止可疑活动或潜在盗窃事件发生。

5.防盗标签

有人未对带防盗标签的商品进行结账就离店，防盗标签会触发警报。

6.离店前查收据

顾客离店时，员工核实购买收据是Costco的标准做法。2021年，Costco销售额达1 920亿美元，与一般零售商相比，在收缩率方面节省资金28.5亿美元。

7.付员工高薪

Costco付给员工的工资远远高于平均水平，只为减少店内盗窃。

8.会员制追踪

Costco的会员制政策意味着更容易追踪消费有问题的顾客，并采取必要措施。

9.店面布局有讲究

商店面积大，货架之间空间充足，让窃贼无从下手，很难藏匿物品而不被发现。最容易被顺手牵羊的小物件被放在出口附近，不轨行为容易被员工发现。

二、在Costco盗窃的后果

（1）小偷如果当场被抓住，会被要求在离店前归还盗窃的商品；小偷如果拒绝归还盗窃的商品，Costco的员工会叫警察"护送"小偷离店，必要时提出指控。

（2）对员工：起诉+立即开除，没有遣散费或福利。

（3）对非员工：取消会员资格+起诉+全球永久禁止进店。小偷是否被逮捕并被指控为重罪或轻罪的欺骗性盗窃，取决于被盗物品以及是否为惯犯。此外，入店行窃在美国所有州都是犯罪。后果取决于所在州，一般会被认为是轻罪。小偷如果被定罪，就会有犯罪记录，可能还要支付赔偿金、做社区服务，这取决于犯罪情况的严重程度。

资料来源：Taola. 当 Costco 店员站门口查收据，其实查的是啥？［EB/OL］.（2022-09-05）［2024-07-15］. https://mp.weixin.qq.com/s/F5jvp6d-4Zvt3r1c1_A-Bw.

问题：

（1）你是否赞同 Costco 的防盗管理？为什么？

（2）Costco 的防盗管理对我国零售商具有哪些借鉴意义？

（3）随着技术的快速发展，自助收银区已在各大超市中广泛推广。面对可能激增的自助收银区盗窃行为，超市将如何应对？

第12章　零售组织与人力资源管理

内容体系

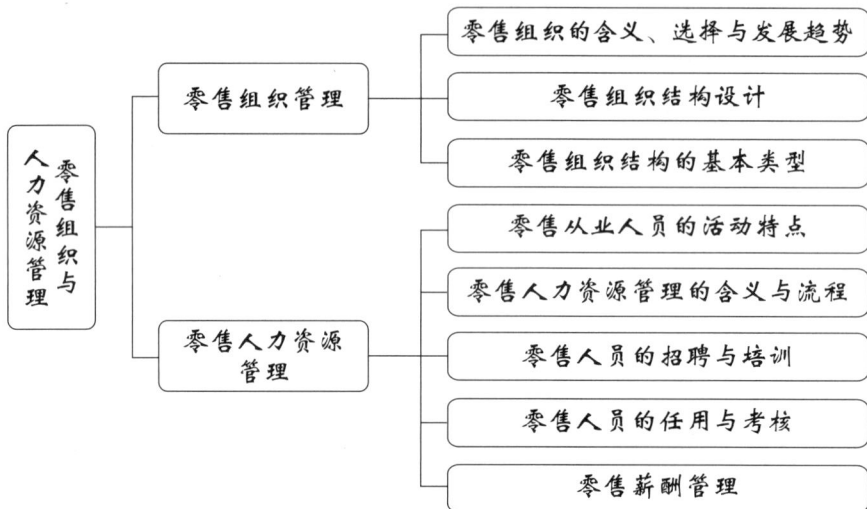

- 零售组织与人力资源管理
  - 零售组织管理
    - 零售组织的含义、选择与发展趋势
    - 零售组织结构设计
    - 零售组织结构的基本类型
  - 零售人力资源管理
    - 零售从业人员的活动特点
    - 零售人力资源管理的含义与流程
    - 零售人员的招聘与培训
    - 零售人员的任用与考核
    - 零售薪酬管理

学习目标

◆ 掌握零售组织结构设计的程序，人力资源管理内容，零售人员招聘、培训、任用安排与考核、薪酬管理等内容。

◆ 领会不同类型组织结构的特点。

◆ 了解零售组织的类型、设计要求与发展趋势，零售从业人员的活动特点和零售人力资源管理的特点。

❖ 引例

便利店之王美宜佳的组织变革

面对互联网智能化挑战、便利店产业链延伸、区域发展战略转型、责任机制执行落地、前台公司附能与激励等五大背景变化，美宜佳实施六大"重构"举措主动进行全面的组织变革，以应对新的发展需求和战略目标。

1.重构组织发展模式，打造平台型组织

一是去中心化管理：实施去中心化管理模式，对中台、前台进行分权管理，使公司能够更加敏捷地适应市场变化。

二是强化平台功能。平台型组织彻底颠覆传统直线职能制组织结构的控制理念，强调组织的"共享"。强化平台功能，在确保各业务单元充分发挥自主性的同时，高效协同，达成公司整体战略目标，提升公司的综合竞争力和市场应变能力。

2.重构前、中、后台权责，梳理流程制度

一是明确前台职责。前台是独立的利润中心，其主要功能有运营支持、开业统筹、加盟服务、门店督导、共享中心等，确保前台能够灵活应对市场需求变化。

二是强化中台支持。中台子公司是前台共享资源的平台，主要提供高效物流、商品采购、员工培训、信息技术和金融服务。随着前台门店拓展，中台资源同步布局，保持一致的服务标准和运营效率，提升整体竞争力。

三是优化后台管理。后台总部专注于战略制定、资源配置和统筹管理，确保战略与投资决策、品牌与企业文化、联合采购、人力资源与法务、财务审计、共享服务支持等六大功能定位，保证公司战略方向的正确性和资源配置的高效性。

3.重构核心人才选拔标准，推行"人才画像"

一是引入一套数据驱动的人才选拔任职资格管理体系，驱动"人才画像"。

二是制定一套全面、详尽的人才选拔标准，用多维度评估标准全面掌握候选人的综合素质，选拔和储备与美宜佳发展需求和企业文化高度契合的核心人才，进而建立一支高效且富有活力的团队，推动区域扩张战略的成功实施。

4.重构核心人才的轮岗与培养机制

一是设计并实施系统的轮岗计划。培养核心人才的全局观和跨部门协作能力，提前做好人才储备。

二是开展多层次、多渠道培养计划。帮助核心人才适应不同岗位和工作环境的挑战，打造高素质的管理团队。

5.重构绩效责任机制，分解业绩指标

一是进行目标分解。利用目标分解矩阵与指标分解矩阵等工具，将年度经营计划与预算逐层分解至各部门和员工，确保每个人都清晰了解自己的目标和职责；通过价值树工具确保经营目标和财务预期的有效实施。

二是构建科学的绩效考核体系。引入平衡计分卡，构建一个全面的绩效评估框架，为公司的战略执行和业务优化提供有力支持。

6.重构激励机制，推行合伙人制度

一是股权激励。创造性地运用合伙人持股机制来推动股权激励方案的实施，员工与企业共同发展。

二是利润分享。引入利润分享机制，将企业发展的辉煌成就与员工的辛勤汗水紧密相联。

美宜佳的组织变革取得了显著成效。变革前的美宜佳门店数量仅为7 000多家。随着组织变革的实施，新的平台组织有效地支持美宜佳区域扩张的战略，公司业务规模、门店数量迅速获得了突破性的增长。2016年，美宜佳门店数量超过了10 000家，在区域拓展上展现出了强劲的扩张势头；2020年，门店突破20 000家，美宜佳成为中国便利店优秀品牌。2024年5月31日，中国连锁经营协会（CCFA）正式揭晓了2023年商业特许经营TOP 280入围名单，该名单汇聚了餐饮、零售及生活服务业中的众多特许经营企业，美宜佳凭借33 848家门店（其中33 814家为加盟店）位居榜首。截至2024年7月，美宜佳的门店数量已经突破了35 000家，初步形成了全国几大区域网络的布局，成功拓展了华南、华东、华北、中南、西南、西北等全国区域市场，进入了上海、南京、杭州、北京、天津、重庆、成都、西安等全国主要城市。

资料来源：秦杨勇. 便利店之王美宜佳的组织变革［EB/OL］.（2024-07-10）［2024-07-15］.https://mp.weixin.qq.com/s/f6wopwdt-C6KdOZy8MUQWg.

12.1　零售组织管理

12.1.1　零售组织的含义、选择与发展趋势

12.1.1.1　零售组织的含义

零售组织即组织零售活动的主体，是把商品和服务出售给最终消费者，以营利为目的，以服务为手段，以再售卖为内容，进行经营要素有机结合的经济实体。其包括零售企业、零售公司和商业企业集团。

零售组织的发展是一个逐步的过程，最初只是适应商品经济发展的需要而产生购销分离、批零分工；从坐商到行商，从个体行为到组织形式的出现，产生了简单的、以家庭管理为主要形式的零售企业。商品交易规模的扩大不仅对内要求合理的分工以及管理和经营的专职化和专业化，而且对外要求更好地服务于生产和消费，建立组织严密、管理严格、智能多样的现代零售组织，因此从企业、公司发展到了连锁集团。

零售组织的产生不能替代个体商业的作用。个体商业的存在是长期的经济现象，它与多种形式的商业组织并存，构成多层次的商业结构，可以多方面地满足各种消费需求。

小知识12-1

12.1.1.2　零售组织选择的依据与条件

零售组织的建立与存在是全方位考虑组织内部条件与外部条件综合作用的结果。

零售组织选择的内在依据是经济实力和资金条件、经营者的素质和管理水平、现有区位的优势和经营特色、商品来源和渠道的稳定。

零售组织选择的外部条件是市场环境和交通条件、供求态势和发展趋势、消费状况和

市场潜力、竞争对手和可能出现的危机。

12.1.1.3　零售组织的发展趋势

（1）组织规模化

组织规模化是流通现代化的客观要求。零售商的规模扩张主要采取以下形式：

①发挥连锁经营优势，通过多种连锁形式，扩大集团的发展规模，提高集团的市场占有率。

②以资本为纽带，通过多种形式实现合资、合作和合营形式，组织和扩大大型零售集团。

③小型连锁企业自发组织联购分销，建立松散型零售企业集团。

④深化经济体制改革，建立以国有资本参股、控股的大型股份制商业集团为主导，以民营商业为主体，以外资商业为补充，允许大量个体户存在的多种经济形式并存的零售市场体系。

（2）经营国际化

国际化经营是经济全球化的内在要求，也是我国经济参与国际分工的必然结果。市场开放首先表现为零售市场的开放。零售市场的国际化主要包括运行规则的国际化、经营范围的国际化、市场竞争的国际化等内容。

（3）管理科学化

决定未来零售业发展的三大要素是科技、信息和服务。科学化管理要求零售商应用现代科学技术武装商品流通的各个环节，利用IT技术实现信息化、网络化、数字化和扁平化管理，实现对单店、单品管理，随时掌握市场变化，及时采取防范措施，尽可能地降低风险，提高经营管理水平。

（4）发展多元化

大型零售商一般都采取一业为主、多业发展的战略，向纵深市场开拓。多元化发展的途径是：

①向上游延伸，涉足生产领域，或开拓自有品牌，或通过收购生产企业、新建生产基地、贴牌生产等形式，构建从生产到销售的供应链，推进部分商品产销一体化。

②向横向发展，开拓相关产业，扩大经营范围。在坚持以零售为主业的基础上，向餐饮、旅游、商业相关的加工产业等相关业种发展。

③寻找新的投资领域，进行跨行业发展，如建立社会化的物流配送中心、构建汽车交易市场等。

④以超市、大卖场生鲜食品需求为导向，建立农产品生产基地及其配套的食品加工厂，构建"三绿"工程，保证食品的安全供应。

（5）业态创新化

零售业态作为一种经营形态，从来就不是固定不变的。业态发展必须因势利导，因需而变，以新的经营方式、新的经营技术、新的经营手段等取代传统的经营方式和技术手段，创造出不同形式、不同风格、不同商品组合的店铺形态，以满足不同的消费需求，在不断创新中发展，在发展中不断创新。

12.1.2 零售组织结构设计

12.1.2.1 零售组织结构设计的要求

组织结构是描述组织的框架体系，具有复杂化、正规化和集权化的属性。零售组织结构规定了员工在组织中的位置、应承担的职责和完成任务的权利，因此，有效的零售组织设计应符合提高组织内部效率和增强外部适应性的要求，即满足如下需要：

（1）目标市场的需要

满足目标市场的需要即零售组织设计应能够给消费者带来诸多方面的利益，如部门划分与人员安排应体现消费者购物便利需要，在店面布局、卖场环境与美化设计、营业时间、卖场接待、及时采购和补货、顾客反馈与投诉接待、安排送货与其他服务等环节充分考虑消费者需要。

实例与点评12-1

（2）管理层的需要

满足管理层的需要即零售组织设计应考虑管理部门对提高经营管理水平的需要，如战略目标科学、管理层次清晰、管理幅度适当、决策指挥及时、沟通渠道通畅、权责明确、人际关系和谐、奖惩机制健全有效等。

（3）员工的需要

满足员工的需要即零售组织设计要考虑员工工作的要求、身体要求和心理要求，对员工进行有效的激励，如职责明确、人际关系和谐、沟通便捷、工作强度与时间合理、科学奖惩、参与管理、有职业生涯规划等。

12.1.2.2 零售组织结构设计的程序

（1）明确职能

零售作为分销渠道的一个重要环节，在商品销售中肩负着重要的任务和职能。零售组织的主要职能有战略管理、商品管理、顾客与服务管理、运营管理等。这些职能多是由零售分销渠道来执行的，但它们并不一定由某个特定的零售商执行，有些职能可以由制造商、批发商、专业公司或顾客来执行。对零售商来说，只有目标市场迫切需要且没有更合适的承担者来履行的职能才由自己执行，此类职能往往是零售商的核心职能。

（2）分解任务

确定零售商必须执行的主要职能之后，还需要将其进一步分解为具体的工作任务。主要职能是按照业务范围的大类划分的，每一种职能通常会包含多种具体的工作任务，分解任务有助于为下一步的职位确定奠定基础。

（3）归集职位

分解后的各项具体任务可被归集成不同的职位。这些职位必须有明确的定义和构成要素，即形成职位说明书，说明每个职位的名称、目标、任务和责任，它既是组织对员工的要求，也是对员工进行聘用、监督和评价的工具（见表12-1）。零售商把任务归集为职位时，应遵循适度的专业化分工原则（见表12-2）。

表12-1　　　　　　　　　　　　　　　　　采购总监职位说明书

职位名称	采购总监
直接上级	区域经理或地区副经理
直接下级	采购经理
主要职责	①在区域经理的领导或授权下，直接负责采购部门的各项工作，并执行采购总监的职权 ②在企业总体经营策略指导下，制定符合当地市场需求的运营政策、客户政策、供应商政策、商品政策、价格政策、包装政策、促销政策、自有品牌政策等各项经营政策 ③在遵循企业总体经营策略下，领导采购部门达成企业的业绩及利润要求 ④给予采购人员相应的培训 ⑤与采购本部及其他地区公司密切沟通与配合
主要工作内容	①制定、督导各项工作经营政策及措施的实施 ②制定并督导各部门各月、季、年度各项销售指标的落实，以及利润和各项业务指标的落实 ③协调各部门经理的工作并给予指导 ④负责各项费用支出的核准，各项费用预算审定和报批落实 ⑤负责监督及检查各采购部门执行岗位工作职责和行为动作规范的情况 ⑥负责下属员工的考证工作，在授权范围内核定员工的升职、调动、任免等 ⑦定期给予采购人员相应的培训

表12-2　　　　　　　　　　　　　　　　　按照工作任务归集职位

工作任务			职　位
商品退换处理	疑难咨询	顾客投诉处理	服务人员
商品陈列	商品标价	清洁货架	理货员
商品验收	商品堆码	商品维护	仓管员
商品陈列	联系顾客	跟踪顾客	销售人员
输入交易数据	处理电子支付/现金/信用卡购买收据　商品包装　存货控制		收银员
人事管理	销售预测	预算、定价　　　　　任务协调	管理人员

（4）形成零售部门

考虑到管理幅度的限制和提高组织管理效率的需要，归集后的职位还需要进一步归纳整合形成零售部门。零售部门形成也应该遵循以专业化分工原则为主，兼顾不重复、不遗漏、任务均衡等原则，同时明确各零售部门的工作职责。零售部门形成可以按照职能（如图12-1所示）、产品（如图12-2所示）、顾客（如图12-3所示）、地区（如图12-4所示）或人数等标准进行。

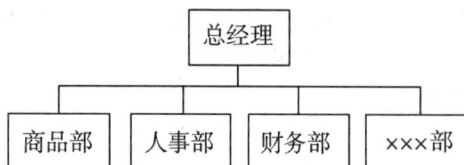

图12-1　按职能划分的零售部门

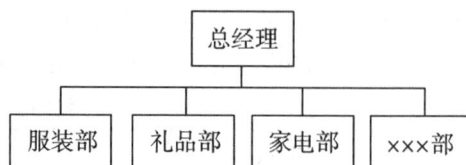

图12-2　按产品划分的零售部门

图12-3　按顾客划分的零售部门

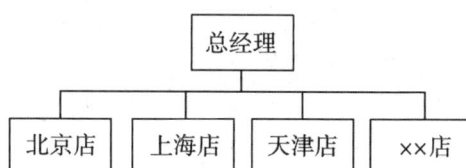

图12-4　按地区划分的零售部门

（5）构建组织图

零售组织的各职位和部门不是孤立存在的，从系统的观点出发，应该把它们看作组织整体中具有内在联系和相互作用的各个组成部分。因此，在形成职位和部门时，要明确规定彼此间的相互关系，通过权力层级来描述组织内部各职位、各部门的沟通联络关系，形成组织系统图，用图示形式表明组织内部的层次、部门和权力分布关系。

12.1.3　零售组织结构的基本类型

12.1.3.1　小型独立商店的组织结构

该组织一般由业主自己打理，交易量有限、人员不多，没必要进行专业化分工，故结构简单，适合于小型独立的零售店铺（如图12-5所示）。

图12-5　小型独立商店的组织结构图

12.1.3.2　单体大中型店铺的组织结构

目前，许多大中型百货商店仍在沿用梅热计划（Mazur Plan）的组织结构（如图12-6所示）的修正形式作为自身的组织结构。梅热结构于1927年出现，它将整个零售活动分为4个职能领域：财务部、商品部、公关部、管理部。财务部负责商品统计及编制报表、销售核查、开支预算和控制、信用审查、发放薪金等；商品部负责采购、销售、库存计划与控制；公关部负责橱窗设计和店内陈列、广告、促销、市场调研、公共关系等；管理部负责商品保管、顾客服务、行政采购、人员培训和保安清洁等。

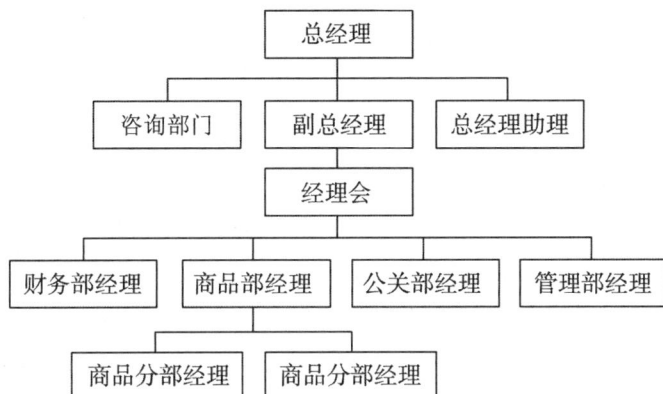

图12-6 梅热计划的组织结构

梅热计划还设置了一个经理会，其成员由4个部门经理和高层领导构成，通过定期会议的形式让各部门对店铺整体运营有正确的认识，促进彼此间的合作。随着百货分店的增多，梅热计划的组织结构又衍生出3种形式：母子型分店组织（由总部人员对分店进行监督和经营）、独立型分店组织（由各分店负责采购）和平等型分店组织（采购集中化，各分店是地位平等的销售单位）。

12.1.3.3 区域型连锁店铺的组织结构

区域型连锁店铺的组织结构一般是按照职能和地区进行设计的。其特点是：实行专业化分工；权责高度集中，各分店经理负责销售；运营标准化；管理保持一致（如图12-7所示）。

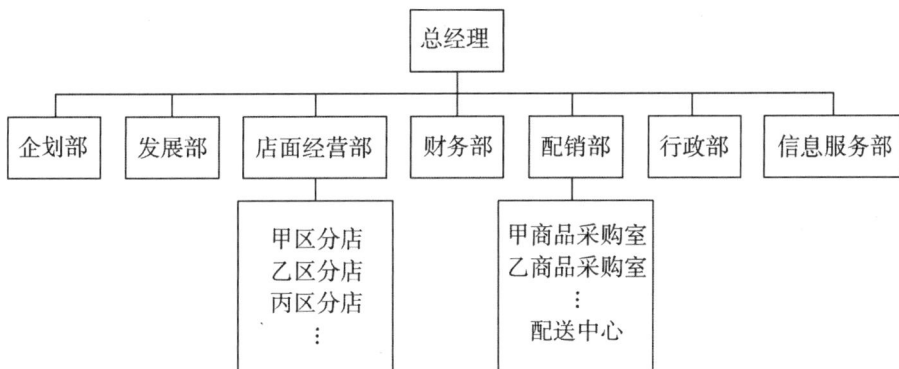

图12-7 区域型连锁店铺的组织结构

12.1.3.4 职能型组织结构

这是大型零售商采用的一种总部结构的组织类型，该组织结构的优点是实行专业化管理、纵向指挥容易、横向权责划分清楚；但易导致多头指挥、本位主义和缺乏创新（如图12-8所示）。

12.1.3.5 事业部型组织结构

这是大型零售商采用的一种总部结构的组织类型。该组织结构的优点是：总部负责战略管理、资源规划、财务和法律事务管理，对各事业部提供运营支持；各事业部有独立的职能部门，有相对独立的运营权力、承担损益指标。其缺点是：职能部门重复设置，管理成本上升；总部对各事业部的控制力减弱（如图12-9所示）。

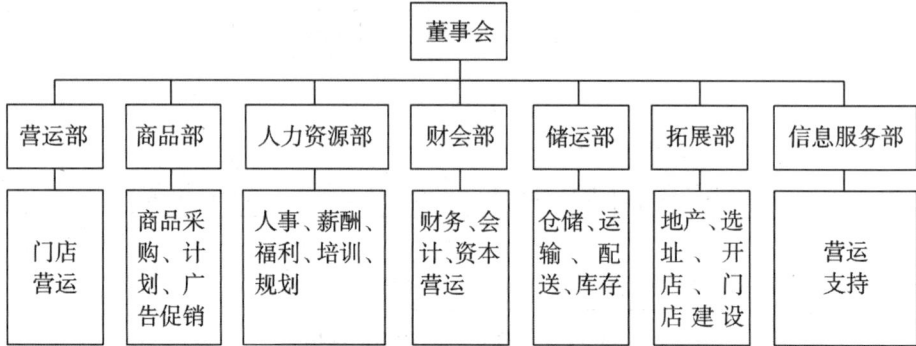

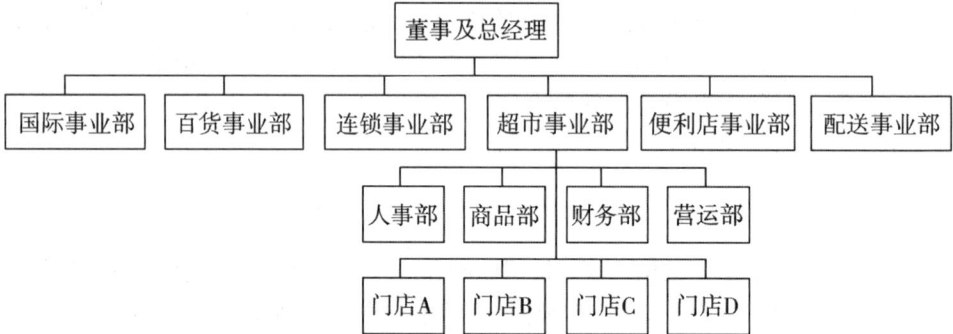

图12-8 现代大型职能型店铺的组织结构

图12-9 现代大型事业部型店铺的组织结构

12.1.3.6 矩阵型组织结构

这是大型零售商采用的一种门店结构的组织类型（如图12-10所示）。

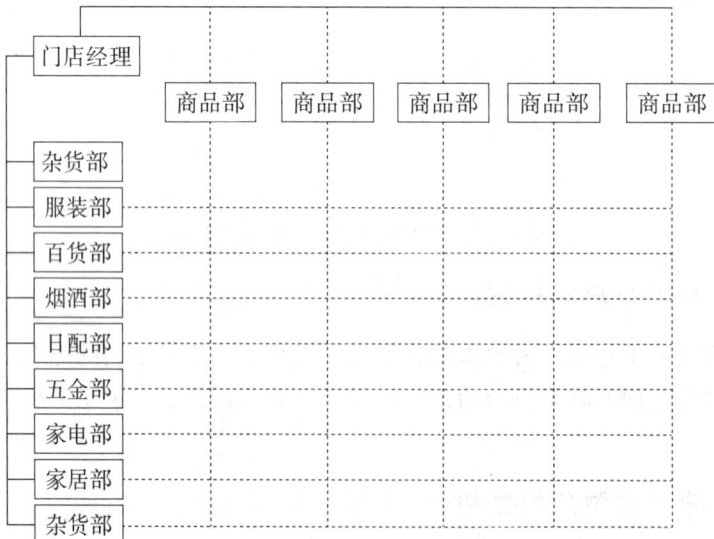

图12-10 矩阵型组织结构

该组织结构的优点是：一是在管理职能和业务项目两个层面做到专业化运作管理；二是使每个业务项目能够获得相同职能部门的支持和指导。

其缺点是干扰统一指挥原则，易造成混乱。

12.2 零售人力资源管理

零售业是社会商品生产、流转过程的最后一环。从社会分工角度看，零售业属于劳动密集型行业，因此，加强零售人力资源管理意义重大。

12.2.1 零售从业人员的活动特点

（1）直接接触顾客，员工显露率高

在零售店中，员工在顾客面前出现的频率高，特别是在百货店、专卖店、购物中心等业态，为了完成商品销售，零售人员必须和顾客进行面对面的接触。因此，零售人员的外表、举止、言谈、对顾客消费心理的把握及接待时机的选择等都会影响到销售效果。

（2）工作时间长，时段变化大

考虑到消费者的购物习惯，许多零售企业是一年365天都营业，甚至有时会通宵营业。顾客的消费活动也会呈现出差异性，如一年中节假日、黄金周为消费高峰，一周中双休日为消费高峰，一天中有三高两低（早上、中午、傍晚会出现消费高峰，上午和下午消费偏低）等特点。因此，零售人员的工作时间长、工作时段变化大，实行两班制或三班制。

（3）员工素质不一，管理难度大

这主要表现在：

一是零售企业需要大量的劳动力且大多从事简单的搬运、整理、分类、包装、计量、收银等活动，对教育、培训和技能的要求都较低，使得许多新晋员工很少或没有工作经验，非熟练员工多。

二是兼职员工多。受工作时间长、工资低、顾客需求复杂的影响，零售企业在搬运商品、清洁店堂、促销等环节不得不雇用兼职人员，以减少成本开支，也带来了兼职员工的管理问题。

上述特点使得零售人员进入门槛低、工资低，导致员工离职率较高，迟到或旷工现象也较多，人员管理难度增大。

12.2.2 零售人力资源管理的含义与流程

12.2.2.1 零售人力资源管理的含义

零售人力资源管理是指零售商运用现代化的科学管理方法，对与一定物力相结合的人力进行合理的培训、组织和调配，使人力、物力保持最佳比例，同时对人的思想、心理和

行为进行恰当的管理、控制和协调，充分发挥人的主观能动性，使人尽其才、事得其人、人事相宜，最终实现零售组织目标的过程。简而言之，现代零售人力资源管理就是为实现零售组织目标而进行的有关人力资源获得、开发、利用、保持等活动的总称。

小知识12-2

12.2.2.2 零售人力资源管理的流程

（1）制定人力资源规划

根据零售商的发展战略和经营计划，评估组织的人力资源现状和发展趋势，收集和分析人力资源供给与需求方面的信息，预测人力资源供给和需求的发展趋势，制订人力资源招聘、调配、培训、开发及发展计划等。

（2）人力资源费用核算

零售人力资源管理部门与财务等部门合作，建立人力资源核算体系，开展人力资源投入成本与产出效益的核算工作，不断改进人力资源管理工作，并为决策部门提供准确和可量化的依据。

（3）工作分析与设计

通过对零售企业的各项工作和各个岗位进行分析，确定每一工作和岗位对员工的具体要求，并形成书面的工作岗位职责说明书，以此作为招聘工作的依据和对员工进行评价、培训、调配和晋升的标准与依据。

（4）人员招聘和配置

人员招聘和配置即根据岗位需要及工作岗位职责说明书，利用各种方法和手段招募人员，再经过科学的考试进行筛选，确定最后录用人选。

（5）雇佣管理和劳动关系

人员一旦被零售商聘用，就与企业形成了一种雇用与被雇用、相互依存的劳动关系。现代社会的劳动关系通常是通过劳动合同来确立的，为了保护双方的合法权益，有必要就员工的工资、福利、工作条件和环境等事宜达成一定协议，签订劳动合同。我国调整劳动关系的基本法律是《中华人民共和国劳动法》，零售商在处理劳动争议时，要依法办事，采用协商、调解、仲裁、诉讼等手段解决双方矛盾。

（6）入职教育、培训和发展

应聘进入零售企业的新员工，都必须接受入职教育，使其了解组织、接受企业的组织文化。为了提升员工的工作技能，零售商还要开展富有针对性的岗位技能培训。对于管理人员，尤其是对即将晋升者有必要开展提高性的培训和教育，促使其尽快具有在更高一级职位上工作的全面知识、熟练技能、管理技巧和应变能力。

（7）工作绩效考核

工作绩效考核即零售商对照工作岗位职责说明书和工作任务，对员工的业务能力、工作表现及工作态度等进行评价，并给予量化处理的过程。考核结果是员工晋升、接受奖惩、发放工资、接受培训等的有效依据，有利于调动员工的积极性和创造性，检查和改进人力资源管理工作。

（8）帮助员工进行职业生涯规划

人力资源管理部门与管理人员有责任鼓励和关心员工的个人发展，帮助其制订与组织发展计划协调一致的个人发展计划，并及时进行监督和考察，使员工有归属感，激发其工作积极性和创造性，提高组织效益。

（9）员工薪酬与福利保障设计

合理、科学的薪酬与福利体系关系到零售企业员工队伍的稳定性。人力资源管理部门要从员工的资历、职级、岗位及实际表现和工作成绩等方面，来为员工制定相应的具有吸引力的工资报酬、福利标准和制度。

（10）保管员工档案

人力资源管理部门有责任保管员工进入企业时的简历以及日后关于工作主动性、工作表现、工作成绩、工资报酬、职务升降、奖惩、接受培训和教育等方面的书面记录材料。

小案例12-1

12.2.3　零售人员的招聘与培训

12.2.3.1　零售人员招聘

零售人员招聘是零售商采用科学的方法寻找、吸引应聘者，并从中选拔组织所需的人员予以录用的过程。

零售人员招聘的过程包括的环节如图12-11所示。

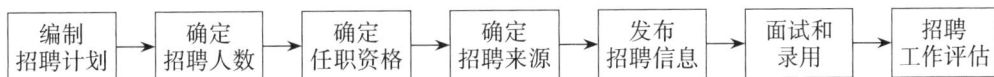

编制招聘计划 → 确定招聘人数 → 确定任职资格 → 确定招聘来源 → 发布招聘信息 → 面试和录用 → 招聘工作评估

图12-11　零售人员招聘过程

（1）编制招聘计划

招聘计划是零售组织根据企业发展目标和人才、岗位需求拟定的开展招聘工作的指导性文件。

（2）确定招聘人数

零售商配置人员的规模取决于店铺规模、顾客流量以及店铺为顾客提供的服务水平。企业招聘新员工一般是基于以下考虑：执行新的工作任务，填补因离职、退休、辞退等引起的职位空缺，满足企业扩张的需要等。

（3）确定任职资格

确定招聘员工任职资格的基础是进行工作分析（形成职位说明书和职务规范）。工作分析可以明确招聘的岗位及其对应聘者在学历、年龄、经验等方面的要求。

（4）确定招聘来源

零售商招聘员工一般有两种来源，即外部招聘和内部招聘。二者各有利弊（见表12-3），零售商应根据组织的实际情况进行选择，以确保招聘的人员满足组织发展的需要。

表12-3　　　　　　　　　　内部招聘与外部招聘的利弊

项目	内部招聘	外部招聘
优点	了解全面，准确性高 可鼓舞士气，激励员工进取 应聘者可更快适应工作 使组织培训投资得到回报 选择费用低	人员来源广，选择余地大，有利于招到一流人才 新员工能带来新思想、新方法 当内部有多人竞争而难以作出决策时，向外部招聘可在一定程度上平息或缓和内部竞争者之间的矛盾
缺点	来源局限于企业内部，水平有限，容易造成"近亲繁殖" 可能因操作不公或员工心理原因造成内部矛盾	不了解企业情况，进入角色慢 对应聘者了解少，可能选错人 内部员工得不到机会，积极性可能受到影响

（5）参加下一轮考核的应聘者名单

发布零售商根据招聘计划确定的招聘职位、人数、任职资格及来源等内容，通过网络、报纸、杂志、电视、电台等专业媒体，以及企业官网、职业介绍机构和各种招聘会或人才交流会等渠道发布招聘信息，收集人才资料；再对相继收到的应聘者的简历或个人资料进行初步审核，淘汰任职资格不合格者和书面材料不合格者，确定参加下一轮考核的应聘者名单。

实例与点评12-2　　　　　　　　　　　　小知识12-3

（6）面试与录用

一般来说，面试要考察应聘者的应变能力、专业知识、解决问题的能力等岗位要求的深层次技能。面试可以采取谈话方式、考试（如笔试、心理测试或情景模拟）方式。视招聘对象的不同，面试考官可以是人力资源部门和用人部门的负责人，也可以是企业经理或副总。面试结束后，确定初步录用人员名单，并对被录用者进行初步的背景调查，了解其真实性，然后确定最终录用人员名单，发出录用通知书。报到者与组织签订劳动合同，到人力资源部门报到，办理相关手续后正式成为企业员工。

（7）招聘工作评估

招聘工作评估的目的是对整个招聘计划的执行情况、预算使用、招聘渠道的有效性、录用人员质量等进行综合评价，从而总结招聘工作中的经验和教训，不断增强招聘工作的有效性。在此项活动中，评估标准的制定很重要，从实践来看，制定一些可以量化的指标来评估意义重大，如预算执行情况、发布信息的成本与收到简历的数量比、录用人数与应聘人数比、发出通知人数与实际报到人数比等。

12.2.3.2 零售人员培训

人员培训是零售商对自身拥有的人力资本的投资，有效的培训可以使人才在组织内部不断成长，增强员工的忠诚度和零售竞争力。人员培训管理流程大体包括以下环节：

（1）确定培训需求

培训需求是确定组织员工究竟需要参加哪方面培训、选择什么样的培训方法等，它是由培训需求分析来确定的。一般来说，培训需求分析要从组织分析、任务分析和人员分析三方面入手。组织分析决定的是组织中哪里需要培训；任务分析决定的是培训内容是什么；人员分析则决定谁应该接受培训。零售商的培训需求通常来自组织年度培训计划和部门或分店的临时性培训申请。年度培训计划是组织战略规划中设定的阶段性人才培养规划，主要对象是各级管理人员；部门或分店临时性培训需求主要来自新进人员、项目运营要求、顾客和供应商投诉等。人力资源部门需要对培训申请进行审核并决定是否报主管副总或总经理进行最终审批。

（2）制订培训计划

人力资源部对通过最终审批的培训需求编制培训计划。培训计划一般包括培训目标、对象、内容、方式、时间表、地点、预算、评估指标等要素。培训目标是根据培训需求分析的结果来确定的，一般分为知识目标、行为目标和结果目标。

（3）实施培训计划

一是做好培训准备工作，联系培训场地、设施、人员、程序等工作；

二是做好培训中相关事项的组织与协调工作，记录培训中的各种反应；

三是培训结束后通过口头或书面方式了解各方对培训效果的评价。

（4）进行培训评估

培训评估是人力资源部对培训工作质量的整体评判，内容涉及培训需求的准确性、培训计划的执行情况、培训效果等。培训效果的评估包括反应层次、学习层次、行为层次和结果层次。其中，反应层次是评估受训者受训后有什么感受；学习层次主要测定受训者与受训前相比，在受训后是否掌握了较多的知识和技能，是否改善了态度；行为层次主要测定受训者在受训后行为是否有改善，是否运用了培训中的知识和技能等；结果层次主要测定个体、群体、组织在受训后是否得到改善，可通过商品质量、服务水平、环境氛围、销售额、利润等进行测定。

12.2.4 零售人员的任用与考核

12.2.4.1 零售人员任用

现代企业的人员任用要求以人为中心，使人进入最佳发挥状态，而人最佳发挥的前提是"人适其事，事得其人，人尽其才，才尽其用"。因此，零售商可遵循按岗位要求、按员工兴趣、用人所长、任人唯贤、试用期稳定、优化组合等原则来安排员工，并根据组织发展的需求和员工的实际工作表现来调整安排。

零售人员组合是指零售商按照管理或作业需要所进行的人员配置与合作。其目的是提高管理效率，取长补短、人尽其才，最大限度地调动组织内各种人员的工作积极性，达成组织内部默契的合作关系，为实现组织的总体目标而共同努力。人员组合包括技术结构和社会结构两个方面的组合，人员组合的原理包括同素异构原理、技术匹配原理、社会心理相容与互补原理，其中同素异构原理是人员组合的最基本原理。

此外，有条件的零售商实施团队建设更有利于激发组织成员的潜能，发挥其工作的积极性、主动性和创造性，从而增强零售组织的凝聚力和战斗力。

12.2.4.2　零售人员考核

零售人员考核是指零售商以零售某一岗位的工作分析结果为基础，制定相应的绩效标准，并采用合适的考核方法对员工在一定时期内的绩效进行衡量、评价的过程，也称绩效考核。科学的绩效考核既有利于科学奖惩、激励员工，也有利于为人力资源部门提供依据，提升企业效率和竞争力。

人员考核应遵循实事求是、严格、公平的原则，用客观、量化、适当的评估标准和方法对员工进行科学评价（见表12-4、表12-5）。

表12-4　　　　　　　　　　　　　　　管理人员绩效考核表

部门负责人 考核指标及权重		权重	考核指标分级说明及分数				
			不合格（≤59）	合格（60~69）	称职（70~79）	良好（80~89）	优秀（≥90）
业绩（50%）	经济指标完成情况	50%					
	规范管理	20%					
	员工绩效管理	10%					
	工作改进与创新	10%					
	业务指导	10%					
能力（30%）	解决问题能力	50%					
	沟通协调能力	30%					
	自我学习能力	20%					
行为（20%）	责任心	40%					
	团队合作	30%					
	敬业精神	30%					

表12-5　　　　　　　　　　　　　　　绩效考核指标分级描述举例

考核指标	分数及分级说明				
	≤59	60~69	70~79	80~89	≥90
责任心	经常找各种理由与借口逃避责任	偶尔逃避责任，为自己寻求开脱	能承担本职岗位赋予的职责	自觉对自己及下属行为负责	对自己及下属的行为高度负责，不推诿，不转嫁给他人
组织管理能力	经常无法领导下属完成任务，下属积极性很低	虽然有时无法带领下属完成任务，但经过努力尚可胜任，无个人影响力	能率领下属在职权范围内完成任务，有个人影响力	能率领下属顺利完成目标，有一定的威信	善于调动下属积极性，完成并超额完成目标，个人威信高

零售商常用的员工绩效考核方法有两类：

①系统考核方法。该方法多与组织战略目标、企业文化、核心能力培养有关，如目标管理法、标杆超越法、关键业绩指标法、平衡计分卡法等。

②关键岗位职责履行情况考核方法，如比较法、排序法、关键事件法、等级分配法、等差图表法等。

绩效考核结果出来后，主管人员要与员工进行绩效考核反馈，告知员工在考核周期内的工作绩效状况，与员工探讨取得如此绩效的原因，提出解决建议，告知奖惩情况并表明要求与期望。

小案例 12-2

12.2.5　零售薪酬管理

12.2.5.1　零售薪酬管理的含义

薪酬是员工提供服务给企业后得到的所有形式的财务回报和具体的服务及福利。零售薪酬管理是零售商在组织发展战略指导下，对员工的薪酬支付原则、薪酬策略、薪酬水平、薪酬结构与构成进行确定、分配和调整的动态管理过程。由于薪酬直接关乎员工的实际利益，且薪酬体系没有通用的模式，因此，薪酬管理是人员管理中比较困难的一项管理活动，无论从构建企业薪酬管理的政策框架还是设计薪酬体系来看，整个过程都要有管理层、薪酬专家和员工的共同参与。

小案例 12-3

12.2.5.2　零售薪酬的构成内容

（1）基本薪酬

基本薪酬是根据员工所承担或完成的工作本身或者员工所具备的完成工作的技能向员工支付的稳定性报酬，是员工收入的主要部分，也是计算其他薪酬性收入的基础。

（2）绩效薪酬

绩效薪酬是对员工超额工作部分或工作绩效突出部分所支付的奖励性报酬，旨在鼓励员工提高工作效率和工作质量。绩效薪酬是在订立绩效目标的同时就预先设计好相关支付额度的一种薪酬类型，它是对员工过去工作行为和已取得成就的认可，通常随员工业绩的变化而调整。例如，"绩效加薪""一次性奖金"是比较常见的绩效薪酬形式。

（3）激励薪酬

激励薪酬又称活动薪酬或可变薪酬，是零售商提前将收益分享方案明确告知员工，再根据员工绩效评价结果支付的旨在激励员工绩效的组合薪酬形式。鉴于绩效评价结果一般包括个人绩效、群体绩效和公司绩效，也可以将激励薪酬分为个人激励薪酬、群体激励薪酬和公司激励薪酬。激励薪酬有短期与长期之分，主要类型有班组或小团队奖励计划、利润分享计划、收益分享计划、员工持股计划、股票期权计划等。

小案例 12-4

（4）津贴和福利

津贴是对员工在特殊条件下的额外劳动消耗或额外费用支出给予补偿，以保证其生活水平不受影响的一种工资补充形式。按照津贴的管理层次区分，津贴可分为国家或地区、部门统一制定的津贴和企业自行建立的津贴两类；按津贴的性质区分，津贴可分为岗位性津贴、地区性津贴和保证生活性津贴。

福利是指企业为了留住和激励员工而采用的非现金形式的报酬。按照常规的划分方法，福利包括强制性福利和自愿性福利。前者如社会保险、法定假期、劳动安全与健康等，也称法定福利；后者如企业补充养老金计划、补充医疗保险、其他正在被广泛采用的福利项目（如额外金钱收入、超时酬金、生产性福利设施、交通性福利、饮食性福利、教育培训性福利、文体旅游性福利、金融性福利、其他生活性福利等），也称企业福利。

薪酬的构成没有固定统一的组合比例，零售商可以根据国家法律和法规、所在地区和企业实际情况和可能的条件，制定自己的薪酬标准。

12.2.5.3 薪酬政策与薪酬结构

薪酬政策是企业为了把握员工的薪酬总额、薪酬结构和薪酬形式，所确立的薪酬管理导向和基本思路的文字说明或统一意向。作为零售组织薪酬管理的指导思想，薪酬政策一般应明确确认企业的价值观、考虑外部竞争力、考虑内部公平、作为激励工具等具有重大意义的问题（见表12-6）。

薪酬结构是指组织中各种工作或岗位之间薪酬水平的比例关系，包括不同层次工作之间报酬差异的相对比值和不同层次工作之间报酬差异的绝对水平。企业薪酬结构的设计基础可以区分为岗位薪酬、技能薪酬和能力薪酬（见表12-7）。岗位薪酬以岗位为基础，以岗定薪只考虑员工的工作，而不考虑其是否拥有技能；技能薪酬和能力薪酬以人为基础，广泛地应用于基层操作人员及专家、技术人员等专业岗位。

表12-6   薪酬政策的主要内容

内容要点	内　　涵
确认企业的价值观	企业的价值观是企业如何看待和认识员工的本性与价值的观点。它会通过企业薪酬政策的内容、结构、水平等方面体现出来
考虑外部竞争力	外部竞争力是指不同企业之间的薪酬对比关系，即与竞争者相比，企业的薪酬水平及薪酬组合是否有竞争能力。薪酬水平是指企业支付给不同岗位的平均薪酬；薪酬组合是指各种形式薪酬的搭配比例关系。此政策需要关注控制人工成本和吸引并留住员工这两个冲突的目标及如何在两者之间取得平衡
考虑内部公平	企业内部的薪酬分配政策包括： 第一，确定给薪原则。给薪原则通常有公平给薪和职责给薪两种。 第二，确定薪酬组合，即确定企业支付给员工的现金报酬和福利等薪酬如何组合与搭配。 第三，确定薪酬结构。 第四，确定薪酬支付形式和加薪形式。支付形式有月薪、年薪、小时薪等。加薪可以根据企业总体业绩增长进行总体调整，也可以依个人业绩予以奖励
作为激励工具	对一般企业来说，通过薪酬系统来激励员工的责任心和工作积极性是最常见和最常用的方法。它要求企业必须将薪酬与绩效挂钩，即构建绩效工资体系。该体系发出的是一种信号，即薪酬必须根据个人绩效或团队绩效的变动而变动，而非固定不变

表12-7   不同薪酬结构基础的比较

项　目	岗位薪酬	技能薪酬	能力薪酬
重视的内容	付酬因素	技能模块	能力模块
价值的量化	要素的权重	技能水平	能力水平
转化为报酬的机制	分配反映标准薪酬结构的点数	外部市场中技能的鉴定与定价	外部市场中能力的鉴定与定价
薪酬结构	基于工作和市场	基于技能和市场	基于能力和市场
薪酬提升	升职	技能提升	能力提升
经理关心的问题	把员工和工作联系起来 晋升与安置 通过岗位薪酬和增加预算来控制成本	有效使用技能 提供培训 通过培训、鉴定和工作任务对成本进行控制	具有真实的能力与价值 提供培养能力的机会 通过鉴定和工作任务对成本进行控制
员工关心的问题	寻求获得更多薪酬的机会	寻求技能	寻求能力
程序	工作分析 工作评价	技能分析 技能鉴定	能力分析 能力鉴定
优点	期望明确 有进取精神 基于工作价值的薪酬	持续学习 灵活性 劳动力数量减少	持续学习 灵活性 易横向调动
局限性	潜在的繁文缛节 潜在的刚性	潜在的繁文缛节 需要成本控制	潜在的繁文缛节 需要成本控制

12.2.5.4　薪酬体系设计的原则

（1）公平原则

公平原则即零售薪酬体系设计要讲求外部公平、内部公平、个人公平和过程公平。薪酬体系的公平运作对薪酬结果的公平性起着弥补性作用。

（2）激励原则

激励原则即零售薪酬体系中工资、奖金、福利的结构比例要设计合理，既要给予员工与其工作付出相符的基本工资和福利，又要充分发挥奖金的激励作用。

（3）平衡原则

平衡原则即零售薪酬体系中的工资、奖金、福利三部分的比例要适当，并随着组织发展的不同阶段进行必要的调整，使三者的比例保持动态平衡。

（4）安全原则

安全原则即零售薪酬政策应保持相对稳定性，让员工有安全感。

（5）成本原则

成本原则即零售薪酬体系应依据成本-收益原则，在组织成本核算的基础上，薪酬总额不要超出组织所能承受的人力成本。

小案例12-5

关键术语

零售组织　零售人力资源管理　零售人员组合　薪酬管理　薪酬政策　薪酬结构

即测即评

第12章单项选择题

第12章多项选择题

第12章判断题

基本训练

❖ 问答题

1.简述零售组织结构设计的程序。

2.简述零售组织结构的类型。

3.简述零售从业人员的活动特点。

4.简述零售人力资源管理的流程。

5.简述零售人员招聘过程。

6.简述零售薪酬的构成内容。

7.简述零售薪酬体系设计的原则。

❖ 案例分析

案例1

如家超市坐落于某市的繁华区域，规模虽然不大，但因潜心经营，再加上占据天时、地利，近几年也开了3家连锁小超市。由于选址好，这几家连锁超市的客流量逐渐增加，可日营业额没有较大幅度增长。营业员普遍反映工作强度大、太辛苦，不断跳槽，从而导致卖场营业员长期处于招聘状态。如家超市3家连锁店共设7个部门，共有员工70人，其中采购部5人、配送部15人、人力资源部5人、财务部4人、办公室5人、保安部12人、营业部24人，其组织结构如图12-12所示。

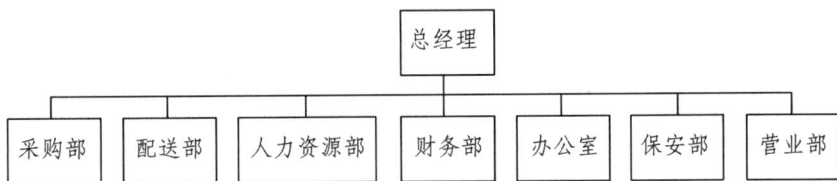

图12-12 如家超市组织结构

问题：

（1）试分析如家超市的组织结构设计是否合理并说明原因。

（2）你认为应该如何对如家超市的组织结构进行改进？

案例2 **比优特补货小时工制度**

"在我们零售业，人工成本是最高的，之前一个店的人工成本占销售收入的8%~9%；即使现在通过一些举措降低了，也还在6%~7%，远大于其他费用支出占比，如房租整体在2%左右。"比优特超市营运副总监介绍。

人工成本虽居高难下，但它有着相当大的弹性空间，可以通过优化工作流程、方式和方法以及改进绩效考核等实现一定程度的减员提效。其中，补货小时工制度是比优特实现降本增效的有力举措之一。

补货小时工制度是2024年由比优特的董事长提出、全集团从上至下配合落实的年度重点降本提效项目，属于一把手工程。该制度起初是从杂货百货品类开始推行，初见成效，后延伸到生鲜各个课别，并逐步推广。自推行杂货百货补货小时工制度以来，在不影响门店销售、顾客体验的情况下，比优特门店杂货百货各课别员工减少了40%以上；生鲜补货小时工制度推进不久，尚未统计整体数据，但从个别门店的表现看，也呈现出了比较明显的效果。比如，自实行补货小时工制度后，卖场面积有4 200多平方米的铁西店正式员工数减少了将近1/3，杂货百货员工的数量也下降了65%以上。

减员能提效，背后主要由工作流程优化、业绩考核驱动。比优特补货小时工与业内惯常的小时工有所不同：一是工作内容单一，专注补货，明确具体；二是按件（如周转箱个数）计薪酬，以绩效为导向；三是对分拣的商品没有选择权，根据不同的到货商品，分到什么就补什么。

附例：

比优特超市×××店小时工每小时20元

招聘岗位：小时工

工资：每小时保底20元，加绩效，每天80+

工作内容：超市熟食加工区临时性工作

工作时间：每天排班4个小时，工作时间不固定，每周休息一天

工作内容：打包、销售、收货、理货、补货、保质期管理、卫生清理、盘点，配合课长完成课里工作

工作要求：55周岁以内，最好女性，手脚麻利，责任心强，爱干净，有销售能力，本本分分干活，长期干，有餐饮后厨经验者优先

地址：××市××××B1层比优特超市内

诚邀您的加入！联系方式可点击公众号回复××××××××查看。

资料来源：龙商网. 全景比优特！一文看懂，"比优特模式"深度解析［EB/OL］.（2024-03-19）［2024-07-15］. https://mp.weixin.qq.com/s/xQpKvBkQPhj0FYSiFAppdw.

问题：

（1）比优特补货小时工制度是一种创新吗？试分析补货小时工制度提出的背景。

（2）为调动补货小时工的积极性，在任务分配和薪酬设计上，你有哪些好的建议？

案例3　　　　　　　　　胖东来的人力资源管理体系

胖东来一直被称为业界的传奇，有着"超市界海底捞"的称号。其人性化的管理制度和人力资源管理体系是背后的支撑。

一、招聘与培训

（一）招聘有要求

1.招聘标准

针对不同岗位的招聘，胖东来会设置不同的招聘要求。所有岗位都适用的基础标准是：喜欢胖东来文化理念，并有一定的认知和了解；面试环节中对企业文化理念进行阐述，不能熟知和了解的，视为不符合招聘标准，将不予录取；具备真诚、善良、乐观、阳光的个人品质；性格开朗，亲和力强，沟通能力强；热爱生活，有良好的生活习惯和行为习惯。

2.招聘对象

门店岗：在招聘门店岗位时，胖东来更看重候选人的素质、服务精神等。

管理岗：为了弥补胖东来专业岗位的欠缺，引进和培养有国际化技术理念、有专业知识储备的高素质人才，同时促进公司各部门、各岗位向国际化标准提升，胖东来更加注重候选人的专业技术能力、学历、经验等。

（二）培训有策略

岗前培训：通过面试的新员工都需要参加胖东来的新员工培训，学习完培训课程并通

过考试后进入试用期（3个月）。

试用期带练：胖东来的员工在试用期通常会被安排带练培训，主要是让老员工带新员工，每个新员工都有师傅带教。对于新员工，师傅会在其实习期满给出评估，评估合格才可以正式上岗。

胖东来致力于为客户提供最好的服务，所以胖东来的每一个岗位都需要经过考核筛选才能上岗。

二、管理与发展

胖东来有一套非常细致的人力资源管理流程，重视对一线员工的管理和培训。

（一）管理制度

奖惩制度：对于直接与客户沟通接触的一线员工，胖东来对其建立了一套完整的奖惩制度，做得好有奖，最直接的就是奖金；做得不好也会相对应地扣分，如违纪扣5~50分不等。

不加班制度：如胖东来规定所有中高层干部每周只许工作40小时。管理层晚上6点必须离开，谁要被发现来工作，抓住一次罚5 000元；下班必须关闭手机，打通一次罚200元。胖东来一直以来都非常关注员工工作时长，如在旺销季缩短了茶叶超市的营业时间，从原来的9:30—21:00直接缩短至10:30—18:00。

（二）晋升制度

胖东来认为每位员工的梦想都值得被尊重，非常关注员工的成长晋升。其用人制度是竞聘制，竞聘的范围是全体员工，营业员、清洁工、仓库管理员等都可参与。在机会和权利面前，胖东来人人平等。

胖东来人力资源部为员工提供了3种职业发展路线：管理线、专业线、技术线。

管理线：营业员—课长助理—课长—处长助理—处长—店长助理—店长。

专业线：营业员—岗位标兵—岗位明星—资深员工。

技术线：技术员—技术标兵—技术明星—资深技术员。

除了向上发展，员工还可以横向发展。如员工发掘到自己的长处后，可以向公司申请横向调岗，按照流程晋升。良好的职业规划给员工一个清晰的未来。

三、薪酬与激励

一套能够激发员工积极性的员工福利体系是企业的制胜法宝。胖东来的福利体系非常好。

（一）薪酬福利

胖东来的薪酬结构主要由基本工资、绩效、岗位补贴组合而成。胖东来的薪酬水平是远超同行业的。

店长年薪约为100万元，副总、总监级为50万~80万元；生鲜处、百货处、采购处等处长级为30万~50万元；管5~20个人的课长级为10万~30万元；基层员工底薪是3 500元左右，烟酒岗位是3 900~5 000元。

福利板块：普通员工拥有30天带薪年假，管理层则是40天带薪年假，还有法定的婚假、产假等。

除了假期，实打实的福利也非常多，如"委屈奖"、结婚贺金、生育贺金、丧事慰问、特殊待遇、关爱补贴等。

（二）激励制度

充分授权：胖东来通过赋予员工相应的权力和自主性，使其能控制与工作相关的情况和作决定的过程。充分授权让胖东来的员工可以在实际的销售过程中面对突发事件，采取合理恰当的措施，以稳定局面，维护企业形象。

股权激励：胖东来股权设置方案的核心内容是实行"岗位股权制"。股份不是固定的，随着员工能力、岗位的变化，股权也会随之变动，岗位越高，股份就越多，员工的责任也就越大。

胖东来的股权分配是将员工利益与企业前途紧密结合，既能激励核心员工，也能为胖东来留住核心人才。

资料来源：HRLogic编辑中心. 胖东来的人力资源管理体系！［EB/OL］.（2024-02-05）［2024-07-15］. https://mp.weixin.qq.com/s/7IK1r1QbcxVVjql7EDIk4Q.

问题：

（1）胖东来的人力资源管理具有哪些特点？

（2）相比于其他零售商，胖东来的人员流失率为什么低？

（3）以人为本的管理理念是如何体现在胖东来人力资源管理活动中的？

主要参考文献

［1］ HOLLINGER R C. National retail security survey ［M］. Florida：University of Florida，1993.

［2］贝尔，萨蒙. 战略零售管理：教程与案例 ［M］. 张永强，主译. 大连：东北财经大学出版社，2000.

［3］科特勒，阿姆斯特朗. 科特勒市场营销教程 ［M］. 俞利军，译. 北京：华夏出版社，2000.

［4］宋华. 日本7-11——为顾客提供最大的便利 ［M］. 北京：中国人民大学出版社，2001.

［5］董金祥，陈刚，尹建伟. 客户关系管理CRM ［M］. 杭州：浙江大学出版社，2002.

［6］陈建明. 商铺投资指南 ［M］. 北京：经济管理出版社，2003.

［7］谢爱丽. 零售管理运作实务 ［M］. 广州：广东经济出版社，2003.

［8］亚伯拉罕斯. 公司使命陈述：301家美国顶级公司使命陈述 ［M］. 黄卓华，刘京，何颉，译. 上海：上海人民出版社，2004.

［9］邓永成. 中国营销理论与实践 ［M］. 上海：立信会计出版社，2004.

［10］麦戈德瑞克. 零售营销 ［M］. 裴亮，等译. 2版. 北京：机械工业出版社，2004.

［11］彭雷清. 零售营销 ［M］. 广州：广东经济出版社，2004.

［12］王卫红. 零售操作实务 ［M］. 北京：中国商务出版社，2005.

［13］王俐. 零售管理 ［M］. 2版. 上海：立信会计出版社，2005.

［14］王卫红. 零售营销教程 ［M］. 北京：中国商务出版社，2006.

［15］王鹏. 开店必读手册 ［M］. 北京：中国商业出版社，2006.

［16］汪旭晖. 零售国际化：动因、模式与行为研究 ［M］. 大连：东北财经大学出版社，2006.

［17］肖怡. 现代零售实务 ［M］. 北京：中国物资出版社，2007.

［18］李飞，王高，等. 中国零售管理创新 ［M］. 北京：经济科学出版社，2007.

［19］考克斯，布里顿. 零售 ［M］. 吴雅辉，李可用，邢丽娟，译. 北京：中国市场出版社，2007.

［20］利维，韦茨，张永强. 零售学精要 ［M］. 北京：机械工业出版社，2009.

［21］黄国雄，王强. 现代零售学 ［M］. 北京：中国人民大学出版社，2008.

［22］陈章旺. 零售营销：实战的观点 ［M］. 北京：北京大学出版社，2008.

［23］陈己寰. 零售学［M］. 2版. 广州：暨南大学出版社，2008.

［24］陈立平. 卖场营销［M］. 北京：中国人民大学出版社，2008.

［25］程莉，郑越. 品类管理实战［M］. 修订版. 北京：电子工业出版社，2008.

［26］谢志华，冯中越，等. 中国商业发展报告（2007）［M］. 北京：中国商业出版社，2008.

［27］姚山季，张立，王永贵. 消费者行为学［M］. 天津：南开大学出版社，2009.

［28］沙振权. 零售学［M］. 2版. 广州：广东高等教育出版社，2010.

［29］伯曼，埃文斯. 零售管理［M］. 吕一林，宋卓昭，译. 11版. 北京：中国人民大学出版社，2011.

［30］达夫特，马西克. 管理学原理［M］. 高增安，马永红，李维余，译. 7版. 北京：机械工业出版社，2012.

［31］肖怡. 零售学［M］. 3版. 北京：高等教育出版社，2013.

［32］科特勒，阿姆斯特朗，洪瑞云，等. 市场营销原理［M］. 李季，赵占波，译. 亚洲版第3版. 北京：机械工业出版社，2013.

［33］吴佩勋. 零售管理［M］. 3版. 上海：格致出版社，上海人民出版社，2015.

［34］张德. 人力资源开发与管理［M］. 5版. 北京：清华大学出版社，2016.

［35］利维，韦茨. 零售管理［M］. 俞利军，译. 6版. 北京：人民邮电出版社，2016.

［36］任锡源，杨丽. 零售管理［M］. 4版. 北京：首都经济贸易大学出版社，2018.

［37］王先庆，彭雷清，曹富生. 全渠道零售：新零售时代的渠道跨界与融合［M］. 北京：中国经济出版社，2018.